놓아버리기

MINDFULNESS, BLISS AND BEYOND
Copyright ⓒ 2006 Ajahn Brahm
All rights reserved.

Korean translation copyright ⓒ 2012 by Kungree Press
Korean translation rights arranged with Wisdom Publication, Inc.
through EYA(Eric Yang Agency).

이 책의 한국어판 저작권은 EYA(Eric Yang Agency)를 통해
Wisdom Publication, Inc.사와 독점계약한 '궁리출판'에 있습니다.
저작권법에 의하여 한국 내에서 보호를 받는 저작물이므로
무단전재와 복제를 금합니다.

놓아버리기

아잔 브람의 행복한 명상 매뉴얼

아잔 브람 | 혜안 스님 옮김

궁리
KungRee

들어가는 말

큰 그림

　수행은 놓아버림의 길입니다. 수행 중 우리는 내면의 강력한 평화에 이르기 위해 복잡한 바깥의 세계를 놓아버립니다. 모든 종류의 신비주의와 영적 전통에서 수행은 순수하고 고양된 마음으로 향하는 길입니다. 세계로부터 풀려난 이러한 순수한 마음의 경험은 믿을 수 없을 정도로 행복합니다. 섹스보다 더한 행복입니다.

　수행할 때, 특히 처음에는 좀 힘이 들 것입니다. 하지만 지속적으로 노력한다면, 수행은 여러분을 매우 아름답고 의미 있는 상태로 이끌 것입니다. "노력 없는 진전은 없다." 이것은 자연의 법칙입니다. 일반인이든 스님이든, 노력 없이는 아무것도 얻지 못합니다.

　하지만 노력만으로는 충분치 않습니다. 노력에는 올바른 기술이 필요합니다. 이것은 수행이라는 과업이 끝날 때까지 에너지를 정확한 위치로 향하게 하고 유지시키는 것을 의미합니다. 올바른 기술을 통한 노력은 장애가 되지도 방해가 되지도 않습니다. 오히려 깊은 수행에서 오는 아름다운 평화를 일으킵니다.

수행의 목표

수행할 때 노력을 어디로 기울여야 하는지 알려면, 목표에 대한 명확한 이해가 필요합니다. 수행의 목표는 아름다운 침묵, 고요한 멈춤, 마음의 명확함입니다. 이러한 수행의 목표를 이해하고 나면, 노력을 기울여야 할 곳과 목표를 성취하기 위한 수단들이 훨씬 더 확실해집니다. 노력은 '놓아버림', 즉 버림으로 기울어지는 마음을 계발하도록 향해져야 합니다. 부처님께서는 단순하지만 심오한 말씀을 많이 남기셨습니다. 그중에 이런 것이 있습니다.

"놓아버림을 수행의 주 목표로 하는 수행자는 삼매(주의 깊은 고요한 멈춤, 수행의 목표)를 성취한다." (SN 48,9)

이러한 수행자는 거의 자동적으로 이런 내면의 지복至福 상태를 얻습니다. 부처님께서는 깊은 수행을 성취하여 이러한 강력한 상태에 도달하는 주요한 원인이 버리고, 놓아버리고, 포기하는 능력이라고 말씀하셨습니다.

짐을 내려놓기

수행 중에는 무언가를 축적하거나 어떤 것에 집착하는 마음을 계발해서는 안 됩니다. 그 대신 모든 짐을 기꺼이 내려놓고 포기하는 마음을 계발해야 합니다. 일상에서 우리는 무거운 여행가방 같은 많은 의무의 짐을 들어야 합니다. 하지만 수행시간에는 이런 짐이 불필요합니다. 수행할 때는 가능한 한 많은 짐을 내려놓으십시오. 의무와 성취를 여러분을 짓누르고 있는 무거운 역기처럼 여기십시오. 뒤돌아보지 말고 맘껏 버리십시오.

이렇게 포기하는 마음의 태도는 여러분을 깊은 수행으로 이끌 것입니다. 수행의 시작 단계에서도 버림의 에너지(기꺼이 내던져 버려 함)를 일으킬 수 있도록 노력해보십시오. 마음속에서 버리면 버릴수록, 더욱 가벼워지고 더욱 자유로워짐을 느낄 수 있을 것입니다. 수행에서 버림은 단계적으로 차근차근 일어납니다.

수행자는 하늘로 비상해 그 정점에 이르는 새와 같습니다. 새는 여행가방을 절대로 지니고 다니지 않습니다! 능숙한 수행자는 모든 짐으로부터 자유로워져 마음의 아름다운 정점으로 날아오릅니다. 수행자는 이러한 인식의 정상에서 스스로의 직접적 경험을 통해 '마음'이라고 부르는 것의 의미를 이해하게 됩니다. 동시에 '자아', '신', '세계', '우주'라고 부르는 것들에 대한 본질도 모두 이해하게 될 것입니다. 사유의 세계가 아니라 마음속 고요가 비상하는 정점,

바로 여기가 깨달음의 자리입니다.

책의 구성

이 책의 1부 '수행의 행복'은 삶의 무게를 덜기 위해 수행하기를 원하지만, 장애 때문에 또는 내키지 않아서 지복의 상태나 깨달음의 단계까지는 추구하지 못하는 사람들을 위한 장입니다. 여기서 저는 제대로만 한다면 수행이 초보자에게조차 상당한 행복을 일으킨다는 것을 설명합니다.

  1장과 2장에서는 수행의 처음 단계들을 명확하고 조직적인 방식으로 다루고 있습니다. 이 내용들은 『수행의 기본 방법』*The Basic Method of Meditation*[1] 이라는 소책자의 내용을 약간 수정한 것입니다.

  3장과 4장에서는 수행 중 일어날 수 있는 문제들을 짚어보고, 인지만 된다면 어떻게 이러한 장애들이 손쉽게 극복되는지를 보여줍니다.

  5장과 6장에서는 알아차림을 독창적인 방식으로 설명합니다. 그리고 내면의 평화로 가는 길에 모두 도움이 되는 수행방법 세 가지

---

[1] 이 책자는 8쇄까지 제작되었으며, 독일어, 싱할리어, 체코어, 러시아어로도 출판되었습니다.

를 더 제시해서 수행자의 레퍼토리를 확장시킵니다.

그리고 7장과 8장에서는 부처님 원래의 가르침, 즉 호흡명상 ānāpānasati, 호흡에 대한 알아차림 법문과 염처satipaṭṭhāna, 알아차림의 초점 법문을 소개합니다. 그래서 부처님의 통찰력 있는 설명으로, 이제까지의 가르침을 증명하고 이를 풍부하게 합니다.

2부 '지복 그리고 그 너머로'는 시간을 초월한 불교적 희열로 가는 여행으로 안내합니다. 여기서는 어떻게 수행이 선정이라는 최고의 지복으로 말 그대로 내적으로 폭발하는지를 보여줍니다. 그리고 어떻게 이러한 놓아버림의 상태가 다섯 가지 감각의 베일을 걷어내어, 깨달음이 일어나는 마법의 내면 정원인, 마음의 경이로운 세계를 드러내는지를 설명합니다.

9장, 10장, 그리고 11장에서는 선정 경험에 대한 상세한 설명을 통해 순수한 마음의 세계를 드러냅니다. 그리고 이런 경이로운 상태에 드는 방법에 대한 정확한 단계별 가르침을 제시합니다.

그다음 12장과 13장에서는 선정에 바탕을 둔 통찰이 어떻게 지혜의 열매가 달린 과수원의 문을 열어젖히는지를 설명합니다. 그래서 영적 경험의 정상으로 계속해서 올라갑니다.

그런 후 14장과 15장에서는 필생의 숙원이 어떻게 대단원의 막을 내리게 되는지를 설명합니다. 여기서는 깨달음이 무엇이고, 이것이 어떻게 성취되는가에 대해 정확하고 확실하게 상술합니다.

결론인 '마지막까지 놓아버림'은 선정과 열반이라는 다른 차원의 세계에서 다시 일상생활로 돌아가도록 (우리의 여행을 다시금 떠올리게 하는 조건 지어지지 않음으로의 마지막 도약이 없는 것은 아니지만) 안내합니다.

책의 사용법

이 책은 세 가지 목적을 가지고 있습니다.

첫째, 불교수행의 과정으로서 도움이 되고자 함입니다. 이 책을 주의 깊게 읽고 그 내용을 진심으로 실천하는 수행자는 수행과정을 진전시키거나 마칠 수 있을 것입니다. 이것은 근본적으로 전통에 기초하고 있고, 때로는 부처님의 실제 말씀에 근거하고 있기도 합니다. 이러한 심오하고 유시 깊은 가르침들이 서양인의 사고에 적합한 방식으로 여기에 제시되어 있습니다.

둘째, 이 책은 문제해결을 위한 일종의 지침서입니다. 이 책은 수행 중에 부딪히는 특성한 문제들을 극복하는 데 도움이 되도록 구성되었습니다. 예컨대 악의惡意가 장애가 될 때, 3장 '수행의 장애 I'을 살펴보면 자애명상을 하라는 조언을 발견할 수 있습니다. 다른 문제해결에 대한 조언들은 흔히 볼 수 없는 것들입니다. 이것은 무척 드물고 접하기조차 어려운 내용입니다. 5장 '알아차림의 질'이 그 좋은 예입니다. 수행을 감독하고 보호하는 문지기를 세우는 방법에 대한 상세한 설명은 매우 소중한 가르침입니다.

셋째, 이 책은 독자들로 하여금 그들이 거의 알지 못하는 불교수행의 측면들을 탐험하도록 해줍니다. 여기에서는 찾기 힘든 정보들을 제공합니다. 지복의 깊은 단계들선정, jhāna에 관해 다룬 9장에서 12장까지가 좋은 예입니다. 선정은 부처님께서 가르치신 수행에서 근본적인 부분입니다. 그럼에도 불구하고, 요즘에는 이것이 일반적으로 제대로 이해되지 못하고 있습니다.

약간의 떨림과 함께 이 책을 출판사에 보냈습니다. 1960년대 후반 런던에서 제가 처음 수행을 시작했을 때였습니다. 당시 방문 중이던 일본 선승이 저에게 이런 말을 했습니다.

"업의 법칙에 따르면, 불교에 관해 책을 쓰는 이는 다음 일곱 생을 당나귀로 태어날 것이다!"

저는 이 말이 걱정되었습니다. 이것이 사실인지는 모르겠습니다. 그렇지만 이 책의 가르침을 따르는 이들은 누구나 모든 윤회를 벗어날 것이라고 저는 확신합니다. 긴 귀를 가진 존재로의 태어남을 벗어나는 것은 물론이고!

「큰 삿짜까의 경」(MN 36)에서 부처님께서는 말씀하십니다.

"나는 숙고했다……. '그것(선정)이 깨달음으로 가는 길이 될 수 있을까?' 그 기억을 뒤따라 이런 확신이 들었다. '이것이 깨달음의 길이다.'"

감사의 말

먼저, 쭐라까 스님(제이콥 메딘 박사)에게 감사드립니다. 그는 건강 상태가 좋지 않음에도 불구하고 이 가르침의 첫 번째 판이 나오도록 많은 노력을 기울였습니다. 이것은 서부 호주 불자협회 자체 담마저널Dhamma Journal에 실렸던 것입니다. 그는 자신의 작은 오두막을 제3세계의 열악한 공장처럼 만들면서 여러 달 동안 오랜 시간을 작업했습니다. 그리고 론 스토리 씨에게 감사드립니다. 그는 원고를 여러 번 타이핑해서 이제 이 가르침을 가슴으로 알고 있을 것입니다. 또한 색인을 정리한 닛사라노 스님에게도 감사를 전합니다.

다음으로, 저의 첫 번째 명상 스승인 영국 사마타 협회 나이분만 씨에게 한참 늦은 감사의 마음을 전합니다. 그는 제가 1970년 케임브리지 대학에서 여전히 긴 머리의 학생이었을 때, 선정의 아름다움과 중요성을 가르쳐주었습니다. 하지만 어느 누구보다도, 저의 스승이신 아잔 차 스님께 무한한 감사의 마음을 전하고 싶습니다. 저는 그의 지도 아래 태국 북동부 지방에서 9년 동안 행복하게 지냈습니다. 그는 해탈에 이르는 길을 명확하게 설명해줬을 뿐 아니라, 그 길을 완전하게 그리고 끝까지 사셨습니다.

마지막으로, 데이비드 씨, 로드 씨, 그리고 편집을 맡았던 존 르로이 씨를 비롯한 위즈덤 출판사의 모든 분들께 깊이 감사드립니다. 이러한 선업善業이 그들에게 건강을 선사하길 기원합니다. 그래서 다음번 내 책이 나올 때 더욱더 열심히 일할 수 있길!

차례

들어가는 말　5
감사의 말　12
약어 및 일러두기　18

1부 ❂ 수행의 행복　　　　　　　　　　　　19

1. 수행의 기본 방법 I　　　　　　　　　　　21
수행의 처음 네 단계를 통한 탄탄한 기초 쌓기

2. 수행의 기본 방법 II　　　　　　　　　　40
호흡이 아름다워지는 수행의 세 가지 높은 단계

3. 수행의 장애 I　　　　　　　　　　　　58
우리와 수행의 깊은 단계들 사이에 있는 다섯 가지 장애 중 두 가지
― 감각적 욕망, 악의

4. 수행의 장애 II　　　　　　　　　　　　74
나머지 세 가지 장애 ― 나태와 혼침, 들뜸과 후회, 의심

5. 알아차림의 특성 97
    알아차림, 문지기, 그리고 수행에서 성공하는 방법

6. 수행에 활기를 불어넣는 다양한 방법 117
    마음을 즐겁게 하고, 지루함을 없애고, 기쁨을 일으키는 방법

7. 아름다운 호흡 144
    선정의 성취 그리고 깨달음의 통찰

8. 알아차림의 네 가지 초점 182
    연꽃 중심의 보석에 도달하기 위해 알아차림의 초점 이용하기

2부 ◉ 지복 그리고 그 너머로　　　　221

9. 선정 I – 지복　　　　223
여행의 시작 '아름다운 호흡'

10. 선정 II – 지복 위의 지복　　　　240
니밋따 - 선정으로 들어가는 입구

11. 선정 III – 지복 위의 지복 위의 지복　　　　266
선정에 드는 방법 그리고 선정의 실체

12. 깊은 통찰의 본질　　　　301
무엇이 우리를 '진실로 있는 그대로' 보지 못하게 하는가?
깊은 수행에 의해 강화된 마음이 어떻게 진리를 발견하는가?

13. 해탈을 가져오는 깊은 통찰   321
모든 것을 바꾸고 깨달음으로 이끄는 깊은 통찰

14. 깨달음 – 흐름에 들어감   365
열반(깨달음)의 실체 그리고 열반의 첫 경험(예류)

15. 완전한 깨달음을 향해   399
깨달음의 네 가지 단계 그리고 깨달은 이를 구별하는 방법

결론 | 마지막까지 '놓아버림'   443
'놓아버림'의 중요성, 부딪히게 되는 집착들 또는 장애물들, 그리고 바쁜 삶 속에서의 행복

옮긴이의 말   477

| 약어 |

AN	Aṅguttara Nikāya(앙굿따라 니까야, 증지부)
Dhp	Dhammapada(법구경)
Dhp-a	Dhammapada-Aṭṭhakathā(법구경 주석서)
DN	Dīgha Nikāya(디가 니까야, 장부)
Ja	Jātaka(본생담)
Miln	Milindapañha(밀린다왕문경)
MN	Majjhima Nikāya(맛지마 니까야, 중부)
SN	Saṃyutta Nikāya(상윳따 니까야, 상응부)
Sn	Suttanipāta(숫따니빠따)
Th-a	Paramatthadīpanī = Theragāthā-Aṭṭhakathā(장로게 주석서)
Thag	Theragāthā(테라가타, 장로게)
Thig	Therīgāthā(테리가타, 장로니게)
Ud	Udāna(감흥어)
Vsm	Visuddhimagga(청정도론)

| 일러두기 |

(1) 삼장과 주석서는 기본적으로 팔리성전협회(PTS)본을 기준으로 인용되었다.

(2) 『맛지마 니까야』는 냐나몰리(Ñāṇamoli) 스님과 보디(Bodhi) 스님의 영역본인 The Middle Length Discourses of the Buddha, 『디가 니까야』는 월시(Walshe)의 영역본인 The Long Discourses of the Buddha, 『청정도론』은 냐나몰리 스님의 영역본 The Path of Purification의 구성을 기준으로 인용되었다.

(3) 각주 중 숫자로 된 것은 저자의 것이고, *로 된 것은 번역자의 것이다.

1부

수행의 행복

Mindfulness, Bliss, and Beyond — **01**

수행의 기본 방법 I

이 장에서는 수행의 처음 네 단계를 다룰 것입니다. 여러분은 수행의 처음 단계를 빨리 지나쳐버리고 싶을 겁니다. 그렇다면 정말 주의하십시오. 처음 단계를 너무 빨리 지나쳐버리면, 여러분은 준비작업이 마쳐지지 않았다는 사실을 발견하게 될지도 모릅니다. 이것은 임시기초 위에 집을 짓는 것과 같습니다. 구조물은 아주 빨리 올라갑니다. 하지만 이것은 금방 무너질 수 있습니다! 지반공사와 기초를 탄탄히 하는 데 많은 시간을 할애하는 것이 현명한 선택일 것입니다. 그러면 높은 층들이(수행에서 지복의 단계들이) 올라갈 때, 건물은 견고할 것입니다.

1단계: 현재순간 알아차리기

수행을 지도할 때, 저는 과거와 미래라는 짐을 버리는 단순한 단계에서 시작하기를 좋아합니다. 여러분은 이것이 하기 쉬운 것이라고 생각할지 모릅니다. 하지만 그렇지 않습니다. 과거를 버린다는 것은 여러분의 일, 가족, 행위, 의무, 유년기의 좋고 나쁜 시간 등을 생각하지 않는 것을 의미합니다. 그것들에 전혀 관심을 보이지 않음으로써, 모든 과거의 경험들을 버립니다. 수행 중에 여러분은 과거가 없는 사람이 됩니다. 여러분은 자신이 어디에 사는지, 어디에서 태어났는지, 부모가 누구인지, 성장환경이 어땠는지 생각하지 않습니다. 이런 모든 과거를 버립니다. 그러면 모든 사람들은 평등해집니다. 모두 수행자일 뿐입니다. 오래된 수행자든 아니면 초심자에 불과하든, 이것은 중요하지 않아집니다.

이런 모든 과거를 버린다면, 우리는 평등하고 자유로워집니다. 우리를 제한하고 놓아버림에서 생기는 평화의 계발을 막았던 걱정·인식·생각의 일부에서 스스로 벗어납니다. 마침내는, 우리의 모든 과거가 버려집니다. 방금 전 일어났던 일에 대한 기억조차도 버려집니다. 무엇이 일어나든 우리의 관심을 끌지 못하고, 우리는 그것을 놓아버립니다. 이것은 더 이상 마음속에서 울리지 않습니다.

저는 완충재를 덧댄 방처럼 마음을 계발하는 것으로 이것을 설명합니다. 어떠한 경험, 인식, 생각이 이 방의 벽에 부딪히더라도, 그것은 반사되지 않습니다. 그저 완충재 속으로 흡수되어 멈춥니다. 과거는 우리의 의식 속에서 울리지 않습니다. 어떤 사람들은 과거를 숙고하면 어쩌면 거기서 뭔가를 배워 문제들을 풀 수 있으리라 생각합니다. 하지만, 언제나 우리는 왜곡된 렌즈를 통해서 과거를 봅니다. 우리가 그랬을 것이라고 생각하는 모든 것은, 사실 전혀 그와는 다른 것입니다! 이것이 사람들이 방금 전에 일어난 일을 두고서도 논쟁하는 이유입니다.

정말 정직한 두 명의 목격자가 동일한 사고에 대해 상반되는 진술을 할 수 있다는 것은, 교통사고를 조사하는 경찰관들에게 익히 알려진 사실입니다. 기억이 얼마나 신뢰할 수 없는지를 알면, 우리는 과거에 지나친 가치를 부여하지 않을 것입니다. 사람이 죽으면 묻어버리듯, 우리는 과거를 묻어버릴 수 있습니다. 우리는 관을 묻고 시체를 화장합니다. 그러면 다 끝난 겁니다.

과거를 기웃거리지 마십시오. 죽은 기억들로 가득 찬 관을 메고 다니지 마십시오. 만약 그렇다면, 여러분은 실제로 본인에게 속하지 않는 무거운 짐으로 스스로를 짓누르고 있습니다. 과거를 놓아버리면, 여러분은 현재순간 속에서 자유로울 것입니다.

미래도 놓아버리십시오. 예상, 두려움, 계획, 기대를 놓아버리십시오. 부처님께서는 이렇게 말씀하신 적이 있습니다. "너희들이 그렇게 되리라고 생각하는 무엇이든지, 그것은 언제나 그와는 다르게 될 것이다."(MN 113,21) 현자들은 미래를 불확실하고, 알 수 없고,

예측 불가능하다고 이해했습니다. 미래에 대한 기대는 보통 쓸모가 없습니다. 그리고 수행에서는 언제나 엄청난 시간낭비입니다.

| 경이롭고 신비로운 마음 |

마음을 다룰 때, 여러분은 이것이 무척 신비롭다는 사실을 알게 됩니다. 마음은 경이롭고 예상치 못한 일들을 할 수 있습니다. 평화로운 마음상태를 성취하는 데 어려움을 겪는 수행자들이 있습니다. 그들은 때로 '이번 시간도 또 실패군.' 이라고 생각하기 시작합니다. 하지만 이상한 일이 자주 일어납니다. 즉 비록 스스로 실패를 예상하고 있더라도, 그들은 매우 평화로운 수행상태에 도달합니다.

최근에 저는 10일 수련회에 처음 참여한 한 남자에 관한 얘기를 들었습니다.

첫날이 지나고, 그는 너무 고통스러웠습니다. 그래서 그는 집에 돌아가고 싶다고 스승에게 말했습니다. 이에 스승은 말했습니다.

"하루만 더 있어봐요. 고통이 사라질 겁니다. 약속합니다."

그래서 그는 하루 더 머물렀습니다. 그렇지만 고통은 더욱 심해졌습니다. 그래서 다시 그는 집으로 돌아가기를 원했습니다. 스승은 가르침을 반복했습니다.

"딱 하루만 더 있으면 고통이 사라질 겁니다."

3일째가 되자, 고통은 더욱 심해졌습니다. 9일 동안 매일 저녁 그는 스승에게 가서 집으로 돌아가고 싶다고 말했습니다. 그러면 스승은 말했습니다.

"딱 하루만 더 있으면 고통이 사라질 겁니다."

정말 놀랍게도, 마지막 날 아침 좌선시간이 되자 고통이 사라졌습니다. 그리고 고통은 다시 돌아오지 않았습니다. 그는 전혀 고통 없이 긴 시간을 앉아 있을 수 있었습니다. 그는 이 마음이 얼마나 경이로운지 그리고 예상치 못한 결과를 가져올 수 있는지에 무척 놀랐습니다.

이처럼, 여러분은 미래를 알 수 없습니다. 미래는 아주 이상하고, 기묘하며, 여러분의 기대를 완전히 넘어설 수 있습니다. 이 남자의 경험은 미래에 대한 모든 생각과 기대를 버릴 수 있는 지혜를 줄 수 있습니다.

수행할 때, '이제 몇 분 남았지? 얼마나 이걸 더 참아야 하지?'라고 생각하면 그저 미래에서 헤맬 뿐입니다. 고통은 눈 깜짝할 사이에 사라질 수 있습니다. 이것이 언제 일어날지 예상할 수 없을 뿐입니다.

여러분은 수련회 중 좋았던 수행은 단 한 번도 없었다고 생각할지 모릅니다. 그러나 다음 좌선시간에는, 모든 것이 평화롭고 쉬워질 수도 있습니다. 그러면 이렇게 생각할 것입니다. '와~, 이제 수행의 감을 잡았어!' 하지만 다음 수행은 처음처럼 형편없습니다. 어떻게 되어가는 것일까요?

저의 첫 번째 스승은 이런 말을 했습니다.

"나쁜 수행이란 것은 없다."

그때는 이 말이 정말 이상하게 들렸습니다. 하지만 이것은 맞는 말이었습니다. 여러분이 형편없고 실망스럽다고 여기는 모든 수행들은 '봉급'을 받기 위해 하는 고된 노동과 같습니다.

어떤 사람이 월요일 하루 종일 일합니다. 그렇지만 퇴근할 때 돈을 받지 못합니다. 그는 생각합니다. '내가 뭣 때문에 이걸 하지?' 화요일도 하루 종일 일합니다. 그러나 그는 여전히 한 푼도 받지 못합니다. 역시 나쁜 날입니다. 수요일과 목요일도 종일 일합니다. 하지만 그 노동에 대해 아무런 대가도 받지 못합니다. 4일 연속으로 나쁜 날입니다. 이윽고 금요일이 됩니다. 그는 전과 정확하게 같은 일을 합니다. 그리고 일과가 끝날 무렵, 사장이 그에게 봉급을 줍니다. 만세! 왜 매일매일이 봉급날이 될 순 없죠?

왜 모든 수행이 봉급날이 될 순 없죠? 이 비유를 이해하시겠습니까? 어려웠던 수행의 시간 동안 여러분은 성공의 원인을 저축합니다. 힘든 수행을 통해서 여러분은 힘을 축적합니다. 그리고 이것이 평화를 위한 추진력을 만듭니다. 마음에 충분한 정신적 저축이 있을 때, 마음은 좋은 수행으로 들어갑니다. 이것이 봉급날입니다. 그러나 대부분의 일은 이른바 나쁜 수행에서 이루어졌습니다. 이 사실을 명심하십시오.

| '과거'와 '미래'라는 짐 |

제가 지도했던 수련회 인터뷰에서 겪었던 일입니다. 한 여성 참가자가 저에게 하루 종일 화가 났다고 말했습니다. 거기에는 두 가지 다른 이유가 있었습니다. 어려운 시간을 보내던 앞의 수행시간에는, 끝내는 종을 좀 더 일찍 치지 않아서 화가 났습니다. 뒤의 시간에는, 그녀가 아름답고 평화로운 상태에 들어 있는데, 종을 너무 일찍 쳐서 화가 났습니다. 시간은 똑같이 한 시간이었습니다.

여러분은 생각합니다. '종이 울리려면 몇 분이나 남았지?' 이렇게 미래를 기대하는 것은 스스로에 대한 고문입니다. '몇 분이나 더 지나야 하지?' 혹은 '다음에 뭘 해야 하지?' 하는 무거운 짐을 집어 들지 않도록 주의하십시오. 만일 이런 생각을 하고 있다면, 여러분은 지금 일어나고 있는 것에 주의를 기울이고 있지 않습니다. 여러분은 문제를 불러들이고 있습니다. 수행을 하고 있지 않습니다.

이 수행의 단계에서는, 오늘이 무슨 요일인지 또는 지금이 몇 시인지도 모를 정도까지 현재순간에 주의력을 기울이십시오. '아침인가?', '점심인가?'—몰라요! 여러분이 오로지 아는 것은 '바로 지금'이라는 순간뿐입니다. 이렇게, 이 아름다운 '선원禪院 시간'에 도달합니다. 여러분은 이 순간 속에서 그저 수행할 뿐입니다. 몇 분이 지났는지, 얼마나 시간이 더 남았는지 알지 못합니다. 오늘이 무슨 요일인지조차 기억할 수 없습니다.

태국에서 젊은 스님이던 시절, 저는 실제로 그 해가 몇 년도인지를 잊어버렸습니다! 시간을 초월한 세상에서 사는 것은 굉장한 경험입니다. 이러한 세상은 우리가 일상적으로 살아가는, 시간에 끌려다니는 세상보다 훨씬 자유롭습니다. 수천 년 동안 모든 지혜로운 존재들이 **이** 순간을 경험해오고 있듯이, 시간을 초월한 세계 속에서 여러분은 **이** 순간을 경험합니다.

현재의 실상은 장엄하고 경이롭습니다. 모든 과거와 미래를 버릴 때, 이것은 마치 여러분이 생생히 살아나는 것과 같습니다. 여러분은 여기에 있습니다. 여러분은 알아차리고 있습니다. 이것이 바로 알아차림이 현재에만 유지되는 수행의 1단계입니다. 이 단계에 도달하면 이미 많은 일을 한 것입니다. 여러분은 깊은 수행을 가로막는 첫 번째 짐을 내려놓았습니다. 따라서 이 첫 번째 단계를 강하고 확고하게 그리고 잘 확립하기 위해 많은 노력을 기울일 필요가 있습니다.

2단계: 생각 없이 현재순간 알아차리기

서문에서 저는 가장 심오한 통찰을 품고 있는 (아름다운 침묵, 고요한 멈춤, 마음의 명확함이라는) 수행의 목표에 대해 간략하게 설명했습니다. 여러분은 깊은 수행을 가로막는 첫 번째 짐을 내려놓았습니다. 이제 더욱 아름답고 진실한 마음의 침묵으로 나아가야 합니다.

| '생각 없음'은 '해설 없음'을 의미합니다 |

2단계를 논의하는 데 있어서, '생각 없이 현재순간 알아차리기'를 경험하는 것과 그것에 대해 생각하는 것의 차이를 명확히 할 필요가 있습니다. 텔레비전에서 테니스 경기를 보는 비유가 도움이 될 것입니다. 여기서는 두 경기가 동시에 진행되고 있다는 사실을 알아차릴 수 있을 것입니다. 즉, 스크린에서 보는 경기와 해설자의 중계를 듣는 경기가 동시에 진행됩니다. 해설은 대개 편향적입니다. 예를 들어 호주인이 미국인과 경기하고 있다면, 호주인 스포츠캐스터는 미국인 캐스터와 전혀 다른 해설을 하기 마련입니다. 이 비유에서 해설 없이 텔레비전 스크린을 보는 것은 수행 중의 '생각 없는 알아차림'을 의미합니다. 그리고 해설에 주의를 기울이는 것은 그것에 대해 생각하는 것을 나타냅니다. 해설이 없이 지켜볼 때, 즉 '생각 없이 현재순간 알아차리기'만을 경험할 때 진실에 훨씬 더 가까이 있다는 사실을 알아야 합니다.

종종 우리는 내면의 해설을 통해서 세계를 안다고 생각합니다. 사실, 이런 내면의 말은 세계를 전혀 알지 못합니다. 내면의 말은 미혹을 조장해서 고통을 일으킵니다. 내면의 말은 우리로 하여금 적들에게 분개하도록 하고, 사랑하는 이들에게 위험스럽게 집착하도록 만듭니다. 내면의 해설은 삶의 모든 문제들을 일으킵니다. 이것은 두려움과 죄책감, 걱정과 우울을 형성합니다. 능숙한 배우가 관객들을 조종하여 두려움과 눈물을 불러일으키듯, 이것은 교묘하게 이런 환상들을 만듭니다. 따라서 진리를 추구한다면, 여러분은 '생각 없는 알아차림'에 가치를 부여해야 합니다. 그리고 수행 중에, 어떤 생각보다 이것을 중요하게 여겨야 합니다.

자기 자신의 생각에 높은 가치를 부여하는 것은 '생각 없는 알아차림'에 주된 장애가 됩니다. 생각에 부여하는 중요도를 지혜롭게 제거하고 '생각 없는 알아차림'의 대단한 정확성을 인식한다면, 내면 속 고요의 문은 열릴 것입니다.

내면의 해설을 극복하는 효과적인 방법 중 하나는 정제된 '현재순간 알아차리기'를 계발하는 것입니다. 매 순간을 아주 빈틈없이 지켜보면, 자연히 방금 전에 일어났던 것에 대해 말할 시간이 없어집니다. 생각은 방금 전에 일어났던 것에 대한 의견일 경우가 많습니다. '저건 좋았어', '이건 엉망이군', '그게 뭐였지?' 등이 그 예입니다. 이러한 해설들은 모두 이전의 경험에 대한 것들입니다. 방금 지나간 경험에 주목하거나 여기에 해설을 붙일 때, 여러분은 막 도착한 경험에 주의를 기울이지 않고 있습니다. 한참 전에 도착한 방문자들과 얘기하느니 여러분은 새로 도착하는 손님들을 무시하고 있습니다.

이 은유를 발전시켜보겠습니다. 여러분의 마음이 문 앞에서 손님을 맞이하는 파티의 주최자라고 상상해보십시오. 손님 한 명이 들어옵니다. 그리고 여러분은 이 사람과 이런저런 얘기를 시작합니다. 그러면 여러분은 들어오는 모든 손님들에게 주의를 기울여야 하는 자신의 의무를 다할 수 없습니다. 손님은 매 순간 문으로 들어옵니다. 따라서 여러분은 각각의 사람과 인사하고 즉시 다음 손님을 맞이해야 합니다. 여러분은 어떤 손님과도 가장 짧은 대화조차 나눌 여유가 없습니다. 그러면 다음에 오는 손님을 놓치게 되기 때문입니다. 수행 중, 경험들은 감각의 문들을 통해 하나하나씩 마음으로 들어옵니다. 하나의 경험을 알아차림으로 인사하고 그것과 대화를 나누기 시작한다면, 여러분은 바로 뒤따라오는 다음 경험을 놓칠 것입니다.

여러분이 모든 경험 즉 마음으로 들어오는 모든 손님과 함께 완벽하게 이 순간 속에 있을 때, 자연히 내면의 말을 할 공간이 없어집니다. 여러분은 정신을 바짝 차리고서 막 도착하는 모든 것들과 인사하는 데 완전히 몰두해 있습니다. 따라서 스스로에게 잡담할 수 없습니다. 이것이 '현재순간 알아차리기'를 정제해서 '생각 없이 현재순간 알아차리기'가 모든 순간에 유지되는 수준에 이르는 것입니다.

내면의 침묵을 계발하면서, 여러분은 또 다른 커다란 짐 하나를 버리게 됩니다. 여러분은 30년 혹은 50년 동안 줄곧 무거운 배낭을 짊어지고 있었습니다. 이렇게 머나먼 길을 힘들게 걸어왔습니다. 이제 여러분은 용기를 가졌고, 배낭을 벗을 지혜를 발견했습니다. 그리고 잠시 배낭을 땅에 내려놓습니다. 여러분은 지극한 편안함, 매우 가벼움, 그리고 진정한 자유를 느낍니다. 이제 짐을 내려놓았습니다.

내면의 고요를 계발하는 또 다른 유용한 기술은, 생각들 사이 혹은 내면 속 잡담 사이의 공간을 인식하는 것입니다. 한 생각이 끝나고 다른 생각이 시작되기 전, 바로 여기에 예리한 알아차림으로 면밀한 주의를 기울이십시오. 이것이 '생각 없는 알아차림' 입니다! 처음에는 순간적일지 모릅니다. 하지만 도망치는 고요를 인식하면서 여러분은 거기에 익숙해집니다. 거기에 익숙해질수록 고요는 더 오래 지속됩니다. 마침내 고요를 발견하면, 여러분은 그것을 즐기기 시작합니다. 이것이 고요가 자라는 이유입니다. 하지만 기억하십시오. 고요는 매우 수줍음이 많습니다. 만일 고요가 자신에 대해 여러분이 얘기하는 것을 들으면, 고요는 곧바로 사라져버립니다!

| '생각 없음' 은 즐겁습니다 |

만약 모든 내면의 말을 버리고 오랫동안 생각 없이 이 순간에 머물 수 있다면, 여러분은 현재 순간의 즐거움을 인식할 수 있을 것입니다. 이것은 불가사의한 경험일 것입니다. '침묵' 은 '생각' 보다 훨씬 많은 지혜와 명확함을 일으킵니다. 이 사실을 깨닫고 나면, 침묵은 더욱 매력적이고 중요해집니다. 마음은 침묵으로 기울고, 계속해서 침묵을 추구하게 됩니다. 그래서 마음은 정말로 필요할 때만, 그럴 만한 이유가 있을 때만 생각의 과정을 일으키게 됩니다. 대부분의 생각들이 정말 무의미하고 아무런 발전도 가져오지 못하며 그저 두통거리에 불과하다는 사실을 깨닫게 되면, 우리는 즐겁고 쉽게 더욱

많은 시간을 내면의 침묵 속에서 보낼 수 있습니다. 이러한 2단계의 수행이 '생각 없이 현재순간 알아차리기' 입니다.

  이 수준에 도달하면 수행에서 정말 먼 길을 온 것입니다. 그래서 이 처음 두 단계의 계발에만 많은 시간을 보내고 싶어할지도 모릅니다. '바로 지금' 이라는 '생각 없는 알아차림' 속에서 우리는 커다란 행복, 기쁨, 그리고 그 결과로 생기는 지혜를 경험합니다.

3단계 : 생각 없이 현재순간의 호흡 알아차리기

수행이 더 진전되기를 원한다면, 마음속에 들어오는 무엇이나 생각 없이 알아차리는 대신 단 한 가지에 대한 '생각 없이 현재순간 알아차리기'를 선택해야 합니다. 이 한 가지는 호흡의 경험, '자애로운 생각' mettā, '마음속에 만든 색상 있는 원' kasiṇa, 또는 다른 몇 가지의 조금 일반적이지 않은 알아차림의 대상이 될 수도 있습니다. 여기서는 '생각 없이 현재순간의 호흡 알아차리기'에 대해 설명할 것입니다.

| 통일성 VS 다양성 |

주의력을 하나에 고정시키는 것은 다양성을 놓아버리고 그 반대인 통일성으로 이동하는 것입니다. 마음이 통일되고 주의력이 하나에만 유지되기 시작하면서, 평화와 지복 그리고 그 힘에 대한 경험이 대단히 강해집니다. 여기서 우리는 의식의 다양성이 또 다른 무거운

짐임을 발견하게 됩니다. 이것은 동시에 울리는 여섯 대의 전화기가 책상 위에 있는 것과 같습니다. 다양성을 놓아버리고 한 대의 전화만(개인 전화 한 대만) 책상 위에 허용하면, 많은 고통이 사라지고 지복이 일어납니다. 여러분은 다양성이 무거운 짐이라는 사실을 이해합니다. 이러한 이해는 호흡에 초점을 맞추는 데 있어서 매우 중요합니다.

| 주의 깊은 인내가 가장 빠른 길입니다 |

만약 여러분이 '생각 없이 현재순간 알아차리기'를 주의 깊게 긴 시간 동안 계발했다면, 그 알아차림을 호흡으로 돌려 순간순간 중단 없이 호흡을 따라가기가 상당히 쉽다는 것을 알게 될 것입니다. 이것은 호흡명상의 두 가지 주요한 장애가 이미 극복되었기 때문입니다. 첫 번째 장애는 과거와 미래로 움지이는 마음의 경향성입니다. 그리고 두 번째 장애는 내면의 말입니다. 이것이 제가 더 깊은 호흡명상을 위한 탄탄한 준비과정으로 '현재순간 알아차리기'와 '생각 없이 현재순가 알아차리기'라는 두 예비단계를 가르치는 이유입니다.

수행자들 가운데 그들의 마음이 여전히 과거와 미래로 날뛸 때 그리고 알아차림이 내면 속 해설의 시끄러운 소리에 의해 사라질 때, 호흡명상을 시작하는 경우가 흔히 있습니다. 적절한 준비과정이 없었기에, 그들은 호흡명상이 어렵고 심지어 불가능하다고 여깁니다. 그래서 좌절하고 포기합니다. 그들은 올바른 지점에서 시작하지 않았기 때문에 포기합니다. 그들은 호흡을 주의력의 초점으로 취하기 전에 준비작업을 하지 않았습니다. 그러나 이 두 단계를 완수해서 마음이 잘 준비되었다면, 호흡으로 주의력을 돌릴 때 쉽게 호흡에 주의력을 유지할 수 있을 것입니다. 만일 그렇게 하는 데 어려움을 느낀다면, 이는 처음 두 단계에서 너무 서둘렀다는 표시입니다. 준비과정으로 다시 되돌아가십시오. 주의 깊은 인내가 가장 빠른 길입니다!

| 호흡 어디를 보는가는 중요하지 않습니다 |

호흡에 초점을 맞출 때, 여러분은 지금 일어나고 있는 호흡 경험에 초점을 맞춥니다. 호흡이 하고 있는 것, 즉 호흡이 들어가고 있는지 나가고 있는지 혹은 그 사이에 있는지를 경험합니다. 어떤 스승은 코끝을 보라고 하고, 어떤 이는 복부를 보라고 하고, 다른 이는 여기로 움직이고 그다음에는 저기로 움직이라고 말합니다.

저는 경험을 통해, 호흡의 어디를 지켜보는지는 중요하지 않다는 사실을 알게 되었습니다. 사실, 호흡을 어느 곳에도 위치시키지 않는 것이 가장 좋습니다. 코끝에 호흡을 위치시키면, 이것은 호흡 알아차림이 아니라 '코 알아차림'입니다. 그리고 복부에다 위치시키면, 이것은 '복부 알아차림'입니다. '내가 숨을 들이쉬고 있나? 내뱉고 있나? 어떻게 알고 있지?' 이렇게! 호흡이 하고 있는 것을 여러분에게 말해주는 경험, 바로 여기에 초점을 맞춥니다. 이 경험이 어디에 위치해 있는지에 대한 걱정은 놓아버리십시오. 오직 경험 그 자체에만 초점을 맞추십시오.

| 호흡을 통제하려는 경향성 |

이 단계에서는 대개 호흡을 통제하려는 경향성이 문제가 됩니다. 이것은 호흡을 불편하게 만듭니다. 이 어려움을 극복하기 위해, 창을 통해 호흡을 보는 자동차 안의 승객으로 자신을 상상해보십시오. 여러분은 운전기사도 아니고, 이래라저래라 운전에 참견하는 승객도 아닙니다. 명령을 멈추고, 놓아버리고, 승차를 즐기십시오. 호흡은 호흡하도록 놔두십시오. 그리고 그저 지켜만 보십시오.

   호흡이 들어오고 나감을 한 번도 놓치지 않고서 약 100번 정도 연이어 알 수 있다면, 여러분은 제가 수행의 3단계라고 부르는 수준에 도달했습니다. 이것은 호흡에 대한 지속적 주의력을 포함합니다. 이 단계도 역시 이전의 단계보다 더욱 평화롭고 즐겁습니다. 더 깊이 나아가기 위해서는 다음 단계인 '호흡에 대한 완전하고 지속적인 주의집중'을 목표로 해야 합니다.

4단계: 호흡에 대한 완전하고 지속적인 주의집중 🌱

4단계는 주의력이 모든 호흡순간까지 확장될 때에 일어납니다. 여러분은 들숨의 바로 첫 순간을 압니다. 즉 호흡을 들이쉴 때 첫 감각이 일어나는 순간을 압니다. 그다음, 들숨의 단 한순간도 놓치지 않고서, 이 감각이 한 들숨의 전체 과정으로 발전하는 것을 지켜봅니다. 그리고 그 들숨이 끝날 때, 그 순간을 압니다. 들숨의 그 마지막 움직임을 마음으로 지켜봅니다. 그리고는 다음 순간인 호흡 사이의 멈춤을 봅니다. 그다음, 날숨이 시작될 때까지 더 많은 멈춤의 순간들을 봅니다. 그리고 숨을 내쉬는 첫 순간과 날숨이 전개되면서 이에 뒤따르는 감각들을 봅니다. 이렇게, 날숨의 작용이 끝나서 사라질 때까지 봅니다. 이 모든 것이 고요와 현재순간 속에서 이루어집니다.

| 길 비키기 |

여러분은 수백 번의 호흡을 하는 동안 연속적으로 각각의 들숨과 날숨의 모든 부분을 연달아 경험합니다. 이것이 이 단계를 '호흡에 대한 완전하고 지속적인 주의집중'이라고 부르는 이유입니다. 이 단계는 힘을 통해서, 즉 잡음 또는 움켜쥠을 통해서 도달할 수 없습니다. 이 정도의 '고요한 멈춤'은, 고요하게 일어나고 있는 매 순간의 호흡 경험을 제외하고는 온 우주의 모든 것들을 놓아버려야만 얻을 수 있습니다. 사실, 여러분이 이 단계에 도달하는 것이 아닙니다. 마음이 하는 것입니다. 마음이 스스로 이 일을 합니다. 호흡과 단둘이 있는 이 단계를 마음은 매우 평화롭고 즐겁게 인식합니다. 그래서 여기에서 머물고 싶어합니다. 에고의 주요한 부분인 '행하는 것doer'이 여기에서 사라지기 시작합니다.

이 단계에서 수행은 애쓰지 않아도 나아갑니다. 우리는 다만 길을 비키고, 놓아버리고, 모든 것이 일어나는 것을 지켜보기만 해야 합니다. 내버려두기만 하면, 마음은 모든 순간에 오직 호흡과만 함께하는 매우 단순하고 평화롭고 감미로운 통일성으로 자동적으로 기울 것입니다. 이것이 마음의 통일, 순간에서의 통일, 고요한 멈춤에서의 통일입니다.

| '아름다운 호흡'의 시작 |

4단계를 저는 수행의 '도약판'이라고 부릅니다. 왜냐하면 여기서부터 지복의 상태로 뛰어들 수 있기 때문입니다. 개입하지 않으면서 이런 의식의 통일성을 그냥 유지만 하면, 호흡이 사라지기 시작할 것입니다. 마음이 호흡경험의 중심에(이것은 경이로운 평화·자유·지복입니다.) 초점을 맞추면서 호흡은 점차 사라집니다.

이 단계에서 저는 '아름다운 호흡'이라는 용어를 도입합니다. 여기서 마음은 이런 평화로운 호흡의 놀라운 아름다움을 인식합니다. 이 '아름다운 호흡'을 잇달아 일어나는 경험 속에서 빈틈없이 연속적으로 순간순간 알아차립니다. '아름다운 호흡'만을 애씀 없이 매우 긴 시간 동안 인식합니다.

다음 장에서 더 설명하겠지만, 호흡이 사라질 때 오직 남는 것은 '아름다움'뿐입니다. 무형의 아름다움이 마음의 유일한 대상이 됩니다. 이제 마음이 마음을 스스로의 대상으로 취하고 있습니다. 우리는 더 이상 호흡, 신체, 생각, 소리, 또는 외부 세계를 인식하지 못합니다. 오로지 알아차리는 것은 아름다움, 평화, 지복, 빛, 또는 우리의 인식이 뒤에 이름 붙일 무엇뿐입니다. 오직 아름다움만을 연속적으로 힘들이지 않고 경험합니다. 아름답다고 할 **실체가 없는 것을** 대상으로!

우리는 잡담과 설명 그리고 평가를 오래전에 버렸습니다. 여기서 마음은 정말 고요하게 멈춰서 어떤 말도 할 수 없습니다. 여러분은 마음속에서 지복이 처음으로 꽃피는 것을 막 경험하기 시작합니다. 이 지복은 발전하고 성장해 매우 견고하고 강해질 것입니다. 그런 후, 수행자는 선정이라 부르는 수행상태에 들 수 있습니다.

저는 수행의 처음 네 단계를 설명했습니다. 각각의 단계는 다음 단계로 가기 전에 충분히 계발되어야 합니다. 이 네 단계에 많은 시간을 투자하십시오. 그래서 앞으로 나아가기 전에, 모든 단계들을 견고하고 안정적으로 만드십시오. 여러분은 4단계인 '호흡에 대한 완전하고 지속적인 주의집중'을 쉽게 유지할 수 있어야 합니다. 즉, 호흡의 모든 순간을 한 번의 깨짐도 없이 200~300번의 호흡 동안 연속적으로 알아차릴 수 있어야 합니다. 그렇다고 이 단계에서 호흡을 세야 한다고 말하는 것은 아닙니다. 다만 4단계에서 대략 이 정도는 머물 수 있어야 다음 단계로 나아갈 수 있다는 사실을 알려주려는 것입니다. 앞에서 지적했듯이, 수행에서는 주의 깊은 인내가 가장 빠른 길입니다!

02 ─ Mindfulness, Bliss, and Beyond

수행의
기본 방법 II

이 장에서는 더 수준 높은 세 단계의 수행을 살펴볼 것입니다. 5단계: '아름다운 호흡에 대한 완전하고 지속적인 주의집중', 6단계: '아름다운 니밋따 경험하기', 7단계: '선정'이 그것입니다.

5단계: 아름다운 호흡에 대한 완전하고 지속적인 주의집중

5단계는 '아름다운 호흡에 대한 완전하고 지속적인 주의집중'입니다. 흔히, 전 단계로부터 자연스럽게 단절 없이 흘러와 이 단계에 도달합니다. 앞장에서 간략하게 검토했듯이, 알아차림의 균일한 흐름을 방해하는 것이 없어지면, 완전한 주의력은 호흡의 경험에서 편안하게 연속적으로 쉬게 됩니다. 그러면 호흡은 가라앉습니다. 거칠고 평범한 호흡이 아주 부드럽고 평화로운 '아름다운 호흡'으로 바뀝니다. 마음은 이러한 '아름다운 호흡'을 인식하고, 여기서 기쁨을 느낍니다. 마음은 깊어지는 만족감을 경험합니다. 이런 '아름다운 호흡'은 그저 지켜보기만 해도 행복합니다. 그래서 억지로 애쓸 필요가 없습니다.

| 아무것도 하지 마십시오 |

'여러분'은 아무것도 하지 않습니다. 이 단계에서 뭔가 하려고 하면 전체 과정을 망칠 것입니다. 아름다움은 사라질 것입니다. 이것은 뱀과 사다리 게임*에서 뱀의 머리에 내리는 것과 같습니다. 그러면 많은 칸을 되돌아가야 합니다. 이 단계부터는 '행하는 것^{doer}'이 사라져야 합니다. 여러분에게는 '아는 것^{knower}'만이 남습니다. 즉 수동적으로 지켜보기만 해야 합니다.

이 단계에서 유용한 기술은 잠시 내면의 침묵을 깨고, 부드럽게 스스로에게 '고요'라고 말하는 것입니다. 이게 전부입니다. 이 수행 단계에서 마음은 보통 매우 민감합니다. 그래서 약간의 자극만 주어도 그 지시를 고분고분 따릅니다. 호흡은 고요히 가라앉고, '아름다운 호흡'이 등장합니다.

---

* 뱀과 사다리 게임(snakes and ladders) : 주사위를 이용한 보드게임의 일종.

여러분은 '아름다운 호흡'을 매 순간 수동적으로 지켜봅니다. 여기서는 (호흡의) '들이쉼', (호흡의) '내쉼', 혹은 호흡의 시작·중간·끝이라는 인식이 사라지게 해야 합니다. 그러면 지금 일어나고 있는 '아름다운 호흡'의 경험만이 남을 것입니다. 마음은 호흡이 전체 과정 중 어느 부분에 있는지, 또는 몸의 어디에서 일어나는지에 관심을 기울이지 않습니다. 여기서 우리는 수행대상을 단순화시킵니다. 모든 불필요한 모습들에서 벗어나, 지금 이 순간에서 호흡을 경험합니다. '들이쉼'과 '내쉼'이라는 이원성을 넘어섭니다. 그리고 '아름다운 호흡'만을 알아차립니다. 이것은 거의 변하지 않으면서 부드럽고 연속적으로 나타납니다.

절대로, 아무것도 하지 마십시오. 그리고 호흡이 얼마나 부드럽고 아름다우며 시간을 초월할 수 있는지를 지켜보십시오. 얼마만큼의 고요를 허용할 수 있는지를 한번 시험해보십시오. 훨씬 더 고요하고 더욱 감미로운 '아름다운 호흡'의 달콤함을 충분히 즐기십시오.

| 오직 아름다움만이 남습니다 |

이내 호흡이 '아름다움'이라는 표시만 남기고 사라질 것입니다. 이것은 본인이 원해서가 아니라 충분한 고요함이 있을 때 일어날 것입니다.

영문학에서 유명한 한 구절이 호흡이 사라지는 경험을 명확하게 이해하는 데 도움이 될 것입니다. 루이스 캐럴의 『이상한 나라의 앨리스』에 나오는 내용입니다.

앨리스는 근처 나뭇가지에 앉아 입을 쩍 벌리고 웃고 있는 체셔 고양이를 보고 깜짝 놀랐습니다. 이상한 나라의 모든 이상한 존재들처럼 체셔 고양이는 정치인의 달변을 가졌습니다. 이 고양이는 앨리스보다 말솜씨가 뛰어났을 뿐만 아니라, 예고 없이 별안간 사라졌다가 다시 갑자기 나타나기도 했습니다.

앨리스가 말했습니다. "…… 근데 그렇게 갑자기 계속 나타났다 사라졌다 하지 않았으면 좋겠어요. 너무 어지러워요!" "알았어." 고양이가 말했습니다. 이번에는 꼬리 끝에서 시작해 미소에서 끝나면서, 아주 천천히 사라졌습니다. 그리고 미소는 나머지가 모두 사라진 후에도 한참 동안 머물러 있었습니다.

'어머나! 미소 없는 고양이는 자주 봤지만, 고양이 없는 미소라니! 내가 평생 본 것 중 가장 별난 것이군!' 앨리스는 생각했습니다.

이 이야기는 수행경험에 대한 오싹할 정도로 정확한 비유입니다. 체셔 고양이가 사라지고 오직 미소만 남았던 것처럼, 수행자의 몸과 호흡이 사라지고 오직 아름다움만이 남습니다. 앨리스에게는 이것이 평생 본 것 중 가장 이상한 것이었습니다. 수행자에게도 유형화有形化할 아무것도 없는 (심지어 한 번의 호흡조차도 없는) 자유로이 움직이는 아름다움을 명확하게 경험하는 것이 정말 이상한 일입니다.

2. 수행의 기본 방법 II

'아름다움'은, 더 정확하게 표현하자면 '아름다움의 표상表象'은 다음 단계의 수행에서 등장합니다. 빨리어로 '표상'은 **니밋따**nimitta 입니다. 그래서 다음 단계를 '아름다운 니밋따 경험하기'라고 부릅니다.

6단계: 아름다운 니밋따 경험하기

6단계는 몸, 생각, 그리고 (호흡에 대한 알아차림을 포함한) 다섯 가지 감각을 정말 완벽하게 놓아버려서, 오직 아름다운 정신적 표상 즉 니밋따만이 남을 때 성취됩니다.

이 순수한 정신적 대상은 마음찟따, citta의 지형에 있는 실재 대상입니다. 니밋따가 처음 나타날 때는 정말 이상합니다. 수행자는 이런 것을 전에 한 번도 경험해보지 못했습니다. 그럼에도 불구하고, 인식이라고 부르는 정신작용은 그 인생 경험의 기억창고에서 이와 약간 비슷한 것을 찾아냅니다. 육체를 벗어난 이 아름다움, 즉 정신적 즐거움은 대부분 수행자들에게 아름다운 빛으로 감지됩니다. 어떤 사람은 흰빛을, 어떤 사람은 금색의 별을, 어떤 사람은 푸른 진주 등을 봅니다.

하지만 이것은 빛이 아닙니다. 눈은 감겨 있고, 안식眼識은 오랫동안 꺼져 있었습니다. 이것은 처음으로 다섯 가지 감각의 세계로부터 자유로워진 의식第六識입니다. 이것은 보름달(빛나는 마음을 상징)이

구름(다섯 가지 감각의 세계를 상징) 뒤에서 나오는 것과 같습니다. 이것은 마음이 드러나는 것입니다. 이것은 빛이 아니지만, 대부분 사람들에게 빛으로 나타납니다. 이런 불완전한 묘사가 인식이 제공할 수 있는 최선의 것이기에, 빛으로 인식되는 것입니다.

다른 수행자들의 경우, 인식은 마음이 등장하는 이러한 첫 경험을 강렬한 평온 혹은 희열의 측면에서 묘사합니다. 이 경우에도 역시, (기쁨과 고통, 더위와 추위 등을 경험하는) 신식身識은 오래전에 닫혔기에 이것은 육체적 느낌이 아닙니다. 단지 기쁨과 유사한 것으로 인식될 뿐입니다. 어떤 수행자가 빛을 볼 때, 어떤 수행자는 감각을 경험하기도 합니다. 그렇지만 중요한 사실은 모두 똑같은 현상을 묘사하고 있다는 것입니다. 그들은 모두 똑같은 순수한 정신적 대상을 경험합니다. 그리고 각자의 서로 다른 인식에 의해 다른 모습들이 더해지는 것입니다.

| 니밋따의 특징 |

다음 여섯 가지 특징들로 니밋따임을 확인할 수 있습니다.

(1) 니밋따는 5단계 수행 후에만 나타납니다. 즉, 이것은 수행자가 긴 시간 동안 '아름다운 호흡'에서 머물고 난 후에 등장합니다.
(2) 호흡이 사라져야 나타납니다.
(3) 시각, 청각, 후각, 미각, 촉각이라는 외부 다섯 가지 감각들이 완

전하게 사라져야 나타납니다.

(4) 해설하는 생각(내면의 말)이 전혀 없는, 오직 고요한 마음에서만 나타납니다.

(5) 이상하지만 강렬하게 매력적입니다.

(6) 아름답고 단순한 대상입니다.

저는 여러분이 진짜 니밋따와 상상의 니밋따를 구분할 수 있도록 이러한 특징들을 언급합니다.

때로는, 처음 니밋따가 등장할 때 흐릿하게 나타날 수도 있습니다. 이 경우, 즉시 이전 단계인 '호흡에 대한 완전하고 지속적인 주의집중'으로 돌아가야 합니다. 니밋따로 너무 일찍 옮겨갔습니다. 때론 니밋따가 밝지만 불안정합니다. 등대 불빛처럼 니밋따가 순간 꺼졌다 켜지고, 다시 사라지는 경우입니다. 이것도 역시 '아름다운 호흡'에서 너무 일찍 떠났다는 사실을 보여줍니다. 마음이 주의력을 '아름다운 호흡'에 편안하게 오래오래 유지할 수 있어야 합니다. 그래야 훨씬 더 섬세한 니밋따에 명확한 주의력을 유지할 수 있습니다. 이렇게 마음을 '아름다운 호흡'에서 훈련시켜야 합니다. 인내심을 가지고 마음을 부지런히 훈련시키십시오. 그러면 니밋따로 옮겨갈 때, 그것은 빛나고 안정적이며 유지하기 쉬울 것입니다.

| 놓아버리기 |

니밋따가 흐릿하게 나타나는 주된 이유는 만족의 깊이가 너무 얕기 때문입니다. 여러분은 여전히 뭔가를 원하고 있습니다. 대개 빛나는 니밋따나 선정을 원합니다. 선정은 놓아버림의 상태입니다. 그리고 이것은 믿을 수 없을 정도로 깊은 만족의 상태입니다. 기억하십시오! 이것은 중요합니다. 그러니 배고픈 마음을 던져버리십시오. '아름다운 호흡'에 대한 만족감을 계발하십시오. 그러면 니밋따와 선정은 저절로 일어날 것입니다.

다른 각도에서 보자면, 니밋따는 여러분 즉 '행하는 것'이 간섭을 멈추지 않기 때문에 불안정합니다. '행하는 것'은 아무 관계도 없는 일에 항상 끼어들어 모든 것을 망치는 통제자, 또는 운전사에게 이래라저래라 참견하는 승객과 같습니다. 수행은 정지하는 자연적 과정입니다. 따라서 여러분은 완전히 길을 비켜야 합니다. 깊은 수행은 진정으로 놓아버릴 때만 일어납니다. 이것은 '행하는 것'이 그 과정에 접근하지 못할 정도로 **진정으로** 놓아버림을 의미합니다.

이런 심오한 놓아버림을 성취하기 위한 효과적인 방법은, 의도적으로 니밋따에게 신뢰라는 선물을 주는 것입니다. 아주 부드럽게 잠시 침묵에 끼어드십시오. 그리고 니밋따에게 완전한 신뢰를 준다고 마음속으로 속삭이십시오. 그러면 '행하는 것'이 모든 통제를 버리고 사라질 것입니다. (여기서는 여러분 앞에 니밋따로 나타나는) 마음이 여러분이 지켜보는 데서 그 과정을 인계받을 것입니다.

여기서는 아무것도 할 필요가 없습니다. 왜냐하면 니밋따의 강렬한 아름다움은 여러분의 도움 없이도 충분히 여러분의 주의력을 잡아둘 수 있기 때문입니다. '이게 뭐지?', '이게 선정인가?', '다음엔 뭘 해야 하지?' 같은 질문들을 시작하지 않도록 주의하십시오. 이러한 의문들은 모두 다시 개입하려고 하는 '행하는 것'에서 비롯됩니다. 의문은 수행의 과정을 방해합니다. 여행이 일단 끝난 후에야 여러분은 모든 것을 평가할 수 있습니다. 훌륭한 과학자는 맨 마지막에 모든 데이터가 나온 후에야 실험을 평가합니다.

'둥근가?, 타원형인가?', '가장자리가 명확한가? 아니면 흐릿한가?' 따위로 니밋따의 모양이나 가장자리에 신경 쓸 필요는 없습니다. 이것은 모두 불필요한 의문들입니다. 이러한 의문들은 다양성, 안과 밖이라는 이중성, 그리고 혼란으로만 이끌 뿐입니다. 마음이 원하는 곳으로 기울도록 내버려두십시오. 그곳은 대개 니밋따의 중심입니다. 그 중심은 가장 아름다운 부분이 있는 곳, 즉 빛이 가장 찬란하고 순수한 지점입니다. 주의력이 바로 그 중심으로 빨려들 때 또는 빛이 확장되어 여러분을 완전히 덮어버릴 때, 놓아버리고 그냥 그 여행을 즐기십시오. 마음이 지복으로 몰입되도록 놔두십시오. 그런 후, 수행의 7단계인 선정이 일어나도록 놔두십시오.

7단계: 선정禪定

선정으로 들어가는 입구에는 일반적으로 두 가지 장애가 있습니다. 흥분과 두려움이 그것입니다.

  흥분할 때, 마음은 '와~, 바로 이거야!' 하며 아주 들뜹니다. 마음에 이런 생각이 일어나면, 선정은 일어나지 않습니다. 이러한 '와~' 반응은 가라앉아야 합니다. 이것은 완전한 수동성으로 대체되어야 합니다. 모든 '와~'들을 선정에서 나온 뒤로 미루어두십시오. 그때가 적당한 때입니다.

  그렇지만 더 흔한 장애는 두려움입니다. 두려움은 선정의 엄청난 힘과 행복에 대한 인식, 또는 선정 속에 들어가면 뭔가(자신!) 뒤에 남겨두어야 한다는 인식에서 일어납니다. 선정에 들어가기 전에는 '행하는 것'이 고요합니다. 하지만 여전히 거기에 존재합니다. 그러나 선정 속에서 '행하는 것'은 완전히 사라집니다. 오직 '아는 것'만이 여전히 작동합니다. 수행자는 완전히 알아차리고 있지만, 이제 그는 어떤 통제도 할 수 없습니다. 한 번의 결정은 말할 것도 없고, 하나의 생각조차도 형성할 수 없습니다. 의지는 얼어버렸습니다. 통제력은 완전히 발가벗겨졌지만, 정말 완전히 깨어 있습니다. 이것은 이런 경험을 해본 적이 없는 초심자에게 큰 두려움을 줄지도 모릅니다. 이 두려움은 자기 정체성의 본질적인 부분을 포기하는 것에 관한 것입니다.

이러한 두려움은 부처님의 가르침에 대한 믿음과, 바로 앞에 있는 매혹적인 지복에 대한 인식과 끌림을 통해 극복될 수 있습니다. 부처님께서는 이런 선정의 지복을 두려워해서는 안 되고, 추구해야 하고 계발해야 하고 자주 닦아야 한다고 말씀하셨습니다(MN 66,21). 그러니 두려움이 일어나기 전에, 지복에 여러분의 모든 신뢰를 주고 부처님의 가르침과 고귀한 제자들의 모범에 대한 믿음을 유지하십시오. 법dhamma, 즉 부처님의 가르침을 신뢰하십시오. 애씀 없는, 육체 없는, 에고 없는, 그리고 지극히 행복한 경험 속에서 선정이 여러분을 따뜻하게 감싸도록 놔두십시오. 이것은 여러분 인생에서 가장 심오한 경험이 될 것입니다. 모든 통제를 잠시 완전히 버릴 수 있는 용기를 가지십시오. 그리고 이 모든 것을 스스로 경험하십시오.

| 선정의 특징 |

선정은 긴 시간 동안 지속될 것입니다. 겨우 몇 분 동안만 지속된다면, 이것은 선정이라 불릴 자격이 없습니다. 높은 선정들은 일반적으로 여러 시간 동안 지속됩니다. 일난 선정 속에 들어가면, 선택의 여지가 없습니다. 마음이 준비가 됐을 때만, 즉 축적된 버림의 '연료'가 모두 소진되었을 때만 선정에서 빠져나올 것입니다. 각각의 선정에서 의식은 매우 고요하게 멈춰 있고 만족스럽습니다. 그래서 아주 긴 시간 동안 지속되는 속성을 가지고 있습니다.

또 다른 선정의 특징은 (위에서 언급한 것처럼) 니밋따를 인지한 후에만 일어난다는 것입니다. 그리고 어떤 선정 중에도 신체를 경험하 거나(예: 육체적 고통), 외부의 소리를 듣거나, 또는 생각을 ('좋은' 생각조차도) 일으키는 것이 불가능합니다. 오로지 인식의 명확한 단일성, 즉 변치 않고 지속되는 비非이원적 지복의 경험만이 매우 긴 시간 동안 존재합니다. 이것은 혼수상태가 아니라 고양된 알아차림의 상태입니다. 여러분이 선정이라고 여기는 것이 진짜인지 아니면 상상의 것인지 스스로 알 수 있도록 하기 위해 이런 설명을 합니다.

저는 9장에서 11장에 걸쳐 선정에 특별한 관심을 기울일 것입니다.

위빠사나 VS 사마타 대논쟁大論爭

어떤 전통에서는 두 가지 종류의 수행에 대해 이야기합니다. '통찰 수행위빠사나, vipassanā'과 '고요 수행사마타, samatha'이 그것입니다. 사실 이 둘은 똑같은 과정의 나눌 수 없는 측면들입니다. 고요사마타는 수행에서 생기는 평화로운 행복입니다. 그리고 통찰위빠사나은 똑같은 수행에서 나오는 명확한 이해입니다. 고요는 통찰로 이끌고, 통찰은 고요로 이끕니다.

여기에서 제시된 모든 가르침을 위빠사나 수행이 빠진 '오로지 사마타 수행'고요하게 함이라고 잘못 생각하는 분들이 있을지도 모릅니다. 하지만 이것은 위빠사나도 사마타도 아닙니다. 이것은 '바와나bhāvanā: 정신적 계발'입니다. 부처님께서는 이 방법을 가르치셨습니다

(AN IV,125-27; MN 151,13-19). 그리고 이것은 저의 스승이신 아잔 차 스님을 포함한 태국 북동부 숲속 수행전통에서 재조명되었습니다. 아잔 차 스님은 사마타와 위빠사나는 분리될 수 없고, 이 한 쌍은 바른 견해 · 바른 생각 · 바른 도덕적 행위 등과 떼어서 계발될 수 없다고 자주 말했습니다. 그는 사마타와 위빠사나가 한 손의 양면과 같다고 말했습니다. 본래의 불교 전통에서 이 둘은 분리될 수 없습니다. 제가 설명했던 일곱 단계의 수행에서 정말 진전을 이루고자 한다면, 수행자는 부처님의 가르침을 이해하고 받아들여야 하며 스스로의 덕행이 청정해야 합니다.

통찰 수행은 지금까지 설명한 수행방법에 내재되어 있습니다. 특히 이 수행은 세 가지 중요한 부분에서 통찰 또는 이해를 일으킵니다. 일상의 행복에 영향을 미치는 문제들에 대한 통찰, 수행의 길에 대한 통찰, '자신'의 본질에 대한 통찰이 그것입니다.

| 일상의 행복에 영향을 미치는 문제들에 대한 통찰 |

죽음, 질병, 어떤 종류의 손실, 혹은 괴로운 논쟁 등의 문제들이 일어납니다. 이것은 고통스러울 뿐만 아니라 혼란스럽습니다. 이것은 빽빽하고 위험한 밀림에서 길을 잃은 것과 같습니다. 숲에서 길을 잃었을 때는, 큰 나무나 탑의 꼭대기로 올라가서 안전한 장소로 이끄는 강이나 도로 같은 멀리 있는 지형지물을 찾아야 합니다. 시야를 확보하고 전체 상황을 파악하고 나면, 혼란은 사라집니다.

이 비유에서 밀림은 일상생활의 얽힌 문제를 나타냅니다. 탑이나 나무의 꼭대기로 올라가는 것은 수행을 의미합니다. 이러한 수행은 통찰과 전망이 얻어지는 고요하고 시원한 공간으로 이끕니다. 그러니 만일 힘든 문제가 있다면, 그것에 대해 끊임없이 생각하지 마십시오. 그러면 밀림에서 길을 잃고 그저 헤맬 뿐입니다. 그 대신, 이번 장과 앞의 장에서 설명한 수행방법에 대한 가르침들을 주의 깊게 따르십시오. 그러면 여러분은 자신의 문제에서 벗어나게 될 것입니다. 밀림 위로 올라갈 것입니다. 그리고 그 유리한 위치에서, 무엇을 해야 하는지에 대한 통찰을 얻을 것입니다. 해답은 고요에서 나타날 것입니다.

| 수행의 길에 대한 통찰 |

각각의 수행시간 끝에, 그 시간 동안 일어난 모든 것에 대해 2~3분 정도 검토하는 시간을 가지십시오. 기억하기 위해서, 수행하는 도중에 기록을 할 필요는 없습니다. 왜냐하면 수행이 끝난 후에 중요한 특징들을 쉽게 기억할 수 있기 때문입니다. '평화로웠나? 아니면 실망스러웠나?' 이제 스스로에게 그 이유를 물어보십시오. 무엇을 해서 평화를 경험했나요? 혹은 무엇이 좌절감을 일으켰나요? 마음이 공상의 세계에서 헤매었다면, 이것이 평화롭거나 유용했나요? **수행시간이 끝난 후에만 하는** 이러한 검토와 질문은, 수행하는 방법과 수행이 무엇인지에 대한 통찰을 일으킵니다. 완벽한 수행자로 시작하

는 사람은 아무도 없습니다.

각각의 수행시간 끝에 수행을 검토하여 얻어지는 통찰들은 수행경험을 심화시키고 장애를 극복하게 할 것입니다. 수행에 대한 이런 종류의 통찰을 계발하는 것은 중요합니다. 그리고 2부에서 여기에 관해 다시 다룰 것입니다.

덧붙여서 말하자면, 제가 설명한 각각의 단계들을 성취하기 위해서는 통찰이 필요합니다. 예를 들어 생각을 놓아버릴 수 있기 위해서는, '놓아버림'이 무엇인지에 대한 어떤 통찰이 필요합니다. 이러한 단계들을 더 계발할수록, 통찰은 더욱 심오해질 것입니다. 그리고 만약 선정에까지 이른다면, 이것은 여러분의 모든 이해를 바꿀 것입니다.

한편, 이러한 수행의 길에 대한 통찰은 일상생활의 문제들에도 도움이 됩니다. 수행에서 장애를 만드는 서툰 태도들이 일상의 삶에서도 어려움을 불러오기 때문입니다. 수행은 체육관과 같습니다. 거기서는 고요와 통찰이라는 강한 정신적 근육을 계발합니다. 그리고 여러분은 이 두 가지를 이용해서 수행과 일상생활에서 행복과 성공을 얻을 수 있습니다.

| '자신'의 본질에 대한 통찰 |

가장 깊고 가장 이해하기 어려운 통찰은 자신이 진실로 누구냐 하는 것에 대한 통찰입니다. 이러한 통찰은 믿음이나 사유에 의해 얻을

수 없습니다. 이것은 완전히 고요해지고 마음을 해방시켜 그 마음을 앎으로써, 즉 수행을 통해서만 얻어집니다.

부처님께서는 마음을 구름 뒤에 가려진 한밤의 보름달에 비유하셨습니다. 구름은 다섯 가지 감각의 활동과 생각을 나타냅니다. 깊은 수행 속에서, 다섯 가지 감각은 물러나고 청정하고 빛나는 마음이 드러납니다. 선정 속에서, 여러분은 청정한 마음을 실제로 목격할 수 있습니다.

마음의 내적 비밀들을 알기 위해서는, 매우 오랫동안 아무런 생각 없이 선정의 '고요한 멈춤' 속에서 그것을 지켜봐야 합니다.

여기, 저녁에 닫히고 새벽에 열리는 천 겹의 꽃잎을 가진 연꽃의 비유가 있습니다. 아침 해의 첫 광선이 가장 바깥 겹의 꽃잎을 데웁니다. 그러면 그것은 열리기 시작합니다. 그리고 이것은 태양이 다음 겹의 꽃잎을 데울 수 있게 합니다. 곧 이 꽃잎도 열리기 시작합니다. 그리고 태양의 온기가 다음 겹으로 떨어집니다. 등등……. 하지만 만일 구름이 나타나 태양을 가리면, 연꽃은 그 꽃잎을 닫습니다. 가장 안쪽 겹의 꽃잎을 열어 그 비밀을 드러내도록 연꽃을 데우기 위해서는, 긴 시간 동안 끊어짐 없는 태양빛이 필요합니다.

이 비유에서 연꽃은 마음을 나타냅니다. 태양의 온기는 고요하게 멈춘 주의력을 나타냅니다. 구름은 고요한 멈춤을 파괴하는 생각 또는 정신적 동요를 나타냅니다. 저는 뒤에서 이 비유를 더 발전시킬 것입니다. 지금은 이러한 내적 비밀들이 여러분의 상상 너머에 있다고 해두겠습니다. 어떤 수행자들은 안쪽 겹의 꽃잎에서 멈춥니다. 그리고는 '바로 이거야!' 라고 잘못 생각합니다. 그러면 고요한 멈춤은 깨지고, 연꽃은 눈 깜짝할 사이에 닫힙니다. 이것은 위조僞造 깨달음입니다. 수행이 매우 깊어져 몇 시간 동안 고요한 멈춤 속에서 머물 수 있을 때, 여러분은 장애에서 자유로워진 마음을 알게 됩니다. 또한 가장 안쪽 겹의 꽃잎이 완전히 열려 연꽃 중심의 보석을 드러내는 것을 지켜보게 됩니다. 그러면 여러분은 궁극적 통찰을, 즉 자신이 누구인가에 대한 진실을 깨닫게 될 것입니다. 스스로 발견하십시오!

앞장에서 저는 인내가 수행의 진전에 가장 빠른 길이라고 충고했습니다. 이것은 이 장에서 논의된 세 단계의 수행에서도 유효합니다. 이들은 모두 앞의 수행이 진전되어야 다음 단계로 나아갈 수 있는 '놓아버림'의 단계들입니다. 결국, 선정에 들기 위해서는 진정으로 놓아버려야 합니다. 이것은 주의 깊고 근면한 수행에 의해 가능해지는 매우 심오한 '놓아버림'입니다.

수행에는 제가 이제까지 다루었던 것보다 훨씬 많은 것들이 있습니다. 이 두 장에서는 초선정初禪定에서 정점을 이루는 일곱 단계의 기본 방법에 대해서만 설명했습니다. 장애, 알아차림의 특징, 다른 수행대상 등 더 많은 내용에 대한 설명이 필요합니다. 다섯 가지 장애와 그것을 극복하는 방법으로 주의를 돌려 상세한 검토를 시작해 보겠습니다.

03 ─ Mindfulness, Bliss, and Beyond

수행의 장애 I

이 장과 다음 장에서는 다섯 가지 장애五蓋에 대해 상세하게 설명할 것입니다. 여러분은 수행 중에 이러한 장애에 부딪힐 것이고, 그것을 극복하는 방법을 배워야 합니다. 깊은 수행을 방해하는 이런 장애를 빨리어로 '니와라나nīvarana'라고 부릅니다. 이것은 직역하자면 '문을 닫음' 또는 '어떤 것에 들어가는 것을 마음'이라는 뜻입니다. 정확하게 이것이 장애가 하는 일입니다. 장애는 깊은 몰입 상태인 선정에 드는 것을 막습니다. 또한 지혜를 방해하거나 약화시키고, 미혹을 조장합니다. 그래서 불교수행의 적에 대해 얘기할 때, 다섯 가지 장애가 '첫 번째 공공의 적'이라고 할 수 있습니다. 다섯 가지 장애는 사람들이 깨달음을 이루지 못하도록 막습니다. 그리고 정확하게 이런 이유 때문에 다섯 가지 장애를 이해하고 극복하는 것이 매우 중요합니다. 장애를 완전히 이해하지 못하면, 이것을 극복할 수 없습니다.

어떤 스승들은 장애들을, 특히 매우 미묘한 장애들을 충분히 명확하게 설명하지 못합니다. 이러한 섬세한 장애들은 깊은 수행에 들지 못하도록 막습니다. 이것들을 알아차리려 노력하지 않고 그냥 지나쳐버리면, 이러한 장애들이 여러분의 마음을 지배할 것입니다. 여러분은 마음의 지복을 즐기지 못하고, 깨달음의 위대한 통찰도 계발하지 못할 것입니다.

기본적으로, 이런 다섯 가지 장애는 여러분과 깨달음 사이에 서 있습니다. 이런 장애를 알고 나면, 이를 극복할 확률이 높아집니다. 만약 아직 선정을 성취하지 못했다면, 이러한 다섯 가지 장애를 완전하게는 이해하지 못했다는 의미입니다. 그리고 만약 이런 깊은 상태에 들었다면, 장애를 극복한 것입니다. 이처럼 간단합니다.

부처님께서는 다섯 가지 장애를 다음과 같이 이름 붙이셨습니다.

'감각적 욕망, 악의, 나태와 혼침, 들뜸과 후회, 의심.'

부처님께서는 다섯 가지 장애를 보통 이런 순서로 나열하십니다. 여기서도 이 순서로 제시될 것입니다.

첫 번째 장애 — 감각적 욕망

'감각적 욕망kāma-cchanda'은 그 중요성 때문에 첫 번째에 위치합니다.

이것은 깊은 수행으로 들어가는 것을 방해하는 주요한 장애물입니다. 감각적 욕망의 영역을 완전하게 이해하는 수행자는 거의 없습니다. 이 용어가 일반적으로 이해되듯이, 이것은 단순히 감각적 욕망만을 의미하는 것이 아닙니다.

먼저, 빨리어 단어 '까마kāma'는 시각, 청각, 후각, 미각, 촉각이라는 다섯 가지 감각과 연관된 모든 것을 의미합니다. '찬다chanda'는 '~에 기뻐함' 혹은 '~에 동의함'을 의미합니다. 둘을 합친 합성어 '까마-찬다kāma-cchanda'는 '다섯 가지 감각세계에 대한 기쁨, 관심, 개입'을 의미합니다.

예컨대 수행 중 소리를 들으면, 왜 우리는 그것을 그냥 무시할 수 없을까요? 왜 소리가 우리를 그토록 방해할까요?

여러 해 전 태국에서 겪은 일입니다. 우리 절 주위의 시골동네에서 파티가 열렸습니다. 확성기에서 나오는 시끄러운 소음이 절의 평화를 깨는 것 같았습니다. 그래서 우리는 스승이신 아잔 차 스님에게 소음이 수행을 방해한다고 불평했습니다. 위대한 스승은 대답했습니다.

"소음이 너희들을 방해하는 것이 아니라, 너희들이 소음을 방해하고 있다!"

위의 예에서 감각적 욕망은 소리에 얽힌 마음입니다. 마찬가지로, 다리의 고통이 여러분의 수행을 방해한다면, 고통이 여러분을 방해하는 것이 아니라 여러분이 고통을 방해하는 것입니다. 만일 여러분이 정신 차리고 있었다면, 알아차림이 신체로 가서 다시 감각들에 관심을 가지게 되는 것을 보았을 것입니다. 그것은 감각적 욕망의 작용이었습니다.

우리는 다섯 가지 감각과 그 작용에 심하게 집착하고 있습니다. 그래서 감각적 욕망을 극복하기가 어렵습니다. 무엇에든 집착하고 있다면, 그것을 놓아버리는 것은 불가능합니다. 이러한 집착을 이해하기 위해서는, 다섯 가지 감각과 우리 몸의 관련성을 살펴보는 것이 도움이 될 것입니다. 일반적으로, 다섯 가지 감각은 우리 몸을 보호하기 위해 존재한다고 말해집니다. 그러나 통찰력은 여러분에게 그 반대를 이야기할 것입니다. 즉, 몸은 다섯 가지 감각이 세상에서 놀 수 있도록 수단을 제공하기 위해 있습니다. 다섯 가지 감각이 사라질 때 우리의 몸도 사라진다는 것을 알게 될 것입니다. 다섯 가지 감각을 놓아버리는 것은 몸을 놓아버리는 것을 의미합니다.

| 조금씩 감각적 욕망 버리기 |

다섯 가지 감각과 몸은 단 한 번의 결의로 놓아버릴 수 있는 것이 아닙니다. 감각적 욕망은 수행을 통해 조금씩 버려집니다.

먼저, 수행할 편안하고 조용한 장소를 선택하는 것에서 시작합니다. 만약 의자에 앉는 것이 더 편안하다면, 그것도 괜찮습니다. 부처님조차도 종종 의자에 앉으셨습니다. 눈을 감으면 처음에는 몸에 대해 많은 것을 느끼지 못할 것입니다. 불빛이 밝은 방에서 어둠 속으로 나가면, 몇 분이 지나서야 어둠 속에서 볼 수 있습니다. 이와 마찬가지로, 눈을 감으면 몸의 느낌들에 민감해지는 데 몇 분이 걸립니다. 그래서 눈을 감고 몇 분이 지나서야 몸의 자세에 대한 마지막 조정이 이루어집니다.

이런 과정에서 감각적 욕망에 대한 탐닉이 잠시 줄어들 것입니다. 몸은 편안함을 느끼고 다섯 가지 감각은 만족할 것입니다. 하지만 이것이 오래가지는 않습니다. 여러분은 이러한 처음의 자유를 이용해서, 다섯 가지 감각 영역 너머로 마음을 두기 시작해야 합니다. 여러분은 '현재순간 알아차리기'에서 시작합니다. 대부분의, 그게 아니라면 모든 우리의 과거와 미래는 다섯 가지 감각의 일들로 채워져 있습니다. 우리의 기억들은 신체적 느낌, 미각, 소리, 냄새, 시각에 관한 것입니다. 우리의 계획들도 마찬가지로 다섯 가지 감각에 대한 일들로 채워져 있습니다. '현재순간 알아차리기'를 성취함으로써, 우리는 감각적 욕망의 많은 부분들을 끊어버리게 됩니다.

다음 단계의 수행은 '생각 없이 현재순간 알아차리기'입니다. 여기는 모든 생각을 버립니다. 부처님께서는 감각적 욕망의 한 측면을 '까마-위따까 kāma-vitakka'로 밝히셨습니다. 이것은 다섯 가지 감각의 세계에 대해 생각함을 의미합니다. 신참 수행자에게 가장 명백한 형태의 '까마-위따까'는 성적인 환상입니다. 이러한 종류의 '까마-위따까'로 (특히 긴 수련회 기간 동안) 많은 시간을 허비할 수 있습니다. 수행의 진전을 가로막는 이러한 장애는 다섯 가지 감각으로부터의 완전한 자유(예: 선정)가 최고의 성적 경험보다 훨씬 황홀하고 심오하다는 사실을 인식함으로써 넘어설 수 있습니다. 이것은 통찰이나 믿음을 통해서 가능합니다. 스님들은 두려움이나 압력에 의해서가 아니라 더 뛰어난 것에 대한 인식을 통해 성행위를 포기합니다. 점심식사에 대한 생각조차도 '까마-위따까'에 속합니다. 이것은 고요를 방해합니다. 그리고 몸의 감각에 관해 언급하는 것도, 예컨대 '숨이 들어간다.' '소리를 듣는다.' 혹은 '찌르는 고통을 느낀다.' 고 마음속으로 생각하는 것도, 역시 까마-위따까의 한 부분입니다. 이것들도 수행의 진전에 장애가 됩니다. 그러나 이것을 인식하고 있는 수행자들은 거의 없습니다.

위대한 도교 성자인 노자老子는 저녁 산책에 제자 한 명을 (제자가 침묵을 지키는 한) 동반하곤 했습니다. 어느 날 저녁 그들이 산등성이에 도착했을 때, 제자가 말했습니다.

"이 얼마나 아름다운 일몰인가."

노자는 다시는 그 제자를 데려가지 않았습니다. 다른 사람들이 그 이유를 물었습니다. 스승은 설명했습니다.

"그 제자가 '이 얼마나 아름다운 일몰인가.' 라고 말했을 때, 그는 더 이상 일몰을 보고 있지 않았네. 그는 말만 보고 있었지."

이것이 '말함'을 버려야 하는 이유입니다. 말을 보고 있는 것은, 그 말이 묘사하려 하는(그러나 헛되이 실패하고 마는) 그 대상을 진정으로 알아차리고 있는 것이 아니기 때문입니다.

'생각 없이 현재순간 알아차리기'의 단계는 다섯 가지 감각의 세계가 이제 우리에 갇혀, 돌아다니지 못하고 어떤 장난도 칠 수 없는 것과 같습니다.

그다음에는, 다섯 가지 감각과 몸을 완전히 버리기 위해 다섯 가지 감각세계의 작은 부분에만 알아차림의 초점을 맞추어야 합니다. 여러분은 몸의 다른 감각들이나 소리 등에 주의를 기울이지 않습니다. 그 대신, 호흡의 신체적 감각에만 알아차림의 초점을 맞춥니다. 호흡은 다섯 가지 감각의 세계에서 마음의 영역으로 넘어가는 디딤돌이 됩니다.

'호흡에 대한 완전하고 지속적인 주의집중'에 성공하면, 여러분은 모든 소리가 사라졌음을 알게 될 것입니다. 그 속성상 서서히 사라지기 때문에, 여러분은 듣는 것이 멈춘 순간을 인지할 수 없습니다. 육체적 죽음처럼, 이러한 사라짐은 과정이지 사건이 아닙니다. 대개 좌선이 끝난 후 수행을 검토할 때(2장에서 충고한 것처럼), 특정한 시간 동안 마음이 어떤 소리에도 영향받지 않았다는 사실을 발견하게 됩니다. 몸이 사라졌고, 손을 느낄 수도 없었으며, 다리에서 어떤 신호도 받지 못했다는 사실 역시 알게 됩니다. 알았던 것은 오로지 호흡의 느낌뿐이었습니다.

어떤 수행자들은 그들 몸의 부분들이 사라진 것처럼 보이면, 겁을 집어먹습니다. 이것은 몸에 대한 강한 집착을 보여줍니다. 이것이 감각적 욕망의 작용입니다. 이것은 수행의 진전을 막습니다. 대개 여러분은 얼마 지나지 않아 몸의 감각이 사라짐에 익숙해집니다. 그리고 몸의 영역 너머에 있는 아름다운 평온을 즐기기 시작합니다. 놓아버림에서 생긴 자유와 기쁨이 계속해서 집착들을 버리도록 용기를 줍니다.

이내 호흡이 사라지고 경이로운 니밋따가 마음을 채웁니다. 이 단계에 이르러야만, 감각적 욕망을 즉 다섯 가지 감각세계의 얽힘을 완전히 버렸다고 할 수 있습니다. 니밋따가 형성되면, 모든 다섯 가지 감각들은 소멸되고 몸은 통제의 영역에서 벗어납니다.

이제 첫 번째이자 중요한 장애가 극복되었습니다. 그리고 이것은 지극히 행복합니다. 여러분은 선정의 문 앞에 있습니다. 이것이 감각적 욕망을 조금씩 버리는 방법입니다. 이것이 수행의 단계들을 이와 같은 방식으로 가르치는 이유입니다.

부처님께서는 『자따카』에서 말씀하셨습니다(Ja 4, 173).

"다섯 가지 감각의 세계를 버리면 버릴수록, 더한 지복을 경험하게 된다. 만약 완전한 지복을 경험하고자 한다면, 다섯 가지 감각의 세계를 완전히 버려라."

두 번째 장애 — 악의

두 번째 장애는 '악의惡意, vyāpāda' 입니다. 이것 역시 깊은 수행의 주된 장애물입니다. 악의는 특히 서양인 수행자들에게 문제가 됩니다. 대개 이 두 번째 장애를 다른 사람에 대한 성냄으로 이해합니다. 그러나 이것은 악의의 전체 내용이 아닙니다. 왜냐하면 악의는 자기 자신이나 수행대상을 향한 것일 경우가 더 많기 때문입니다.

| 자기 자신에 대한 악의 |

자기 자신에 대한 악의는 스스로가 행복하도록, 평화롭도록, 또는 수행에서 성공적이도록 허용하지 않는 것으로 나타날 수 있습니다. 많은 사람들은 매우 깊은 죄책감을 가지고 있습니다. 이것은 대부분 서양인들의 특징입니다. 이러한 특징은 그들 대다수가 자란 방식에서 기인합니다.

수행할 때, 자기 자신에 대한 악의를 주의해야 합니다. 이것이 깊은 수행을 막는 주된 장애일지도 모릅니다. 몇 년 전, 한 서양 여성 출가자가 그녀의 수행에 대해 저에게 말한 적이 있습니다. 그때부터 저는 이 문제에 대해 관심을 가지게 됐습니다.

자주 그녀는 거의 선정에 가까울 정도로 매우 깊은 수행에 들었습니다. 그녀는 문 앞에 있었습니다. 그러나 자신이 이런 행복을 누릴 자격이 없다(!)는 감정이 그녀를 가로막았습니다. 그녀를 가로막았던 것은 그녀 자신에 대한 악의였습니다. 그녀는 자신이 지복을 누리도록 놔둘 수 없었습니다.

그 후로 저는 많은 사람들에게서 이런 악의를 봤습니다. 때때로 수행이 평화로워지고 행복이 다가올 때, 우리는 뭔가 잘못된 것이 틀림없다고 생각합니다. 우리는 우리 자신에 대한 악의를 가지고 있습니다. 그래서 스스로를 행복하고 자유롭도록 허락하지 않습니다.

그녀는 자신과 선정 사이에 있는 유일한 것이 미묘한 형태의 악의의 장애라는 사실을 매우 명확하게 봤습니다. 그녀는 자신이 이 정도로 큰 지복을 누릴 자격이 있다고 생각하지 않았습니다. **당신은 이 정도로 큰 지복을 누릴 자격이 있습니다.** 왜 그래서는 안 되죠? 그러면 안 될 이유가 전혀 없습니다. 세상에는 불법적인 어떤 행복들이 있습니다. 불교 계율을 깨고, 질병을 유발하고, 또는 지독한 부작용이 있는 것들이 있습니다. 하지만 선정에는 나쁜 부작용이 없습니다. 그리고 법률을 어기는 것도 아닙니다. 부처님께서는 선정을 특별히 권장하셨습니다.

여러분이 스스로의 수행방식을 주의 깊게 지켜본다면, 선정 전의 마지막 단계가 아니더라도 악의의 장애에 부딪히는 것을 발견할지도 모릅니다. 기뻐하도록 스스로를 허용하지 않으면, 수행의 다소 초기 단계에서 악의에 부딪히게 됩니다. 아마 여러분은 평화와 행복을 즐기기보다 고통 받으며 앉아 있기를 더 좋아하는지도 모릅니다. 어쩌면 여러분은 자신이 행복, 지복, 그리고 자유를 누릴 자격이 없다고 생각할 것입니다.

내면의 행복에 대한 혐오는 죄의식의 확실한 표현입니다. 어떤 사람이 유죄라고 판명되면, 일반적으로 (아마 법원의 법률에 의해 부과되는) 징벌이 뒤따릅니다. 죄의식과 징벌은 서양 문화와 정신에서 분리될 수 없습니다. 어떤 것에 대해 죄의식을 느끼면, 그다음에 생각하는 것은 스스로를 벌주는 것입니다. 그래서 어떤 종류의 기쁨, 행복, 자유를 스스로 거부합니다. 서양인들은 계속해서 징벌만을 추구합니다. 이건 미친 짓입니다!

| 자기 자신에 대한 선의 |

이러한 장애를 극복하기 위해서는 자애명상을 좀 할 필요가 있습니다. 스스로에게 휴식을 주십시오. 스스로에게 말하십시오.

'내 가슴의 문은 나의 모든 것에게 열려 있습니다. 나는 내 자신이 행복하도록 허용합니다. 나는 내 자신에게 평화를 허용합니다. 나는 내 자신에게 선의를 가지고 있습니다. 나는 내 자신이 이 수행에서 평화롭고 지극히 행복해지도록 허용할 만큼 충분한 선의를 갖고 있습니다.'

만약 자애를 여러분 자신에게 확장시키기가 어렵다면, 그 이유를 물어보십시오. 깊이 자리한 죄책감이 내면에 있을지도 모릅니다. 여러분은 여전히 징벌을 기대합니다. 여러분은 여러분 자신을 무조건적으로 용서하지 않았습니다.

불교의 아름다운 윤리는 다른 어떤 사람이 여러분에게 무슨 짓을 하든지, 그리고 얼마나 오랫동안 그걸 했는지는 상관이 없다는 것입니다. 즉 얼마나 불공평하고, 잔인하고, 혹은 대접받을 만한 자격이 없는지는 중요하지 않습니다. 여러분은 여전히 그들을 완전히 용서할 수 있습니다. 때로는 용서할 수 없는 것이 있다고 사람들이 얘기하는 것을 들을 때가 있습니다. 이것은 불교가 아닙니다! 불교에서 **용서할 수 없는 것은 아무것도, 정말 아무것도 없습니다.**

몇 년 전, 어떤 미친 남자가 스코틀랜드의 한 초등학교에 들어가 많은 어린아이들을 살해했습니다. 그 살육 후, 종교예배에서 한 저명한 목사가 용서할 수 없는 것이 있다(!)고 주장하면서 하느님에게 이 남자를 용서하지 말아달라고 요청했습니다. 종교지도자가 용서하지 않으려 하면서, 비극의 여파로 인한 사람들의 고통을 치유하는 길을 보여주지 못하는 모습을 보았을 때, 제 가슴은 가라앉았습니다.

불교에서라면, 여러분은 모든 것을 용서할 수 있습니다. 용서는 치유입니다. 용서는 오래된 문제들을 풀고, 새로운 문제들을 만들지 않습니다. 그러나 스스로를 향해 가지고 있을지도 모르는 깊이 배어 있는 태도 때문에, 여러분은 자신을 용서할 수 없습니다. 종종 이 문제는 내면 깊숙이 묻혀 있습니다. 때로는 이것을 잊어버립니다. 죄의식을 느끼고, 용서할 수 없는 무언가가 내면에 있다는 것만 압니다. 여러분은 자유, 선정, 그리고 깨달음을 스스로 부정할 어떤 근거를 가지고 있습니다. 이러한 자기 자신에 대한 악의가 수행에서 성공하지 못하는 근본적인 이유일지도 모릅니다. 이 부분을 점검해보십시오.

| 수행대상에 대한 악의 |

수행대상에 대한 악의는 호흡명상에서 아직까지 큰 성공을 경험하

지 못한 사람들이 겪는 일반적인 문제입니다. 이것은 시간문제입니다. 그래서 저는 '아직'이라고 얘기합니다. 만약 가르침들을 따른다면, **모두가** 성공할 것입니다.

하지만 아직 성공하지 못했다면, 수행이나 수행대상에 대해 어떤 악의를 가지고 있을지도 모릅니다. 여러분은 앉아서 이런 생각을 할지도 모릅니다.

'아, 다시 시작이군.', '이번에도 힘들겠지.', '이거 정말 하기 싫어.', '수행자라면 이걸 해야 해.' 또는 '나는 훌륭한 불교신자가 되어야 해. 그리고 이게 불교신자라면 해야 되는 거야.'

만약 여러분이 수행에 대한 악의를 가지고 수행을 시작한다면(수행하지만 좋아하지 않으면서), 수행이 제대로 되지 않을 것입니다. 여러분은 여러분 바로 앞에 장애물을 두고 있습니다.

저는 수행을 사랑합니다. 저는 수행을 정말 즐깁니다. 제가 명상수련회를 이끌었을 때의 일입니다. 저는 도착하자마자 동료 스님들에게 말했습니다. "정말 좋아요, 명상수련회!" 저는 진심으로 수행을 기대하며 매일 아침 일찍 일어났습니다. '와! 난 명상수련회에 있어. 절에 있으면 해야 하는 다른 모든 일들을 할 필요가 없어.' 저는 수행을 정말 많이 사랑합니다. 그리고 수행에 대해 대단한 선의를 가지고 있습니다. 그래서 수행에 대해 아주 조금의 싫어하는 마음도 갖고 있지 않습니다. 기본적으로 저는 '수행중독자'입니다. 만약 여러분이 이런 종류의 태도를 가지고 있다면, 부처님께서 말씀하신 대로, 마음이 "수행을 향해 도약하는"(AN IX,41) 것을 알게 될 것입니다.

저는 이런 비유를 자주 듭니다.

여러분은 길을 걷다가 도로 맞은편에 있는 오랜 친한 친구를 봅니다. 여러분은 그 친구와 함께 즐거운 시간을 보냈습니다. 여러분이 어디를 가고 있었는지, 뭘 하기로 되어 있는지는 중요하지 않습니다. 여러분은 얼른 길을 건너가, 친구의 손을 잡고, 그를 껴안을 것입니다. 그리고 말할 것입니다. "커피나 한 잔 하러 가자. 약속에 늦어도 상관없어. 정말 오랜만이구나. 자, 같이 얘기 좀 하자."

수행은 여러분이 함께 시간을 보내고 싶어하는 사랑하는 오랜 친구와 같습니다. 여러분은 기꺼이 다른 일들을 제쳐놓을 것입니다. 만일 1마일 밖에서 수행을 본다면, 저는 그에게 곧장 달려가 다정하게 포옹할 것입니다. 그리고 같이 커피 한 잔 하러 그를 어디론가 데려갈 것입니다. 수행대상인 호흡과 함께 저는 정말 좋은 시간을 가졌습니다. 우리는 최고의 친구입니다. 여러분이 이런 선의를 가지고 있다면, 수행할 때 호흡을 지켜보는 것이 왜 그렇게 쉬운지를 알게 될 것입니다.

물론, 그 반대는 이 빌어먹을 호흡과 함께 있어야 한다고 인식할 때입니다. 여러분은 호흡을 싫어합니다. 여러분은 호흡과 몹시 힘든 시간을 가졌습니다. 거리 저쪽에서 호흡이 오는 것을 보면, 여러분은 생각합니다. '오 이런, 다시 오는군.' 여러분은 피하려고 가로등 뒤에 숨습니다. 그래서 호흡은 여러분을 보지 못합니다. 여러분은 도망치려고만 합니다. 불행하게도, 사람들은 호흡에 대해 이러한 악의를 계발합니다. 만약 이것을 지적하지 않으면, 사람들은 수행을 허드렛일처럼 여깁니다. 거기에는 행복이 없습니다. 이것은 헬스클럽에 가는 것과 같은 일이 됩니다. "고통이 없으면, 얻는 것도 없다." 여러분은 아주 고통스러울 때까지 역기를 들어 올립니다. 왜냐하면 그렇게 해야 뭔가를 얻을 거라고 생각하기 때문입니다. 만일 이런 방식으로 수행에 입문한다면 희망이 없습니다.

그러니 수행대상에 대한 선의를 기르십시오. 수행에서 기쁨을 느끼도록 스스로를 프로그래밍하십시오. 이렇게 생각하십시오.

'와! 아름다워! 나는 그냥 앉아서 아무것도 할 필요가 없어. 건물 짓는 것도, 편지 쓰는 것도, 전화하는 것도 할 필요가 없어. 그냥 여기에 앉아, 나의 오랜 좋은 친구인 호흡과 함께 있으면 돼.'

이렇게 할 수 있다면, 여러분은 악의의 장애를 버린 것입니다. 그리고 그 반대인 호흡에 대한 자애를 계발한 것입니다.

저는 호흡에 대한 모든 악의를 극복하기 위해 이런 방법을 사용합니다. 저는 호흡을 갓 태어난 아들이나 딸처럼 바라봅니다. 여러분은 자신의 아기를 쇼핑몰에 두고 그냥 잊어버릴까요? 길을 가다가 아기를 빠뜨릴까요? 아기를 오랫동안 시야에서 놓칠까요? 왜 우리는 호흡에 주의력을 유지할 수 없을까요? 이것도 역시, 호흡에 대한 친절함이 부족하기 때문입니다. 우리는 호흡에 기뻐하지 않고, 그걸 소중히 여기지 않습니다. 만약 호흡을 여러분의 아이나 여러분에게 정말정말 사랑스럽고 연약한 어떤 사람만큼 소중히 여긴다면, 결코 호흡을 빠뜨리고, 잊고, 또는 버릴 수 없을 것입니다. 호흡에 항상 주의를 기울이고 있을 것입니다. 하지만 호흡에 악의를 가지고 있다면, 여러분은 길을 잃고 그것을 잊어버릴 것입니다. 여러분이 호흡을 그만큼 좋아하지 않기 때문에, 그걸 잃어버리려 애쓰고 있는 것입니다. 이것이 수행대상을 잃어버리는 이유입니다.

   요컨대, 악의는 장애이고 이 장애는 다른 사람들에 대한 연민, 스스로에 대한 용서, 수행대상에 대한 자애심, 수행에 대한 선의, 그리고 호흡과의 우정에 의해서 극복됩니다. 여러분은 고요와 현재순간에 대해서도 역시 자애심을 가질 수 있습니다. 마음속에 거주하고 있는 이런 친구들을 여러분이 좋아하면, 수행대상에 대한 어떠한 악의도 극복할 수 있습니다. **수행대상에 자애심을 가지면, 그것을 잡기 위한 많은 노력이 필요 없습니다.** 여러분은 그것을 그저 너무 사랑해서 함께 지내는 데 전혀 힘들지 않게 됩니다.

04 ─────── Mindfulness, Bliss, and Beyond

수행의
장애 II

이제 '나태와 혼침', '들뜸과 후회', '의심'이라는 나머지 세 가지 장애에 관심을 돌려보겠습니다. 그다음, 장애가 극복될 때 어떤 일이 일어나는지를 살펴보도록 하겠습니다.

세 번째 장애 — 나태와 혼침

세 번째 장애는 '나태와 혼침thīna-middha'입니다. 수행경험을 통해 모두 이것을 잘 알고 있을 것입니다. 그래서 상세하게 설명할 필요는 없을 것 같습니다. 우리는 수행을 하려고 자리에 앉습니다. 그리고는 무엇을 지켜보고 있는지를 제대로 알지 못합니다. 즉 현재순간인지, 고요함인지, 호흡인지, 또는 다른 무엇인지를 알지 못합니다. 마음이 흐릿하기 때문입니다. 이것은 방 안에 불이 켜져 있지 않은 것과 같습니다. 온통 흐릿하고 불명확합니다.

| 나태·혼침과 화해하기 |

나태와 혼침의 극복을 위한 가장 심오하고 효과적인 방법은 마음의 흐릿함과 화해하고 싸움을 멈추는 것입니다!

제가 태국의 숲속 사원에서 젊은 스님이었을 때의 일입니다. 좌선 시간은 새벽 3시 15분부터였습니다. 그때는 정말 졸렸습니다. 저는 흐릿한 마음을 제압하기 위해 결사적으로 싸우곤 했습니다. 대개는 실패했습니다. 하지만 졸림을 극복하는 데 성공하면, 들뜸이 이를 대체했습니다. 그래서 저는 들뜸을 가라앉혔습니다. 그러면 다시 나태와 혼침으로 돌아갔습니다. 제 수행은 중심을 찾지 못하고 극단 사이에서 흔들리는 시계추와 같았습니다. 몇 년이 지나서야, 저는 무슨 일이 벌어지고 있는지를 이해할 수 있었습니다.

부처님께서는 '싸움'이 아니라 '숙고'를 제창하셨습니다. 그래서 저는 나태와 혼침이 어디에서 왔는지를 조사했습니다. 저는 잠을 아주 적게 자고서, 새벽 3시 15분에 수행하고 있었습니다. 더구나 저는 열대 밀림 속의 영양이 결핍된 영국인 승려였습니다. 무엇을 기대하겠습니까! 마음의 흐릿함은 자연적 원인들의 결과였습니다. 저는 놓아버렸습니다. 그리고 졸음과 화해했습니다. 싸움을 멈추고,

머리가 꾸벅꾸벅하도록 내버려뒀습니다. 심지어 코를 골았을지도 모릅니다. 나태·혼침과의 싸움을 멈추자, 그것은 그다지 오래 지속되지 않았습니다. 게다가, 나태와 혼침이 지나가고 나면, 들뜸이 아닌 평화가 찾아왔습니다. 저는 흔들리는 시계추의 중심을 발견했습니다. 그리고 그 후로 호흡을 쉽게 지켜볼 수 있었습니다.

대체로, 수행 중의 흐릿한 마음은 과로로 지친 마음의 결과입니다. 이런 흐릿한 마음과의 싸움은 여러분을 더욱 지치게 만듭니다. 하지만 휴식은 에너지가 마음으로 다시 돌아가도록 해줍니다.

이 과정의 이해를 위해, 저는 이제 마음의 두 부분인 '아는 것knower'과 '행하는 것doer'을 소개할 것입니다. '아는 것'은 그냥 정보만 받아들이는 수동적 측면의 마음입니다. '행하는 것'은 평가, 생각, 통제로 반응하는 능동적 측면의 마음입니다. '아는 것'과 '행하는 것'은 똑같은 정신적 에너지의 원천을 공유하고 있습니다. 많은 일을 할 때, 바쁜 생활 속에서 뭔가 잘 해보려고 발버둥치고 있을 때, '행하는 것'은 대부분의 정신적 에너지를 소모합니다. 따라서 '아는 것'에게는 약간의 정신적 에너지만이 남습니다. '아는 것'에게 정신적 에너지가 결핍될 때, 여러분은 흐릿한 마음을 경험하게 됩니다.

제가 몇 년 전 시드니에서 이끌었던 수련회 때의 이야기입니다.

한 참가자는 도시에서 일하는 기업의 중역이었습니다. 그녀는 스트레스가 심한 업무를 끝내고, 늦게 수련장에 도착했습니다. 그날 저녁 첫 번째 좌선시간에, 그녀의 마음은 거의 시체처럼 죽어 있었습니다. 그래서 저는 그녀가 나태와 혼침을 극복하도록, 저만의 특별한 가르침을 그녀에게 주었습니다. 저는 그녀에게 쉬라고 말했습니다. 그다음 3일 동안 그녀는 해가 뜰 때까지 잠을 잤습니다. 아침식사 후 다시 침대로 향했고, 점심식사 후에는 긴 낮잠을 잤습니다. 얼마나 훌륭한 수행자입니까! 그녀는 싸움 없이 3일을 보냈습니다. 이렇게 정신적 에너지를 '행하는 것'으로 거의 보내지 않고 '아는 것'으로 흘러들어가도록 하자, 그녀의 마음은 밝아졌습니다. 그다음 3일 동안, 그녀는 단계적으로 진전해서 그룹의 나머지 사람들을 따라잡았습니다. 수련회가 끝날 때, 그녀는 저만치 앞서 있었습니다. 그리고 그 수련회의 스타 수행자 중 한 사람이 되었습니다.

나태와 혼침을 극복하는 가장 심오하고 효과적인 방법은 여러분 마음과의 싸움을 멈추는 것입니다. 어떤 것을 변화시키려 애쓰지 마십시오. 그 대신 그냥 내버려두십시오. 나태·혼침과 전쟁이 아니라 평화를 유지하십시오. 그러면 여러분의 정신적 에너지는 자유로워져 '아는 것'으로 흘러들 것입니다. 그러면 나태와 혼침은 자연스레 사라질 것입니다.

| 알아차림에 가치 부여하기 |

나태와 혼침을 극복하는 또 다른 방법은 알아차림에 좀 더 가치를 부여하는 것입니다. 모든 불교 전통에서는 인간의 삶이 가치 있고

소중하다고 말합니다. 부처님의 가르침을 만난 삶은 특별히 더 소중합니다. 지금 여러분은 수행할 기회를 가졌습니다. 여러분은 지금 여기에 이르기 위해 얼마나 많은 생生이 걸렸고, 얼마나 많은 공덕을 쌓아야 했는지 알지 못할지도 모릅니다. 여러분은 '법'에 이만큼 가까이 오기 위해 오랜 세월 선한 업을 지었습니다. 이처럼 상기한다면, 나태와 혼침 쪽으로 덜 기울고 밝은 알아차림 쪽으로 더 기울게 될 것입니다.

때로 수행의 길은 갈림길에 도달합니다. 왼쪽 길은 나태와 혼침으로 이끌고, 오른쪽 길은 밝은 알아차림으로 이끕니다. 경험을 통해, 여러분은 이러한 갈림길을 인식할 것입니다. 이곳은 나태와 혼침의 샛길과 알아차림이 있는 고요의 고속도로 사이에서, 여러분이 선택할 수 있는 수행의 지점입니다. 왼쪽 길을 택하면, '행하는 것'과 '아는 것' 모두를 포기하게 됩니다. 오른쪽 길을 선택하면, '행하는 것'은 놓아버리지만 '아는 것'은 유지하게 됩니다. 알아차림을 가치 있게 여기면, 여러분은 밝은 알아차림의 오른쪽 길을 자동적으로 선택할 것입니다.

| 나태 · 혼침 그리고 악의 |

종종 나태와 혼침은 두 번째 장애인 악의의 결과입니다. 수행을 가르치기 위해 호주의 교도소들을 방문했을 때, 저는 이런 교도소 격언을 자주 듣곤 했습니다. "한 시간 더 자면, 형량도 한 시간 짧아진

다." 자신이 있는 곳을 좋아하지 않는 사람들은 흐릿한 마음을 도피처로 삼으려 할 것입니다. 그와 꼭 같이, 쉽게 부정적이 되는 수행자들은 나태와 혼침으로 빠져드는 경향이 있을 것입니다. 악의가 문제입니다.

제가 태국에 있을 때, 우리 절에서는 일주일에 한 번 철야정진을 하곤 했습니다. 이 밤샘 좌선시간에, 자정 후 한 시간 혹은 두 시간 정도 나태와 혼침이 규칙적으로 저를 사로잡곤 했습니다. 그때는 스님이 된 첫해였습니다. 그래서 저는 열두 달 전에 파티, 록 콘서트, 그리고 클럽에서 밤새 보냈던 시간들을 상기했습니다. 저는 새벽 두 시에 '도어스'의 음악을 들었을 때는 나태와 혼침을 결코 경험하지 않았다는 사실을 기억할 수 있었습니다. 왜 그럴까요? 하고 있는 것을 즐길 때는 나태와 혼침에 빠지지 않지만, 하고 있는 것을 좋아하지 않을 때는 나태와 혼침이 온다는 사실이 명확해졌습니다. 저는 밤샘 좌선을 좋아하지 않았습니다. 저는 이게 멍청한 아이디어라고 생각했습니다. 해야 되기 때문에, 저는 그것을 했습니다. 저는 악의를 가지고 있었습니다. 그것이 나태와 혼침의 원인이었습니다. 그래서 저는 태도를 바꿨습니다. 그리고는 밤샘 좌선에 즐거움을 불어넣고, 이것을 즐겼습니다. 그러자 나태와 혼침은 거의 찾아오지 않았습니다. 그러니 여러분은 나태와 혼침이 악의를 가진 잘못된 태도의 결과가 아닌지를 조사해보아야 합니다.

| 두려움을 이용한 수행의 부작용 |

제가 불자일 때, 저는 영국 북부에서 개최된 선(禪)수련회에 참석한 적이 있습니다. 그때는 매우 이른 아침이었습니다. 법당은 얼어붙을 만큼 추웠습니다. 사람들은 담요를 둘러쓰고 있었습니다. 담요를 어디든 가까이에 두고 수행하면 졸리기 마련입니다. 스승은 큰 막대기를 들고 아래위로 걷고 있었습니다. 그리고 고개를 꾸벅이기 시작했던 내 옆의 동료가 얻어맞았습니다. 그러자 모든 사람들의 나태와 혼침이 순식간에 사라졌습니다. 우리는 얻어맞는 딱 한 사람이 필요했습니다. 그걸로 충분했습니다. 문제는 저를 깨웠던 두려움이었습니다. 두려움은 저에게 남아 더 이상의 진전을 방해했습니다. 우리는 경험을 통해, 두려움이나 폭력 같은 해로운 방법으로는 평화와 자유 같은 유익한 상태를 만들어내지 못한다는 사실을 알 수 있습니다.

태국 북동부 지방의 과거 숲속 전통에서, 스님들은 나무 높은 곳에 설치된 판, 벼랑 끝, 혹은 호랑이가 우글거리는 밀림 같은 위험한 장소에서 수행하곤 했습니다. 살아남은 자들은 훌륭한 수행을 성취했다고 말했습니다. 그러나 살아남지 못한 스님들로부터는 아무것도 듣지 못했습니다!

네 번째 장애 — 들뜸과 후회 🌱

다음 장애인 '들뜸과 후회uddhacca-kukkucca'는 장애들 가운데 가장 미묘한 것입니다. 이 장애의 주된 부분은 마음의 들뜸입니다. 하지만 먼저, 후회의 문제에 대해 간단히 설명하도록 하겠습니다.

| 후회 |

'후회vicikicchā'는 여러분이 행동이나 말로 상처를 준 것들의 결과입니다. 다른 말로 표현하자면, 이것은 나쁜 행위의 결과입니다. 만약 수행 중에 후회가 나타난다면, 거기에 머무르지 말고 스스로를 용서해야 합니다. 모든 사람은 실수를 저지릅니다. 현자는 실수를 저지르지 않는 사람이 아니라, 스스로를 용서하고 실수로부터 배우는 사람입니다. 어떤 사람들은 너무나 큰 후회를 가지고 있습니다. 그래서 자신이 결코 깨달을 수 없다고 생각합니다.

불교 경전에는 앙굴리말라에 관한 유명한 이야기가 있습니다 (MN 86).

앙굴리말라는 연쇄 살인범이었습니다. 그는 999명의 사람들을 죽였습니다. 그는 희생자들에게서 손가락 하나씩을 잘라, 목걸이를 만들어 목에 두르고 다녔습니다. 1,000번째 희생자는 부처님이 될 예정이었습니다. 물론 그는 부처님을 죽일 수 없었습니다. 오히려 부처님께서 '그를 죽였습니다.' 그의 나쁜 방식들을, 그의 오염된 마음을 죽였습니다. 앙굴리말라는 불교 승려가 되었습니다.

앙굴리말라 같은 연쇄 살인자조차도 선정을 성취하고 완전한 깨달음을 얻을 수 있었습니다. 여러분은 사람을 죽인 적이 있습니까? 연쇄 살인자입니까? 여러분은 아마 이런 일들을 해본 적이 없을 것입니다. 이런 사람들이 깨달을 수 있다면, 당연히 여러분도 깨달을 수 있습니다. 여러분이 과거에 무슨 나쁜 일을 했건, 무엇에 대해 후회를 하건 간에, 언제나 앙굴리말라를 기억하십시오. 그러면 스스로에게 그다지 나쁘게 느끼지 않을 것입니다. 용서는(과거를 놓아버림은) 후회를 극복합니다.

| 들뜸 |

들뜸은 만족감의 아름다움을 음미하지 못하기 때문에 일어납니다. 우리는 '아무것도 하지 않음'의 순수한 기쁨을 받아들이지 못합니다. 우리는 이미 여기 있는 것에 감사하지 않습니다. 오히려 흠잡는 마음을 가지고 있습니다. 수행 중의 들뜸은 여기 있는 것에서 즐거움을 발견하지 못한다는 확실한 표시입니다.

즐거움을 발견하느냐 하지 못하느냐는 인식을 훈련시키는 데 달려 있습니다. 우리는 사물을 보는 방식을 바꿀 수 있는 힘을 가지고 있습니다. 한 잔의 물을 보고, 그것을 매우 아름답게 볼 수도 있고 평범하다고 생각할 수도 있습니다. 수행 중에, 호흡을 지루하고 일상적인 것으로 볼 수도 있고, 그것을 아름답고 굉장한 것으로 볼 수도 있습니다. 호흡을 매우 가치 있는 것으로 여기면 들뜨지 않을 것입니다. 다른 것을 찾으러 돌아다니지 않을 것입니다. 다른 할 것을, 다른 생각할 것을, 다른 갈 곳을 찾아서 돌아다니는 것('여기'와 '지금'을 제외한 어디든지), 이것이 들뜸의 실체입니다. 들뜸은 감각적 욕망과 함께 주요한 장애 중 하나입니다. 들뜸은 고요하게 아주 오랫동안 앉는 것을 정말 힘들게 만듭니다.

'나는 지금 바로 여기와 지금 이 순간이 아닌 어딘가에 있고 싶어.'라고 말하는 거친 들뜸을 극복하기 위해서, 저는 '현재순간 알아차리기'에서 수행을 시작합니다. 그곳이 어디건, 얼마나 그곳을 안락하게 만들건 들뜸은 언제나 '이건 충분치 않아.'라고 말할 것입니다. 들뜸은 여러분의 명상용 방석을 보고 '너무 커.' 또는 '너무 작아.', '너무 딱딱해.' 또는 '너무 넓어.'라고 말합니다. 들뜸은 수행센터를 보고 말합니다. '이건 충분치 않아. 하루에 세 끼를 먹어야 해. 룸서비스가 있어야 해.'

흠잡는 마음의 반대는 만족입니다. 무엇을 가지고 있건, 어디에 있건 여러분은 할 수 있는 한 최대한 만족의 인식을 계발해야 합니다.

수행할 때, 흠잡는 것을 유의하십시오. 때로는, '나는 깊은 수행에 들 수 없을 거야. 현재순간을 이렇게 오래 지켜봐왔는데 아무 진전도 없잖아.'라고 생각할지도 모릅니다. 이러한 생각이 바로 들뜸의 원인입니다. 수행의 진행에 관한 여러분의 생각은 중요하지 않습니다. 거기에 완벽하게 만족하십시오. 그러면 수행이 저절로 깊어질 것입니다. 스스로의 진전에 만족하지 못하면 일을 더욱 어렵게만 만들 뿐입니다. 그러니 현재순간에 만족하는 방법을 배우십시오. 선정에 대해서는 잊어버리십시오. 그저 '이 순간'에서, '여기' 그리고 '지금'에 만족하십시오. 이러한 만족감이 깊어지면, 선정이 실제로 일어날 것입니다.

고요를 지켜보고, 고요함에 만족하십시오. 만약 여러분이 진정 만족한다면, 어떤 말도 할 필요가 없습니다. 대부분 내면의 대화들이 불평이나 무엇을 바꾸려는 시도, 혹은 다른 것을 하려는 원함의 형태를 취하지 않습니까? 또는 생각과 관념의 세계로 도망가지 않습니까? 생각은 만족감의 결핍을 보여줍니다. 만약 진정으로 만족한다면, 여러분은 고요하게 멈춰 있을 것입니다. 만족감을 깊게 할 수 있는지를 살펴보십시오. 왜냐하면 이것이 들뜸에 대한 해독제이기 때문입니다.

몸에 통증이 있어서 좋지 않게 느끼더라도, 여러분은 인식을 바꿔서 그것을 매우 매혹적인 것으로, 아름답게까지 여길 수 있습니다. 통증과 고통 속에서 만족할 수 있는지 한번 살펴보십시오. 여러분이 그렇도록 허용할 수 있는지 시험해보십시오. 저는 승려 생활을 하면서 매우 극심한 고통을 몇 번 겪었습니다. 도망가려 애쓰는(들뜸) 대신, 저는 마음을 돌려서 고통을 완전히 받아들이도록 했습니다. 그리고 거기에 만족했습니다. 저는 심지어 극심한 고통 속에서도 만족하는 것이 가능하다는 사실을 발견했습니다. 만약 여러분이 이렇게 할 수 있다면, 고통 중 최악의 부분은 들뜸과 함께 사라집니다. 고통을 없애고 싶은 바람은 없습니다. 여러분은 그 느낌과 더불어 완전히 고요하게 멈춰 있습니다. 고통을 동반하는 들뜸은 아마도 최악일 것입니다. 만족으로 들뜸을 제거하십시오. 그러면 여러분은 고통에서 즐거움까지도 얻을 수 있습니다.

여러분이 가지고 있는 것이 무엇이든지(현재순간, 고요, 호흡), 여기에서 만족감을 계발하십시오. 여러분이 어디에 있든지, 만족감을 계발하십시오. 그리고 그 만족감에서, 그 만족감의 바로 중심에서 수행이 깊어질 것입니다. 그러니 만약 마음에서 들뜸을 보게 되면, 만족이라는 단어를 기억하십시오. 만족은 결점이 없는 부분을 보게 해줍니다. 그리고 여러분을 고요히 멈추게 만듭니다.

그러나 들뜸은 언제나 여러분을 노예로 만들 것입니다. 이런 부처님의 비유가 있습니다(MN 39,14). 들뜸은 폭군을 주인으로 가지는 것과 같습니다. 그는 여러분에게 "이거 갖고 와.", "가서 저거 해.", "그건 잘못됐잖아.", "좀 더 깨끗하게 청소해."라고 항상 말하며 잠시도 쉴 틈을 주지 않습니다. 폭군은 흠잡는 마음을 나타냅니다. 만족을 통해 이러한 폭군을 제압하십시오.

일반적인 형태의 들뜸을 극복한 후, 아주 미세한 형태의 들뜸이 수행의 깊은 단계에서 흔히 일어납니다. 처음 니밋따가 나타날 때가 바로 그런 때입니다. 들뜸 때문에 여러분은 니밋따를 혼자 내버려둘 수 없습니다. 그걸 망쳐버립니다. 여러분은 바로 지금 나타나는 니밋따에 만족하지 못합니다. 더한 것을 원합니다. 여러분은 흥분했습니다. 들뜸은 쉽게 니밋따를 파괴할 수 있는 장애 가운데 하나입니다.

여러분은 이미 도착했습니다. 더 이상 아무것도 할 필요가 없습니다. 그냥 혼자 내버려두십시오. 니밋따에 만족하십시오. 그러면 니밋따는 저절로 발전할 것입니다. 완벽한 '아무것도 하지 않음', 그저 앉아서 니밋따가 선정으로 꽃핌을 보는 것, 이것이 바로 만족입니다. 한 시간이 걸리든, 5분이 걸리든, 결코 일어나지 않든 여러분은 만족합니다. 이것이 선정으로 들어가는 길입니다. 니밋따가 오고 간다면, 이것은 마음이 들떴다는 표현입니다. 만일 여러분이 애씀 없이 주의력을 유지할 수 있다면, 들뜸은 극복되었습니다.

다섯 번째 장애 — 의심

마지막 장애는 '의심vicikicchā' 입니다. 의심은 가르침, 스승, 또는 스스로에 대한 것일 수 있습니다.

가르침에 대한 의심과 관련해서, 여러분은 지금쯤 수행에서 오는 아름다운 결과들을 알고서 충분한 믿음을 가졌을 것입니다. 벌써 많은 것을 경험했을지도 모르겠습니다. 이러한 긍정적인 경험들로, 수행이 가치가 있다는 믿음을 강화하십시오. 좌선수행, 고요한 멈춤 속에서의 마음계발, 그리고 특히 선정에서의 마음계발은 엄청난 가치가 있습니다. 이것들은 여러분에게 명확함, 행복, 그리고 부처님 가르침에 대한 이해를 가져다 줄 것입니다.

　스승은 스포츠팀의 감독과 같습니다. 그들의 일은 자신들의 경험으로 가르치는 것입니다. 그리고 더 중요한 것은 말과 행동으로 제자들을 고무시키는 것입니다. 그러나 스승들에게 믿음을 두기 전에, 먼저 그들을 점검하십시오. 그들의 행동을 관찰하고, 그들이 설법한 대로 수행하고 있는지를 스스로 살펴보십시오. 만약 그들이 정말 말하고 있는 것에 대해 알고 있다면, 그들은 윤리적이고 절제력 있으며 신심을 불러일으킬 것입니다. 스승들이 좋은 모범으로 이끌 때만, 그들에게 믿음을 두어야 합니다.

　'나는 희망이 없어. 나는 이걸 할 수 없어. 난 쓸모없어. 나 빼놓고는 수행한 모든 사람들이 선정을 얻고, 깨달은 것이 확실해.' 라는 생각은 자신에 대한 의심입니다. 이것은 여러분을 고무시키고 용기를 주는 스승의 도움으로 흔히 극복될 수 있습니다. "네, 당신은 이 모든 것을 성취할 수 있습니다. 많은 사람들이 그것을 성취했습니다. 당신이라고 안 될 이유가 뭐가 있겠습니까?"라고 말하는 것이 스승의 직분입니다. 스스로에게 용기를 주십시오. 여러분이 무엇을 원하든, 성취할 수 있다는 믿음을 가지십시오. 사실, 충분한 결심과 믿음을 가지고 있다면, 성공은 단지 시간문제입니다. 실패하는 유일한 사람들은 포기하는 이들입니다.

　의심은 또한 여러분이 지금 경험하고 있는 것으로 향할 수도 있습니다. '이게 뭐지? 이게 선정인가? 이것이 현재순간의 알아차림인가?' 이와 같은 의문들은 장애입니다. 수행 중에 이런 것들은 적당하지 않습니다. 그냥 마음을 여러분이 할 수 있는 한 가장 평화롭게 만드십시오. 놓아버리십시오. 그리고 평화와 행복을 즐기십시오. 나중에, 수행을 되돌아보며 이렇게 물을 수 있습니다. '그게 뭐였지? 그건 정말 흥미로웠어. 무슨 일이 일어나고 있었던 거지?' 이때가 그것이 선정이었는지 아니었는지를 발견할 때입니다. 만약 수행 중에 '이것이 선정인가?' 라는 생각이 일어난다면, 그건 선정일 수 없습니다! 이와 같은 생각은 깊은 '고요한 멈춤'의 상태에서 떠오를 수 없습니다. 단지 뒤에 그러한 상태들을 다시 검토할 때, 되돌아보며 '아, 그게 선정이었어.' 라고 말할 수 있습니다.

만약 수행 중에 어떤 어려움에 부딪힌다면, 멈춰서 '이것은 장애 중 어느 것이지?' 라고 스스로에게 물어보십시오. 무엇이 원인인지를 발견하십시오. 일단 원인을 알고 나면, 해결책을 떠올려서 그것을 적용시킬 수 있습니다.

만약 감각적 욕망이라면, 그서 조금씩 다섯 가지 감각들로부터 주의를 돌려 호흡 혹은 마음에 전념하십시오. 만약 악의라면, 자애 수행을 좀 할 필요가 있습니다. 나태와 혼침의 경우에는, '알아차림에 가치를 부여하라.' 라는 말을 기억하십시오. 만약 들뜸과 후회라면, '만족, 만족, 만족'을 기억하거나 용서함을 수행하십시오. 그리고 만약 의심이라면, 가르침으로 확신과 신심을 기르십시오.

수행할 때, 해결책들을 언제나 주의 깊게 적용하십시오. 그러면, 여러분이 겪고 있는 장애가 장기간의 장벽을 만들지 않을 것입니다. 여러분은 장애를 인식하고, 극복하고, 넘어설 수 있습니다.

장애의 일터

앞에서는 다섯 가지 장애를 따로따로 설명했지만, 이제는 이것이 모두 단 하나의 원천에서 나온다는 사실을 지적하고자 합니다. 장애는 놓아버림을 거부하는 여러분 안의 '통제광統制狂'에 의해 만들어집니다.

수행자들은 장애를 잘못된 곳에서 찾고 있습니다. 그래서 그것을 극복하는 데 실패합니다. 장애는 '아는 것knower'과 '알아지는 것the known' 사이의 공간에서 일하고 있습니다. 이 사실을 이해하는 것은 수행의 성공에 매우 중요합니다. 장애의 원천은 '행하는 것doer'입니다. 그리고 장애의 결과는 수행이 나아가지 않는 것입니다. 한편 장애의 일터는 마음과 수행대상 사이의 공간입니다. 본질적으로, 다섯 가지 장애는 관계의 문제입니다.

능숙한 수행자는 호흡을 관찰할 때 호흡을 **어떻게** 지켜보는지에도 역시 주의를 기울입니다. 만약 여러분과 호흡 사이에서 기대감을 발견한다면, 첫 번째 장애의 일부인 욕망을 가지고 호흡을 지켜보고 있는 것입니다. 그 사이의 공간에서 적대감을 감지한다면, 두 번째 장애인 악의를 가지고 호흡을 지켜보고 있는 것입니다. 혹은 만일 그 공간에서 (호흡에 대한 알아차림을 잃어버리지 않을까 걱정하는) 두려움을 인식한다면, 결합된 장애를 가지고 수행하고 있는 것입니다. 한동안은 호흡을 몇 분 동안 놓치지 않을 정도로 성공적으로 보일지도 모릅니다. 하지만 여러분은 수행이 더 깊어지지 못하고 차단되었다는 사실을 발견할 것입니다. 여러분은 잘못된 것을 지켜보고 있었습니다. 수행에서 여러분의 주된 임무는 이러한 장애를 알아차리고, 그것을 때려눕히는 것입니다. 이렇게, 각각의 연속된 수행단계를 성취합니다. 의지의 작용으로 각 단계의 목표를 훔치려 해서는 안 됩니다.

이 모든 수행단계에서, 여러분과 여러분이 알아차리는 무엇 사이에 평화와 친절을 둔다면, 여러분은 잘못될 수 없습니다. 성적인 환상이 일어날 때, 그 공간에 평화를 두십시오. 그러면 공상은 곧 연료가 떨어질 것입니다. 흐릿한 마음과의 전쟁이 아니라 평화를 유지하십시오. 관찰자와 여러분의 아픈 몸 사이에 친절함을 두십시오. 그리고 여러분과 여러분의 빙황하는 마음 사이의 전투를 중지하십시오. 통제를 멈추고, 놓아버림을 시작하십시오.

수천 개의 벽돌들이 하나하나 쌓여 집이 지어지듯, 평화의 집은 (예: 선정) 하나하나 만들어진 수천 순간들의 평화로 건설됩니다. 순간순간 평화 또는 온화함 또는 친절을 그 공간 사이에 두십시오. 그러면 성적 환상은 더 이상 필요 없어지고, 고통은 사라지고, 마음의 흐릿함은 밝음으로 바뀌고, 들뜸은 그 연료가 떨어집니다. 그러면 선정은 자연스럽게 일어납니다.

요컨대, 다섯 가지 장애는 '관찰자'와 '관찰되는 것' 사이의 공간에서 일어난다는 사실을 유의하십시오. 그러니 그 공간에 평화와 자애를 두십시오. 그냥 알아차리지만 말고, 제가 **무조건적 알아차림**이라고 부르는 것을 계발하십시오. 즉 결코 통제하지 않는, 또는 아는 것이 무엇이든 끼어들지조차 않는 알아차림을 계발하십시오. 그러면 모든 장애는 약화되고, 곧 사라질 것입니다.

| 뱀의 비유 |

수행을 방해하면서 반복해서 일어나는 장애에 대해 많은 수행자들이 불평을 합니다. 다음의 뱀의 비유에서 얻은 방법을 이용해서 재발하는 장애를 극복할 수 있습니다.

태국에서 신참 숲속 수행승으로 지내던 시절의 이야기입니다. 저는 샌들이 없어서 밤늦게 맨발로 오두막으로 돌아가곤 했습니다. 그리고 손전등의 건전지가 없어서 별빛을 이용하여 길을 찾아가곤 했습니다. 밀림의 길에는 뱀들이 많이 있었습니다. 하지만 저는 한 번도 뱀에 물린 적이 없습니다. 저는 거기에 굉장히 많은 뱀들이 있고, 이들이 매우 위험하다는 사실을 알고 있었습니다. 그래서 저는 뱀에 주의하며 아주 조심스럽게 걸었습니다. 길에서 의심스러워 보이는 검은 줄을 보면, 저는 그걸 뛰어넘거나 다른 길로 돌아갔습니다. 그래서 저는 무사히 위험을 피할 수 있었습니다.

마찬가지로, 수행의 길에는 많은 위험한 장애들이 여러분을 사로잡고, 여러분의 발전을 무력화시키려고 기다리고 있습니다. 만약 장애들이 몰래 돌아다니고 있고 이것들이 위험하다는 사실을 기억하기만 한다면, 여러분은 장애들을 조심할 것이고 그것들에게 결코 사로잡히지 않을 것입니다.

여러분을 이미 여러 번 사로잡았던 자주 일어나는 장애는, 가장 많이 서식하는 뱀과 같습니다. 그러니 좌선을 시작할 때, 이러한 자주 일어나는 장애를 스스로에게 상기시키십시오. 그것의 위험에 대해 스스로를 환기시키십시오. 그러면 여러분은 '아는 것'과 '알아지는 것' 사이에서 그것을 좌선수행하는 내내 감시할 것입니다. 이런 방법을 이용한다면, 여러분은 장애에 거의 사로잡히지 않을 것입니다.

| 날라기리 전략 |

어떤 수행자들은 모든 다섯 가지 장애를 한꺼번에 그리고 엄청난 힘(!)으로 경험한다고 얘기합니다. 그때 그들은 스스로가 미칠지도 모른다고 생각합니다. 격렬하고 강력한 장애의 공격을 받고 있는 수행자들을 돕기 위해, 저는 부처님의 생애에서 익히 알려진 한 에피소드에 근거한 '날라기리 전략'을 가르칩니다.

부처님의 적들은 부처님의 암살을 계획했습니다. 그래서 부처님께서 탁발하러 가시던 좁은 거리에 날라기리^{Nālāgiri}라는 이름의 중독된 수코끼리를 풀어놓았습니다. 사람들은 돌진해오는 미친 코끼리를 봤습니다. 그리고 빨리 길을 비키라고 부처님과 뒤따르는 제자들에게 소리치며 경고했습니다. 부처님과 충실한 시자인 아난다 존자를 제외한 모든 스님들이 도망쳤습니다. 아난다 존자는 용감하게 스승의 앞에 섰습니다. 그는 자신의 목숨을 희생해서 사랑하는 스승을 보호하려 했습니다. 부처님께서는 가볍게 아난다 존자를 옆으로 밀쳤습니다. 그리고는 엄청난 기세로 강력히 돌진해오는 코끼리를 홀로 직면하셨습니다. 부처님께서는 분명히 신통력을 가지고 계셨습니다. 부처님께서 그 거대한 코끼리의 코를 잡아 머리 위에서 세 바퀴를 돌리고 갠지스 강 너머 수백 마일 밖으로 던져버릴 수도 있었다고 저는 믿습니다! 그러나 이것은 부처님의 방식이 아닙니다.

그 대신 부처님께서는 자애와 놓아버림을 이용하셨습니다. 부처님께서는 아마 이처럼 생각하셨을 것입니다.

'사랑하는 날라기리, 내 가슴의 문은 네가 내게 무엇을 하든 너에게 열려 있단다. 네가 코로 나를 내려치거나 발로 날 밟아버릴지라도, 나는 네게 악의를 품지 않을 것이다. 나는 조건 없이 너를 사랑할 것이다.'

부처님께서는 그와 위험한 코끼리 사이의 공간에 부드럽게 평화를 놓으셨습니다. 이러한 진정한 자애와 놓아버림은 거부할 수 없는 힘을 가지고 있었습니다. 그래서 코끼리의 분노는 몇 초 안에 가라앉았습니다. 그리고 날라기리는 자비로운 분 앞에 얌전히 절하고 있었습니다. 부처님께서는 부드럽게 코를 쓰다듬으며 말씀하셨습니다.

"괜찮다, 날라기리야, 괜찮아……."

수행 중, 어떤 수행자들은 마음이 미쳐 날뛰는 경험을 할 때가 있습니다. 그들의 마음은 돌진하며 모든 것을 부수는 중독된 수코끼리와 같습니다. 이러한 상황에서는 '날라기리 전략'을 기억하십시오. 마음의 성난 수코끼리를 힘으로 가라앉히려 하지 마십시오. 그 대신 자애와 놓아버림을 이용하십시오.

'사랑하는 미쳐 날뛰는 마음아, 네가 무슨 짓을 내게 하든 내 가슴의 문은 너에게 활짝 열려 있어. 네가 날 파괴하고 부술지도 모르지만, 나는 너에게 악의를 품지 않을 거야. 네가 무엇을 하든, 나는 너를 사랑한다. 내 마음아.'

여러분의 미쳐 날뛰는 마음과 싸움이 아닌 화해를 하십시오. 이러한 진정한 자애와 놓아버림의 힘으로, 놀랍도록 짧은 시간 안에 마음은 분노에서 풀려나 여러분 앞에 서 있을 것입니다. 여러분은 부드러운 알아차림으로 가볍게 마음을 쓰다듬으며 말할 것입니다.

'괜찮다, 마음아, 괜찮아…….'

장애가 실신했을 때

얼마나 오랫동안 장애가 실신된 채로 있는지에 대한 의문이 흔히 일어납니다. 장애가 극복되었을 때, 이것은 영원히 극복되었을까요?

아니면 단지 수행 중에만 극복되었을까요?

처음에는 장애를 일시적으로 극복합니다. 깊은 수행에서 나올 때, 여러분은 이러한 장애가 오랫동안 사라졌다는 사실을 알게 될 것입니다. 마음은 매우 예리하고, 매우 고요합니다. 여러분은 주의력을 아주 긴 시간 동안 하나에 유지할 수 있습니다. 그리고 전혀 악의가 없습니다. 누가 여러분의 머리를 때리더라도 화가 나지 않습니다. 여러분은 섹스 같은 감각적 즐거움에 관심이 없습니다. 이것이 좋은 수행의 결과입니다.

하지만 한참 후에, 수행의 깊이와 길이에 따라 장애가 다시 돌아옵니다. 이것은 장애가 권투 링 위에 있는 것과 같습니다. 그는 방금 '실신' 했습니다. 그는 한동안 의식이 없습니다. 결국 그는 다시 제정신이 들고, 그의 수법을 다시 쓰기 시작합니다. 그렇지만 적어도 여러분은 이러한 장애를 극복한 상태가 어떤지를 압니다. 이런 깊은 단계로 더욱 자주 되돌아갈수록, 즉 더욱 자주 이러한 장애를 때려 눕힐수록, 장애는 더욱 병들고 약해질 것입니다. 그런 후, 깨달음의 통찰력으로 이렇게 약화된 장애를 확실하게 극복합니다. 이것이 유구한 불교의 길입니다.

지혜에게 기회를 주기 위해, 여러분은 수행을 통해 다섯 가지 장애를 실신시킵니다. 그러면 지혜는 약화된 장애를 꿰뚫어보고, 그것을 파괴합니다. 장애가 완전히 버려졌을 때, 여러분은 깨달음에 이릅니다. 그리고 만약 여러분이 깨달았다면, 전혀 어려움 없이 선정에 들 수 있습니다. 왜냐하면 장애물들이 사라졌기 때문입니다. 여러분과 선정 사이에 있었던 것이 완전히 뿌리뽑혀버렸습니다.

05

알아차림의 특성

알아차림은 수행의 성공을 이끌어내는 정신적 능력^{indriya} 중 하나입니다. 만약 알아차림을 충분히 이해하고 이것을 완전하게 닦지 않으면, 수행할 때 많은 시간을 낭비할 것입니다.

문지기 세우기

알아차림은 그저 알고 있고, 깨어 있고, 여러분에게 일어나고 있는 것을 완전하게 의식하는 것만이 아닙니다. 알아차림은 또한 특정한 영역을 알아차리도록 유도하고, 지시를 기억하고, 반응을 일으킵니다. 부처님께서는 알아차림을 문 혹은 대문을 지키는 사람에 비유하셨습니다(AN VII,63).

여러분이 부자여서 저택을 지키는 문지기를 고용하고 있다고 한 번 상상해보십시오.

어느 날 저녁, 수행을 하려고 절에 가기 전에, 여러분은 문지기에게 도둑을 주의하라고 말합니다. 집으로 돌아왔을 때, 여러분은 집이 도둑에게 털렸다는 사실을 발견합니다. 여러분의 자애심은 순식간에 사라집니다. 여러분은 문지기에게 소리칩니다.

"도둑을 주의하라고 내가 분명히 말했잖아요!"

문지기는 자신을 변호하며 말합니다.

"근데 전 주의하고 있었는데요." "저는 도둑들이 들어올 때, 그들에게 주의력을 기울이고 있었습니다. 그리고 그들이 플라스마 스크린 텔레비전과 최첨단 사운드시스템을 들고 나갈 때, 분명하게 주의를 기울이고 있었습니다. 저는 정신을 바짝 차리고서, 도둑들이 몇 번 들어오는 것을 봤습니다. 그리고 그들이 모든 골동품 가구들과 값비싼 보석들을 가져가는 것을 지켜보면서, 저는 마음속으로 딴생각을 하지 않았습니다."

여러분은 이런 알아차림의 설명에 행복하시겠습니까? 현명한 문지기는 알아차림이 단순한 주의력 이상이라는 것을 압니다. 현명한 문지기는 지시를 기억하고, 성실하게 그것을 수행합니다. 만일 집안에 침입하려는 도둑을 보면, 그는 도둑을 막거나 경찰에 신고해야 합니다.

마찬가지로, 현명한 수행자는 마음에 들어오고 나가는 것들에 그저 단순한 주의력을 기울이는 것 이상을 해야 합니다. 현명한 수행자는 지시사항들을 기억하고, 거기에 따라 행동해야 합니다. 예컨대, 부처님께서는 팔정도八正道 중 여섯 번째 요소인 '바른 노력'에 대한 지시를 주셨습니다. 알아차림을 닦는 수행자들은 해로운 마음상태가 침입하려는 것을 발견하면, 그 번뇌를 막으려고 노력합니다. 그리고 만일 해로운 상태에 빠지면, 그것을 쫓아내려 노력합니다. 성적 욕망이나 성냄 같은 해로운 상태는 도둑 혹은 달콤한 말로 속이는 사기꾼과 같습니다. 그들은 여러분의 평화, 지혜, 그리고 행복을 훔칩니다. 이렇게 '알아차림mindfulness'에는 '알고 있음awareness'과 '지시를 기억함remembering'이라는 두 가지 측면이 있습니다.

불교 경전에서 빨리어 단어 '사띠sati'는 '알고 있음'과 '기억'이라는 두 가지 의미로 사용됩니다. 훌륭한 알아차림을 가진 사람은 좋은 기억력도 가지고 있습니다. 하고 있는 일에 모든 주의력을 기울이면, 알아차림은 마음에 자국을 남깁니다. 그래서 쉽게 기억할 수 있습니다. 예를 들어 여러분이 큰 자동차 사고를 당할 뻔했다고 가정해보십시오. 그 위험 때문에, 여러분의 알아차림은 극도로 예리해집니다. 그리고 이러한 강렬한 알아차림 때문에, 여러분은 이 사건을 매우 명확하게 기억할 것입니다. 그날 밤 잠자리에 들 때, 여러분은 그걸 잊을 수 없을지도 모릅니다. 이것은 알아차림과 기억 사이의 관련성을 보여줍니다. 하고 있는 것에 더욱 주의력을 기울일수록, 여러분은 그것을 더 잘 기억할 것입니다. 다시 말하지만, '알고 있음'과 '기억' 이 둘은 함께 갑니다.

만약 우리에게 알아차림을 계발한 문지기들이 있다면, 그들은 받은 지시에 주의력을 기울일 것입니다. 만약 그들이 지시에 완전한 주의력을 기울인다면, 그들은 지시를 기억하고 거기에 따라 부지런히 행동할 수 있을 것입니다. 따라서 우리는 완전한 주의력을 기울이며 스스로에게 명확한 지시를 주어야 합니다. 그러면 우리는 무엇을 하기로 되어 있는지를 기억할 것입니다. 스승의 직무도 역시 마음을 인도하는 데 도움이 되도록 명확한 지시를 주는 것입니다. 수행방법이 정연하고 각각의 단계들이 잘 설명될 때, 문지기들은 그들에게 필요한 명확성을 가집니다.

문지기에게 지시하기

수행을 시작할 때, 내 안에 문지기가 있다는 사실을 기억하십시오. 즉 무엇이 일어나고 있는지를 알 수 있고, 지시들을 기억할 수 있는 어떤 것이 내면에 있습니다. 문지기에게 다음과 같이 말하십시오.

'지금은 현재순간을 알아차릴 시간이야.'

문지기에게 이렇게 세 번 말하십시오. 어떤 것을 반복하면 그것을 더 쉽게 기억합니다. 학교에 다닐 때, 아마 여러분은 단어의 철자를 기억하지 못해서 그 단어를 100번씩 써야 했던 경험이 있을 겁니다.

그 후로 여러분은 이 단어를 결코 잊어버리지 않습니다. 왜냐하면 어떤 것을 반복하면 더 많은 노력이 들고, 알아차림은 더 강해지기 때문입니다. 하기 쉬운 것은 많은 알아차림을 필요로 하지 않습니다. 그러니 지시들을 반복해서 스스로를 어렵게 만드십시오.

'나는 현재순간을 알아차릴 것이다. 나는 현재순간을 알아차릴 것이다. 나는 현재순간을 알아차릴 것이다.'

다른 하인이나 일꾼과 마찬가지로, 매 초마다 문지기에게 같은 지시를 할 필요는 없습니다. 처음에 세 번만 문지기에게 지시하십시오. 그리고 문지기가 그 일을 하도록 내버려두십시오. 문지기가 자기 일을 알고 있다고 신뢰하십시오.

여러분이 택시기사에게 하듯이 문지기에게 지시하십시오. 여러분은 기사에게 어디로 가는지만 명확하게 말합니다. 그리고는 편안히 기대어 승차를 즐깁니다. 여러분은 기사가 가는 길을 알고 있다고 신뢰합니다. 하지만 매 순간 기사에게 "천천히 가요.…… 빨리 가요.…… 여기서 좌회전해요.…… 이제 3단 기어를 넣어요.…… 거울을 잘 봐요.…… 오른쪽으로 붙어가요."라고 계속해서 말한다면, 어떻게 되겠습니까? 몇백 미터도 못가서, 택시기사가 여러분을 밖으로 던져버릴 것입니다. 그러니 수행자들이 몇 초마다 그들의 문지기에게 지시할 때, 마음이 반항하고 협조를 거부하는 것은 전혀 이상할 게 없습니다.

마음이 현재순간에 머무는 일을 하도록 내버려두십시오. 거기에 간섭하지 마십시오. 마음에게 명확한 지시들을 주십시오. 그리고는 놓아버리고 지켜보십시오. 이런 방법으로 알아차림을 확립한다면, 마음은 들은 대로 행동할 것입니다. 이따금 여전히 실수를 할 것입니다. 하지만 마음이 과거나 미래로 빠지자마자, 여러분이 주었던 지시에 의해서 알아차림은 현재로 돌아가야 한다는 사실을 기억할 것입니다. 여기서 여러분은 구경꾼일 뿐입니다. 여러분에게 이것은 자동적으로 일어나는 일입니다. 여러분은 더 이상 지시하지 않고, 문지기가 일하는 것을 그저 지켜봅니다. 이것이 마음을 아는 것이고, 마음의 본성에 따라 일하는 것입니다.

저는 여러분이 마음의 능력을 배우도록 마음과 게임을 해볼 것을 권합니다. 제가 처음으로 명상수련회에 참여했을 때의 일입니다. 스승은 아침에 일어나기 위해 알람을 맞춰놓을 필요가 없다고 말했습니다. 그 대신 잠들기 전에 다음과 같이 스스로에게 말하라고 했습니다.

'나는 다섯 시 5분 전에 일어날 것이다.'

이것은 매일 아침 효과가 있었습니다. 저는 다섯 시 5분 전인지를 확인하기 위해 시계를 볼 필요가 없었습니다. 일어나서 시계를 보면, 다섯 시 5분 전에서 1~2분밖에 차이가 나지 않았습니다. 마음이 작용하는 방식은 참으로 놀랍습니다. 저는 마음이 이것을 어떻게 기억했는지는 모릅니다. 하지만 효과가 있었습니다. 그러니 다음과 같이 여러분의 마음을 프로그램하십시오.

'지금은 현재순간을 지켜볼 시간이야. 현재순간에 있어. 현재순간에 있어.'

이렇게만 하면 됩니다. 그리고는 마음이 그 일을 하도록 내버려두면 됩니다.

누가 허용되고, 누가 허용되지 않는지를 문지기에게 명확하게 지시하는 것도 중요합니다. 단지 손님 명단만 가지는 것으로는 충분하지 않습니다. 만약 문지기가 금지된 사람의 명단을 가지고 있지 않다면, 쉽게 실수를 할 수 있습니다.

| 1단계에서의 문지기 |

수행의 1단계인 '현재순간 알아차리기'에서 들어오도록 허용되는 손님 명단은 현재 일어나고 있는 모든 것입니다. 새소리일 수도 있습니다. 멀리서 들리는 트럭소리가 될 수도 있습니다. 바람소리일 수도 있습니다. 어떤 사람이 기침하는 소리일 수도 혹은 문을 두드리는 소리가 될 수도 있습니다. 어느 것이든 될 수 있습니다. 그것이 현재 일어나고 있다면 '현재순간 알아차리기'의 손님입니다. 호흡일 수도 있습니다. 니밋따일 수도 있습니다. 선정이 될 수도 있습니다. 이것들은 모두 현재순간의 일부입니다. 그러니 누가 들어오도록 허용되는지를 아주 분명히 하십시오. 그리고 여러분의 손님들을 환영하십시오.

또한 여러분은 무엇이 들어오도록 허용되지 않는지를 아주 분명히 해야 합니다. 누가 '현재순간 알아차리기'의 불청객일까요? 과거 혹은 미래에 관한 모든 생각, 인식, 그리고 견해가 이런 적들입니다. 뒤돌아보거나 앞날에 대해 생각하는 것이 바로 이것입니다. 여러분이 문지기에게 지시할 때, 이러한 불청객들을 알고 이들을 분명히 하는 것이 중요합니다. 수행을 시작할 때 스스로에게 이렇게 세 번 말하십시오.

'나는 현재순간을 알아차릴 것이다. 그리고 과거나 미래로 빠지지 않을 것이다.'

문지기에게 그 목표뿐 아니라 그 위험에 대해서도 지시하는 것은, 알아차림이 스스로의 임무를 다하도록 돕습니다. 불청객이 나타날 때, 알아차림은 '이건 내가 하기로 되어 있는 일이 아니야.'라고 압니다. 그리고서 알아차림은 이런 과거 또는 미래에 대한 생각이나 인식을 버립니다.

| 2단계에서의 문지기 |

2단계인 '생각 없이 현재순간 알아차리기'에서 그 목표는 '생각 없는 고요함'이고 불청객은 '내면의 말'입니다. 따라서 여러분은 이 단계를 시작할 때 매우 분명하게 마음에게 말합니다.

'나는 고요하게 현재순간을 알아차릴 것이다. 그리고 내면의 말을 버릴 것이다.'

이것을 두 번 더 반복하십시오. 이런 방식으로 여러분은 알아차림을 확립합니다. 문지기에게 명확한 지시를 함으로써, 여러분은 수행이 성공할 가능성을 만듭니다.

| 3단계에서의 문지기 |

3단계인 '생각 없이 현재순간의 호흡 알아차리기'에서 유일하게 초대된 손님은 현재순간의 호흡입니다. 누가 불청객일까요? 호흡 이외의 모든 것입니다. 바깥의 소리, 몸의 느낌, 점심식사 혹은 저녁식사에 관한 생각 등이 그것입니다. 호흡을 제외한 모든 것이 불청객입니다. 따라서 여러분은 스스로에게 이렇게 세 번 말해야 합니다.

　'나는 현재순간의 호흡을 알아차릴 것이다. 그리고 다른 모든 인식과 생각을 버릴 것이다.'

　물론 여기서도, 무엇을 해야 하고 무엇을 하지 말아야 하는지를 모두 아주 명확하게 마음에게 말해야 합니다. 그리고는 마음이 그 일을 하도록 내버려두면 됩니다. 여러분은 그냥 구경만 합니다. 밖에서 잔디 깎는 소리 같은 호흡 이외의 생각이 떠오르면, 즉시 마음은 해서는 안 되는 일이라는 것을 알고 자동적으로 이를 물리칩니다. 이것이 알아차림 속에서 마음을 훈련시키는 것입니다. 잘 훈련된 마음을 지켜보는 것은 정말 즐겁습니다. 마음이 명확한 지시들을 받으면, 무엇을 해야 할지를 기억하고 무엇을 하고 있는지를 압니다. 그러면 수행은 순조로워지고 노력은 불필요해집니다.

　그렇지만 수행하는 데 노력이 전혀 필요 없는 것은 아닙니다. 효과적으로 적절한 순간에 어느 정도의 노력을 쏟아야 합니다.

이것은 나무를 기르는 것과 같습니다. 노력을 기울여야 할 때가 있고, 그냥 내버려둬야 할 때가 있습니다. 여러분은 씨를 뿌리고 물을 주고 퇴비를 줍니다. 하지만 나무를 기를 때, 대부분의 시간에 해야 할 일은 그저 그것을 보호하고 아무것도 그 과정을 방해하지 못하도록 하는 것입니다. 씨앗은 이미 그 지시를 가지고 있습니다. 단지 기회가 필요할 뿐입니다.

이와 마찬가지로, 마음에 계속 끼어들지 마십시오. 계속해서 찌르고, 밀치고, 뭘 하라고 말하지 마십시오. 그러면 마음은 얼마 지나지 않아 반항할 것입니다. '날 혼자 내버려둬. 이봐, 내 일을 하려고 노력하고 있잖아. 저리 비켜.'라고 마음은 말합니다. 그리고 빨리 마음을 혼자 내버려두지 않으면, 여러분의 수행은 끝장입니다!

| 4단계에서의 문지기 |

수행의 4단계는 '호흡에 대한 완전하고 지속적인 주의집중'입니다. 이 단계에서는 문지기에게 매 순간 전체 호흡을 알아차리고 다른 것들이 이러한 부드럽고 연속적인 알아차림을 침범하지 못하게 하라고 말해야 합니다.

'나는 연속적으로 전체 호흡을 알아차릴 것이다. 그리고 호흡 이외의 모든 것을 버릴 것이다.'

문지기에게 매우 주의 깊고 명확하게 지시함으로써, 여러분은 알아차림에 성공할 기회를 줍니다. 이 단계를 시작할 때 스스로에게 이 내용을 세 번만 말하십시오. 그리고 무엇이 일어나는지 그냥 지켜만 보십시오.

만약 이런 지시를 주고 나서 1~2분 후에 초점에서 벗어난다면, 두 가지 가능성이 있습니다. 충분히 주의를 기울여 스스로에게 지시하지 않았거나, 혹은 너무 약한 알아차림을 가지고 있기 때문입니다. 만약 여러분이 약한 알아차림을 가지고 있다면, 3~4분마다 지시를 반복해야 합니다. 10초 혹은 15초마다 지시를 반복할 필요는 없습니다. 지시를 너무 자주 반복하는 것은 수행에 혼란을 가져옵니다. 이렇게 하면 수행이 성공할 가능성이 사라집니다. 이것은 오히려 들뜸과 좌절을 일으킵니다.

만일 스스로에게 매우 주의를 기울여 지시한다면, 여러분은 그것을 기억할 것입니다. 알아차림은 단계적으로 깊어질 것입니다. 알아차림은 현재순간이라는 큰 영역에서 시작합니다. 그런 후 알아차림에 허용되는 범위가 점차 줄어듭니다. 알아차림은 내면의 말에 속하는 모든 것을 버리고, 현재순간의 '생각 없는 고요함'에 초점을 맞춥니다. 그다음에는, 현재순간의 '생각 없는 고요함'을 넘어서 '생각 없이 현재순간의 호흡 알아차리기'를 제외한 모든 것을 버립니다. 그다음에는 (들숨의 바로 시작부터 들숨의 끝까지, 날숨의 바로 시작부터 날숨의 끝까지 알아차리는) '호흡에 대한 완전한 알아차림'을 제외한 모든 것을 버립니다. 각각의 연속된 단계에서 알아차림은 더 큰 힘을 얻기 위해 그 폭을 줄입니다.

삼매 — 주의 깊은 고요한 멈춤 🌱

3단계인 '현재순간의 호흡 알아차리기'에서는 각각의 들숨 부분과 각각의 날숨 부분을 알아차리기만 하면 됩니다. 일단 들숨 부분을 알아차리면, 마음은 다른 곳으로 돌아다닐 수 있습니다. 그렇지만 다음 날숨을 잡기 위에 제시간 안에 다시 '집'으로 돌아와야 합니다. 일단 호흡이 나가는 것을 보고 나면, 마음은 호흡이 들어오는 것을 지켜보기 위해 집에 다시 돌아올 때까지, 나가서 다른 것들을 지켜볼 수 있습니다. 여전히 알아차림은 다른 갈 곳이 있습니다. 알아차림은 호흡에 묶여 있긴 하지만, 긴 밧줄에 묶여 있습니다.

그러나 4단계인 '호흡에 대한 완전한 알아차림'에서는 알아차림을 호흡에 완전히 가두어 다른 곳으로 가지 못하도록 해야 합니다. 이 4단계에서 처음으로 수행대상을 완전하게 잡게 됩니다. 그래서 이 단계는 수행에서 매우 중요합니다. 알아차림은 이 순간의 호흡이라는 존재의 좁은 영역에 갇혔습니다. 여러분은 알아차림이 여기저기로 가도록 허용하지 않습니다. 그 대신 알아차림의 초점을 맞춥니다. 알아차림의 초점이 맞춰지면, 이것은 강력해집니다. 이것은 불을 일으키기 위해 돋보기를 이용하는 것과 같습니다. 모든 에너지를 하나에 집중합니다. 하나에 알아차림을 유지할 수 있는 '주의 깊은 고요한 멈춤'을 삼매라고 합니다. 이것을 '집중'이라고 부를 필요는 없습니다. 왜냐하면 집중은 삼매의 의미에서 정말 중요한 많은 것들을 놓치고 있기 때문입니다.

 삼매는 하나에 주의력을 유지할 수 있는 '주의 깊은 고요한 멈춤'입니다. 이것은 보기 힘든 것이 아닙니다. 예컨대 외과의사가 수술하는 것이 그것입니다. 외과의사들은 종종 한 번의 수술에 몇 시간이 걸린다고 말합니다. 그들은 수술하는 내내 서 있습니다. 하지만 메스 끝에 주의력을 유지해야 하기 때문에 결코 피로를 느끼지 못합니다. 단 한 번의 작은 실수로, 즉 한 번의 '주의 깊은 고요한 멈춤'의 짧은 공백으로 환자가 죽을 수도 있습니다. 수술을 하는 외과의사는 일종의 삼매를 계발합니다. 그들은 다리에 어떤 통증도 느끼지 못합니다. 왜냐하면 그들의 모든 주의력이 메스 끝에 있기 때문입니다. 외과의사는 (직업상) 해야 하기 때문에, 이런 수준의 삼매를 얻습니다. 그들에게 세상의 유일한 관심사는, 지금 일어나고 있는 수술의 바로 이 부분입니다. 이 예는 선정에 관한 중요한 내용을 시사합니다. '만일 그것이 정말 중요하다면, 할 수 있다.'는 것입니다.

에너지 일으키기

알아차림에 필요한 또 다른 요소는 에너지입니다. 여러분은 각각의 단계에서 에너지가 필요합니다. 그리고 이 에너지는 하고 있는 것에 여러분이 가진 모든 것을 쏟아 넣음으로써 일어납니다. 다음 순간을 위해서 아무것도 뒤에 남겨두지 마십시오. 특히 정신적 에너지와 관련해서 사람들이 하는 실수 중 하나는 다음과 같은 생각입니다. '만일 이 순간에 많은 에너지를 쏟으면, 다음 순간에는 아무것도 남지 않을 거야.' 하지만 마음은 그런 식으로 작동하지 않습니다. 이 순간에 더 많은 에너지를 쏟아 넣을수록 다음 순간에는 더욱 많은 에너지를 가지게 됩니다.

정신적 에너지는 무제한의 창고를 가지고 있습니다. 바로 지금 하고 있는 것에 많은 에너지를 쏟으십시오. 그러면 여러분은 다음 순간에, 5분 후에, 혹은 뒤의 시간에 깨어 있고 정신이 바짝 차려질 것입니다. 그래서 저의 스승이신 아잔 차 스님은 이렇게 말했습니다.

"네가 무엇을 하고 있건, 네 마음을 모두 거기에 쏟아라."

그러면 여러분은 에너지를 축적할 것입니다. 하지만 만일 '아, 이 순간에 정말 에너지를 쏟을 필요는 없어.'라고 생각한다면, 여러분의 정신은 흐릿해지고 인생에서 아무것도 즐기지 못할 것입니다.

식사할 때, 먹는 매 순간의 숟가락을 알아차리도록 에너지를 쏟으십시오. 여러분이 얼마나 알아차릴 수 있는지 한번 보십시오. 그러면 그것을 더 즐길 수 있을 것입니다! 식사할 때, 알아차림의 불청객은 다른 것에 대한 생각입니다. 때로는 무엇을 입에 넣고 있는지조차도 모릅니다. 그러니 많은 사람들이 소화불량으로 고생하는 것도 이상할 게 없습니다! 여러분이 무엇을 하고 있던지 간에, 언제나 그것을 알아차리십시오. 그러면 에너지가 일어날 것입니다.

불빛 밝히기 🌱

알아차림이 강해지고 예리해지면서, 여러분은 아주 어두침침한 세계에서 빠져나오고 있음을 인식할 것입니다. 알아차림이 점점 강해지는 것은 방에 전등을 켜는 것 또는 태양이 떠오르는 것과 같습니다. 주위가 밝아집니다. 여러분은 여러분을 둘러싸고 있는 더 많은 것들을 봅니다. 이것은 실재에 스포트라이트를 비추는 것과 같습니다. 여러분은 풍부한 색상, 매력적 모양, 그리고 깊은 질감의 미묘한 아름다움을 보기 시작합니다. 이것들은 모두 아름답고 멋지게 나타납니다. 알아차림이 강력해지면, 이것은 통찰뿐 아니라 지복도 일으킵니다.

강력한 알아차림을 계발했을 때, 이것은 눈부신 햇살 아래 아름다운 정원에 가는 것과 같습니다. 이것은 활력과 신심을 일으킵니다. 빛나는 마음인 강력한 알아차림으로 세상의 좁은 한 부분에 초점을 맞추면, 그 본질을 매우 깊게 볼 수 있을 것입니다. 빛나고 집중된 알아차림을 경험하는 것은 멋지고 경이롭습니다! 여러분은 지금까지 상상했던 것보다 훨씬 큰 진실과 아름다움을 봅니다.

이렇게, 알아차림을 계발하는 것은 마음의 불빛을 밝히는 것과 같습니다. 알아차림이 여기저기로 돌아다니도록 내버려두는 대신 하나의 대상에 알아차림을 유지할 때, 알아차림은 그 자체의 에너지를 축적합니다. 여러분은 사물을 매우 깊고 아름답게 보기 시작합니다.

통찰의 근육 만들기

알아차림이 강해지면 통찰의 근육이 생깁니다. 숲에 있는 하나의 나뭇잎 같은 대상을 취하십시오. 그리고 여기에 주의력을 유지시키십시오. 그저 하나의 푸른 잎이 아니라 모든 세계를 볼 때까지, 알아차림이 고요해지도록 하십시오. 그러면 여러분은 알아차림의 힘을 이해할 것입니다. 알아차림을 하나의 대상에 유지할 수 있을 때, 이것이 어떻게 대상의 아름다움을 밝게 비추고 드러내는가를 알게 될 것입니다. 얼마나 많은 것을 볼 수 있는지! 얼마나 많은 세세한 모습들과 색깔과 질감이 이 작은 잎 하나에 존재하는지! 이것은 참으로 매혹적입니다. 바로 여기서, 알아차림이 그 대상과 즐겁게 맞물립니다. 알아차림은 대상의 본질에 대한 완전히 새로운 통찰을 목격합니다. 그러나 만일 '저녁에 뭘 먹을까' 하는 생각을 시작하면, 이 잎을 깊이 지켜보는 것을 멈추게 됩니다. 혹은 마음이 흐릿해지기 시작하거나 '사람들이 날 쳐다보고 있나? 날 좀 이상하다고 생각하지 않을까?'라고 걱정하기 시작한다면, 지속된 주의력의 마법은 깨질 것입니다. 하지만 한 대상에 주의력을 유지할 수 있다면, 여러분은 보고 있는 것에 감탄할 것입니다.

만약 여러분이 '주의 깊은 고요한 멈춤'(알아차림을 한 대상에 긴 시간 동안 유지할 수 있는 능력)을 계발한다면, 어떤 것을 통찰력을 가지고 탐구하고 그 본질을 깊이 들여다볼 수 있는 능력을 얻게 될 것입니다. 만약 책이나 스승에 대한 믿음으로부터가 아니라 스스로 존재의 깊은 진리를 발견하고자 한다면, 이것이 바로 그 방법입니다. 이것이 깨달음을 성취하는 방법입니다. 여러분은 강력한 알아차림을 계발합니다. 그리고 이를 어떤 흥미롭고 풍부한 지혜의 원천으로, 특히 마음으로 향하게 합니다. 만약 마음에 지속된 주의력을 유지하고 거기에 뛰어들 수 있다면, 여러분은 깊은 통찰이라 불리는 매우 귀중한 보석이 가득한 보물 상자를 발견할 것입니다.

요컨대 알아차림의 길은 다음과 같습니다. 이것은 알아차림이 진정 무엇인지와 그것을 계발하는 방법, 그리고 특히 수행의 매 단계에서 알아차림을 세우는 방법을 이해하는 것입니다. 알아차림이 무엇을 해야 하는지 알도록, 여러분의 문지기에게 명확한 지시를 주십시오. 그리고는 기대어 앉아 마음이 그 일을 하는 것을 지켜보십시오. 이것이 여러분이 해야 할 모든 것입니다.

서로 다른 수준의 알아차림에 대한 재고再考 🌿

수행의 경이로운 부분 중 하나는 알아차림을 계발하면서 그것이 서로 다른 수준들을 가지고 있다는 사실을 발견하는 것입니다. 평범한 알아차림은 지혜를 일으키기에는 너무 무디고 쓸모가 없다는 사실을 여러분은 깨닫습니다. 이런 알아차림은 날카로움과 힘을 거의 가지고 있지 않습니다. 수행이 진전되면, 알아차림은 한층 날카로워지고 더욱 강력해집니다. 그러면 미세한 영역에 주의력을 유지할 수 있습니다. 그리고 마음은 매우 빛납니다. 수행이 깊어질수록, 알아차림은 더욱더 강력해지고 기민해지고 예리해집니다.

이따금 수행자들은 알아차림의 대상을 잃어버리기도 합니다. 만약 호흡이 그 대상이라면, 호흡을 잃어버립니다. 무슨 일이 일어났을까요? 호흡은 미세하고 섬세해졌지만 알아차림이 여전히 너무 거칠기 때문입니다. 알아차림이 호흡의 발전을 따라가지 못했습니다. 이런 현상이 일어날 때는 이전 단계로 돌아가야 합니다. 이런 일은 언제든지 일어날 수 있습니다. 하지만 특히 4단계인 '호흡에 대한 완전하고 지속적인 주의집중'에서 일어나기 쉽습니다.

때로는, 호흡이 사라지고 니밋따가 나타날 수 있습니다. 하지만 이 니밋따를 유지할 수 없습니다. 왜냐하면 니밋따를 유지하려면 매우 정제된 수준의 알아차림이 필요하기 때문입니다. 하지만 여러분은 아직 이 정도 수준의 힘을 축적하지 못했습니다. 따라서 니밋따가 일어나기 이전 단계로 돌아가야 합니다. 니밋따보다 거친 대상인 '아름다운 호흡에 대한 완전한 알아차림'으로 돌아가십시오. 그리고 거기에서 알아차림의 힘을 계발하십시오. 5단계에서 알아차림이 완전하게 계발되면 더욱 섬세한 니밋따를 다룰 힘을 가집니다. 알아차림이 더욱 예리하고 강력해지면, 가장 섬세한 대상에도 주의력을 유지할 수 있을 것입니다. 하지만 여러분은 더 거친 수행대상들에 주의력을 유지하는 방법을 먼저 배워야 합니다.

이러한 각각의 연속적 단계에서 알아차림은 그 전 단계보다 더 높은 수준을, 더욱더 기민하고 예리한 수준을 가지고 있습니다. 3단계에서 호흡을 유지하는 데 필요한 알아차림이 감자 껍질을 벗기는 데 필요한 기술과 같다면, 니밋따를 유지하는 데 필요한 알아차림은 외과의사가 뇌수술을 하는 데 필요한 기술과 같습니다. 섬세한 수준에서는 완전히 다른 차원의 정교함이 필요합니다. 만일 감자 껍질을 벗기다가 바로 뇌수술을 하면, 일을 엉망으로 만들 것입니다. 호흡에서 니밋따로 너무 빨리 옮겨가는 것도 이와 같습니다. 여러분은 니밋따를 잃어버릴 것입니다.

수행이 발전하면 여러분은 흔들림 없는 알아차림을, 즉 매우 명확하고 아주 예리하게 완전히 한 대상에 유지되는 알아차림을 경험할 수 있습니다. 부처님께서는 알아차림이 사선정四禪定에서 정점을 이룬다고 말씀하셨습니다. 사선정은 알아차림의 절정입니다. 여기서 여러분은 완전한 평정平靜을 경험합니다. 여러분은 완전하게 알아차리기만 합니다. 그리고 전혀 흔들림이 없습니다. 이것은 가장 강력한 알아차림입니다. 이런 수준의 알아차림을 한번 경험해보면, 선정 없이 깨달을 수 있다는 생각이 얼마나 어리석은 생각이었는지를 스스로 알게 될 것입니다. 이러한 강력한 알아차림 없이는 강력한 통찰을 성취할 수 없을 것입니다. 이렇게, 여러분은 어떤 알아차림이 있을 수 있고, 깨달음에 필요한 알아차림의 수준이 어느 정도인지를 스스로의 경험으로 인식하기 시작할 것입니다.

여러분이 알고 있듯이, 일상생활에서의 알아차림과 깊은 수행에서의 알아차림은 별개의 것입니다. 알아차림은 각각 다른 정도의 힘, 섬세함, 그리고 침투력을 가지고 있습니다. 칼에 무딘 칼과 예리한 칼, 감자 필러와 메스 등 많은 종류가 있듯, 알아차림도 이와 같습니다.

그러니 예리하고 강력한 알아차림을 계발하십시오. 그러면 여러분은 이것을 이용해서 마음의 본질을 깊숙이 팔 수 있을 것입니다. 그리고 '무상無常', '고통苦', '무아無我'라는 아름다운 보물을 발굴할 수 있을 것입니다. 제가 이런 것을 보물이라고 말하면, 어떤 사람들은 이의를 제기합니다. "어떻게 고통이 보물이 될 수 있죠?, 어떻게 무상과 무아가 보물일 수가 있죠?" 이런 사람들은 미美, 초월, 우주적 의식, 모든 존재의 본질과 같은 불가사의하고 희망적으로 보이는 것들을 원합니다. 그러나 이것이 바로 그들이 진짜 보물을 발견할 수 없는 이유입니다. 그들은 자신들이 찾고 있는 것이 무엇인지 모르고 있습니다.

Mindfulness, Bliss, and Beyond — **06**

수행에
활기를 불어넣는
다양한 방법

이 장에서는 자애명상, '내버려두기' 명상, 걷기명상이라는 세 가지 다른 종류의 수행을 제시할 것입니다. 이러한 세 가지 수행 방법은 호흡명상과 거의 같습니다. 주된 차이는 주의력을 어디에 두느냐에 달려 있습니다.

여러분은 이러한 방법의 유용함을 알게 될 것입니다. 왜냐하면 이것이 수행에 다양성을 더해주기 때문입니다. 만약 여러분이 한 가지 종류의 수행만 계속 열심히 한다면, 너무 지겨워서 따분해지거나 흥미를 모두 잃어버리고 수행을 포기할지도 모릅니다. 수행에는 행복이 필요합니다. 알아차림을 대상에 고정시키는 접착제로서뿐 아니라, 수행으로 계속 다시 돌아가게 하는 재미의 요소로서도 행복이 필요합니다. 육체적 건강의 모토는 "고통이 없으면 얻는 것도 없다."일지 모릅니다. 하지만 수행의 모토는 "즐거움이 없으면 알아차림도 없다."입니다.

자애명상

자애慈愛에 해당하는 부처님의 단어는 '멧따metta' 입니다. 이것은 다른 사람의 행복을 바라는 마음을 지속할 수 있는 감정입니다. 자애는 어떤 잘못도 기꺼이 용서하는 선의의 감정입니다.

"내 가슴의 문은 당신이 누구든 무엇을 했든 영원히 당신에게 열려 있습니다."

이것은 제가 가장 좋아하는 자애에 대한 표현을 요약한 것입니다. 자애는 영감에서 일어나는 에고 없는 사랑입니다. 이것은 아무런 보상을 바라지 않는, 그리고 어떤 조건도 없는 사랑입니다.

부처님께서는 자애를 아이에 대한 어머니의 사랑에 비유하셨습니다(Sn 149). 어머니는 아이를 항상 좋아하지 않을 수도 있고, 아이가 하는 모든 일에 동의하지 않을 수도 있습니다. 하지만 그녀는 언제나 아이를 돌볼 것입니다. 그리고 아이가 행복하기만을 바랄 것입니다. 이러한 너그럽고, 차별 없는, 그리고 자유롭게 하는 친절이 자애입니다. 자애명상을 할 때, 여러분은 자애의 감정에 주의력을 둡니다. 그리고 이런 기쁜 감정이 온 마음을 채울 때까지 이를 계발합니다.

자애를 계발하는 방법은 모닥불에 불을 붙이는 방법에 비유할 수 있습니다. 여러분은 불이 잘 붙는 종이나 어떤 것으로 불을 붙이기 시작합니다. 그다음에, 불쏘시개, 작은 잔가지, 나무껍질을 넣습니다. 불쏘시개에 불이 붙으면 더 굵은 나뭇조각을 넣습니다. 그리고 잠시 후 굵은 통나무를 넣습니다. 불이 아주 뜨겁게 활활 타오르면, 축축하게 젖은 통나무도 넣을 수 있습니다. 그것에도 곧 불이 붙습니다.

자애는 여러분 가슴에서 따뜻하고 밝게 빛나는 불에 정확히 비유될 수 있습니다. 굵은 통나무 아래에 성냥불을 붙여서 모닥불을 피울 수 없듯이, 어려운 대상에서 시작해서 자애의 불을 피울 수는 없습니다. 그러니 자애를 여러분 자신이나 적에게 펴는 것으로 자애명상을 시작하지 마십시오. 그 대신, 자애로 점화시키기 쉬운 대상에 자애를 펴는 것으로 시작하십시오.

저는 1장에서 설명된 수행의 1단계, 즉 알아차림을 현재순간에 두는 것으로 자애명상을 준비합니다. 그다음, 작은 새끼 고양이를 상상하는 것으로 자애명상을 시작합니다. 저는 고양이를, 특히 새끼 고양이를 좋아합니다. 불꽃에 가스가 필요하듯이, 자애를 일으키기 위해 저는 상상의 새끼 고양이가 필요합니다. 저는 작은 새끼 고양이만 생각하면 됩니다. 그러면 제 가슴은 자애로 불이 붙습니다. 저는 제 상상의 친구가 버려지고 배고프고 매우 두려워하고 있다고 계속해서 마음속에 그립니다. 그 짧은 삶의 기간 동안, 새끼 고양이는 소외, 폭력, 외로움만을 경험했습니다. 말라빠진 몸에는 뼈가 툭 튀어나왔고, 털은 먼지와 피로 더럽혀져 있고, 그 몸은 공포로 경직되어 있다고 새끼 고양이를 상상합니다.

만일 내가 이 연약한 작은 존재를 돌보지 않는다면 아무도 돌보지 않을 것이고, 그러면 이 새끼 고양이는 무섭고 외롭고 두려운 죽음을 맞을 것이라고 생각합니다. 저는 이 새끼 고양이의 모든 고통을 느낍니다. 그러면 제 가슴은 활짝 열려 연민의 물결이 넘쳐 나옵니다. 저는 이 작은 새끼 고양이를 보살필 것입니다. 저는 이 존재를 보호하고, 배고프지 않도록 먹일 것입니다.

저는 이 새끼 고양이의 눈을 깊이 바라본다고 상상합니다. 그리고 제 눈에서 흘러나오는 자애로 새끼 고양이의 걱정을 녹이려 합니다. 저는 시선을 계속 마주치면서, 천천히 안심시키며 손을 뻗습니다. 부드럽게 이 작은 새끼 고양이를 들어 올리고 가슴에 안습니다. 새끼 고양이의 추위를 제 온기로 녹입니다. 포옹의 부드러움으로 두려움을 제거합니다. 그리고 새끼 고양이의 신뢰가 자라남을 느낍니다.

저는 가슴에 안겨 있는 새끼 고양이에게 말합니다.

'작은 존재여, 다시는 외로움을 느끼지 않을 거야. 다시는 두려움을 느끼지 않을 거야. 내가 항상 너를 돌봐줄게. 내가 너의 보호자와 친구가 되어줄게. 난 널 사랑해, 작은 새끼 고양이야. 네가 어딜 가든, 네가 뭘 하든, 내 가슴은 언제나 널 환영할거야. 나의 무한한 자

애를 너에게 항상 줄게.'

저는 새끼 고양이가 따뜻해지고, 긴장이 풀리고, 마침내 목을 가르랑거리는 것을 느낍니다.

이것은 제가 자애명상을 시작하는 방법에 대한 개요에 불과합니다. 저는 보통 훨씬 많은 시간을 들입니다. 저는 상상력과 내면의 해설(내면의 말)을 이용하여 마음속에 그림을 그리고 시나리오를 만들어서, 자애의 첫 불꽃이 일어나도록 합니다. 정신적 활동의 끝에, 여전히 눈을 감은 채 가슴 부위에 주의력을 둡니다. 그리고 자애로운 감정의 따뜻한 첫 불꽃을 느낍니다.

저의 새끼 고양이는 모닥불에 불을 붙이기 위해 쓰는 종이와 같습니다. 여러분은 새끼 고양이를 좋아하지 않을지도 모릅니다. 그러면 강아지나 아기 같은 다른 대상을 선택하십시오. 자애의 첫 대상으로 무엇을 선택하든, 실재의 존재가 아닌 가상의 존재로 하십시오. 마음속에서 여러분은 새끼고양이, 강아지, 혹은 아기 등 좋아하는 무엇이든 만들 수 있습니다. 현실 세계의 존재가 아닌 상상의 존재를 이용할 때, 더 많은 자유를 가지고 자애를 일으킬 수 있습니다. 제 상상의 새끼 고양이는 적절한 때에 목을 가르랑거립니다. 그리고 무릎 위에 절대로 똥을 싸지 않습니다. 첫 대상을 선택한 후, 자애의 감정을 일으키도록 상상력을 이용하여 그 대상에 관한 스토리를 창작하십시오. 연습을 통해서, 이러한 혁신적 방법은 자애명상을 시작하는 가장 성공적이고 즐거운 방법 중 하나가 됩니다.

몇 년 전, 한 여성 참가자가 이 방법이 본인에게는 효과가 없다고 불평을 했습니다. 그녀는 작은 동물을, 특히 말썽꾸러기 새끼 고양이를 작은 해충처럼 여겼습니다. 또한 그녀는 툭하면 울고 기저귀에 똥을 싸는 아기도 싫어했습니다. 그녀는 제가 '자애장벽metta-block'이라고 부르는 심각한 장애를 가지고 있었습니다.

그녀는 시드니의 아파트에 살고 있었습니다. 그녀는 거기서 화분에 어떤 꽃을 기르고 있었습니다. 그래서 저는 그녀에게 그 식물들 중 하나를 자애의 첫 대상으로 선택하라고 조언했습니다. 그녀는 섬세하고 여린 묘목을 상상했습니다. 그것은 너무 가냘파서 살아남기 위해서는 그녀의 돌봄, 사랑, 보호가 필요했습니다. 그녀는 모든 모성 본능을 이 연약한 작은 화분의 식물에게 쏟았습니다. 그녀는 그녀의 친구를 먹이고 보살폈습니다. 그리고 그녀의 친구는 꽃봉오리에서 아름답고 향기로운 꽃을 피워 그녀의 친절에 보답했습니다. 그녀는 이 방법에 정말 몰두했습니다. 이때가 자애명상이 그녀에게 처음으로 효과가 있었던 때였습니다. 수련회 기간 중 이때가 끝나는 종을 기다리지 않았던 유일한 시간이었다고 그녀는 말했습니다.

이러한 방식으로 첫 불꽃이 자리 잡습니다. 그런 후 상상의 존재를 보내버리고 그 자리에 실재 사람을, 즉 배우자나 사랑하는 관계에 있는 사람 혹은 가장 친한 친구 등 감정적으로 매우 가까운 사람을 놓으십시오. 자애를 일으키고 유지하기 쉬운 사람이어야 합니다. 모닥불의 은유에서 이들은 불쏘시개인 얇은 나뭇조각이 될 것입니다. 다시 내면의 말을 이용하여 이들 주위에 마음으로 그림을 그리십시오. 그들도 역시 여러분의 우정과 사랑이 필요합니다. 그들도 삶에서 쉽게 실망하고 좌절하는 감정적으로 연약한 존재들입니다.

내면의 해설로 얘기하십시오. '사랑하는 친구야, 나는 진정으로 너의 행복을 바란다. 네 몸이 고통에서 자유로워지고, 네 마음이 만족을 찾기를 기원한다. 조건 없이 내 사랑을 너에게 줄게. 너를 위해 항상 있을게. 내 가슴속에는 언제나 너의 자리가 있을 거야. 나는 진심으로 너를 좋아해.' 혹은 여러분이 직접 만든 비슷한 말들을 하십시오. 여러분의 가슴에 따뜻한 자애의 빛을 일으키는 어떤 표현이든지 이용하십시오. 이들과 함께하십시오. 자애가 그들 주위에서 빛나고 확고하게 자랄 때까지, 그들이 여러분 바로 앞에 있다고 상상하십시오. 이제 잠시 주의력을 여러분 가슴 부위에 두십시오. 그리고 자애와 연결된 신체적 감각을 느껴보십시오. 이것은 즐겁습니다.

그 사람의 이미지를 보내버리고, 다른 친한 사람의 이미지로 대체하십시오. 그리고 같은 방식으로 내면의 말을 이용하여 그들 주위에 자애의 느낌을 일으키십시오. '당신이 행복하기를 기원합니다.……' 자애가 그들 주위에서 빛나고 확고하게 자랄 때까지, 그들이 여러분 바로 앞에 있다고 상상하십시오.

다음에는, 전체 그룹의 사람들로 대체하십시오. 아마도 여러분 집에 있는 모든 사람들이 될 것입니다. 같은 방식으로 그들 주위로 자애의 따뜻한 빛을 계발하십시오. '당신이 건강하고 행복하기를 기원합니다.……' 모닥불의 비유에서 이제 여러분은 통나무를 넣고 있습니다.

　여러분 가슴 중심의 아름다운 흰 연꽃에서 방사되는 황금색 광채로 자애를 상상할 수 있는지 살펴보십시오. 자애의 광채가 모든 방향으로 퍼져서 상상할 수 있는 모든 것을 채우도록 하십시오. 더욱더 많은 살아 있는 존재들을 껴안으면서 경계가 없어지도록 하십시오. '가까이 있거나 멀리 있거나 크거나 작거나, 모든 살아 있는 존재들이 행복하고 평화롭기를 기원합니다.……' 전 우주를 자애의 황금빛 따뜻함으로 적시십시오. 거기에 한동안 머무르십시오.

　모닥불의 비유에서 불은 지금 뜨겁게 활활 타고 있습니다. 그래서 이제 축축하게 젖은 통나무도 태울 수 있습니다. 여러분의 적에 대해 생각하십시오. 여러분을 몹시 고통스럽게 만들었던 사람을 마음속에 떠올리십시오. 자애가 이제 너무 강력해서 적을 용서할 수 있다는 사실에, 여러분 스스로 놀랄 것입니다. 이제 자애로 가득 찬 치유의 황금빛을 그들과도 나눌 수 있습니다. '친구여, 당신이 내게 무슨 짓을 했든, 복수는 우리 중 누구에게도 도움이 되지 않습니다. 그래서 오히려 저는 당신이 잘됐으면 좋겠습니다. 저는 진심으로 당신이 과거의 고통에서 자유로워지고, 미래에 항상 행복하기를 바랍니다. 이 조건 없는 자애의 아름다움이 당신에게도 미쳐서, 행복과 만족을 가져다주길 기원합니다.' 자애의 불이 강하게 탈 때, 거기에서 견딜 수 있는 것은 아무것도 없습니다.

다음으로, 자애의 불길에 던져야 할 마지막 하나의 '축축이 젖은 가지'가 남아 있습니다. 대부분의 수행자들이 가장 자애를 주기 힘든 사람은…… 바로 자신입니다.

거울로 스스로를 바라보고 있다고 상상해보십시오. 정말 진심으로 마음속으로 얘기하십시오.

'나는 내 자신이 잘되기를 바랍니다. 나는 이제 나 자신에게 행복이란 선물을 줍니다. 너무 오랫동안 내 가슴의 문은 나에게 닫혀 있었습니다. 나는 지금 그 문을 엽니다. 내가 과거에 무엇을 했든 미래에 무슨 짓을 하든, 내 자신의 사랑과 존중으로 들어가는 문은 항상 나에게 열려 있습니다. 내 자신을 조건 없이 용서합니다. 집으로 오세요. 나는 이제 판단하지 않는 사랑을 나 자신에게 줍니다. 나는 나라고 불리는 연약한 존재를 돌봅니다. 나는 자애로 나의 모든 것을 감쌉니다.'

자애의 온기가 여러분 내면 깊숙이, 가장 두려워하는 부분까지 스며들도록 스스로의 표현을 계발하십시오. 모든 저항을 녹여서 어머니의 아이에 대한 사랑과 같은 무한한 자애와 하나가 되도록 하십시오.

자애명상을 끝내기 전에 1~2분간 잠시 멈추고, 내면에서 어떻게 느끼는지를 살펴보십시오. 이 수행이 여러분에게 가져온 효과를 인식하십시오. 자애명상은 천상의 행복을 줄 수 있습니다.

수행의 우아한 결말을 맺기 위해, 다시 한 번 자애를 여러분 가슴의 아름다운 흰 연꽃에서 방사되는 황금빛으로 상상하십시오. 황금색 광채가 연꽃 속으로 철수하고 따뜻함만이 바깥에 남는다고 마음속에 그리십시오. 황금빛이 흰 연꽃의 중심에서 백열白熱의 에너지로 응축된 공처럼 되었을 때, 꽃잎이 자애의 공 주위로 닫힌다고 상상하십시오. 그러면 가슴속에는 자애의 씨앗이 보존되어 다음 자애명상 때 다시 풀려날 수 있습니다. 눈을 뜨고 천천히 일어나십시오.

| 마음을 부드럽게 만드는 자애명상 |

자애명상은 마음을 부드럽게 만듭니다. 그리고 배려, 선의, 수용의 방향으로 마음을 돌립니다. 여러분은 이기심이 적어집니다. 그리고 본인의 욕구에 대해 신경을 덜 쓰게 되고, 다른 사람과 더욱 평화롭게 관계하게 됩니다. 자애의 감정은 기쁘고 순수합니다. 자애를 반복적으로 계발하면, 이것은 여러분 가슴속에 확고하게 남습니다. 여러분은 자비로운 사람이 됩니다. 여러분의 친절은 모든 존재와 스스로에게 기쁨의 원천이 됩니다.

자애는 여러분이 다른 존재를 있는 그대로 감싸 안도록 해줍니다. 대부분 사람들은 흠잡으려는 마음 때문에 이렇게 할 수 없습니다. 그들은 전체 중 결함이 있는 일부만을 보고서, 그것을 받아들이기를 거부합니다. 반면에 자애는 어떤 것의 전체를 감싸고, 있는 그대로 그것을 받아들이는 것입니다. 자애명상을 통해 여러분은 자기 자신과 다른 존재들의 잘못을 적게 인식하게 됩니다. 그리고 그들을 더욱더 있는 그대로 감쌀 수 있게 됩니다.

대상에서 아름다움을 보고 그 결점을 무시할 수 있는 능력은 모든 종류의 수행에 강력한 도움이 됩니다. 예컨대, 현재순간에 주의력을 유지하려면, 여러분은 지금 있는 그대로를 받아들여야 합니다. 이 순간을 감싸고, 이 순간에 비판적이지 않아야 합니다. 현재순간에서 결점을 계속해서 찾으면, 여러분은 거기에 머물 수 없게 됩니다.

자애명상과 호흡명상을 결합할 수도 있습니다. 3단계인 '호흡 알아차리기'를 시작할 때, 자애로써 여러분의 호흡을 지켜보십시오. 이렇게 생각하십시오.

'호흡아, 네가 어떻게 느껴지든 네가 무엇을 하든, 내 가슴의 문은 너에게 열려 있어.'

결점을 찾는 대신, 곧 여러분은 있는 그대로를 감싸면서 연민심을 가지고 호흡을 보고 있을 것입니다. 알아차림의 과정에 자애를 더하면, 다른 기대들이 없어집니다. 왜냐하면 호흡만으로도 충분하다고 느끼기 때문입니다. 자애는 곧 모든 들숨과 날숨에 즐거움을 줍니다. 여러분은 호흡을 향한 이런 매력적인 온기를 느낍니다. 짧은 시간 안에 호흡을 지켜보는 것이 너무 좋아집니다. 그래서 이내 5단계인 '아름다운 호흡'에 도달합니다.

| 자애로 선정에 들기 |

선정은 지적 정상頂上이 아니라 감정적 절정입니다. 여러분은 선정으로 들어가는 길을 생각할 수 없습니다. 그 길을 느낄 수만 있을 뿐입

니다. 수행에서 성공하려면 감정의 세계와 친밀해져야 합니다. 그러면 어떤 통제도 없이 그것을 고요하게 충분히 신뢰할 수 있을 것입니다. 아마도 이것이 여성 수행자가 남성 수행자보다 더 쉽게 선정에 드는 이유인 것 같습니다. 자애명상은 모든 사람들이 감정의 힘으로 더 편안해지도록 훈련시킵니다. 때로는 자애명상 중 울음을 터뜨릴지도 모릅니다. 심지어 통제할 수 없을 정도로 눈물을 흘릴지도 모릅니다. 만약 그렇다면, 울도록 내버려두십시오. 열반으로 가는 길에서 우리는 강력하고 가장 순수한 감정들을 감싸 안는 방법을 배워야 합니다. 선정은 그 모든 것들 중 가장 순수한 것입니다. 그래서 자애명상은 선정에 더 쉽게 들도록 해줍니다.

자애명상으로 바로 선정에 들 수도 있습니다. 전 우주에 걸쳐 자애의 한없는 황금빛을 방사하는 단계에 도달했을 때, 즉 모든 유정有情의 존재들을 무한한 사랑의 광대한 힘으로 적실 때, 다음 단계를 취하십시오. 모든 존재들에 대해 잊어버리고, 그 힘이 어디에서 나오는지를 무시하십시오. 그 대신, 자애 경험 그 자체에 초점을 맞추십시오.

이 단계는 종종 여러분의 결정과 무관하게 자동적으로 일어납니다. 수행대상이 개별적 존재들에 대한 인식에서 벗어나 단순해집니다. 오직 마음에 남은 것은 2장의 비유에 나온 체셔 고양이의 무형의 미소와 유사한 무형의 자애뿐입니다. 이것은 찬란한 황금빛을 발하는 지극히 행복한 구球로써 나타납니다. 여러분은 이것을 마음의 눈으로 경험합니다. 이것이 자애 니밋따입니다.

자애명상에서 만들어지는 니밋따는 언제나 믿을 수 없을 만큼 아름답습니다. 하지만 흔히 이것은 그다지 안정적이지 않습니다. 흥분이 대개 문제가 됩니다. 그러나 그 속성이 너무 매혹적이어서, 여러분은 이런 강력한 지복과 가까이 하지 않을 수 없습니다. 그래서 얼마 있지 않아 빛나는 황금색 자애 니밋따는 고요하게 멈추고, 여러분은 선정으로 들어갑니다. 이것이 자애명상으로 선정에 드는 방법입니다.

| 깊은 삼매 후에 자애 퍼뜨리기 |

오래전, 퍼스Perth에 있는 우리 절에서 일어난 일입니다. 그 당시 자애를 퍼뜨리는 내용이 담긴 게송들을 독송하고 있었습니다. 독송을 하는 데는 5분밖에 걸리지 않습니다. 바로 전에 저는 깊은 수행을 했습니다. 그리고 독송을 시작했을 때, 제 마음은 정말 완전히 자애와 결합되어 독송을 계속할 수가 없었습니다. 저로부터, 무한한 자애가 모든 방향에서 폭포수처럼 쏟아져 나오고 있었습니다. 그리고 저는 거기에 행복하게 빠져들었습니다. 저는 그 게송들을 결코 마칠 수 없었습니다. 이전의 수행으로 제 마음은 아주 부드럽고 유연해져 있었습니다. 그래서 자애를 퍼뜨리는 방법에 대한 부처님 본래의 말씀은 억누를 수 없는 자애의 분출에 방아쇠를 당겼습니다.

이러한 경험은 저에게 먼저 마음을 삼매에서, 즉 주의 깊은 고요한 멈춤에서 훈련시키고 나서야 자애를 매우 강력하게 퍼뜨릴 수 있다는 사실을 가르쳐주었습니다. 삼매를 확고하게 하고 나면 여러분은 어디로든, 누구에게든 초강력 자애를 보낼 수 있습니다!

저는 명상수련회에서 참가자들에게 이것을 시험해보도록 한 적이 있습니다. 명상수련회가 끝날 무렵 많은 참가자들은 강력한 마음을 가지고 있습니다. 저는 자애명상을 이끌고, 그들의 힘이 충분히 강하다고 느낄 때 초강력 자애를 지금 옆에 없는 친구에게 보내도록 합니다. 저는 그들이 명상수련장에서 멀리 떨어진 곳에 있는 사람을 선택하는 것을 더 선호합니다. 그다음, 저는 시계를 보고 그 시간을 기록해둡니다. 자애명상 시간이 끝날 때, 저는 그들에게 그 시간을 알려줍니다. 그리고 나중에 그 친구에게 연락해서 그때 뭘 하고 있었는지, 또는 어떻게 느끼고 있었는지에 대해 물어보라고 제안합니다. 며칠 후 많은 사람들이 제게 전화를 했습니다. 그들은 흥분하면서 말했습니다. "그거 효과가 있었어요!" 삼매에 의해 강화된 마음으로 자애를 보낼 때, 그것은 받아들여질 것입니다. 여러분 스스로 시도해보십시오.

'내버려두기' 명상

가끔은, 수행대상으로 자애나 호흡을 취하는 대신, 저는 제 마음을 살펴보고 그냥 내버려두는 것이 이 순간에는 최선이라는 사실을 깨닫습니다. 기본적으로, '내버려두기' 명상은 호흡수행의 바로 2단계인 '생각 없이 현재순간 알아차리기' 입니다. 이것은 고요해야 합니다. 왜냐하면 진정으로 내버려두는 것은 어떤 지시나 불평이 없는 상태를 의미하기 때문입니다. 여러분은 아무 할 얘기가 없습니다. '내버려두기' 는 현재순간에서 일어납니다. 여러분은 어떤 것이 바로 지금 나타나는 것을 알아차립니다. 그리고 이것이 원하는 대로 들어오고, 머물고, 가버리는 것을 허용합니다.

'내버려두기' 명상은 방안에 앉아 있는 것과 같습니다. 어느 누가 문으로 들어와도, 여러분은 들어오도록 합니다. 그들은 원하는 만큼 머물 수 있습니다. 무서운 악마들일지라도, 여러분은 그들이 들어와 앉도록 허락합니다. 여러분은 전혀 놀라지 않습니다. 부처님이 온갖 장엄한 모습으로 나타날지라도, 여러분은 똑같이 완전히 평온하게 그냥 거기에 앉아 있습니다. '원한다면 들어오세요.' '당신은 언제든지 떠날 수 있습니다.' 마음에 무엇이 들어오든, 아름답든 못생겼든 여러분은 전혀 반응하지 않고 물러서서 내버려둡니다. 조용히 지켜보면서, '생각 없이 현재순간 알아차리기' 를 수행합니다. 이것이 '내버려두기' 명상입니다.

| 정원의 비유 |

많은 미국인들은 집에 정원을 가지고 있습니다. 그들은 정원을 관리하는 데 많은 시간을 보냅니다. 하지만 정원은 즐기기 위한 것이지

일하기 위한 것이 아닙니다. 그래서 저는 제자들에게 자주 정원에 앉아 그 훌륭한 아름다움을 즐기라고 조언합니다.

제자들 중 가장 서툰 이들은 정원에 앉아 즐기기 전에, 잔디를 깎고 가지를 자르고 화단에 물을 주고 나뭇잎을 긁어모으고 화단을 완벽하게 만들어야 한다고 믿습니다. 물론, 그들이 아무리 열심히 일을 하더라도 정원은 결코 완벽하지 않습니다. 그래서 그들은 결코 쉬지 못합니다.

한편, 보통 수준의 제자들은 일하기를 자제합니다. 그 대신 그들은 정원에 앉아 이런 생각을 합니다. '잔디를 깎고 나뭇가지를 잘라야겠어. 꽃이 말라 보이네. 그리고 나뭇잎을 정말 긁어모아야겠어. 그리고 저쪽에는 토종 수풀이 더 보기 좋을 것 같아…….' 그들은 그냥 정원을 즐기기보다 정원을 완벽하게 만드는 방법에 대해 고민하며 시간을 보냅니다. 그들 역시 평화를 찾지 못합니다.

세 번째 종류의 제자는 지혜로운 수행자입니다. 그들은 정원에서 많은 일을 했습니다. 하지만 지금은 휴식을 취할 시간입니다. 그들은 생각합니다. '잔디를 깎아야 하고, 수풀의 가지도 잘라야 해. 꽃에 물도 줘야 하고, 나뭇잎도 긁어모아야 해. 하지만 지금은 아니야! 정원은 지금 이대로 충분히 훌륭해.' 그리고 그들은 못다 한 일에 죄책감을 느끼지 않고 잠시 쉴 수 있습니다.

'내버려두기' 명상은 바로 이와 같습니다. 내버려두기 전에, 모든 것을 완벽하게 만들려 하거나 사소한 일들을 모두 끝내려 하지 마십시오. 인생은 결코 완벽하지 않습니다. 그리고 의무는 결코 끝나지 않습니다. 내버려두기는 불완전함 가운데 고요하게 앉고 마음에 휴식을 주는 용기를 가지는 것입니다.

| 강력한 '내버려두기' 명상 |

'내버려두기' 명상은 매우 강력해질 수 있습니다. 호흡명상, 자애명상, 또는 어떤 다른 종류의 수행이 효과가 없을 때가 있습니다. 이것은 일반적으로 그 기초가 제대로 확립되지 않았기 때문입니다.

이때는 '내버려두기' 명상을 해보십시오. 여러분은 '정원에 앉아서' 내버려둘 수 있습니다. 무엇이 일어나도 괜찮습니다. 무엇을 경험해도 좋습니다. 더 좋아하는 것도 없고, 선택도 없고, 좋고 나쁜 것도 없고, 논쟁도 없고, 내면의 해설도 없습니다. 그냥 내버려두십시오. 아주 약간의 내면의 말은 할 수 있습니다. 하지만 이것은 '내버려두기'에 대한 해설이어야 합니다. 그냥 있는 그대로 함께하십시오. 수행주제에 관한 생각과 그저 함께하십시오. 다른 것은 안 됩니다. 그러면 수행이 완벽한 '생각 없이 현재순간 알아차리기'에 가까워집니다.

저는 고통을 느낄 때가 있습니다. 두통, 복통, 또는 다른 통증을 느끼거나 모기가 물어서 괴로울 때도 있습니다. 그러면 저는 이렇게 말합니다. '그냥 내버려둬.' 저는 그것과 말싸움을 하지 않습니다. 그것에 대해 화내지 않습니다. 모기가 주둥이를 살갗에 쑤셔 넣어가려운 느낌이 뒤따르면, 저는 몸의 느낌을 그저 지켜봅니다. '그냥 내버려둬.' 밤에 침대에 누웠는데 잠이 오지 않는다면, '내버려두세요.' 혹은 고통이 사라지지 않는다면, '그냥 내버려두세요.' 그것과 그저 함께하십시오. 도망치려 하지 마십시오. 만일 악마가 방에 들어왔다면, 여러분은 그를 밖으로 밀어내지도 머물라고 초대하지도 않습니다. 여러분은 그를 그냥 내버려둡니다. '내버려두기' 명상은 평정심平靜心을 연습하는 것입니다.

걷기명상

걷기명상은 특히 이른 아침에 적당한 멋진 방법입니다. 종종 아침 일찍 일어날 때, 특히나 일찍 일어나는 데 익숙하지 않을 때는 너무 피곤해서 마음이 밝지 않습니다. 걷기명상의 장점 중 하나는 걸으면서는 꾸벅꾸벅 졸 수 없다는 것입니다. 따라서 만일 여러분이 매우 피곤하다면, 걷기명상이 아주 적절한 방법입니다. 걷기명상은 에너지를 일으킵니다. 또한 여러분을 매우 평화롭게 만들 수 있습니다.

   부처님께서는 걷기명상을 칭찬하셨습니다. 그리고 이를 직접 수행하셨습니다. 여러분이 경전(빨리어 경전의 가르침)을 읽어본다면, 이른 아침에는 부처님께서 보통 걷기명상을 하곤 하셨다는 사실을 알게 될 것입니다. 부처님께서는 앉아 계셨던 것이 아니라 걷고 계셨습니다.

많은 스님들이 걷기명상 중에 깨달았습니다. 이것은 고요와 통찰을 계발하는 매우 효과적인 방법입니다(선정 정도까지는 아니지만). 제가 아는 태국의 어떤 스님들은 걷기명상을 주된 수행으로 삼습니다. 그들은 좌선수행을 아주 적게 합니다. 그들은 많은 시간 걷기명상을 합니다. 그리고 많은 이들이 걷는 중에 대단히 강력한 통찰을 얻습니다.

걷기명상의 또 다른 이점은 긴 시간 동안 앉아 있기가 힘든 신체적 불편함을 가진 사람들에게 매우 적합하다는 것입니다. 만약 여러분이 몸의 통증 때문에 앉아서 수행하기가 힘들다면, 걷기명상이 매우 효과적인 대안이 될 수 있습니다.

걷기명상을 '이류二流' 수행으로 여기지 마십시오. 만일 여러분이 이 방법으로 대부분의 수행시간을 보내고 싶다면, 그렇게 하십시오. 그러나 제대로 그리고 주의 깊게 하십시오. 여러분이 앞뒤로 걸을 때, 고요에서 일어나는 행복을 계발할 수 있는지 한번 살펴보십시오.

| 걷기명상의 준비 |

20~30걸음 정도 길이의 깨끗한 곧은길을 선택하십시오. 집의 복도, 정원에 난 길, 또는 풀밭의 오솔길이 될 수도 있습니다. 20걸음에 조금 모자라더라도 여러분의 환경이 허락하는 무엇이든 이용하십시오. 만약 맨발이 더 편하다면, 신발을 벗고 발이 땅에 닿는 감촉을 즐기면서 걸으십시오.

길의 끝에 서십시오. 마음을 가라앉히십시오. 몸의 긴장을 풀고 걷기 시작하십시오. 여러분에게 자연스럽게 느껴지는 속도로 앞뒤로 걸으십시오. 걸을 때는 편안하게 두 손을 앞에 차수叉手하십시오. 그리고 시선을 2미터 정도 전방의 바닥에 두십시오. 주위를 둘러보지 않도록 주의하십시오. 걷기명상을 할 때 여기저기를 둘러보는 것은 시간 낭비입니다. 이것은 마음을 산란하게 만들기 때문입니다.

| 수행의 단계들은 여기에도 적용됩니다 |

처음 두 장에서 설명된 수행의 네 단계가 여기에서도 적용됩니다. 하지만 걷기명상을 할 때 주의력은 호흡이 아니라 결국 발로 가게 됩니다.

먼저, 1단계인 '현재순간 알아차리기'의 계발을 목표로 하십시오. 편안하게 여기 그리고 바로 지금 그냥 걷기만 하는 상태에 도달하도록, 1단계에서 설명된 기술들을 사용하십시오. 그런 후 현재순간에 자리 잡았다고 느낄 때, 즉 과거와 미래에 관한 생각들이 마음에서 사라졌을 때, '현재순간에서 생각 없이 걷기'의 계발을 목표로 하십시오. 앞의 2단계에서 설명한 것처럼 서서히 모든 생각을 놓아버리십시오. 어떤 내면의 말도 없이 걸으십시오. 이러한 고요한 걸음에 도달하기 위해, 1장에서 설명된 몇몇 기술들을 사용하십시오.

내면의 해설이 아주 조금만 남을 정도로 줄어들면, 의도적으로 발과 다리 아래쪽 움직임의 느낌에 주의력의 초점을 맞추십시오. 걷기명상 중의 모든 발걸음을 명확하게 알아차릴 정도가 될 때까지 그렇게 하십시오. 모든 왼발과 모든 오른발을 차례로 조금도 놓치지 말고 알아차리십시오. 걷기명상로 끝에서 돌아설 때, 모든 걸음의 느낌을 알아차리십시오. 유명한 중국 속담 "천릿길도 한 걸음부터"라는 말이 도움이 될 것입니다. 이러한 여행은 사실 오직 한 걸음(여러분이 지금 걷고 있는 그 걸음)뿐입니다. 그러니 생각 없이 고요하게 단지 '한 걸음'을 알아차리십시오. 그리고 다른 모든 것을 놓아버리십시오. 오른발과 왼발을 한 번도 놓치지 않고 걷기명상로를 왔다갔다 10번 왕복하는 것을 완수했다면, 여러분은 걷기명상의 3단계를 완수한 것입니다. 그러면 다음 단계로 나아갈 수 있습니다.

 이제 주의력을 강화해서 왼발이 움직일 때의 모든 느낌을 알아차리도록 하십시오. 왼발이 움직이기 시작하고 지면에서 들리기 시작하는 순간부터 알아차리십시오. 그리고 체중이 이동하면서, 왼발이 올라가고 앞으로 이동하고 아래로 내려가고, 그다음 지면에 다시 닿는 것을 알아차리십시오. 이러한 왼발에 대한 지속적인 알아차림을 계발하십시오. 그리고 오른발에 대한 부드럽고 빈틈없는 알아차림을 계발하십시오. 걷기명상로 끝에 이를 때까지 모든 발걸음을 이렇게 아십시오. 그리고 돌아설 때, 한 번의 움직임도 놓치지 말고 돌아서는 과정의 모든 느낌을 알아차리십시오.

 한 번의 깨짐도 없이 주의력을 걷는 모든 순간에 편안하게 유지하면서 15분 동안 걸을 수 있다면, 걷기명상의 4단계인 '걷기에 대한 완전하고 지속적인 주의집중'에 도달한 것입니다. 이때는 걷는 과정이 주의력을 완전히 장악합니다. 그래서 마음이 산란해질 수 없습니다. 여러분은 이때를 스스로 압니다. 왜냐하면 마음이 삼매(주의 깊은 고요한 멈춤) 상태에 들고, 매우 평화로워지기 때문입니다.

| 걷기명상로에서의 삼매 |

주의력이 걷는 경험에 완전하게 초점이 맞춰지면, 새소리조차도 사라집니다. 주의력은 한 대상에 쉽게 자리 잡고, 만족하고, 지속됩니다. 이것은 정말 즐거운 경험일 것입니다.

　알아차림이 강해지면서, 걸음의 더욱더 많은 감각들을 알게 될 것입니다. 그리고 걷는 것에 아름다움과 평화의 느낌이 있음을 발견할 것입니다. 모든 걸음이 '아름다운 걸음'이 됩니다. 그리고 여러분은 '그저 걷는 것'에 매혹됩니다. 이것은 아주 쉽게 모든 주의력을 흡수합니다. 이런 방법으로, 걷기명상을 통해 굉장한 삼매를 얻을 수 있습니다. 삼매는 평화로움, 고요하게 멈춘 느낌, 마음이 그 자체로 정말 편안하고 매우 행복한 느낌으로 경험됩니다.

　저는 방콕의 절에서 첫 수계受戒를 받고 스님이 되었습니다. 저는 그때 걷기명상을 시작했습니다. 저는 길을 하나 선택해서 전혀 애쓰지 않고 자연스럽게 아주 천천히 걷곤 했습니다. (빨리 걸을 필요는 없습니다. 그리고 천천히 걸을 필요도 없습니다.) 저는 걷기명상 중에 아름다운 삼매에 들곤 했습니다.

한번은 너무 오래 걸어서 곤란했던 기억이 있습니다. 저는 시간이 가는 것을 잊어버렸습니다. 그때 저는 중요한 행사에 참석해야 했습니다. 그래서 한 스님이 저를 데리러 왔습니다. 이 스님이 제게 다가와 말했습니다.

"브라마왐소*, 공양청**에 가야 돼요."

저는 2미터 전방의 공간을 보고 있었습니다. 손은 앞에 차수를 하고 있었습니다. 저는 걷기명상에 매우 몰입되어 있었습니다. 그래서 이 스님의 목소리를 들었을 때, 이것은 1,000마일 밖에서 들리는 것 같았습니다. 그는 반복해서 말했습니다.

"브라마왐소, 지금 가야 돼요!"

실제로, 시선을 땅바닥에서 들어 선배 스님이 저의 주의를 끌려고 하던 쪽으로 돌리는 데는 1분도 더 걸렸습니다. 그리고 그의 눈을 마주쳤을 때, 제가 할 수 있는 것은 "예?"라는 말뿐이었습니다.

삼매에서 빠져나와 정상적인 속도로 반응하는 데 이렇게 긴 시간이 걸렸습니다. 마음은 매우 청량하고, 매우 평화롭고, 매우 고요했습니다.

여러분도 걷기명상을 하면서 이런 평화를 직접 경험했으면 좋겠습니다. 처음으로 걷기명상을 해보고 많은 사람들은 말합니다. "이

---

*   브라마왐소(Brahmavamso) : 아잔 브람 스님의 정식 법명.
**   공양청(供養請, dāna) : 불교신자들이 스님들을 초청해 음식을 대접하는 의식.

거 굉장해요. 아름다워요." 그저 천천히 걷는 것만으로도 여러분은 평화를 느낍니다. 걸으면서 그 감각들을 지켜보는 것만으로도 여러분은 고요해집니다. 그래서 저는 또 다른 종류의 수행인 걷기명상을 시도해보도록 권합니다.

적당한 때에 적절한 수행 선택하기

여러분은 선택에 직면할 때마다 혼란스러울지도 모르겠습니다. 지금 여러분은 몇 가지 다른 수행방법에 대해 읽었습니다. 그러면 어느 수행을 선택해야 할까요? 아래의 비유가 이 의문에 대한 해답을 줄 것입니다.

견습 목수들은 다양한 도구들을 쓰는 방법부터 배우기 시작합니다. 그래서 각각 도구들의 쓰임새에 익숙해집니다. 숙련된 목수들이 가구를 만드는 과정은 다음과 같습니다. 먼저, 그들은 작업할 목재를 검사할 것입니다. 목재 하치장에서 바로 온 목재는 크기에 맞게 톱으로 잘라야 합니다. 그다음, 톱질로 생긴 흔적들을 제거하기 위해 대패질을 해야 합니다. 그다음은 사포질입니다. 가장 거친 수준의 사포로 시작해서, 다음에는 중간 수준, 그다음에는 가장 고운 사포를 씁니다. 마지막으로, 광택을 내는 부드러운 천을 이용해서 오일 또는 왁스를 나무에 문지릅니다. 이렇게, 목재 하치장에서 가져온 거친 목재는 숙련된 목수에 의해 아름답고 부드러운 가구로 변신합니다.

  종종 목수들은 이미 대패질이나 사포질이 된 나무를 가지고 시작합니다. 숙련된 목수는 나무를 검사합니다. 그리고 여기에 필요한 것은 가벼운 사포질과 오일과 천을 이용한 광택작업뿐이라는 것을 금세 알아차립니다. 드물게, 숙련된 목수는 사포질이 불필요한 아주 부드러운 나무를 가지고 시작합니다. 그는 부지런히 광택만 내면 됩니다.

  마찬가지로, 견습 수행자들은 다양한 수행방법들을 쓰는 법부터 배우기 시작합니다. 그래서 각각의 수행방법들에 익숙해집니다. 숙련된 수행자들은 다루려고 하는 마음의 상태를 먼저 점검합니다. 만일 그동안 아주 바빴다면, 상당히 거친 마음을 가지고 시작해야 한다는 사실을 알 것입니다. 그래서 단순한 '내버려두기' 명상으로 시작할지 모릅니다. 혹은, 몸이 뻣뻣하다고 느끼고 걷기명상을 선택할지도 모릅니다. 마음이 그다지 거칠지 않을 때는, 먼저 '현재순간 알아차리기'를 취합니다. 그런 후, '생각 없이 현재순간 알아차리기'를 수행합니다. 숙련된 수행자들은 마음이 호흡을 지켜보거나, 자애명상을 시작할 준비가 됐는지를 경험으로 압니다. 그들은 '호흡' 또는 '아름다운 호흡'에 대한 '완전하고 지속적인 주의집중' 같은 섬세한 도구들을 언제 써야 하는지 압니다. 수행의 대가들은 수행 기술에 아주 숙달되어 있습니다. 그래서 니밋따로 주의를 돌려야 할 적절한 때를 압니다. 그리고 능숙하게 이것을 광내어 마음이 선정에 드는 방법을 압니다. 이렇게, 바쁜 사무실에서 바로 온 거친 마음이 숙련된 수행자에 의해 가장 아름답고 부드럽고 빛나는 마음으로 변신합니다.

종종 수행의 대가들은 이미 훌륭하고 정신 차려진 마음에서 시작합니다. 그들은 그들의 마음상태를 점검해봅니다. 그리고 '현재순간 알아차리기' 와 '생각 없이 현재순간 알아차리기' 를 생략하고 곧바로 호흡이나 자애명상으로 갈 수 있다는 것을 금세 알아차립니다. 마음이 너무 행복하고 평화로워서 쉽게 '아름다운 호흡에 대한 알아차림' 에서 시작할 수 있을지도 모릅니다. 드물게, 숙련된 수행자들은 이미 매우 안정적이고 강력한 마음을 가지고 있어서, 몇 초 안에 니밋따를 일으키고 금세 선정에 들 수 있다는 사실을 압니다. 이것이 숙련된 수행자의 기술입니다.

어리석은 목수들은 미친 듯이 급합니다. 그래서 거친 나무를 바로 광택용 천으로 문지르기 시작합니다! 그들은 많은 시간을 낭비하고, 많은 고운 천들을 버립니다. 마찬가지로, 서툰 수행자들은 오만한 마음으로 급하게 서두릅니다. 그래서 그들의 마음이 거칠다는 사실을 알 시간조차 가지지 않고, 바로 시작부터 '호흡 알아차리기' 를 하려고 합니다. 그들은 많은 시간을 낭비하고, 스스로 많은 문제들을 만듭니다.

그러니 다양한 종류의 수행들에 익숙해지십시오. 그리고 이것들을 언제 그리고 어떻게 써야 하는지 아십시오. 그런 후, 수행할 때마다 여러분이 다루어야 할 마음을 먼저 점검하십시오. 그러면 어느 수행방법을 써야 할지를 알게 될 것입니다. 그러면 여러분은 효과적으로 치료하기 전에 정확하게 진단하는 수행의 의사가 될 것입니다.

07 — Mindfulness, Bliss, and Beyond

아름다운 호흡

불교의 정수는 부처님의 깨달음에 있습니다. 오래전 인도에서 유행승遊行僧 고타마는 어린 시절 초선정初禪定의 경험을 떠올렸습니다. 그리고 이 '선정禪定, jhāna'이 깨달음으로 가는 길이라는 사실을 인식했습니다(MN 36). 그는 큰 강가의 둑에 있는 조용한 숲으로 갔습니다. 그리고 무화과나무* 그늘 아래에 앉아 수행했습니다. 그가 이용한 수행방법은 들숨과 날숨을 알아차리는 '호흡명상ānāpāna-sati, 隨息觀'이었습니다. 이 수행을 통해 그는 선정에 들었다 나왔습니다. 그리고는 곧 깨달음의 통찰을 얻었습니다. 그 후로 그는 부처님이라고

---

* 무화과나무(fig tree): 부처님의 깨달음 이후로 이 나무는 보리수라고 불린다.

불리게 되었습니다.

부처님께서는 그의 남은 생애 동안 계속해서 호흡명상을 가르치셨습니다. 이 방법은 부처님께 깨달음을 선사했던 최상의 수행이었습니다. 그는 이 방법을 사원과 도시에 있는 모든 그의 제자들에게 알려줬습니다. 이 가장 중요한 수행방법은 오늘날까지 많은 경전 중 일부에서, 특히 근본 경전인 『맛지마 니까야』의 「호흡명상의 경」(MN 118)에서 전해지고 있습니다.

부처님께서는 호흡명상을 예비단계와 뒤따르는 16단계로 설명하셨습니다. 16단계 중 처음 12단계는 선정에 들기 위한 가르침이고, 마지막 4단계는 선정에서 나왔을 때 무엇을 해야 하는지에 대한 가르침입니다.

예비단계

| 고요한 장소와 편안한 자리 |

먼저 부처님께서는 사람, 소리, 또는 모기 같은 것들에 의해 방해받지 않는 고요한 장소로 가라고 말씀하셨습니다. 어떤 스승들은 시장이나 복잡한 도로의 자동차 안에서도 수행할 수 있다고 주장합니다. 그러나 이런 얕은 수행은 깨달음으로 이끌지 못할 것입니다. 부처님께서는 고요한 장소를 찾아다녀야 한다고 일관되게 말씀하셨습니다. 터프가이들은 모기가 들끓는 밀림이나 호랑이가 지나다니는 길

에서 수행하기를 원할지도 모릅니다. 하지만 이것은 선정의 편안함이 아니라 인내심만을 기르기 마련입니다. 오히려 부처님께서는 당신이 깨달음을 얻었던 보드가야와 비슷한 과수원이나 공원 같은 쾌적한 장소를 칭찬하셨습니다.

그다음, 편안한 자리에 앉으십시오. 여러분은 방석이나 벤치 또는 (지나치게 편안하지 않는 한) 의자에도 앉을 수 있습니다. 호흡명상에서 성공하기 위해 요구되는 안락함은 여러분의 몸이 긴 시간 동안 편안하게 있을 수 있을 정도입니다. 불교도들은 깨진 유리나 못이 박힌 침대 위에 앉지 않습니다. 부처님조차도 보리수 아래에서 풀로 만든 방석을 이용하셨습니다. 결가부좌 자세로 다리를 꼬고, 등을 꼿꼿하게 세울 필요도 없습니다. 저는 경험을 통해, 가장 비非정통적인 자세로도 수행에서 성공할 수 있다는 사실을 알고 있습니다. 자세의 목적은 불편함을 제거해서 가능한 한 빨리 이 몸을 놓아버리기 위한 것일 뿐입니다.

호흡명상의 전체 16단계는 부처님께서 보리수 아래에서 하셨던 것처럼 좌선자세가 가장 적합합니다. 선기명상을 할 때는 주의력을 호흡이 아니라 발에 두어야 합니다. 서 있을 때도 이것은 똑같이 적용됩니다. 그리고 깨닫지 못한 수행자들이 누워서 호흡을 지켜보려 하면 대개 잠들어버립니다. 그러니 좌선자세에서 호흡명상을 익히십시오.

| 알아차림 확립하기 |

이제 여러분은 '전면前面에' 알아차림을 확립해야 합니다. 부처님께서 '전면에'라고 말씀하셨을 때, 이것은 코끝이나 윗입술 혹은 눈의 전면 어디에 주의력을 둔다는 의미가 아니었습니다. 어떤 것을 전면에 둔다는 것은 이것을 중요하게 만든다는 의미입니다. 따라서 이 예비적 가르침은 알아차림을 우선시해서 알아차림을 확립한다는 의미입니다.

'예비수준의 알아차림'은 1장 수행 기본 방법의 두 단계인 '현재 순간 알아차리기'와 다음 단계인 '생각 없이 현재순간 알아차리기'를 수행함으로써 확립됩니다. 지금까지 설명된 사실로 볼 때, 주의력이 과거나 미래에서 방황할 때는 바로 지금 일어나고 있는 것을 분명하게 알아차리지 못합니다. 생각하고 있거나 단지 어디에 주의를 기울이고 있을 때조차도, 역시 주의력은 순수한 현재의 경험이 아니라 말에 있습니다. 그러나 지금 무엇이 일어나고 있는지 그것을 (마음의 바로 전면에서) '고요하게 다른 생각 없이' 알아차리고 있다면, 여러분은 호흡명상의 시작에 필요한 수준의 알아차림을 확립한 것입니다.

정말 많은 수행자들이 너무 빨리 호흡으로 넘어갑니다. 그들은 예비적인 가르침을 통해 먼저 적절한 알아차림을 확립하지 못했습니다. 그래서 문제에 빠집니다. 이것은 다시 지적해도 지나치지 않습니다. 그들은 마음속에서 호흡을 전혀 유지할 수 없습니다. 그리고 더 안 좋은 경우에는, 강력한 의지력으로 고집스럽게 호흡을 잡다가 결국 수행을 시작하기 전보다 더 피곤해집니다. 후자는 불교의 호흡 명상에 악명을 더합니다.

16단계

| 16단계 중 1단계와 2단계: 긴 호흡과 짧은 호흡 경험하기 |

부처님께서는 먼저 긴 호흡을 경험하고, 그다음 짧은 호흡을 경험하라고 말씀하십니다. 하지만 이 가르침을 완수하기 위해 호흡을 조절할 필요는 없습니다. 호흡의 조절은 불편함만을 일으킬 뿐입니다. 그 대신, 호흡이 긴지 혹은 짧은지를 알 수 있을 정도로만 호흡을 지켜보면 됩니다. 비록 경전에 언급되지는 않았지만, 이것은 길지도 짧지도 않은 중간 정도의 호흡을 지켜보라는 가르침도 역시 완수합니다.

 수행을 처음 시작할 때, 몸에 드나드는 공기의 느낌만을 지켜보면 재미가 없을 수도 있습니다. 이 가르침은 여러분에게 볼거리를 더 제공해줍니다. 이것이 이 가르침의 목적입니다. 이것은 호흡에 대한 알아차림을 더욱 흥미롭게 만듭니다. 종종 저는 이 단계에서 들숨과 날숨 중 어느 것이 더 긴지를 알아차려보라고 제자들에게 권합니다. 들숨과 다음 날숨 사이의 간격과 날숨과 그다음 이어지는 들숨 사이의 간격 중 어느 것이 더 깁니까? 들숨의 감각이 날숨의 감각과 같습니까? 이것은 긴 호흡과 짧은 호흡을 경험하라는 부처님의 가르침과 같은 역할을 합니다. 이것은 알아차림에 지켜볼 거리를 더 제공해줍니다. 그래서 지루하지 않게 해줍니다.

이 단계에서 쓸 수 있는 또 다른 방법은 들숨과 날숨 주위에 아름다운 이야기를 만드는 것입니다. 우리가 들이마시는 산소는 정원이나 숲의 식물들에 의해 끊임없이 보충되고 있습니다. 그리고 사람들이 내쉬는 이산화탄소는 바로 그 식물들의 음식이 됩니다. 저는 이러한 사실을 상기해보라고 제자들에게 말합니다. 이렇게, 여러분이 꽃과 나무로부터의 소중한 선물을 들이마시고, 여러분을 둘러싸고 있는 푸른 자연에 똑같이 소중한 선물을 내쉰다고 상상해보십시오. 호흡은 여러분을 생기 넘치는 모든 식물들과 친밀하게 연결시켜주고 있습니다. 이렇게 행복하게 자신의 호흡을 인식하면, 한결 쉽게 호흡을 따라갈 수 있습니다.

태국 숲속전통에서는 호흡에 염불을 더했습니다. 숨을 들이쉴 때 '붓^{Bud}' 이라고 생각합니다. 그리고 숨을 내쉴 때 '도^{Dho}' 라고 생각합니다. 이 두 음절은 부처님을 의미합니다.* 이것도 역시 이러한 초기 단계에서 호흡을 쉽게 따라가게 해줍니다.

---

*　붓도(Bud-Dho) : 부처님. 빨리어에서 주격 단수.

| 3단계: 전체 호흡 경험하기 |

3단계는 '호흡의 전체 과정을 경험하기' 입니다. 빨리어로는 '삽바-까야-빠띠삼웨디sabba-kāya-patisamvedī' 입니다. 일부 스승들은 빨리어 용어 '까야kāya' 를 신체적 몸을 의미하는 것으로 오해합니다. 그래서 이제 주의력을 신체적 몸 전체의 모든 감각에 두어야 한다고 잘못 생각합니다. 이것은 오류입니다. 부처님께서는 호흡과정을 "전체들 중 하나의 어떤 전체kāya"라고 「호흡명상의 경」(MN 118,24)에서 명확하게 말씀하셨습니다. 더구나 호흡명상의 처음 12단계는 알아차림의 대상을 점점 단순하게 만드는 과정입니다. 그것을 더 복잡하게 만드는 것이 아닙니다. 따라서 이 3단계는 알아차림이 더욱 민첩해져서 호흡과정의 모든 감각을 충분히 지켜볼 수 있게 되는 단계입니다.

여러분은 정지상태에서 들숨이 일어나기 시작하는 순간부터 알아차립니다. 그리고 들숨의 감각이 순간순간 발전해 그 정점에 이르고, 점차 사라져 완전히 가라앉을 때까지 지켜봅니다. 여러분은 들숨과 다음 날숨 사이의 멈춘 순간도 명확하게 지켜볼 수 있습니다. 여러분의 마음은 고양이가 쥐를 기다리는 것 같은 주의력을 가지고 다음 날숨의 시작을 기다립니다. 그리고 날숨의 첫 느낌이 시작되는 순간을 지켜봅니다. 여러분은 이 감각이 순간순간 움직이며, 발전해 또한 정점에 이르고, 가라앉고, 그다음 다시 완전히 사라짐을 지켜봅니다. 그다음, 날숨과 바로 뒤따르는 들숨 사이의 멈춘 순간을 관찰합니다. 이 과정을 숨 쉴 때마다 반복할 수 있다면, 전체 호흡을 경험하는 3단계를 완수한 것입니다.

호흡명상의 3단계를 설명할 때, 저는 인도의 고전『마하바라타』*에 실린 스승과 세 제자에 관한 이야기를 예로 듭니다.

스승은 궁술로 제자들에게 명상을 가르치고 있었습니다. 오랫동안 세 제자를 가르친 후, 스승은 그들의 능력을 가늠해보기 위해 시험을 해봤습니다.

그는 새 한 마리를(진짜 새가 아니라 솜이 채워진 인형을) 가져왔습니다. 그리고 제자들로부터 멀리 떨어진 나뭇가지에 이것을 정성들여 고정했습니다. 이렇게 먼 거리에서 화살로 그 새를 꿰뚫기 위해서는 놀라운 수준의 기술이 필요했습니다. 그러나 스승은 제자들에게 이렇게 지시했습니다.

"나는 너희들이 새의 몸통 어딘가를 맞추길 원치 않는다. 이 시험을 통과하려면 화살로 새의 왼쪽 눈을 꿰뚫어야 한다. 그것이 과녁이다."

그것은 거의 불가능한 것이었습니다.

그는 첫 번째 제자에게 활과 화살 하나를 주었습니다. 그리고 마음을 과녁과 하나로 만드는 명상을 먼저 한 후에 화살을 쏘아야 한

---

* 　『마하바라타』(Mahābhārata) :『라마야나』와 함께 인도 2대 서사시의 하나로 9만의 게송(偈頌)으로 구성된 세계 최대의 서사시. 원래는 왕위 계승문제로 인한 전쟁과 역사적 사실들을 주제로 했으나, 뒤에 여러 내용들이 삽입되어 힌두교의 성전(聖典)이자 인도인의 보전(寶典)으로 여겨지게 되었다.

다고 말했습니다. 제자는 원하는 만큼 시간을 소요해도 좋다고 얘기를 들었습니다. 하지만 화살을 쏘기 전에 스승에게 신호를 줘야 했습니다.

삼십 분 후, 첫 번째 제자가 준비되었다는 신호를 주었습니다. 스승은 그에게 잠시 기다리라 하고 물었습니다. "나무 위의 새가 보이느냐?" 집중된 시선을 거두지 않으며, 제자가 대답했습니다. "네." 그러자 스승은 제자를 옆으로 밀치고 활과 화살을 낚아채며 말했습니다. "어리석은 녀석! 돌아가서 어떻게 수행하는지 다시 배워라."

그는 활과 화살을 두 번째 제자에게 건네고, 똑같은 지시를 했습니다. 이 제자는 한 시간이 지나서야 활을 쏠 준비가 됐다고 스승에게 신호를 주었습니다.

"나무 위의 새가 보이느냐?" 스승이 물었습니다. "무슨 나무요?" 제자가 대답했습니다. 그러자 스승은 기대하며 물었습니다. "새가 보이느냐?" 제자가 대답했습니다. "오, 물론이죠." 그러자 실망한 스승은 두 번째 제자를 옆으로 밀어버리고 활과 화살을 낚아챘습니다. 그리고 돌아가서 제대로 수행하는 방법을 다시 배우라고 그에게 말했습니다.

마지막으로, 세 번째 제자에게 활과 화살 하나를 주면서 똑같은 지시를 주었습니다. 제자는 마음을 과녁, 즉 새의 왼쪽 눈알과 하나로 만드는 데 두 시간을 보냈습니다. 그리고는 활을 쏠 준비가 됐다고 스승에게 신호를 줬습니다.

스승이 물었습니다. "나무 위의 새가 보이느냐?" 제자가 대답했습니다. "무슨 나무요?" 그러자 스승이 물었습니다. "새가 보이느냐?" 제자가 대답했습니다. "무슨 새요?" 스승은 미소를 띠기 시작하며 계속해서 물었습니다. "무엇이 보이느냐?" 시선을 돌리지 않고서 제자가 말했습니다. "스승님, 보이는 것은 오직 눈알뿐입니다. 그게 답니다."

"아주 좋아." 스승이 말했습니다. "쏴라."

그리고 물론, 화살은 제자의 인식에 남았던 유일한 것을 곧바로 관통했습니다.

이 이야기는 호흡명상의 3단계인 '전체 호흡 경험하기'를 성취하는 방법에 대한 정확한 비유입니다. 세 번째 제자가 그의 모든 마음을 과녁에(그에게는 새의 왼쪽 눈알에) 초점을 맞추었듯이, 여러분은 호흡명상의 3단계인 '전체 호흡에 대한 경험'에 모든 주의력을 모읍니다.

여러분이 이 3단계를 완성했을 때, '소리가 들리니?'라고 스스로에게 묻는다면 여러분은 대답할 것입니다. '무슨 소리?' '몸이 느껴지니? 무슨 몸?' '뭐가 보이니? 지금 일어나고 있는 호흡만 보여.'

아주 좋습니다!

| 4단계: 호흡 가라앉히기 |

편안하게 호흡과 하나가 되면, 호흡은 자동적으로 가라앉을 것입니

다. 수행의 발전을 방해할 것이 거의 남아 있지 않아서, 자연적으로 감각들이 매 순간 더 부드러워지고 더 매끈해짐을 경험합니다. 이것은 거친 데님 천이 고운 수자직 천으로 바뀌는 것과 같습니다. 또는 잠시 내면의 침묵을 깨고, 스스로에게 '고요, 고요, 고요.' 라고 말하는 것으로 이 과정을 도울 수 있습니다. 그런 후, '생각 없이 오직 호흡만을 경험하기' 로 다시 돌아갑니다. 이것은 5장에서 설명했던 것처럼 문지기에게 지시하는 것입니다.

만약 너무 빨리 4단계로 뛰어든다면, 나태와 혼침에 떨어질 것입니다. 야생마를 조련하려면 먼저 야생마를 붙잡아야 합니다. 마찬가지로, 호흡을 가라앉히려면 먼저 3단계를 완수해야 합니다.

의지를 이용해 3단계에 도달한 수행자들은 호흡을 가라앉히거나 부드럽게 만들 수 없습니다. 그들은 놓아버리는 대신 무척 애를 썼습니다. 그래서 이제 그들은 막혀버렸습니다. 한 송이의 꽃을 들 때, 이것을 꽉 쥐어서는 안 됩니다. 그렇지 않으면, 꽃을 망가뜨릴 것입니다. 섬세한 대상은 섬세한 터치가 필요합니다. 고요한 호흡을 긴 시간 동안 알아치림의 중심에서 유지하려면 매우 정제된 마음이 필요합니다. 이러한 주의력의 정제는 부드럽고 지속적인 놓아버림을 통해서만 성취할 수 있습니다. 순전한 의지의 야만적 힘으로는 결코 얻을 수 없습니다.

목수가 한 토막의 나무에 톱질을 시작할 때는 손잡이부터 톱날 끝까지 전체 톱을 볼 수 있습니다. 그가 톱질에 집중하면서, 주의력은 톱이 나무와 접촉하는 지점으로 점점 더 초점이 맞춰집니다. 톱의 손잡이와 끝은 그의 시야에서 사라집니다. 잠시 후, 그가 볼 수 있는 것은 나무와 접촉하고 있는 하나의 톱니뿐입니다. 오른쪽과 왼쪽의 모든 톱니들은 그의 인식영역 밖에 있습니다. 그 톱니가 톱날의 앞에 있는지 중간에 있는지 또는 끝에 있는지, 그는 알지도 못하고 알 필요도 없습니다. 그는 이러한 개념들을 초월했습니다. 이것이 톱의 비유입니다.

마찬가지로, 이 4단계에서 여러분은 지금 일어나고 있는 호흡의 이 작은 부분만을 알 것입니다. 이것이 들숨인지 혹은 날숨인지, 처음인지 중간인지 끝인지, 여러분은 전혀 모릅니다. 호흡이 가라앉으면 주의력이 매우 정제됩니다. 그래서 여러분이 오직 아는 것은 이 한 순간의 호흡뿐입니다.

| 5단계와 6단계: 호흡과 함께 기쁨과 행복을 경험하기 |

호흡명상의 5단계에서는 호흡과 함께 '기쁨pīti'을 경험합니다. 그리고 6단계에서는 호흡과 함께 '행복sukha'을 경험합니다. 기쁨과 행복은 분리하기 어렵고, 둘은 어쨌든 일반적으로 함께 옵니다. 그래서 저는 이 둘을 하나로 다루고자 합니다.

끊임없는 알아차림이 호흡의 가라앉음을 보게 되면, 동쪽 지평선의 황금빛 여명처럼 '기쁨과 행복pīti-sukha'이 자연적으로 일어납니다. 이것은 점진적이지만 저절로 일어날 것입니다. 왜냐하면 모든 정신적 에너지가 '행하는 것'이 아니라 '아는 것'으로 이제 흘러들어가고 있기 때문입니다. 사실 여러분은 아무것도 하지 않습니다. 그저 지켜만 봅니다. 호흡의 평온함이 아무것도 하고 있지 않다는 사실을 확실히 보여줍니다. 이른 아침, 지평선이 낮을 여는 첫 광선으로 빛나는 것은 단지 시간문제입니다. 마찬가지로, 여러분이 고요한 호흡과 함께 멈춰 있을 때, 기쁨과 행복이 마음에 나타나는 것은 단지 시간문제입니다. '아는 것'으로 흘러들어가는 정신적 에너지는 알아차림을 힘으로 가득 채웁니다. 그리고 에너지로 가득 찬 알아차림은 기쁨과 행복으로 경험됩니다.

4단계에 도달해 매우 고요한 호흡을 연속적으로 주의 깊게 알아차리고 있는데도 기쁨과 행복을 경험하지 못할 수도 있습니다. "겁먹지 마십시오." 성급함으로 자연적 과정을 망치지 마십시오. 이 단계에서 뭔가를 하면, 오히려 기쁨과 행복의 도착을 연기시키거나 심지어는 막을 수도 있습니다.

그 대신, 연속적인 고요한 호흡의 경험을 깊게 만드십시오. 평화로운 호흡을 완전히 알아치리고 있습니까? 아니면 방해꾼이 몰래 들어왔습니까? 아마도 발전이 없는 것은 호흡만을 연속적으로 주의 깊게 알아차리지 못하기 때문일 것입니다. 호흡이 더 이상 고요해지지 않습니까? 아마도 아직 호흡이 충분히 평화롭지 않을 것입니다. 만약 그렇다면, 좀 더 시간을 가지십시오. 이것은 여러분과 전혀 관계가 없는 자연적 과정입니다. 알아차림이 어떤 방해도 없이 편안하게 호흡에 있고 호흡의 감각이 점점 더 고요해지면, 기쁨과 행복은 언제나 일어날 것입니다.

기쁨과 행복을 일찍 발견할 수 있다면 도움이 될 것입니다. 그러려면 찾고 있는 것에 익숙해져야 합니다. 평온과 결합된 기쁨과 행복은 지극히 미세한 것에서 시작될 수 있습니다.

이것은 하드록을 좋아하는 사람이 말러의 클래식 공연에 온 것과 같습니다. 왜 이런 걸 들으려고 관객들이 비싼 돈을 지불하는지를 그는 이해할 수 없습니다. 그는 전혀 그것을 이해하지 못합니다. 혹은 평소 싸구려 식당에서 먹던 사람이 처음으로 별 다섯 개짜리 프랑스 식당에 가는 것과 같습니다. 그는 미각이 거칠어서 그 요리를 음미하지 못합니다.

수행을 더 많이 하면 할수록, 여러분은 평온한 마음상태의 감식가가 됩니다. 그래서 자연스럽게 점차 더 초기 단계에서 기쁨과 행복의 도착을 감지할 것입니다.

호흡명상의 5단계와 6단계의 성취는 수행의 기본 방법에서 '아름다운 호흡에 대한 완전하고 지속적인 주의집중' 단계의 도달과 정확히 일치합니다. 이 수준에서 '호흡의 아름다움'은 '기쁨과 행복의 경험'을 묘사하는 저의 방식입니다. 이 단계에서 호흡은 너무 평온하고 아름답습니다. 봄철의 정원이나 여름철의 일몰보다 더 매력적입니다. 그래서 이것 말고 다른 것을 보고 싶어할 수 있을까 하는 생각이 들 것입니다.

| **7단계: 마음대상Mind Object으로 호흡 경험하기** |

호흡이 더욱더 아름다워지고 기쁨과 행복이 대단히 강력하게 자라면서, 호흡이 완전히 사라질지도 모릅니다. 저는 2장에서 이것을 '아름다운 호흡'에서 오직 아름다움만 남기고 호흡이 사라지는 것으로 설명했습니다. 저는 또한 이 현상을 묘사하기 위해, 점차 사라져 미소만 남는 미소 짓는 체셔 고양이의 비유도 들었습니다. 이것은 5, 6단계인 '호흡과 함께 기쁨과 행복을 경험하기'로부터 호흡이 오직 마음대상으로만 알아지는 7단계로의 변화를 정확하게 묘사합니다.

이러한 변화를 명확히 설명하기 위해, 저는 여섯 가지 감각기관(시각·청각·후각·미각·촉각기관 그리고 아는 마음기관)으로 들어오는 인식 경험에 관한 부처님의 분석에 의지합니다(SN 35). 수행의 초기 단계에서는 시각, 청각, 후각, 미각을 버립니다. 이러한 네 가지 감각기관들은 잠시 동안 완전히 닫힙니다. 그다음, 다른 모든 것을 제외한 호흡의 촉감(신체적 느낌)에 초점을 맞춰서 다섯 번째 감각기관인 촉각의 대부분 활동을 버립니다. 여섯 번째 감각기관인 마음은 계속 작동하고 있습니다. 여러분은 곧 7단세에 도달합니다. 그러면 다섯 번째 감각기관인 촉각이 닫히고, 이제 호흡을 아는 여섯 번째 감각기관인 마음만이 남습니다. 이제 새로운 감각기관을 통해 호흡을 경험합니다.

평소 평범한 낡은 옷을 입고 다니던, 곱슬머리에 수염을 기른 오랜 친구를 상상해보십시오. 그가 계戒를 받고 불교 승려가 되었습니다다. 여러분이 절에서 그를 처음 본다면, 삭발한 머리에 승복을 걸친 그를 아마 알아보지 못할 것입니다. 그렇지만 그는 어쨌든 똑같은 오랜 친구입니다. 새로운 환경에서 그는 다르게 보입니다. 그뿐입니다.

마찬가지로, 여러분의 오랜 친구인 호흡은 평소에 촉감이라는 감각을 입고 돌아다닙니다. 그래서 주로 다섯 번째 감각기관을 통해 인식됩니다. 호흡명상의 7단계에서 호흡은 다섯 가지 감각기관의 세계를, 특히 다섯 번째 감각기관을 넘어섭니다. 그리고 이제, 오직 여섯 번째 감각기관만을 통해 마음대상으로 인식됩니다. 그래서 부처님께서는 이 단계를 '마음대상citta-saṅkhāra'을 경험하기라고 부르셨습니다.

그러니 만약 이 단계에서 호흡이 사라진 것 같으면, 이것은 본래 일어나는 일이려니 하고 안심하십시오. 호흡에 대한 이전의 인식을 찾으러 여기저기로 다니며 진행을 방해하지 마십시오. 그 대신, 호흡이 사라진 것 같을 때, '남은 것은 무엇이지?' 라고 스스로에게 물어보십시오. 만약 주의 깊게 가르침을 따랐다면, 호흡은 기쁨과 행복이 자리 잡은 후에만 사라질 것입니다. 따라서 남은 것은 기쁨과 행복입니다. 처음에 이런 미세한 대상을 인식하려면 알아차림이 섬세하고 흔들림이 없어야 합니다. 하지만 오랜 경험을 통해 익숙해지면, 이런 미묘한 기쁨과 행복이 여러분의 오랜 친구인 호흡이라는 통찰이 생길 것입니다. 이제 호흡이 마음대상으로 경험되는 것일 뿐입니다.

　만일 여러분이 이 마음대상과 함께 머무를 수 없다면, 이것은 5, 6단계에서 호흡과의 기쁨과 행복이 불충분했기 때문입니다. 다섯 번째 감각기관을 닫게 하기 전에, 여러분은 많은 기쁨과 행복으로 매우 '아름다운 호흡'을 길러야 합니다. 그러면 지켜볼 더 강한 마음대상을 가지게 될 것입니다. 하지만 많은 수행을 통해서야, 여러분은 여러분이 7단계에서 찾고 있는 것이 무엇인지 알게 될 것입니다. 그리고 알아차림이 섬세한 수준의 기쁨과 행복을 유지하는 데 더 익숙해질 것입니다. 그래서 다섯 번째 감각기관을 더 일찍 놓아버리면서도, 더 연약한 마음대상을 여전히 유지할 수 있을 것입니다.

| 8단계: 마음의 경험을 고요하게 하기 |

일반적으로, 이 단계와 다음 단계들에서는 기쁨과 행복이 너무 자극적이어서 고요함을 방해할 수 있습니다. 그래서 부처님께서는 호흡명상의 8단계인 '호흡에 대한 마음의 경험을 고요하게 하기'를 가르치셨습니다. 초보 수행자들과 종종 오래된 수행자들도 약간의 지복을 느끼면, 경솔하게 '와~!' 하는 반응을 일으킵니다. 즉, '와~! 마침내! 굉장해!' 하는 반응을 합니다. 그러면 지복은 즉시 문밖으로 걸어 나갑니다. 그들은 너무 흥분했습니다.

　아니면 두려움이 지복과 함께 일어날 수도 있습니다. '이건 나에게 너무 과분해! 이건 두려워. 난 이걸 받을 자격이 없어!' 그러면 또다시 지복이 떠나갑니다. 두려움이 고요함을 파괴했습니다.

그러니 이 단계에서 나타날 수 있는 두려움과 흥분이라는 두 적敵을 주의하십시오. 호흡에 대한 마음의 경험을 고요하게 유지할 것을 명심하십시오. 이러한 지복은 평화와 고요에서 생겨난 기쁨과 행복입니다. 지복의 이런 원인들을 유지하십시오. 고요한 멈춤 속에 머무십시오. 그렇지 않으면, 지복은 도망쳐버릴 것입니다.

아잔 차 스님의 유명한 '숲속의 고요한 연못' 비유가 여기에서 일어나는 일을 이해하는 데 도움이 될 것입니다. 다른 사람들도 이 이미지에 대해 글을 썼지만, 완전하게는 표현하지 못했습니다. 이것이 제가 기억하는 아잔 차 스님이 설명했던 내용입니다.

그가 밀림과 숲을 다니며 수행하던(태국에서는 '투동'이라고 부름) 시절의 이야기입니다. 그는 늦은 오후가 되면 항상 물가를 찾으려 했습니다. 그는 몸을 씻을 물이 필요했습니다. 밀림을 걸으며 더위와 정진으로 땀범벅이 됐는데, 저녁에 몸을 씻지 않으면 밤새도록 더러움과 끈적거림 때문에 불쾌하기 때문입니다. 그는 마실 물도 필요했습니다. 그래서 그는 숲속 어딘가에 있는 연못, 개울, 또는 샘을 찾았습니다. 그중 하나를 찾으면, 그 근처에서 밤을 보냈습니다.

물을 마시고 몸을 씻고 자리를 잡은 후, 종종 아잔 차 스님은 연못에서 몇 미터 떨어진 곳에 앉아 수행을 하곤 했습니다. 이따금 그는 눈을 뜨고 아주 고요하게 앉았습니다. 그래서 많은 동물들이 밀림에서 나오는 것을 볼 수 있었습니다. 그들도 역시 몸을 씻고, 물을 마시고 싶어했습니다.

밀림의 동물들은 겁이 많습니다. 우리가 그들을 두려워하는 것보다 훨씬 더 인간을 두려워합니다. 그래서 그가 매우 매우 고요하게 앉아 있을 때만 동물들이 나왔습니다. 동물들은 수풀에서 나올 때, 안전한지를 확인하려고 주위를 둘러보고 코를 킁킁거리며 냄새를 맡았습니다. 그들이 그의 존재를 감지하면, 바로 도망갔습니다.

하지만 그가 정말 고요하게 앉아 있으면, 동물들은 그가 있는지 알 수 없었습니다. 그들은 그의 냄새조차 맡을 수 없었습니다. 그러면 그들은 나와서 물을 마셨습니다. 어떤 동물들은 마치 그가 없는 것처럼, 그가 보이지 않는 것처럼, 물을 마시고 물에서 놀았습니다. 때로는, 그가 매우 고요하게 앉아 있으면, 평범한 동물들이 나온 후 그가 이름조차 몰랐던 정말 신기한 동물들이 나왔습니다. 그는 이전에 이런 특별한 존재들을 본 적이 없었습니다. 그의 부모님도 그들에 대해 말해준 적이 없었습니다. 이런 경이로운 존재들이 물을 마시러 나왔습니다. 하지만 그가 '**완전히** 고요하게 멈춰 있을 때'에만 나왔습니다.

이것은 깊은 수행에서 일어나는 현상을 잘 묘사하는 비유입니다. 연못 또는 호수는 마음을 상징합니다. 호흡명상의 8단계에서 여러분은 그 앞에 그냥 앉아서 지켜만 봅니다. 만약 어떤 명령을 내린다면 고요하지 않은 것입니다. 니밋따와 선정 같은 아름다운 존재들은 여러분이 완전히 고요하게 멈춰 있을 때만 다가올 것입니다. 그들이

'쿵쿵거리며 냄새를 맡기 위해' 나왔을 때 여러분이 '와~!' 라고 하면, 그들은 후다닥 숲으로 도망쳐 다시는 나오지 않을 것입니다. 그들이 나왔을 때 여러분이 곁눈질로라도 쳐다본다면, 그들은 이것을 알고 도망칠 것입니다. 이러한 존재들이 나와서 놀기를 원한다면, 여러분은 움직일 수 없습니다.

하지만 여러분이 통제 없이, 하는 것 없이, 움직임 없이, 말없이, 또는 그 이외에 아무것도 없이 완벽하게 고요히 멈추면, 니밋따가 나옵니다. 그들은 주위를 둘러보며 공기의 냄새를 맡습니다. 만약 거기에 아무도 없다고 생각하면, 그들은 나와서 여러분 바로 앞에서 즐깁니다. 그러나 여러분이 눈꺼풀 하나라도 움직인다면, 그들은 다시 도망가버릴 것입니다. **여러분이 완전히 고요하게 멈춰 있을 때만, 그들은 머뭅니다.**

평범한 것들이 먼저 나옵니다. 그다음에 매우 아름다운 것들이, 그리고 맨 마지막에 아주 신기하고 경이로운 것들이 나옵니다. 이 마지막 것들은 이름을 붙일 수 없는 놀라운 경험입니다. 이것은 너무 이상하고, 너무 행복하고, 너무 순수해서 존재하리라고 상상도 하지 못했던 것입니다. 이것이 선정입니다.

이런 훌륭한 비유를 통해서 우리는 아잔 차 스님의 지혜와 마음에 대한 심오한 이해를 가늠해볼 수 있습니다. 이것이 바로 마음이 작용하는 방식입니다. 그리고 이런 지혜를 가지는 것은 대단한 힘입니다. 여러분이 마음에서 기쁨과 행복을 일으킬 때, 그리고 이 기쁨과 행복이 바로 마음이 호흡을 경험하는 것이라는 사실을 이해할 때, 그리고 지켜보는 모든 과정을 고요하게 가라앉힐 때, 이런 굉장한 선정이 일어날 수 있습니다.

| 9단계: 마음 경험하기 |

「호흡명상의 경」에서 9단계는 고요하게 멈춘 마음을 방문하는 매우 중요한 존재인 니밋따에 관한 설명입니다. 이 단계를 '마음 경험하기$^{citta-paṭisaṃvedī}$'라고 부릅니다. 이 단계에서야, 마음을 정말 알 수 있다고 말할 수 있습니다. 어떤 사람들은 마음이 무엇인지에 관한 이론과 관념을 가지고 있습니다. 그래서 과학적 도구를 가지고 마음을 시험해보려 합니다. 그들은 마음만을 다룬 책도 쓸 수 있습니다. 하지만 이 단계에 도달해서야 마음을 실제로 경험할 수 있습니다.

여러분은 니밋따로 마음을 경험합니다. 니밋따는 마음의 반영反影입니다. 마음은 '아는 것'이라는 사실을 기억하십시오. 그런데 '아는 것'이 스스로를 알 수 있을까요? 눈은 보는 것입니다. 하지만 눈이 거울을 볼 때는 스스로를 봅니다. 즉, 눈은 거울에 비친 반영을 봅니다. 이 수행단계에서 여러분이 보는 반영은 니밋따입니다. 이것은 진정한 마음의 반영입니다. 여러분은 모든 먼지와 때가 깨끗하게 닦인 거울 속을 들여다봅니다. 그리고 마침내, 이제 자신을 볼 수 있습니다. 니밋따 또는 선정을 통해서만 마음을 직접적으로 경험할 수 있습니다.

니밋따가 일어날 때, 이것은 너무 이상해서 설명이 거의 불가능합니다. 언어는 비유 위에 세워져 있습니다. 우리는 어떤 것을 벽돌처럼 딱딱하다거나, 잔디처럼 부드럽다고 설명합니다. 우리는 언제나 다섯 가지 감각세계에서 나온 비유들을 씁니다. 그러나 마음의 세계는 이와는 너무도 다릅니다. 그래서 언어가 도움이 되지 않습니다. 처음으로 니밋따를 경험한 후, 여러분은 생각합니다. '그것이 도대체 뭐였지?' 여러분은 이것이 실제 경험임을 압니다. 그렇지만 이것을 설명할 언어를 찾는 데 어려움을 겪습니다.

여러분은 불완전한 비유를 이용해야 합니다. '이것은 빛, 지극히 행복한 느낌, 또는 이런저런 것 같아.' 여러분은 이것이 이전의 어떤 경험과도 정말 완전히 다르다는 사실을 압니다. 하지만 여러분은 어떻게든지 스스로에게 설명해야 합니다. 이것이 니밋따를 때로는 빛으로, 때로는 느낌으로, 때로는 한 방울의 젤오.* 등으로 경험하게 된다고 제가 계속해서 말하는 이유입니다. 이것들은 정확히 똑같은 경험입니다. 하지만 우리가 다르게 표현할 뿐입니다. 그렇지만 많은 수행자들에게, 마음은 섬광처럼 매우 빨리 나타났다 금세 다시 사라집니다. 이것은 동물이 숲에서 나오는 것과 같습니다. 동물은 사람이 흥분한 것을 알고 도망쳐버립니다.

어떤 수행자들은 니밋따를 보는 데 어려움을 겪습니다. 그들은

---

*　젤오(Jell-O) : 미국 제너럴 푸드(General Food)사의 과즙 젤리 과자.

'아름다운 호흡'을 가라앉히는 단계에 도달합니다. 하지만 아무것도 나타나지 않습니다. 빛이 나타나지 않습니다. 그들은 뭘 잘못하고 있는 것은 아닌가 하고 생각합니다. 다음의 비유가 여기에 도움이 될 것입니다.

어느 늦은 밤, 저는 밝게 불이 켜진 제 꾸띠(kuti: 스님의 오두막)에서 칠흑같이 어두운 숲으로 나왔습니다. 저는 손전등이 없었습니다. 너무 깜깜해서 아무것도 볼 수 없었습니다. 저는 인내심 있게 가만히 있었습니다. 천천히, 제 눈은 어둠에 익숙해졌습니다. 곧 저는 나무줄기를 볼 수 있었습니다. 그런 후, 저는 고개를 들어 밤하늘에 찬란하게 빛나는 아름다운 별들을 볼 수 있었습니다. 모든 은하수까지도.

니밋따의 경험도 이와 같을 수 있습니다. 호흡이 사라진 것 같은 무형의 '고요한 멈춤' 속에서, 처음에는 아무것도 볼 수 없습니다. 인내심을 가지십시오. 아무것도 하지 말고 기다리십시오. 곧 알아차림이 일상적 거주지(밝게 불이 켜진 다섯 가지 감각의 방)를 벗어나 이 '어둠'에 익숙해질 것입니다. 처음에는 흐릿하게 모양을 보기 시작합니다. 잠시 후, 아름다운 별과 같은 니밋따가 나타납니다. 그리고 만약 충분히 오랫동안 고요히 멈춰 있으면, 구름을 벗어나 밤하늘에 떠 있는 보름달 같은 찬란한 원반 모양의 최고의 니밋따가 나타날 것입니다.

| 10단계: 니밋따 빛내기 |

니밋따가 흐릿하거나, 불안정하게 나타나는 두 가지 결점은 더 이상의 진전을 방해할 수 있습니다. 이 두 가지 빈번하게 일어나는 문제에 대처하도록, 부처님께서는 호흡명상의 10단계와 11단계인 '니밋따 빛내기'와 '니밋따 지속시키기'를 가르치셨습니다. '마음에 기쁨을 주기abhippamodayaṁ cittam'라는 용어를 저는 '빛내기'라고 표현합니다. 마음에 기쁨이 많으면 많을수록, 니밋따는 더욱 찬란하게 빛납니다. 니밋따는 여러분이 지금까지 봤던 것 중 가장 아름다운 것이어야 합니다. 그리고 이 세상 것이라고는 생각되지 않는 아름다움을 지녀야 합니다. 그래야 선정에 들 수 있습니다.

왜 니밋따가 흐릿하게 또는 더럽게까지 나타나는지를 살펴보도록 하겠습니다. 니밋따가 바로 여러분 마음의 반영이라는 사실을 상기해보면 매우 도움이 될 것입니다. 니밋따가 흐릿하다면, 이것은 여러분의 마음이 흐릿하다는 의미입니다. 니밋따가 더럽다면, 이것은 바로 여러분의 마음이 더럽혀져 있다는 의미입니다. 여기서는 거짓말을 할 수도 부정을 할 수도 없습니다. 왜냐하면 여러분은 여러분 마음상태의 진실과 마주 대하고 있기 때문입니다.

바로 여기에서 '도덕적 행위戒, sīla'의 중요성이 명백해집니다. 만약 마음이 순수하지 않은 행위, 말, 생각으로 더럽혀졌다면, 니밋따는 (나타난다 하더라도) 흐릿하고 지저분할 것입니다. 만약 여러분이 이런 경험을 한다면, 좌선하는 방석 밖에서 자신의 행위를 정화하는 데 좀 더 노력을 기울이십시오. 계율을 완벽하게 지키십시오. 말을 점검해보십시오. 부처님께서는 먼저 계戒를 깨끗하게 하지 않고, 삼매를 깨끗하게 하는 것은 불가능하다고 말씀하셨습니다(AN VII,61).

강한 믿음을 가진 관대하고 연민심 많은 사람들은 소위 '순수한 마음'을 가지고 있습니다. 수행을 지도한 제 경험에 비춰보면, 이런 순수한 마음을 가진 수행자들이 빛나는 니밋따를 경험한다는 것은 일반적인 법칙입니다. 그러니 오점 없이 계율을 지키는 데 더해서, 순수한 마음을 계발하십시오.

하지만 때로는, 마음이 고운 사람들조차도 흐릿한 니밋따를 경험합니다. 일반적으로 이것은 정신적 에너지가 낮기 때문입니다. 아마도 나쁜 건강이나 과로가 원인일 것입니다. 이런 문제를 피할 수 있는 유용한 방법은 신심을 고무시키는 수행을 하는 데 좀 더 시간을 보내는 것입니다.

예컨대, 부처님과 법法 그리고 승단僧團에 대해 숙고하는 수행이 그것입니다. 마음이 기쁨으로 가늑 찰 때까지 이런 수행을 해야 합니다. 다른 방법으로, 여러분이 남 돕기를 즐기는 사람이라면, 과거에 보시했던 경험을 떠올려서 신심을 고무시킬 수 있습니다. 부처님께서는 이것을 '짜가-아눗사띠' cāga-anussati: 자신의 덕행에 대해 생각함라고 불렀습니다. 혹은 자애명상에 좀 더 시간을 보낼 수도 있습니다. 정신적 에너지가 즐거운 밝음의 수준으로 올라가면, 호흡명상으로 돌아갈 수 있습니다.

지금까지 저는 호흡명상을 시작조차 하기 전에, 니밋따를 빛나게 만드는 기술들에 대해 말했습니다. 사실, 이 기술들은 가장 효과적입니다. 하지만 수행 중 니밋따가 나타나긴 하지만 흐릿할 때는, 네 가지로 진행하는 방법이 있습니다.

(1) 니밋따의 중심에 초점을 맞추십시오. 흐릿한 니밋따에서조차도 그 중심은 가장자리보다 더 밝습니다. 니밋따의 중심을 보라고 부드럽게 스스로에게 암시하면, 중심의 밝음이 확장됩니다. 그다음, 그 중심에 초점을 맞춥니다. 그러면 그것은 더욱 밝아집니다. 중심으로 가고, 그다음 중심의 중심으로 가고 등등 …… 이런 식으로 계속하면, 흐릿한 니밋따는 곧 믿을 수 없을 정도로 밝아집니다. 그리고 흔히 광명 속에서 계속 '폭발'하면서 선정에 들게 됩니다.

(2) 현재순간에서 주의력을 예리하게 하십시오. '현재순간 알아차리기'는 호흡명상 수행을 위한 예비과정입니다. 하지만 흔히 이 단계에서 주의력이 현재의 주위에서 '흐려집니다.' 개인적으로, 저는 '현재순간에 더 예리하게 초점을 맞추라고 부드럽게 상기시키는 것'이 알아차림을 밝게 하고 니밋따를 빛나게 만들어서 모든 흐릿함을 없애는 경험을 자주 합니다.

(3) 니밋따에게 미소 지으세요. 니밋따가 마음의 반영이라는 사실을 기억하십시오. 그래서 마음이 미소 지으면, 니밋따도 미소 짓습

니다! 니밋따가 밝아집니다. 두 번째 장애인 악의의 찌꺼기가 니밋따를 흐릿하게 만들고 있을지도 모릅니다. 미소는 부드럽고 강력합니다. 그래서 이런 미묘한 형태의 장애를 충분히 극복할 수 있습니다. 만약 여러분이 제가 말하는 '니밋따에게 미소 짓기'를 이해할 수 없다면, 가서 거울을 보십시오. 그리고 스스로에게 미소 지어보십시오. 그런 후, 이것을 정신적 활동의 부분에 적용시켜 니밋따 앞에서 이를 반복하십시오.

(4) '아름다운 호흡'으로 돌아가십시오. 때로는, 니밋따로 너무 빨리 옮겨갔기 때문일지도 모릅니다. '아름다운 호흡'에서 좀 더 머물도록 부드러운 결심을 하는 것이 더 좋을 수도 있습니다. 설령 니밋따가 나타나더라도 흐릿할 때는, 이를 무시하고 호흡에 대한 마음의 경험으로 돌아가십시오. 제가 이렇게 할 때면, 흔히 얼마 지나지 않아 니밋따가 더 밝게 나타납니다. 저는 이것을 다시 무시합니다. 니밋따는 계속해서 더욱더 밝게 나타납니다. 그러나 저는 정말 찬란한 니밋따가 나타날 때까지 이를 계속해서 무시합니다. 그러고 나서야, 저는 니밋따를 무시하지 않습니다!

이것이 바로, 니밋따를 닦고 '빛내서' 훌륭하고 아름답고 찬란하게 만드는 방법입니다.

| 11단계: 니밋따 지속시키기 |

수행이 깊어짐을 막는 니밋따의 두 가지 결점 중 두 번째는 니밋따의 불안정함입니다. 니밋따는 고요히 멈춰 있지 않고 금방 사라집니다. 이 문제에 대처하도록, 부처님께서는 호흡명상의 11단계에서 '주의 깊게 마음을 고요하게 멈추기samādaham cittam'를 설하셨습니다. 이것은 '니밋따에 주의력을 지속시킴'을 의미합니다.

  니밋따가 처음에 몇 번 나타날 때는, 잠깐 번쩍 나타났다가 곧 사라지거나, 정신적 영역의 시야에서 돌아다니는 일이 흔합니다. 니밋따가 불안정합니다. 일반적으로, 밝고 강력한 니밋따가 흐릿하고 약한 니밋따보다 더 오래 머뭅니다. 이런 이유로 부처님께서는 니밋따를 지속시키는 단계 전에 니밋따를 빛내는 단계를 가르치셨습니다. 때로는 니밋따를 빛내는 것으로 이를 지속시키기에 충분합니다. 즉, 니밋따가 너무 아름답고 밝아서 이것이 긴 시간 동안 주의력을 잡아둡니다. 하지만 찬란한 니밋따조차도 불안정할 수 있습니다. 그래서 니밋따에 주의력을 지속시키는 방법들이 있습니다.

  니밋따를 지속시키는 데 제게 도움이 됐던 통찰은, 마음에서 보고 있는 니밋따가 바로 '아는 것'('지켜보는 것')의 반영이라는 깨달음이었습니다. '아는 것'이 움직였을 때, 그 반영인 니밋따도 움직였습니다. 이것은 여러분이 거울 앞에서 자신의 영상을 쳐다볼 때, 여러분이 움직이면 그 영상도 역시 움직이는 것과 마찬가지입니다. 여러분이 움직이고 있는 한, 거울이 흔들리지 않도록 잡아서 그 영상을 멈추려 하는 것은 시간 낭비입니다. 이것은 효과가 없습니다. 그 대신, 이것을 경험하고 있는 '아는 것'에 초점을 맞추십시오. 그리고 이것을 가라앉혀 고요하게 멈추십시오. 그러면 이 '아는 것'의 영상인 니밋따가 안정될 것입니다. 그리고 부동하고, 변함없이 찬란하게 나타날 것입니다.

여기서도, 일반적으로 두려움과 흥분이 불안정함을 일으킵니다. 여러분은 수동적으로 지켜보지 않고, 너무 심하게 반응하고 있습니다.

처음 니밋따를 경험하는 것은 생판 모르는 사람과의 만남과 같습니다. 흔히 여러분은 그들이 누군지도 어떻게 행동할지도 모르기 때문에 불안해합니다. 그들을 알고 나면, 함께 있어도 편안합니다. 그들은 좋은 친구들입니다. 그래서 여러분은 편안하게 그들과 함께 합니다. 과민반응은 사라집니다.

혹은 아이가 자전거 타는 법을 처음 배우는 것과 같습니다. 처음 자전거를 탈 때, 아마 여러분은 (제가 그랬던 것처럼) 손에 핏기가 사라질 정도로 핸들을 아주 꽉 잡았을 것입니다. 긴장을 풀지 않아서 저는 계속 넘어졌습니다. 여기저기가 찢어지고 멍이 들었습니다. 그리고서야 저는 긴장을 풀수록 균형 잡기가 더 쉬워진다는 사실을 알게 되었습니다. 마찬가지로, 여러분은 곧 니밋따를 꽉 쥐는 것을 멈추는 방법을 배우게 됩니다. 여러분은 편안하게 긴장을 풉니다. 그리고 통제를 줄이면 줄일수록, 니밋따를 지속시키는 것이 더 쉬워진다는 사실을 발견하게 됩니다.

또 다른 유용한 방법은 차를 운전하는 이미지를 이용해 효과적으로 통제를 멈추는 것입니다. 밝은 니밋따가 떠오를 때, 저는 니밋따에게 열쇠를 주며 말합니다. '여기서부터 네가 운전해.' 저는 니밋따에게 완전한 믿음과 신뢰를 줍니다. 저는 실제로 신뢰를 마음속에 형상화해 이것을 밝은 니밋따에게 건네줍니다. 저는 '행하는 것' 의 마지막 남은 찌꺼기가 여진히 일을 망치려 한다는 사실을 깨닫게 되었습니다. 그래서 저는 이 비유를 이용해 모든 통제를 버리도록 돕습니다. 여기가 제가 멈추는 지점입니다. 제가 멈추면, 니밋따도 저와 함께 멈춥니다.

잠시 니밋따에 주의력을 지속시키면, 니밋따는 더욱더 밝아지고 매우 강력해집니다. 니밋따가 여러분 삶에서 본 것 중 가장 아름다운 색상으로 나타난다면, 이것은 훌륭한 니밋따라는 표시입니다. 예를 들어, 파란색 니밋따를 본다면, 그 색상은 평범한 파란색이 아닌 여러분이 알고 있는 것 중 가장 깊은 · 가장 아름다운 · 가장 파란 파란색일 것입니다. 제가 '좋은' 또는 '쓸모 있는' 이라고 말하는 니밋따들도 역시 매우 안정적이고, 거의 움직이지 않습니다. 아름답고 안정된 니밋따를 경험하고 있다면, 여러분은 (그 안을 쳐다보며) 선정의 세계에 임박해 있습니다.

| 12단계: 마음을 자유롭게 하기 |

호흡명상의 12단계는 '마음을 자유롭게 하기 vimocayaṁ cittaṁ' 입니다.

여기서 여러분은 시각에 따라 두 가지 방식으로 뒤에 묘사할 수 있는 경험을 합니다. 여러분 스스로가 니밋따 속에 빠지고 뛰어들거나, 또는 찬란한 빛과 황홀한 느낌을 가진 니밋따가 여러분을 완전히 감쌉니다. **여러분이** 이것을 하는 것이 아닙니다. 이것은 모든 '행함doing'을 놓아버린 자연적 결과로 그저 일어납니다.

마음을 해방시킴으로써 선정에 들어갑니다. 부처님께서 말씀하신 선정은 '자유vimokkha'의 단계입니다(DN 15,35). '위목카vimokkha'는 감옥에서 풀려나 자유롭게 걷는 사람을 설명하는 데도 같이 쓰입니다. 여러분은 같은 의미를 가진 산스크리트어 '목샤moksha'를 통해 이 단어를 알지도 모르겠습니다. 마음은 이제 자유롭습니다. 즉, 몸 그리고 다섯 가지 감각으로부터 자유롭습니다.

저는 유체이탈* 처럼 마음이 어딘가에 떠다니는 경험을 말하는 것이 아닙니다. 여러분은 더 이상 공간에 위치해 있지 않습니다. 왜냐하면 모든 공간의 경험들은 다섯 가지 감각에 의지하고 있기 때문입니다. 여기서 마음은 그런 모든 것으로부터 자유롭습니다. 여러분은 몸에서 무엇이 일어나고 있는지 전혀 알지 못합니다. 어떤 것도 들을 수 없고, 어떤 말도 할 수 없습니다. 여러분은 지극히 행복합니다. 그리고 완전히 알아차리고 있고, 고요하며, 바위처럼 안정적입니다. 이런 사실들이 마음이 자유로워졌음을 보여줍니다. 이 경험은

---

* 유체이탈(有體離脫): 자기 자신을 바깥쪽에서 보는 심령현상.

여러분 인생에서 (만약 **가장** 강력한 경험이 아니라면) 가장 강력한 경험 중 하나가 됩니다.

이런 선정을 몇 번 경험하고 나면, 대개 출가하여 스님이 되고 싶어합니다. 세상은 매력이 적어집니다. 선정 또는 자유로워진 마음의 지복과 비교하면 관계들·예술·음악 그리고 영화·섹스·명성·부와 같은 것들은 모두 전혀 중요하지 않아지고, 매력적으로 보이지 않습니다.

그러나 여기에는 단순한 지복 이상의 더 많은 것들이 담겨 있습니다. 여기에는 체험의 철학적 심오함도 담겨 있습니다. 선정 속에서 몇 시간을 보낼 때, 여러분은 원한다면 스스로를 '신비한 존재'라고 부를 수 있습니다. 여러분은 모든 종교 전통들에서 (일상적인 것과는 완전히 다른) 신비 체험이라고 부르는 것을 경험했습니다. 부처님께서는 이것을 "평범한 인간의 경험을 뛰어넘는 어떤 것$^{uttari\text{-}manussa\text{-}dhamma}$"(MN 66,21)이라고 부르셨습니다. 부처님께서는 이것을 마음이 "위대함으로 갔다$^{mahā\text{-}ggata}$"고 표현하셨습니다. 또한 선정의 행복을 깨달음의 행복과 아주 유사한 것으로 여겨서, 이것을 "바른 깨달음의 행복$^{sambodhi\ sukha}$"이라고 부르셨습니다. 여기는 번뇌가 도달할 수 없는 곳입니다. 그래서 여기는 마라$^{māra:\ 불교의\ 악마}$가 여러분에게 접근할 수 없는 장소입니다. 이 시간 동안 여러분은 깨어났고 자유롭습니다.

만약 이러한 호흡명상의 처음 열두 단계를 계발했다면, 이것은 여러분을 선정으로 이끌 것입니다.

선정에서 나옴 🌱

「호흡명상의 경」의 마지막 네 단계는 선정에서 막 나온 수행자를 위한 설명입니다. 처음으로 선정을 경험하고 나와서, 여러분은 '와~, 이게 뭐였지?' 라고 생각하지 않을 수 없습니다. 따라서 여러분이 첫 번째로 해야 할 일은 이 선정을 다시 검토해보는 것입니다. 비록 이것을 말로 표현하기는 어렵겠지만, 이 경험을 조사해보십시오. 스스로에게 물어보십시오. '이것이 어떻게 일어났지? 내가 특별히 한 게 뭐지? 선정은 어떤 느낌이었지? 왜 이런 느낌이지? 지금 나는 어떻게 느끼지? 왜 이토록 지극히 행복하지?' 이러한 반조反照들은 깊은 통찰을 일으킬 것입니다.

선정이 일어난 이유를 설명하는 최선의 단어는 '놓아버림letting go' 이라는 것을 여러분은 알게 될 것입니다. 여러분은 처음으로 진정 놓아버렸습니다. 집착하던 것을 놓아버린 것이 아니라, **집착함을 하는 것을 놓아버렸습니다.** 여러분은 '행하는 것'을 놓아버렸습니다. 자아自我를 놓아버렸습니다. 자아가 자아를 놓아버리는 것은 어려운 일입니다. 그러나 이러한 체계적 단계를 통해 실제로 이것을 해냈습니다. 여러분은 지극히 행복합니다.

이렇게 이 경험을 반조한 후, 여러분은 염처 수행을 하거나 곧바로 호흡명상의 마지막 네 단계로 갑니다.

| 13단계: 무상에 대한 반조 |

첫 번째 반조는 '아닛짜anicca'에 관한 것입니다. 이것은 보통 무상無常이라고 번역되지만, 이보다 훨씬 많은 의미를 담고 있습니다. 이것의 반대말은 정기적이거나 변치 않는 것을 설명하는 데 사용되는 빨리어 단어 '닛짜nicca'입니다. 예컨대, 율장律藏에서는 매주 화요일 사찰로 음식을 가져오는 신자들에 의해 정기적으로 공급되는 탁발음식을 '닛짜nicca 음식'이라고 부릅니다(Vin II,4,4,6). 한때 계속되었던 것이 멈추는 것이 '아닛짜anicca'입니다.

깊은 수행체험 뒤에 숙고해야 할 중요한 사실은, 여러분이 결코 알아차리지 못했던 정말 변치 않는 어떤 것이 존재했다는 것입니다. 이것을 '자아'라고 부릅니다. 선정 속에서는 자아가 사라졌습니다! 이것을 인식하십시오. 이것에 대한 인식을 통해 무아의 진리를 아주 깊이 확신하게 될 것입니다. 그러면 정말 예류預流를 경험하게 될지도 모릅니다.

| 14단계: 점차적 사라짐에 대한 반조 |

만약 무상에 대한 반조가 효과가 없다면, 어떤 것의 점차적 사라짐을 의미하는 '위라가virāga'가 있습니다. 때로는 이것을 평정平靜이라고도 부릅니다. 이 두 가지 의미 중 보통 저는 '점차적 사라짐'이라

는 의미를 더 좋아합니다. 이것은 어떤 것이 바로 사라질 때입니다. 선정에 들어갈 때 여러분은 많은 것의 사라짐을 봤습니다. 그중 일부는 여러분에게 매우 밀접해서 정체성의 본질적 부분이라고 생각했던 것입니다. 선정 속에서는 이것이 모두 사라졌습니다. 여러분은 여러분 자아의 점차적 사라짐을 경험하고 있습니다.

| 15단계: 소멸에 대한 반조 |

선정에서 나온 후 세 번째 반조는 '니로다^{nirodha}', 즉 소멸消滅에 대한 것입니다. 한때 거기에 있었던 것이 이제 완전히 사라졌습니다. 그것은 끝났고, 사라졌습니다. 그리고 그 장소는 이제 비어 있습니다! 깊은 수행에서만 이러한 텅 빔을 알 수 있습니다. 여러분이 본질적이라고 생각했던 우주의 정말 많은 부분이 소멸되었습니다. 그리고 여러분은 완전히 다른 공간에 있습니다.

소멸은 세 번째 성스러운 진리이기도 합니다. 고통의 끝을 소멸이라고 부릅니다. 소멸의 원인은 놓아버림입니다. 여러분은 진정으로 놓아버렸습니다. 고통은 (어쨌든 대부분 99%는) 끝났습니다. 그러면 무엇이 남았습니까? 고통의 반대는 무엇입니까? **고통의 끝은 행복입니다**. 이것이 이런 선정을 여러분이 존재한 이래 가장 행복한 경험으로 기억하게 되는 이유입니다. 여러분이 약간의 지혜와 지성을 가지고 있다면, 이러한 지복은 매우 많은 고통이 소멸했기 때문에 일어난다는 사실을 알게 될 것입니다.

여러분은 행복을 경험합니다. 그리고 그 원인을 압니다. 여러분이 아주 오랫동안 편두통으로 고통 받았다고 상상해보십시오. 그리고 어떤 사람이 방금 발명된 신약新藥을 (이 약이 모든 사람한테 듣는 것은 아니지만 어떤 사람에게는 효과가 있다고 말하면서) 여러분에게 주었습니다. 그래서 여러분은 이 약을 복용했습니다. 그리고 약이 효과가 있었습니다. 편두통이 사라졌습니다! 여러분은 어떻게 느낄까요? 여러분은 날아갈 듯합니다. 너무 행복합니다! 때로는 너무 행복해 울음을 터뜨릴지도 모릅니다. 통증의 끝은 행복입니다. 왜 어린 학생들은 연말 시험이 끝나면 그토록 행복해할까요? 바로 많은 고통이 끝났기 때문입니다. 너무나 흔하게, 세상에서의 행복은 이전에 얼마나 많은 고통을 겪었는가에 대한 척도가 됩니다. 마침내 주택 융자금을 다 갚고 나면, 여러분은 정말 행복합니다. 융자금을 갚느라 수년 동안 일하던 고통이 모두 사라졌습니다.

| 16단계: '놓아버림, 버림' 에 대한 반조 |

「호흡명상의 경」에서의 마지막 반조는 이 아름다운 단어 '빠띠닛사가paṭinissagga', 즉 '놓아버림, 버림'에 대한 것입니다. 이 문맥에서 '빠띠닛사가'는 '거기 밖에 있는 것'의 포기가 아니라 '여기 안에 있는 것'의 포기입니다. 흔히 사람들은 불교를 '거기 밖에 있는 것'을 포기하는 탈속적 종교로 생각합니다. 하지만 '빠띠닛사가'는 안의 세계를 놓아버리는 것입니다. '행하는 것'과 '아는 것'을 놓아버리는

것입니다. 만약 여러분이 매우 주의 깊게 본다면, 선정에서는 바깥 세계의 놓아버림뿐 아니라 내면세계의 놓아버림이, 특히 '행하는 것'·의지·통제자의 놓아버림이 일어났다는 사실을 알게 될 것입니다. 이러한 통찰은 엄청난 행복, 엄청난 청정함, 엄청난 자유, 엄청난 지복을 일으킵니다. 여러분은 고통의 끝으로 가는 길을 발견했습니다.

이것이 부처님께서 호흡명상을 설명하셨던 방식입니다. 호흡명상은 그저 고요한 장소의 편안한 자리에 앉아서, 전면을 알아차리고 호흡만 지켜보는 것으로 시작하는 완전한 수행입니다. 스스로의 능력에 적당하다고 생각하는 단계로부터, 단계적으로 차근차근, 선정이라는 심오한 지복 상태에 도달합니다.

선정에서 나온 후에는, 다음 네 가지 중 한 가지를 숙고할 대상으로 가집니다.

(1) '아닛짜anicca' — 무상 혹은 불확실성
(2) '위라가virāga' — 점차적 사라짐
(3) '니로다nirodha' — 자아의 소멸
(4) '빠띠닛사가paṭinissagga' — '여기 안에 있는' 모든 것을 놓아버림

그리고 여러분이 선정 경험 후에 이것들을 반조한다면, 뭔가가 일

어날 것입니다. 선정은 화약이고 반조는 성냥이라고 저는 자주 말합니다. 만약 두 가지가 함께 한다면, 어딘가에서 '쾅!' 하는 폭발이 일어날 것입니다. 이것은 단지 시간문제입니다.

  여러분 모두가 깨달음이라 부르는 이런 아름다운 폭발을 경험하길 기원합니다!

08

Mindfulness, Bliss, and Beyond

알아차림의
네 가지
초점

이 장에는 '알아차림의 네 가지 초점四念處'을 살펴보고, 이것이 지금까지 설명한 수행에서 어떤 의미가 있는지를 밝히고자 합니다.

먼저, 염처 수행은 (일부 지나치게 열정적인 해석자들이 주장하듯이) 깨달음을 얻기 위한 유일한 길이 아닙니다. 부처님에 따르면, 깨달음을 얻는 유일한 길은 팔정도八正道입니다(Dhp 273-74). 염처는 팔정도 중 일곱 번째 요소입니다. '하나의 길'만을 수행하면 어느 누구도 깨달음에 이르지 못할 것입니다. 염처를 계발하더라도 다른 요소들을 무시하는 경우가 그런 경우입니다. 이것은 밀가루 같은 재료 하나만 가지고 케이크를 구우려는 사람과 같습니다. 그는 배를 채우지 못할 것입니다.

위와 같은 이유로, 이 장에서는 팔정도의 문맥에서 염처 수행을 설명합니다. 즉, 팔정도의 다른 일곱 가지 요소들이 어떻게 염처 수행의 선행조건이 되고, 이를 어떻게 뒷받침하는지를 증명합니다.

어떤 저자들은 염처 수행이 오직 불교에만 존재한다고 말합니다. 그리고 염처 수행에 대한 부처님의 유일한 발견이 그의 깨달음과 뒤따르는 아라한 제자들의 깨달음을 이끌었다고 주장합니다. 그러나 이것은 설득력이 없습니다. 제가 이 장에서 설명하듯이, 염처 수행은 몸, 느낌, 마음 상태 등에 알아차림의 초점을 맞추는 것입니다. 모든 인종과 종교에서 지적이고 탐구심이 많은 사람들은 그 의미를 이해하기 위해 자연의 여러 측면들에 그들의 알아차림을 기울였습니다. 조사調査는 불교에만 있는 것이 아닙니다.

불교의 독창성은 선정 수행에 있습니다. 선정을 실현하기 위해서는 섬세한 생활방식의 균형이 필요합니다. 이러한 균형이 중도中道입니다(MN 36,31-33). 이런 중도는 부처님 당시의 고행자들과 세속 사람들 모두에게서 비난받았습니다. 예컨대, 부처님의 다섯 고행자 도반道伴들은 그가 중도를 실천하기 시작하자 역겨워하며 떠나갔습니다. 부처님의 독창성은 선정의 체험을 이용한 데 있습니다. 이를 통해 조사를 강화하고 알아차림에 엄청난 추진력을 줄 수 있었습니다.

염처 준비하기 🌱

일반적으로, '염처念處, satipaṭṭhāna'는 '알아차림의 토대'로 번역되었습니다. 그러나 더 정확하고 더 의미 있는 번역은 '알아차림의 초점'입니다. 염처 수행의 가르침은 수행자가 알아차림을 어디에 두어야 하는지를 가르칩니다. 알아차림을 손전등의 빛이라고 한다면, 염처는 깨달음의 진리를 드러내기 위해 어디를 비춰야 하는지를 보여줍니다.

오늘날 우리에게 전해진 「염처경念處經」의 두 판본에서(DN 22; MN 10), 부처님께서는 "만약 누구나 이와 같은 방법으로"(이 경전들에 설명된 대로) 염처를 7일 동안 계발한다면, 완전한 깨달음을 얻거나 불환자不還者의 단계에 이를 것이라고 말씀하셨습니다.

스님과 재가신자를 포함한 많은 불자들이 7일 이상의 명상수련회를 마쳤습니다. 하지만 여전히 깨닫지 못한 상태에 있습니다. 제발, 부처님을 비난하지 마십시오! 그 대신 부처님의 약속을 다시 한 번 살펴보십시오. "만약 누구나 **이와** 같은 방법으로 염처를 계발한다면……." 깨달음이 일어나지 않는 이유는 바른 방법으로 수행하지 않기 때문입니다.

이것은 비싼 하이테크 가전제품을 사서, 포장을 풀고, 그것을 조립하고, 흥분해서 전기콘센트에 플러그를 꽂는 사람과 같습니다. 쾅! 뭔가 잘못됐습니다. 그러고 나서야 그는 설명서를 읽습니다. 항상 설명서를 먼저 읽어야 하는 것 아닌가요? 불교도들이 깨달음을 성취하지 못하는 이유는 설명서에 따라 염처를 수행하지 않기 때문입니다.

부처님께서는 두 가지 종류의 염처 수행을 가르치셨습니다. 첫 번째는 선정에 의해 뒷받침되고 빠른 시간 안에 깨달음으로 이끄는 것입니다. 두 번째는 선정의 뒷받침이 없는 경우입니다. 이것은 소중한 통찰을, 특히 놓아버리게 하고 선정에 가까워지도록 하는 통찰을 생기게 하지만 깨달음으로는 이끌지 않는 것입니다. 두 종류 모두 경전에서 발견할 수 있습니다. 이 장에서는 주로 첫 번째 종류의 염처 수행에 초점을 맞추고자 합니다.

| 염처 수행에서 선정의 중요성 |

경전에서는 "세상에 대한 탐욕과 슬픔을 버리고서" 염처를 수행한다고 말합니다. 이것은 빨리어 "vineyya loke abhijjhā-domanassam"에 대한 일반적 번역입니다. 이러한 번역은 100여 년 전 리즈 데이비즈 교수에 의해 처음 제시되었습니다. 이것은 선의로 제시되긴 했지만, 형편없는 번역입니다. 그 후로 이 해석에 갇혀버렸습니다. 이 번역은 실질적인 면에서 의미가 없을 뿐 아니라 잘못된 번역이기도 합니다. 이런 번역은 오해를 불러일으킵니다. 이것이 서양 불자들이 설명서를 잘못 이해하고, 염처 수행이 효과가 없다고 느끼게 되는 주된 이유입니다.

주석서들에서 설명하듯이, 사실 이 문구는 '일시적으로 다섯 가지 장애를 버리고' 라는 의미입니다. 이 설명은 경전의 다른 곳에서 쓰이는 이러한 빨리어 단어들의 용법과 일치합니다. 이것은 염처 수행을 위한 선행조건이 먼저 다섯 가지 장애를 버리는 것이라는 사실을 의미합니다! 이것이 불자들이 사용하지 않는 설명서의 부분입니다. 그리고 이것이 염처가 (수행의 효과라는) 상품을 배달하지 못하도록 막습니다.

선정의 기능은 일시적으로 다섯 가지 장애를 버리는 것입니다. 「날라까빠나의 경」(MN 68,6)에서는 말합니다.

"선정을 성취하지 못하면, 다섯 가지 장애가 마음에 침범하고 머문다. 선정을 성취하면, 다섯 가지 장애가 마음에 침범하지 못하고 머물지 못한다."

선정을 경험한 사람이라면 누구나, 선정에서 나온 후에는 알아차림이 정말 강력하고 이를 지속시키기가 매우 쉽다는 사실을 압니다. 이것은 다섯 가지 장애가 사라진 결과입니다.

저는 젊은 대학생 시절 여자 친구와 데이트를 했던 기억이 있습니다. 파티의 불빛은 언제나 흐릿했습니다. 우리는 촛불 옆에서 저녁을 먹었습니다. 강둑에서 키스를 했을 때는, 은색 달빛 아래였습니다. 로맨스는 어둠 속에서 일어난다는 사실을 저는 깨달았습니다. 사실, 너무 어두워서 저는 데이트 상대를 제대로 볼 수 없었습니다.

약한 알아차림은 한밤의 데이트와 같습니다. 여러분은 명확하게 볼 수 없습니다. 아마도 볼 수 있는 것은 실루엣뿐일 것입니다. 어떤 사람들은 약한 알아차림을 좋아합니다. 그들은 진실로 있는 그대로 보기를 원치 않습니다. 왜냐하면 알아차림은 그들이 대면하고 싶지 않은 삶에 대한 어떤 진실을 드러내기 때문입니다. 많은 사람들은 공상에 빠져 있거나, 마약으로 멍해 있거나, 또는 기분에 취해 있기를 더 좋아합니다. 다른 사람들은 바쁘게 지내며 알아차림으로부터 도망칩니다. 오직 몇몇 사람들만이 알아차림을 유지할 수 있는 용기와 정직함을 가지고 있습니다.

| 알아차림의 힘 |

알아차림이 불빛이라면, 수행은 그 불빛을 밝힙니다. 제가 태국 북동부의 파나나찻 사원Wat Pa Nanachat에서 젊은 스님이던 시절의 일입니다.

저는 법당에서 걷기명상을 하며 매우 평화로워졌습니다. 저는 시선을 2미터 앞 콘크리트 바닥에 두고 걸었습니다. 그리고 저는 멈춰야 했습니다. 믿을 수가 없었지만, 지루한 콘크리트 표면이 장엄한 아름다움을 가진 그림으로 피어나기 시작했습니다. 회색의 다양한 색조와 결이 제가 평생 봤던 것 중 가장 아름다운 그림으로 별안간 나타났습니다. 저는 그 부분을 잘라 런던의 테이트 갤러리*로 보내고 싶었습니다. 그것은 하나의 예술품이었습니다. 한두 시간이 지나

---

*   테이트 갤러리(Tate Gallery) : 1897년 설립된 영국 미술에 중점을 둔 런던에 있는 국립미술관.

자, 그것은 다시 지루하고 평범한 콘크리트 조각에 불과했습니다.

여기에서 일어났던 것은, 어쩌면 여러분에게도 이런 일이 일어났을지 모르지만, '강력한 알아차림'에 대한 짧은 경험입니다. 강력한 알아차림을 가진 마음은 메가와트의 서치라이트와 같습니다. 이것은 응시하고 있는 것을 훨씬 더 깊게 볼 수 있게 해줍니다. 평범한 콘크리트가 걸작이 됩니다. 풀잎 하나가, 글자 그대로 가장 상쾌하고 찬란한, 빛나는 초록의 색조로 반짝입니다. 나무의 잔가지가 무한한 모양, 색상, 그리고 구조를 가진 우주로 변합니다. 사소한 것이 심오하게 됩니다. 그리고 평범한 것이 강력한 알아차림의 번뜩이는 에너지 아래 천상의 것이 됩니다.

여기서는 다섯 가지 장애가 버려지고 있습니다. 경전에서는 다섯 가지 장애가 "지혜를 약화시킨다."고 말합니다. 장애들이 사라진 경험은 때와 먼지가 닦여진 창문을 통해 보는 것과 같고, 또는 마침내 귀지를 파낸 귀를 통해 듣는 것과 같고, 또는 안개에서 벗어난 마음으로 비추는 것과 같습니다. 강력한 알아차림과 약한 알아차림의 차이를 단지 사유가 아니라 개인적 경험으로 안다면, 염처 수행을 하기 전에 선정이 필수적이라는 사실을 이해할 것입니다.

선정은 '초강력 알아차림'을 일으킵니다. '강력한 알아차림'이 메가와트의 서치라이트라면, 선정에 의해 일어난 '초강력 알아차림'은 테라와트의 태양과 같습니다. 만약 깨달음이 여러분의 목표라면, '초강력 알아차림' 정도의 수준이 필요합니다. 선정 후의 상태를 경험해본 사람이라면 누구나, 왜 그런지를 이해할 것입니다.

다음의 비유를 한번 생각해보십시오. '약한 알아차림'은 티스푼으로 구덩이를 파는 것과 같습니다. 그리고 '강력한 알아차림'은 삽으로 구덩이를 파는 것과 같습니다. 한편, '초강력 알아차림'은 스푼으로 몇 년을 파야 할 구덩이를 거대한 굴착기로 한 번에 파는 것과 같습니다.

| 천 겹 꽃잎을 가진 연꽃 |

저는 하나의 대상에 알아차림을 유지하는 것이 어떻게 자신의 본질, 즉 자기 마음과 몸의 본질을 드러내는가를 설명하고자 합니다. 천 겹의 꽃잎을 가진 연꽃의 비유로 다시 돌아가 이를 설명하겠습니다.

연꽃은 밤에 모든 꽃잎을 닫는다는 사실을 상기하십시오. 아침에, 태양의 첫 번째 광신이 연꽃을 데우기 시작합니다. 이것이 연꽃이 그 꽃잎들을 여는 방아쇠입니다. 첫 번째 겹의 꽃잎이 열리기에 충분할 만큼 온기가 쌓이는 데는 많은 시간이 걸립니다. 만약 그날 구름이나 안개가 끼면 아주 긴 시간이 걸립니다. 일단 가장 바깥의 꽃잎이 열리면, 태양의 온기는 다음 겹의 꽃잎을 비출 수 있습니다. 그리고 빛이 연속적으로 몇 분 동안 비치면, 이것도 역시 열립니다. 그러면 다음 겹이 온기를 받을 수 있고, 곧이어 이것도 차례로 열립니다. 연꽃은 많은 겹의 꽃잎을 가지고 있습니다. 그래서 완전히 열리는 데는 긴 시간이 걸립니다. 천 겹의 연꽃이 모든 꽃잎을 열어 그 중심의 유명한 보석을 드러내기 위해서는, 매우 긴 시간 동안 지속된 아주 강력한 태양이 필요합니다.

염처 수행에서 천 겹의 연꽃은 이 몸과 마음 즉, '자신'에 대한 (또는 어디에선가 앉아 바로 지금 이 페이지를 읽고 있는 여러분이 무엇이라고 부르는 어떤 것에 대한) 비유입니다. 태양은 알아차림에 대한 비유입니다. 매우 긴 시간 동안 이 몸과 마음에 강력한 알아차림을 유지해야 가장 안쪽의 꽃잎을 열 수 있습니다. 구름이나 안개가 끼면 태양이 연꽃을 데울 수 없듯이, 만약 다섯 가지 장애가 있으면 통찰은 생기지 않습니다.

강력한 알아차림을 몸과 마음에 오래 지속시키지 못했다면, 여러분은 단지 바깥 꽃잎을 볼 정도의 이해력만을 가집니다. 그러나 강력한 알아차림을 일으키고 이것을 몸과 마음에 연속적으로 지속시킨다면, 완전히 다른 측면에서 이 모든 것을 보기 시작합니다. 여러분은 '자신'이 누구인지 안다고 생각했습니다. 하지만 이제 여러분은 스스로가 얼마나 미혹되어 있었고, 얼마나 알지 못했는지를 깨닫습니다. 강력한 알아차림을 몸과 마음에 지속시킴으로써 진실은 드러나기 시작합니다.

이렇게 수행하면, 모든 낡은 명칭들은 사라집니다. 모든 관념들은 (본인이 생각했던 자신, 남들이 말하던 자신, 그리고 스스로 믿었던 자신은) 바깥 꽃잎들입니다. 이것들이 열리고 훨씬 더 깊은 진실을 드러냅니다. 명칭과 관념은 모두 낡은 조건들입니다. 이것들은 그 안에 있는 진실을 숨기는 피상적 설명들입니다. 이러한 바깥 꽃잎들이 제거되면서, 여러분은 이전에 결코 보지 못했던 것들을 보기 시작합니다. 여러분은 명칭을 찾을 수 없는 것들을 경험합니다. 그리고 이것들은 모든 학습된 인식을 넘어 있습니다. 우리 인식의 대부분은 학교나 집에서 배웠던 것의 단순 반복에 불과합니다. '소', '개', '스님', '경찰관', 이 모든 것들은 우리가 세상의 대상들에 집착하도록 훈련된 정확하지 않은 명칭들의 예입니다. '생각', '느낌', '의식', 그리고 '자아'는 우리가 마음대상들에 집착하도록 훈련된 잘못된 명칭들의 예입니다. 이것들은 수많은 학습된 인식에 불과한 것입니다. 이들은 진실을 숨깁니다.

이 비유를 '천 겹 꽃잎을 가진 연꽃'의 비유라고 부릅니다. 천 겹 또는 그 정도 수준의 드러내야 할 본질이 있기 때문입니다. 자신과 세상에 대한 미혹과 잘못된 관념들의 수많은 깊은 겹들을 드러내기 위해서는 오랜 시간의 좌선이 필요합니다. 부처님께서는 고통의 근본 원인이 미혹^{avijjā}이라고 말씀하셨습니다. 하지만 이것을 드러내기가 쉽다고 말하지는 않으셨습니다. 미혹은 연꽃의 꽃잎이 열리듯 겹겹이 드러납니다.

여러분이 영적 삶에서 주의해야 될 (특히 수행에 있어서의) 위험은 본인의 성취를 과대평가하는 것입니다. 때로, 몸과 마음에 강력한 알아차림이 유지될 때 통찰들이 일어납니다. 어쩌면 태양이 연꽃을 잘 데워 49번째 꽃잎이 열렸을지도 모릅니다. 그래서 여러분은 천 겹 중 50번째 꽃잎을 봅니다. 이 50번째 꽃잎은 너무 아름답고 심오합니다. 그래서 이렇게 생각합니다. '와~! 바로 이거야. 마침내 이 연꽃 중심에 무엇이 있는지 이해했어.' 미안합니다만 여러분, 아직 꽃잎이 950겹 더 남아 있습니다. 그러니 주의하십시오. 여러분은 아직 완전히 깨닫지 못했습니다.

너무 아름답고 이 세상의 것이 아닌 듯한 천 번째 꽃잎이 열릴 때서야, 여러분은 연꽃 중심에 있는 유명한 보석을 볼 수 있습니다. 그 보석이 뭔지 아십니까? 다이아몬드? 루비? 아닙니다. 그것은 '텅 빔'입니다. 여러분은 몸과 마음의 바로 중심에 있는 '텅 빔'이라는 정말 소중한 보석을 봅니다. 여러분은 결코 이런 것을 예상치 못했습니다. 그래서 이것이 또 다른 꽃잎에 불과한 것이 아니라는 사실을 압니다. '텅 빔'은 다른 모든 꽃잎들과는, 다른 모든 것들과는 완전히 다른 속성을 가지고 있습니다. 이것은 다른 어떤 것과도 다릅니다! 이 정도까지 도달하기 위해서는, 매우 긴 시간 동안 그 초점에 유지된 '초강력 알아차림'이 필요합니다.

| 염처 수행의 목적 |

염처 수행을 시작하기 전에 그 목적을 완전히 이해하는 것이 필수적입니다. 어떤 수행의 목적은 그것이 어떻게 행해져야 하는지를 설명하는 데 도움이 될 것입니다. 목표에 대한 명확한 이해를 가질 때, 거기에 도달할 가능성이 더 커집니다.

그러면 염처 수행의 목적이 무엇일까요? 그 목적은 무아無我를 보는 것입니다. 무아는 자아가 없고, 내가 없고, 자아에 속한 것이 없음을 의미합니다. 경전에서는 다음과 같이 말합니다.

"이러한 알아차림이 단지 몸, 느낌, 마음, 그리고 마음대상만이 존재한다는 것을 알기에 충분할 정도로 확립되었다. 그리고 이것들은 내가 아니고, 나의 것이 아니고, 자아도 아니다."(저는 경전에서 반복되는 문구들을 이렇게 번역합니다.)

염처 수행의 목적이 나 · 나의 것 · 자아에 대한 미혹을 벗겨내고, 무아 또는 '연꽃 중심의 텅 빔'을 보는 것이라는 사실을 명심하면 수행의 길은 명확해집니다. 특히 왜 부처님께서 몸, 느낌, 마음, 마음대상이라는 알아차림의 네 가지 초점만을 가르치셨는지를 이해할 수 있을 것입니다. 이것들이 생명체가 '나' 또는 '나의 것'이라고 생각하는 주요 영역이기 때문에 부처님께서 이 네 가지를 가르치신 것입니다.

이렇게 염처 수행은 '초강력 알아차림'을 네 가지 대상 각각에 유지시켜 자아라는 환상을 해체합니다. 여러분은 너무 오랫동안 신체적 몸을 곧 자신이라고 생각하며, 느낌을 자신의 것으로 여기며(그래서 자신의 통제 하에 있다고 여기며), 마음(앎의 과정)을 여러분의 자아라고 생각하며, 그리고 마음대상을 자신과 관련된 문제라고 여기며 이에 집착하고 미혹되었습니다.

| 선행조건에 대한 요약

성공적 염처 수행을 위해서는 아래의 준비들이 필요합니다. 순서대로 정리하자면 다음과 같습니다.

(1) 먼저, 선정 경험을 통해 다섯 가지 장애를 버린다$^{vineyya\ loke\ abhijjhā\ domanassam}$.

(2) 선정에서 발생한 '초강력 알아차림' 을 가진다^{satimā}.

(3) 부지런히 '초강력 알아차림' 을 초점에 유지한다^{atāpi}.

(4) 염처의 목적을 명심한다^{sampajāno}. — 무아를 깨닫는 것.

저는 이제 염처 수행의 네 가지 초점들을 차례대로 설명할 것입니다.

몸에 대한 숙고 身隨觀

「염처경」에는 알아차림의 초점이 되는 몸과 관련된 14가지 영역이 있습니다. 이것은 다음과 같이 분류할 수 있습니다. (1) 호흡 (2) 몸의 자세 (3) 몸의 행동 (4) 몸의 구성요소 (5) 네 가지 요소四大로 본 몸 (6) 아홉 가지 시체에 대한 숙고. 여기서는 다섯 번째를 제외한 전체에 대해 간략히 살펴볼 것입니다.

| 호흡 |

인도 철학에서 호흡은(산스크리트어로는 prāṇa) 때로 인간 존재의 핵심적 본질로 여겨졌습니다. 그래서 동물을 의미하는 빨리어 단어인 '빠나pāṇa'는 호흡을 의미하기도 합니다. 이와 유사하게, 영어 단어 animal은 '호흡을 가짐'을 의미하는 라틴어 animalis에 그 어원을 두고 있습니다. 확실히, 고대시대에 호흡은 생명의 매우 중요한 부분으로 인식되어 자아 또는 영혼과 거의 동일한 것으로 여겨졌습니다.

'초강력 알아차림'의 초점을 호흡에 맞춤으로써, 호흡이 텅 빈 과정이라는 것을 경험할 수 있습니다. 즉 여기에는 호흡하는 어떤 존재도 없으며, 완전히 조건에 종속된 것이라는 사실을 알 수 있습니다. 더구나, 깊은 선정(사선정)에서는 생명에 아무런 위협을 받지 않고 호흡의 완전한 사라짐을 경험할 수 있습니다.

제 스승이신 아잔 차 스님은 오랫동안 병중에 계셨습니다. 그 당시 그는 자주 호흡을 멈추곤 했습니다. 새로운 간호사가 당번이 되었을 때 이런 일이 일어난 적이 있습니다. 그는 무척 놀랐습니다. 그는 아잔 차 스님이 언젠가는 죽을 것이라는 사실을 알고 있었습니다. 하지만 그가 당번일 때 이런 일을 겪고 싶지는 않았습니다! 그날 밤 당번이었던 시자 스님들은 그를 안심시켰습니다. 이전에도 아잔 차 스님에게 이런 일이 여러 번 일어났고 이것은 깊은 수행의 표시일 뿐이라고 그들은 말했습니다.

그렇지만 간호사는 여전히 걱정이 되었습니다. 그래서 그는 호흡이 없는 시간 동안 몇 분마다 혈액 샘플을 채취해서 혈액에 여전히 산소가 잘 공급되고 있는지를 확인했습니다. 결과적으로, 혈액 속에 충분한 산소가 있다면 몸에는 문제가 없을 것이기 때문이었습니다. 그는 아잔 차 스님에게 긴 시간 동안 호흡이 없었지만 혈액 속의 산소 수준은 일정하게 유지되었다는 사실을 발견했습니다. 선정에서는 신진대사가 아주 느려져 거의 제로(0)의 에너지를 씁니다. 여러분은 숨을 쉴 필요가 없습니다.

왜 보통 사람들은 흥분할 때 숨을 헐떡이고, 죽기 직전에 숨을 쉬려고 버둥거릴까요? 아마도 호흡에 대한 집착이 스스로 인식하고 있었던 것보다 더 깊어서일 겁니다. 염처 수행은 전혀 예상치 못했던 집착들을 드러냅니다. 여러분이 호흡의 소멸을 경험할 때, 호흡이 전혀 자신의 것이 아니라는 사실이 명백해집니다. 이러한 통찰을 통해서 호흡에 대한 집착이 사라집니다.

| 몸의 자세와 행동 |

어떤 것을 이해하는 데는 두 가지 방식이 있습니다. (1) 이것이 무엇으로 만들어졌는가를 숙고함으로써. (2) 이것이 하는 것을 숙고함으로써.

여기서는 '이것이 하는 것을 숙고함으로써' 이 몸을 분석하고자 합니다. 걷고, 서고, 눕고, 앉고, 팔을 뻗는 것 등을 '내'가 한다는 생각은 환상입니다. '내'가 아니라, 이것을 하는 몸이 있다는 것이 진실입니다.

스포츠나 예술에서 또는 수행에서조차, 높은 성취를 얻은 많은 사람들은 '존zone'에 들어감이라고 부르는 상태를 묘사합니다. 이것은 자아가 사라진 상태입니다.

제가 아는 유명한 인도 고전무용 무용수는 어떻게 그토록 높은 수준으로 공연할 수 있는지를 질문 받았습니다. 연습하고 또 연습하지만, 공연이 시작될 때는 일부러 배웠던 것을 모두 잊어버린다고 그녀는 말했습니다. 그녀는 '그녀 자신이 길을 비키고', 춤이 이를 넘겨받도록 했습니다. 이것이 '존'에 들어감에 대한 전형적인 묘사입니다.

이러한 '존' 속에 있을 때, 육상선수는 애쓰지 않고 우아하게 그리고 흠잡을 데 없이 움직일 수 있습니다. 이런 '존' 속에 있을 때, 수행자는 심매가 아름답고 균일하게 그리고 말없이 깊어짐을 지켜볼 수 있습니다. 여러분은 이 모든 것을, 과정을 조종하는 존재가 없는, 단순한 과정에 불과한 것으로 명확하게 경험할 수 있습니다. 이것이 무아입니다.

여러분은 '초강력 알아차림'으로 몸의 자세와 행동을 관찰합니다. 그리고 금방 '존'에 들어갑니다. 이 '존'에서는 모든 몸의 자세와 행동이 자신에 의해서가 아니라 단지 원인에 의해 조종되는 과정으로 보입니다. 여러분은 몸에 집착을 적게 하게 됩니다. 집착을 떼어내고 편안하게 지냅니다.

어떤 스승들은 알아차림이 항상 현재순간에 초점이 맞춰져야 한다고 잘못 생각합니다. 사실, 알아차림을 의미하는 빨리어 단어 '사띠sati'는 '기억함'이라는 뜻도 가지고 있습니다. '초강력 알아차림'은 한참 지난 순간들에 초점을 맞추고, 그 대상이 흐려지지 않은 채로 이를 꿰뚫을 수 있습니다. 그래서 그 진실을 드러낼 수 있습니다.

예컨대 「염처경」에서는 잠자는 것에 알아차림의 초점을 맞추라고 합니다. 아라한조차도 잠들어 있을 때는 알아차리지 못합니다. 그럼 이것은 무슨 의미일까요? 일부 번역자들은 잠에 드는 것에 대한 알아차림으로 사용되는 의미를 바꿔서 이 문제를 해결하고자 했습니다. 그렇지만 「염처경」에 사용되는 빨리어의 의미는 '잠자는 중에'를 의미합니다. '잠에 드는 것'에 대해서는 '닛당 옥까마띠niddaṃ okkamati'라는 다른 표현이 있습니다. 잠에 알아차림의 초점을 맞추는 수행을 한다는 것은, 이전의 잠들었던 경험을 현재에서 '초강력 알아차림'의 초점으로 이용하는 것을 의미합니다. 알아차림은 한참 지난 경험을 그 대상으로 취할 수 있습니다. 지금은 이것이 현학적이게 보일지도 모릅니다. 하지만 이것은 '찟따 의식.第六識에 대한 알아차림의 초점에 대해 설명할 때 결정적으로 중요해집니다.

| 몸의 구성요소 |

제가 열한 살 무렵의 일입니다. 저는 흑백텔레비전으로 유혈이 낭자한 큰 외과수술을 자세히 보여줬던 프로그램을 봤습니다. 그 당시에

는 이런 프로가 흔했습니다. 저의 부모님과 형은 언제나 방에서 나가곤 했습니다. 하지만 저는 이 프로가 교육적이라고 부모님을 설득해, 이 프로를 볼 수 있었습니다. 저는 흥미롭게 몸의 장기들을 봤습니다.

여러 해가 지난 후, 불교 승려로서 저는 태국과 호주에서 지내며 시체해부를 지켜보는 데 큰 관심이 있었습니다. 어떤 사람들은 시체해부를 지켜본다는 생각만 해도 메스꺼움을 느낍니다. 그리고 시체해부를 볼 때 실신하는 경우도 흔합니다. 이런 이유가 요즘 저는 궁금해졌습니다. 우리는 모두 학교에서 생물학을 배웠습니다. 그럼에도 우리들 대부분은 여전히 우리 몸의 본성에 대해 거부합니다. 창자가 드러나는 것을 볼 때 실신하거나 신음소리를 내는 것 외에, 다른 반응을 보일 수는 없을까요?

우리는 이 몸에 엄청난 집착을 가지고 있습니다. 많은 고통을 일으키는 몸에 미혹되어 있습니다. 몸의 구성요소에 '초강력 알아차림'의 초점을 맞춤으로써, 여러분은 거부와 두려움의 장벽을 뚫고 몸을 진실로 있는 그대로 볼 수 있습니다. 이것은 그냥 몸입니다. 조각조각들이 함께 묶였다 부서지고, 아름답지도 추하지도 않고, 강하지도 약하지도 않습니다. 이것은 그저 자연의 것입니다. 여러분의 것이 아닙니다. 몸을 영원히 튼튼하고 건강하게 유지할 수 있습니까? 몸이 죽지 않게 할 수 있습니까? 그러면 누가 여러분의 몸을 소유합니까? 확실히, 자연이 여러분의 몸을 소유하는 것이 틀림없습니다. 여러분이 아니라.

 몸에 대한 진실을 완전히 꿰뚫고 나면, 자신의 죽음을 전혀 두려워하지 않게 됩니다. 사랑하는 친지나 친한 친구가 죽었을 때의 반응으로도 여러분의 통찰력을 테스트할 수 있습니다. 그들이 교통사고로 죽었다는 전화를 받고서, "네, 당연히 그럴 것이라 예상했습니다."라고 반응한다면, 여러분은 몸에 대한 집착에서 벗어난 것입니다.

| 시체에 대한 명상 |

시체에 대한 명상은 몸이 무엇인지에 대한 숙고와 몸이 하는 것에 대한 숙고를 결합시킵니다. 이 명상은 처음에는 혐오감을, 중간에는 통찰을, 마지막에는 해탈을 일으킵니다. 이것은 강력하고 효과적입니다.

 교통사고의 시체는 서둘러 덮여 시체안치소로 보내집니다. 그리고 거기서 방부처리가 되고, 화장품으로 메이크업을 합니다. 장의사의 기술은 조지 삼촌이 돌처럼 죽어 있는 것이 아니라, 행복하게 잠들어 있는 것처럼 보이게 만듭니다. 우리는 진실로 있는 그대로 시체를 보고 싶어하지 않습니다. 우리는 환상에 더 만족해합니다. 불행히도, 미혹은 무거운 대가를 요구합니다. 죽음에 대한 이해를 뒤로 미루면 미룰수록, 그것 때문에 더 고통받아야 합니다.

 '초강력 알아차림'이 시체 또는 시체에 대한 명확한 기억에 초점이 맞춰지면, 죽은 몸은 천 겹 꽃잎을 가진 연꽃처럼 피어나 표면 아래에 깊이 숨겨진 진실을 드러냅니다. 시체는 여러분에게 이것이 몸이 하는 것, 즉 늙고 부서지고 죽는 것이라고 가르칩니다. 이것이 자신의 몸과 다른 모든 것들의 운명입니다. 이러한 통찰은 이 몸에 대한 평정한 마음을 일으킵니다. 그리고 또 다른 몸을 받는 것에 대한 관심을 사라지게 만듭니다. 시체가 분해되어 그 자연적 상태로 돌아감을 보는 것은, 다시 한 번 누가 진짜 주인인지를 증명해줍니다. 바로 자연!

여러분은 더 이상 자신의 몸에 집착하지도, 배우자의 몸을 즐기지도, 또는 죽음을 두려워하지도 않을 것입니다. 그리고 만약 통찰이 그 중심에까지 이른다면, 여러분은 다른 몸으로 결코 다시 태어나지 않을 것입니다.

느낌에 대한 숙고 受隨觀

알아차림의 두 번째 초점은 '느낌$^{vedanā,\ feeling}$'입니다. '느낌^{feeling}'은 그다지 정확한 번역이 아닙니다. 따라서 이 용어에 대한 설명이 필요합니다. 영어에서 'feeling'은 넓은 의미의 범위를 가지고 있습니다. 이것은 감정적 상태와 몸의 신체적 감각 모두를 의미할 수 있습니다. 빨리어 '웨다나^{vedanā}'는 모양·소리·냄새·맛·감촉·마음으로 경험되는 즐겁거나, 불쾌하거나, 또는 그 중간 정도인 모든 의식 경험의 속성을 의미합니다.

영어에서는 여섯 가지 감각 각각의 즐거움과 불쾌함을 표현하는 데 서로 다른 단어들을 사용합니다. 모양에 관해서는, 그 느낌을 'beautiful아름다운', 'ugly추한', 또는 'average보통'라고 부릅니다. 소리에 관한 느낌은 'sonorous낭랑한', 'grating삐걱거리는', 또는 'uninteresting지루한' 입니다. 몸의 감각에 관한 느낌은 'pain고통', 'pleasure즐거움', 또는 'dullness둔함' 입니다.

아름다움, 선율, 그리고 육체적 기쁨에 공통되는 즐거운 속성은 '즐거운 느낌sukha vedanā' 이라고 부릅니다. 추함, 부조화, 그리고 육체적 통증에 공통되는 불쾌한 속성은 '불쾌한 느낌dukkha vedanā' 이라고 부릅니다. 즐겁지도 않고 불쾌하지도 않은 것은 '중립적 느낌' 이라고 부릅니다.

우리가 '아름다운', '추한', '낭랑한', '즐거운' 등으로 인식하는 속성들은 그 대상에 있지 않다는 사실을 기억할 필요가 있습니다. 그렇지 않으면, 아름다웠거나 즐거웠던 것을 모두 그대로 받아들일 것입니다. 즐거운, 불쾌한, 그리고 중립적인 속성들은 조건 지어진 마음을 통해 우리가 실재에 더하는 가치들입니다. 여기서도 느낌은 여러분이 즐겁게, 불쾌하게, 또는 그 중간 정도로 느끼는 모든 의식 경험에 동반되는 속성을 의미합니다.

알아차림이 강하고 안정적이면, 여러분은 현재와 과거의 느낌을 욕망과 악의로 문제를 복잡하게 만들지 않으면서 조사할 수 있습니다. 삼매가 약해서 마음에 다섯 가지 장애가 있으면, 마음은 불쾌한 느낌에는 악의로 반응하고 즐거운 느낌에는 욕망으로 반응합니다. 바람이 호수에 물결을 일으켜 수면 아래에서 헤엄치는 물고기의 모습을 왜곡하듯이, 이러한 반응들은 마음을 휘저어 그 진실을 왜곡합니다. 이것은 염처 수행을 하기 전에 선정을 경험하는 것이 정말 중요하다는 사실을 다시 한 번 보여줍니다. 왜냐하면 선정 경험이 다섯 가지 장애를(특히 욕망과 악의를) 억누르고 완전한 평정심으로 느낌을 보는 능력을 가지게 해주기 때문입니다.

| 느낌의 일어남과 사라짐 |

마음이 고요히 멈추고 욕망과 악의 모두에서 자유로워지면, 마음은 '즐거운 느낌'이 두 '불쾌한 느낌'들 사이의 순간에 불과함을 압니다. 또한, 즐거운 느낌에서의 즐거움의 강도는 바로 전에 있었던 불쾌함의 정도에 직접적으로 비례한다는 사실을 인식할 수 있습니다. 그리고 불쾌한 느낌에서의 고통의 강도는 방금 전에 잃어버린 행복의 양으로 측정될 수 있다는 사실도 역시 알 수 있습니다.

1970년대 아르헨티나에서 정치범으로 경험했던 투옥과 고문에 관해 다룬 책이 있습니다. 이 책의 내용은 등골을 오싹하게 합니다.

저자는 가장 고통스러웠던 경험은 매질이나 '수전Susan: 간수들이 전기충격 고문기계에 붙였던 이름시간'이 아니었다고 말합니다.[2] 최악의 순간은,

---

[2] Jacobo Timerman, *Prisoner without a Name, Cell without a Number* (London: Weidenfeld and Nicolson, 1981)

투옥되고 긴 시간이 지난 후 고문기술자가 그에게 아내의 편지를 건네줄 때였습니다. 그는 감옥에 들어오기 전, 현재의 공포와 절망감에 대처하기 위해 행복했던 시절의 모든 기억들을 마음속에서 지웠습니다. 그 편지는 그의 아내와 가족들에 대한 많은 따뜻한 기억들을 끄집어내었습니다. 그래서 어둡고 고통스런 그의 처지를 더욱 견딜 수 없게 만들었습니다. 그는 이 편지를 보낸 아내를 저주했습니다. 그리고 전기충격으로 그랬던 것보다 더 크게 깊은 내면에서 비명을 질렀습니다.

이 이야기가 사실적으로 예증하듯이, 여러분의 고통과 불만의 강도는 지금은 사라진 여러분이 기억하는 행복의 정도에 비례합니다.

| 느낌은 여러분에게 속하지 않습니다 |

밤이 낮을 조건 짓고 낮이 밤을 조건 짓는 것처럼, 느낌은 이렇게 조건 지어진 것으로 명확하게 보입니다. 이것은 그저 자연의 이원적 활동에 불과합니다. 느낌은 여러분의 통제 밖에 있고, 누구의 통제에서도 벗어나 있습니다. 이것은 '내 것이 아니고, 내가 아니고, 자아가 아니다.' 라고 이해됩니다. '초강력 알아차림'을 통해 느낌을 단지 느낌으로 그리고 모두의 통제 밖에 있는 것으로 이해하게 되면, 즐거움과 고통에 대한 평정심이 일어납니다. 영원한 즐거움도, 영원한 고통도 있을 수 없다는 사실을 확실히 깨닫습니다. 완벽한 천국의 세계는 감각적으로 불가능한 그저 희망사항일 뿐이라는

것을 알게 됩니다. 그리고 영원한 지옥도 마찬가지로 설득력이 없습니다.

따라서 두 번째 알아차림의 초점의 목표는 느낌이 나의 것이 아니라는 통찰을 얻는 것입니다. 즉, 느낌은 즐거움과 고통이라는 뗄 수 없는 두 파트너가 윤회의 댄스 플로어 위에서 서로 빙빙 도는 것에 불과하다는 것입니다. 갈애는 무의미해집니다. 그리고 마침내 갈애가 버려지면, 고통으로부터의 자유가 있습니다(또한 행복으로부터의 자유도).

마음citta에 대한 숙고心隨觀

'찟따citta', 즉 '의식第六識'을 관찰하는 세 번째 알아차림의 초점은 가장 어려운 수행 중 하나입니다. 대부분 사람들은 수행이 충분히 계발되지 않아서 '의식'을 볼 수 없습니다.

'의식'은 다섯 종류의 두꺼운 옷으로 머리부터 발끝까지 가린 황제와 같습니다. 그의 부츠는 무릎까지 올라오고, 바지는 허리에서 발목까지 덮고 있습니다. 튜닉*은 목에서 넓적다리까지 그리고 팔과 손목까지 걸쳐 있고, 장갑은 손과 팔뚝을 싸고 있습니다. 그리고 투구는 그의 머리 전체를 덮고 있습니다. 이렇게 완전히 가려져 있어서

---

* 튜닉(tunic): 고대 그리스, 로마 시대 때 사람들이 입던 헐렁한 긴 상의.

우리는 황제를 볼 수 없습니다. 마찬가지로, '의식'은 시각·청각·후각·미각·촉각이라는 다섯 가지 감각들에 의해 아주 철저히 싸여 있습니다. 그래서 우리는 그 안에 있는 것을 볼 수 없습니다.

황제를 보려면 그의 의복들을 제거해야 합니다. 마찬가지로, '찟따'를 보려면 다섯 가지 외부 감각을 제거해야 합니다. 다섯 가지 감각을 제거하고 '찟따'를 드러내는 것이 선정의 역할입니다. 따라서 선정을 경험하기 전이라면 이 세 번째 알아차림의 초점 수행을 시작조차 하지 않은 것입니다. '찟따'를 실제로 경험하지도 않았는데 어떻게 '찟따'에 대해 숙고를 할 수 있겠습니까? 이것은 그의(그녀의?) 의복만 보이는데 황제에 대해 숙고하는 것과 같습니다.

'찟따'의 본질에 대해 조사하는 것은 또한 황금의 본질에 대해 조사하는 것과 같습니다. 화학자들은 물질에 대한 테스트를 시작하기 전에, 황금 샘플이 다른 성분이 전혀 없이 정제가 되었는지 그리고 100퍼센트 순수한 금인지를 확인해야 합니다.

마찬가지로, '찟따'의 본질에 대한 조사를 시작하기 전에, 여러분은 이 '의식第六識, mind consciousness'이 다른 종류의 '식識, consciousness'이 전혀 없이 정제되었는지를 확인해야 합니다. 예컨대, '다섯 가지 외부 감각 의식前五識'이 모두 버려져야 합니다. 여기서도 역시, 이것이 가능하려면 선정에 들었다 나와야 합니다. 그러면 '초강력 알아차림'은 방금 전의 (다섯 가지 감각에서 분리된 '찟따'에 대한 지속적 경험인) 선정 경험을 조사의 대상으로 취합니다. 오직 이러한 방식을 통해서만 '찟따'가 무아라는 진실을 볼 수 있을 것입니다. 즉 '의식'은 일어났다 사라지는 것이고, 이것은 '내'가 아니고 '나의 것'도 아니며 '자아'도 아니고, 하느님도 아니고 우주적 의식도 아니라는 것입니다. 이것은 연료 때문에 타고 있는 불꽃 같은, 그저 '찟따'일 뿐입니다.

| 깨달음 후에 '찟따'가 가는 곳 |

불꽃은 연료에 의지합니다. 연료에 해당하는 빨리어는 '우빠다나 upādāna'입니다. 양초의 불꽃은 열, 밀랍, 그리고 심지에 의지합니다. 만약 이 세 가지 '연료' 중 하나라도 사라지면, 불꽃은 꺼집니다. 바람이 열을 빼앗아가면, 불꽃은 꺼집니다. 심지가 다 타서 없어지면, 불꽃은 꺼집니다. 그리고 밀랍이 다 소모되면, 불꽃은 꺼집니다. 불꽃이 꺼지면 이것은 다른 곳으로 가지 않습니다. 모든 훌륭한 불꽃들이 영원히 깜빡이기 위해 행복하게 가는 천국은 없습니다. 또한 불꽃은 우주적·초월적 불꽃과 하나가 되지도 않습니다. 이것은 꺼질 뿐입니다. 그뿐입니다. 빨리어에서 불꽃이 '꺼지다'에 해당되는 단어는 'nibbāna 열반'입니다.

'찟따'도 역시 연료에 의지하고 있습니다. 경전에서는 '찟따'가 명색名色, 몸과 마음대상에 의지하고, 명색이 소멸될 때 '찟따'도 완전히 소멸된다고 말합니다(SN 47,42). 이것은 꺼집니다. 이것은 '열반합니다 nibbāna.' 이것은 다른 어느 곳으로 가지 않습니다. 존재가 소멸될 뿐입니다. 흥미롭게도, 두 명의 유명한 비구니 끼사고따미Kisāgotamī와 빠타짜라Paṭācārā는 등불의 불꽃이 꺼지는 것을 보고 완전한 깨달음을 이루었습니다(Dhp 275;Thig 116).

| '찟따'의 본질 |

순수한 '찟따'에 '초강력 알아차림'을 유지하면, 모든 종류의 식識의 본질이 그 모습을 드러냅니다. 여러분은 식識을 부드럽게 흐르는 과정으로서가 아니라, 별개로 분리된 작용들의 연속으로 봅니다.

식識은 해변의 모래사장에 비유할 수 있습니다. 겉으로 보기에 모래사장은 수백 미터에 걸쳐 연속되는 것처럼 보입니다. 하지만 이것을 가까이에서 조사해보면, 이것이 별개의 분리된 이산화규소 입자들로 구성되어 있음을 발견할 수 있습니다. 각각의 모래입자들 사이에는 빈 공간이 있습니다. 어떠한 두 입자 사이의 틈에도 본질적인 모래의 성질은 흐르지 않습니다. 마찬가지로, 우리가 식識의 흐름으로 여기던 것이 그 사이에 아무것도 흐르는 것이 없는 분리된 작용의 연속으로 명확하게 보입니다.

혹은 과일 샐러드에 비유할 수도 있습니다. 접시 위에 사과 한 개가 있다고 상상해보십시오. 여러분은 이 사과가 완전히 사라지고 그 자리에 코코넛 한 개가 나타나는 것을 분명하게 봅니다. 그다음, 그 코코넛이 사라지고 그 자리에 다른 사과 한 개가 나타납니다. 두 번째 사과가 사라지고 또 다른 코코넛이 나타납니다. 이것도 사라지고 바나나 한 개가 나타납니다. 하지만 다른 한 개의 코코넛이 접시에 나타나면 이것도 사라집니다. 그다음에는 바나나, 코코넛, 사과, 코코넛, 망고, 코코넛, 레몬, 코코넛 등이 차례로 나타납니다. 한 개의 과일이 사라지자마자 바로 뒤에 완전히 새로운 과일이 나타납니다. 이것들은 모두 과일이지만 완전히 다른 종류입니다. 서로 똑같은 과일은 없습니다. 또한 하나의 과일에서 그다음 과일로 흐르는 연속적인 과일의 본질은 없습니다.

이 비유에서 사과는 안식眼識의 작용을, 바나나는 비식鼻識의 작용을, 망고는 설식舌識의 작용을, 레몬은 신식身識의 작용을, 코코넛은 의식第六識의 작용을 상징합니다. 각각 식識의 순간은 별개의 것입니다. 한 순간에서 다음 순간으로 흐르는 것이 아무것도 없습니다.

코코넛, 즉 의식第六識은 모든 다른 종류의 식識 뒤에 나타납니다. 그래서 모든 식識의 경험이 동일하다는 환상을 일으킵니다. 보통 사람들에게는 청각·후각·미각·촉각에서 공통적으로 발견되는 특성이 시각에도 존재합니다. 이 특성을 '앎knowing'이라고 부릅니다. 그러나 '초강력 알아차림'으로 여러분은 이 '앎'이 시각, 청각 등의 일부가 아니라 각각 감각의 식識 직후에 일어난다는 사실을 깨닫게 될 것입니다. 또한 이 '앎'은, 예컨대, 안식이 나타나면 사라집니다. 그리고 안식은 '앎'이 나타나면 사라집니다. 과일 샐러드의 비유에서, 사과와 코코넛은 동시에 쟁반 위에 있을 수 없습니다.

| '아는 것'은 자아가 아닙니다 |

이와 같은 방식으로 식識을 숙고하는 것은, 즉 식識을 한 순간에서 다음 순간으로 이어지는 것이 없는 별개의 분리된 작용의 연속으로 보는 것은, 항상 변함없이 존재하며 세상의 경험을 받아들이는 '아는 것'이 있다는 환상을 무너뜨립니다. 여러분은 자아라는 환상이 의지하던 마지막 피난처를 해체하고 있습니다. 이전에는 '나는 아는 자이다.'라는 사실이 확실하게 보였을지 모릅니다. 하지만 확실하게 보이는 것도 자주 틀립니다. 이제 여러분은 이것을 단지 '앎'으로, 단지 의식第六識으로 봅니다. 이것은 때로는 있고 때로는 없는 코코넛과 같은 것입니다. '찟따'는 자연현상입니다. 따라서 언젠가는 소멸됩니다. 이것은 나, 나의 것, 또는 자아일 수 없습니다. '찟따', 즉 '아는 것'은 마침내 무아로 이해됩니다.

위에서 지적했듯이, 염처는 무아를 깨닫기 위한 수행입니다. 자아 또는 영혼이라는 환상의 마지막 두 의지처는 '아는 것'과 '행하는 것'입니다. 만약 여러분이 어떤 것을 '자신'의 본질로 여기고 있다면, 그것은 이 둘 중 하나이거나 둘 다입니다. 여러분은 스스로를 '행하는 것' 또는 '아는 것'이라고 생각합니다. 이러한 뿌리 깊고 오래된 미혹이 여러분과 깨달음의 사이에 서 있습니다. 이러한 환상을 한번 꿰뚫어보면, 여러분은 예류자預流者, 수다원입니다. 이러한 환상을 매 순간 꿰뚫어본다면, 여러분은 아라한입니다.

마음대상에 대한 숙고 法隨觀

알아차림의 네 가지 초점 중 마지막은 마음대상입니다. 「염처경」에 기록된 마음대상들은 다섯 가지 장애五蓋, 오온五蘊, 육처六處, 칠각지七覺支, 그리고 사성제四聖諦입니다. 저는 이 목록이 마음대상의 예들을 대표한다고 이해합니다. 그래서 「염처경」에서 언급되지는 않았지만, 생각이나 감정 같은 다른 마음대상들도 역시 여기에 포함시킬 수 있습니다.

| 다섯 가지 장애에 대한 숙고 |

느낌에 대한 숙고에서 설명했듯이, 어떤 것이든지 제대로 통찰하려면 먼저 다섯 가지 장애를 버려야 합니다. 하지만 다섯 가지 장애를 버리고 난 후에 어떻게 이것에 대해 숙고할 수가 있을까요? 위에서 말했던 것처럼, 알아차림은 이미 지나간 경험을 그 대상으로 취할 수 있습니다. 알아차림은 기억도 포함합니다. 그래서 '초강력 알아차림'은, 예컨대, 지나간 나태와 혼침의 경험을 취할 수 있습니다. 그리고 이 과거 경험을 충분히 오랫동안 그 강한 빛 속에 흔들림 없이 잡아서 그것의 진정한 본질을 꿰뚫어볼 수 있도록 해줍니다. 여러분은 '초강력 알아차림'을 통해 이러한 다섯 가지 장애가 스크린에 나타난 이미지에 불과하다는 사실을 이해합니다. 즉, 이것은 여러분의 것이 아니고 여러분과 전혀 관계가 없다는 사실을 알게 됩니다

다. 다음의 비유는 이 사실을 잘 보여줍니다.

한 오랜 학교 친구가 여러 해 전에 자메이카를 방문했습니다. 그는 폭력으로 악명 높은 외딴 도시에서 영화를 보러 자동차극장에 갔습니다. 영화관 스크린은 2피트 두께의 강화 콘크리트 벽으로 만들어져 있었습니다. 그는 이것을 보고 깜짝 놀랐습니다. 그것을 만드는 데는 엄청난 돈이 들었을 게 틀림없었습니다. 사실, 그 도시 사람들은 서부 영화를 무척 좋아했습니다. 그런데, 영화 스토리에 당연히 등장하는 총격전에 이르렀을 때, 많은 관객들이 각자의 총을 빼들고 그 총격전에 끼어들었습니다! 만일 보안관을 좋아하지 않으면, 그들은 스크린의 그의 이미지를 쐈습니다. 때로는 인디언들에게 총질을 했습니다. 혹은 그들을 화나게 만들었던 누구라도 쏴버렸습니다. 극장 주인은 그들이 총격전에 끼어드는 것을 막을 수 없었습니다. 그래서 그는 무척 많은 총알구멍이 난 캔버스 스크린 대신 이 파괴할 수 없는 콘크리트 스크린을 만들었습니다. 그다음부터 관객들은 스크린을 망가뜨리지 않고 총격전에 참여할 수가 있었습니다.

만약 여러분이 이런 영화 관객들처럼 스크린의 이미지를 사실로 여긴다면, 그것을 쏘고 싶을 것입니다. 그러나 알아차림을 통해 여러분은 그것을 자신과 전혀 관계가 없는 것으로 보게 될 것입니다. 장애를 의식의 스크린에 나타난 이미지에 불과한 것으로 보면, 다시는 이것이 여러분을 귀찮게 하지 않을 것입니다. 여러분은 자유로워질 것입니다.

| 생각에 대한 숙고 |

생각(내면의 말)은 엄청난 고통을 일으킬 수 있는 마음대상입니다. 생각은 들뜸, 후회, 의심, 욕망, 악의로 나타납니다. 이처럼 생각은 다섯 가지 장애들의 중심에 있습니다. 계속되는 비관적 생각은 우울 혹은 자살로까지 연결됩니다. 강박적으로 두려워하는 생각은 편집증으로 이끕니다. 이 네 번째 염처 수행에 따른 '생각에 대한 숙고'를 통해 우리는 분명 대단한 이익을 얻을 수 있습니다.

여기서도, 오직 '초강력 알아차림'을 통해서만 생각이라는 사기극을 꿰뚫어볼 수 있습니다. 평범한 알아차림만 가지고서는 생각을 믿고, 생각에 사로잡히고, 심지어는 생각을 실재보다 더 진실한 것으로 숭배하기 쉽습니다.

배고픈 한 남자가 저녁을 먹으러 비싼 식당에 갑니다. 그리고 메뉴판을 건네받습니다. 그는 그 메뉴판을 먹습니다. 그리고는 돈을 내고 식당을 떠납니다. 그는 여전히 배가 고픕니다. 메뉴판이 음식이 아니듯, 생각도 실재가 아닙니다.

'초강력 알아차림'을 통해 생각이 최선의 경우 실재와 한 단계의 거리가 있다는, 그리고 최악의 경우 실재와 완전히 동떨어져 있다는 사실을 봅니다. 악의는 생각을 왜곡해 성냄을 만들고, 감각적 욕망은 생각을 부풀려 정욕을 일으킵니다. 그리고 들뜸은 생각을 비틀어 좌절을 만듭니다. 만약 여러분이 생각을 명확하게 본다면, 그것을 신뢰할 수 없을 것입니다. 바로 이 생각조차도!

염처 수행을 통해 생각의 본질이 진실로 무엇인지를 즉 임시적 근사치임을 본다면, 자신의 생각에 대한 평정심을 경험할 것입니다. 언제든지 생각을 놓아버릴 수 있다면, 이런 평정심과 지혜를 가지고 있는 것입니다. 생각 없이 고요하게 있을 수 있는 능력은 이러한 통찰의 증거가 됩니다. 그래서 경전에서는 깨달은 이를 '고요한 성자 santamuni' 라고 부릅니다.

| 의지에 대한 숙고 |

여기에서 논의하고자 하는 또 다른 중요한 마음대상은 의지意志, cetanā 입니다. 이것은 네 번째 염처 수행에서 오온에 대한 숙고에 포함됩니다. 의지는 '행하는 것' 입니다. 위에서 언급했듯이, 의지는 '아는 것' (찟따)과 함께 자아라는 환상의 마지막 두 의지처 중 하나입니다. 따라서 의지, 즉 '행하는 것' 에 대한 숙고와 이것을 무아로 보는 것은 깨달음을 경험하는 데 매우 중요합니다.

여러 해 전, 저는 케임브리지 대학 심리연구학회의 정규회원이었습니다. 이 학회에서는 매년 전문 최면술사를 초청해 최면시범을 보이도록 했습니다. 이것은 자주 학생들에게 큰 재미를 주었습니다.

한번은 최면술사가 한 학생을 깊은 최면상태에 들게 했습니다. 그는 자원했고, 최면에 쉽게 걸리는 기질이었습니다. 학생들 앞에서 최면술사가 그 학생에게 말했습니다. 나중에 저녁 무렵 최면술사가 그의 왼쪽 귀를 만지면 일어나서 영국 국가를 부를 것이라고. 그리고 최면상태에서 나온 후, 최면술사가 그의 귀를 만졌습니다. 그러자 이 가련한 학생은 일어서서 〈God Save the Queen(여왕폐하 만세)〉*을 불렀습니다. 사람들의 커다란 웃음 속에서, 그는 홀로 국가를 불렀습니다. 이 시연에서 가장 흥미로웠던 부분은, 이 학생이 질문을 받았을 때 자신이 국가 부르기를 자율적으로 결정했다는 것에 확신을 가지고 있었고 거기에 대해 꽤 복잡한 이유를 제시했다는 사실이었습니다.

이것은 세뇌조차도 세뇌된 사람에게는 이것이 자유의지로 여겨진다는 사실을 보여줍니다. 여러분은 자유의지로 이것을 읽고 있다고 착각합니다. 친구여, 당신은 이것을 읽지 않을 수 없습니다! 의지는 존재의 활동이 아닙니다. 의지는 과정의 최종 결과물입니다.

'초강력 알아차림'이 최근의 선정체험을 그 대상으로 취하면, 선정상태에서는 의지('행하는 것')가 완전히 멈추었다는 사실을 보게 됩니다. 의지는 긴 시간 동안 사라졌습니다. 의지가 없는 완전히 알아차리고 있는 상태에 대한 숙고는 '의지'·'선택'·'행하는 것'이 내가 아니고, 나의 것도 아니며, 자아도 아니라는 사실을 보게 해줍니다. 여러분이 무엇을 하든, 그것은 단지 복잡한 프로그램의 결과에 불과합니다.

제가 이런 말을 하면 사람들은 두려워합니다. 이러한 두려움은 매

---

* 영국의 국가(國歌).

우 집착했던 어떤 것이, 즉 여러분의 의지가 제거되는 것에 대한 증상입니다. 사실, 서양에서는 자유의지라는 망상에 너무 집착하고 있습니다. 그래서 헌법과 세계인권선언에 이 환상이 명문화되어 있습니다. 만약 자유의지가 없다면, 왜 깨달음을 얻기 위해 성가시게 엄청난 노력을 쏟느냐고 이의를 제기하고 싶을지 모릅니다. 대답은 명확합니다. 여러분은 선택의 여지가 없기 때문에 엄청난 노력을 쏟습니다!

오직 '초강력 알아차림'을 통해서만, 집착에 의해 세워진 두려움의 장벽을 꿰뚫고 의지의 과정을 진실로 있는 그대로 지켜볼 수 있습니다. 천 겹 꽃잎을 가진 연꽃처럼, '행하는 것'을 나타내는 꽃잎의 겹이 완전히 열릴 때, 여러분은 뜻밖의 것, 즉 여기서 이 모든 것을 하는 존재가 없다는 사실을 봅니다. 의지는 무아입니다. 갈애는 여기서 무너지기 시작합니다.

| 감정에 대한 숙고 |

제가 여기서 설명하고자 하는 마지막 마음대상은 감정입니다. 감정은 마음의 결입니다. 이것은 우울한 혹은 고무된, 죄책감을 느끼는 혹은 용서하는, 걱정되는 혹은 고요한, 화난 혹은 자비로운 등으로 분류할 수 있습니다. 감정은 우리를 이리저리 흔듭니다. 그래서 자주 고통을 줍니다. 감정은 의식의 스크린에 나타나는 마음대상입니다. 그리고 이 네 번째 염처 수행의 일부입니다.

제가 이미 젊은 불교신자였을 때의 일입니다. 저는 영화 〈웨스트 사이드 스토리West Side Story〉를 보러 갔습니다. 이 영화에는 주인공 토니가 뉴욕의 가로등 아래에서 연인인 마리아에게 달려가다 총을 맞고 그녀의 품에서 죽는, 가슴이 찢어질 듯한 장면이 있습니다. 그들의 불운한 관계가 비극적으로 갈리며, 그들은 노래합니다. "우리를 위한 곳이 있어. 어딘가에 우리를 위한 곳이." 많은 관객들이 주체할 수 없이 흐느끼기 시작했습니다. 왜 그들은 눈물을 흘렸을까요? 그것은 단지 천으로 만든 스크린의 빛의 움직임, 결국 영화에 불과한 것이었습니다.

감정에 미혹되면 그것을 중요한 것으로, 실제의 것으로, '나의 것'으로 여깁니다. 여기에 너무 빠져 있어서, 슬픔 같은 불쾌한 감정을 되풀이해서 찾기까지 합니다. 리뷰를 통해 이 영화가 눈물을 짜게 하는 내용임을 알면서도, 왜 많은 사람들이 눈물을 훔칠 손수건을 가지고 슬픈 영화를 보러 갈까요? 이것은 그들이 감정에 집착해서, 이것을 즐기고 이것이 곧 자신이라고 생각하기 때문입니다. 그들은 자유로워지길 원치 않습니다.

감정에 초점이 맞춰진 '초강력 알아차림'은 여러분이 자유로워지길 원하든 원하지 않든 실재를 드러냅니다. 이것은 여러분의 편애를 옆으로 밀어버립니다. 여러분은 감정이 여러분을 위험한 바위로 오라고 손짓하는 매혹적 사이렌*이라는 것을 인식합니다. 그러나 본질적으로 마음대상은 인과적으로 조건 지어진 것에 불과합니다. 이것은 하늘 위를 지나가는 기상전선처럼 여러분과 전혀 상관이 없습니다. 이런 진실을 볼 때, 감정에 대한 집착이 사라집니다. 그래서 그 폭정에서 자유로워집니다.

마음대상이 무엇이든, 의식의 스크린에 나타나는 것이 무엇이든 (다섯 가지 장애이건, 생각, 의지, 혹은 감정이건 간에) 끊임없고 예리한 '초강력 알아차림'의 광선 아래에 놓일 수 있습니다. 거기서 여러분은 전혀 뜻밖의 것을 깨닫게 될 것입니다. 여러분은 부처님께서 보리수 아래에서 보셨던 것을 보게 될 것입니다. 의식 스크린의 모든 이런 사건들이 신(神)의 활동도 아니고 영혼의 활동도 아닌, 단지 자연의 활동일 뿐이라는 인식이 떠오를 것입니다. 여기에는 아무것도 없습니다. '집에는 아무도 없습니다.' 이런 마음대상은 텅 비어 있습니다. 이것은 무아입니다. 여러분은 환상을 꿰뚫어보았습니다. 여러분은 어떤 마음대상에도 영향받지 않습니다. 여러분은 이제 자유롭습니다.

부처님께서는 사념처를 부지런히 수행하는 누구든지 7일 안에 불환자 또는 완전한 깨달음에 이를 것이라고 약속하셨습니다. 아마도, 여러분은 이제 왜 많은 수행자들이 7일이 훨씬 더 지나고도 여전히 깨닫지 못해 실망하는지를 이해할 것입니다. 앞서 말했듯이, 그 이

---

*   사이렌(Siren) : 그리스 신화에 나오는 바다의 요정.

유는 그들이 부처님의 가르침에 따라 염처를 수행하지 않아서입니다.

  시도해보고 결과를 지켜보십시오. 선정에서 일어난 '초강력 알아차림'을 계발하십시오. 그러면 여러분은 일상적 알아차림이 얼마나 무력한지를 스스로 알게 될 것입니다. 자기 견해의 안락함을 용감하게 넘어, '찟따'('아는 것')와 '의지'를 '초강력 알아차림'의 스포트라이트 아래에 놓으십시오. 그리고 뜻밖의 것을 기다리십시오. 진리를 짐작하지 마십시오. 연꽃의 천 번째 꽃잎이 완전히 열려 그 중심을 드러낼 때까지 인내심 있게 기다리십시오. 이것이 미혹의 끝, 윤회의 끝, 그리고 염처 수행의 끝이 될 것입니다.

2부

지복 그리고 그 너머로

09

Mindfulness, Bliss, and Beyond

선정 I
– 지복

부처님의 근본경전에서 '수행'을 의미하는 단어는 오직 하나밖에 없습니다. '선정禪定, jhāna'이 그것입니다. 「고빠까 목갈라나 경」(MN 108,27)에서, 완전한 깨달음을 이룬 아난다 존자는 '선정'이 부처님께서 권하신 유일한 수행이라고 말했습니다. 따라서 선정은 불교수행의 올바름을 판단하는 기준이 됩니다. 수행자의 마음이 선정에 들면, 모든 생각은 고요히 가라앉고 다섯 가지 감각의 활동에서 멀리 떠납니다. 그리고 마음은 세속에서 벗어난 지복으로 빛납니다. 직설적으로 표현하자면, 만일 선정이 없다면 이것은 진짜 불교수행이 아닙니다! '네 종류의 선정'이 올바른 수행의 기준이 되는 팔정도의 마지막 요소인 것도 아마 이런 이유 때문일 것입니다.

부처님의 발견

불교 근본경전에서는 부처님께서 선정을 발견했다고 말합니다(SN 2,7; AN IX,42). 부처님께서 위빠사나를 발견했다고는 어느 경전에서도 언급되지 않습니다. 또한 이런 경전들에서는 부처님께서 출현하실 때만 '네 가지 선정'이 나타난다고 말합니다(SN 45,14-17). 부처님께서 선정을 발견했다는 사실을 간과해서는 안 됩니다. 왜냐하면 이 발견이 깨달음의 드라마에서 중심적 역할을 했기 때문입니다.

다름 아닌 '법'의 권위자 아난다 존자가 부처님께서 선정을 발견했다고 말했습니다. 그렇다고 어느 누구도 이전에 선정을 경험하지 못했다고 이것을 이해해서는 안 됩니다. 예컨대 이전 부처님인 깟사빠Kassapa 부처님 시대에는 수많은 남녀들이 선정을 성취하고, 뒤에 깨달음을 이루었습니다.

그러나 26세기 전 인도에서는 선정에 대한 모든 지식이 사라졌습니다. 예컨대 부처님과 동시대 인물인 유명한 자이나교 지도자 마하비라Mahāvīra는 선정에 대한 설명을 듣고서, 이것은 불가능한 것이라고 말하며 공공연하게 무시해버렸습니다(SN 41,8). 이것은 (많은 학자들에 따르면) 그 당시 가장 저명했던 종교지도자가 일반적인 수행에 믿을 수 없도록 무지했거나, 아니면 선정이 정말 부처님의 고유한 발견이라는 것을 의미합니다. 후자가 훨씬 더 그럴듯합니다.

그리고 이것은 부처님 시대 이전의 모든 종교문헌들에서 선정에 대한 언급이 전혀 없다는 사실에 의해서 더욱 뒷받침됩니다.

어떤 사람들은 부처님의 초기 스승인 알라라 깔라마Alāra Kalāma와 웃다까 라마뿟따Udaka Rāmaputta가 보살Bodhisatta, 부처님이 될 존재에게 '무소유처無所有處'와 '비상비비상처非想非非想處'를 가르쳤다고(MN 26) 경전에 나와 있지 않느냐고 이의를 제기할지도 모릅니다. 이 두 경지는 초기 불교문헌들에서 '자나' jhāna, 선정라고 불리지 않았습니다.〔'아루빠-자나arupa-jhāna:무색계 선정'는 한참 후대의 주석서에서 처음 등장합니다.〕그렇지만 이 경지들에는 먼저 단계적으로 네 종류의 선정을 거쳐야만 여기에 접근할 수 있다는 의미가 함축되어 있습니다. 그러면 이 두 스승이 '네 가지 선정'을 알고서 보살에게 가르쳤을까요?

만약 그랬다면, 왜 부처님께서는 그들의 방법은 열반으로 이끌지 않았고(MN 26,16) 선정이 열반으로 이끌었다고(MN 36,31;52,4-7;64,9-12) 말씀하셨을까요? 그리고 왜 보살은 고행을 버리고, '깨달음에 이르는 다른 길은 없을까?'라고 자문自問했을까요(MN 36,30)? 두 스승에게 배운 더 최근의 강력한 선정 경험 대신, 소년 시절 장미사과나무 아래에서 경험했던 더 오래된 초선정의 기억을 떠올렸을까요? 여전히 알라라 깔라마와 웃다까 라마뿟따가 선정을 가르쳤다고 주장하는 사람들은 이러한 질문들에 만족스러운 답변을 주어야 합니다.

부처님께서는 일관되게, 선정의 효과는 칭찬했지만 두 초기 스승의 가르침의 효과는 부정했습니다(MN 108,27). 그러면 그들은 무엇을 가르쳤던 것일까요? 웃다까 라마풋따와 알라라 깔라마는 결코 선정을 가르치지 않았습니다. 그들이 신봉했던 두 '무색계無色界의 성취'는 진짜가 아니라, 아마도 이전의 깟사빠 부처님시대에서부터 내려온 원래의 것에서 약화된 형태의 버전이었을 것입니다.

오늘날의 어떤 스승들은 어느 수준의 수행을 제시하고, 이것이 분명하게 전혀 진짜가 아님에도 불구하고 이것을 '선정'이라고 부릅니다. 혹은 어떤 대학들은 요금을 받고 가짜 학위를 우편으로 보내주기도 합니다. 이와 마찬가지로, 알라라 깔라마와 웃다까 라마풋따가 가르쳤던 경지들이 진짜였을 리가 없습니다. '진짜'는, 즉 '무소유처'는 **깨달음으로 이끕니다**(MN 52,14). 그러나 알라라 깔라마가 가르쳤던 같은 이름의 다른 경험은 그렇지 못했습니다.

부처님께서 출현하시기 전에 선정이 알려지지 않은 또 다른 이유는, 선정에 이르게 하는 '중도中道 수행' 역시 당시에 알려지지 않았기 때문입니다. 「초전법륜경初轉法輪經」(SN 56,11) 같은 근본경전에서는, 부처님께서 중도를 발견했고 이 중도는 팔정도와 같은 것이라고 말합니다. 다른 경전에서는, 오랫동안 잃어버렸던 고대 도시로 이끄는 길을 발견한 것처럼 부처님께서 팔정도를 발견하셨다고 말합니다(SN 12,65). 팔정도가('중도'가) 선정에서 끝을 맺는 단계적 길이라는 점에도 주목할 필요가 있습니다(AN X,103). 따라서 만약 부처님께서 '중도'를(팔정도를) 발견했다는 사실을 받아들인다면, 부처님께서 팔정도의 마지막 단계인 선정을 발견했다는 사실도 역시 받아들여야 합니다.

「다툼 없음에 대한 분석의 경」(MN139)에서는 중도를 선정에 대한 추구와 동일시합니다. 수행자는 고행이나 다섯 가지 감각의 즐거움을 추구해서는 안 되고 그 대신 '중도'를 추구해야 한다고, 이 경전에서는 자세하게 설명합니다. 만일 다섯 가지 감각 중 어디에서도 고통을 추구(고행)하지 않고, 다섯 가지 감각의 즐거움kāma-sukha도 추구하지 않는다면, 유일하게 남는 것은 여섯 번째 감각(마음)의 행복에 대한 추구입니다. 이것이 바로 '중도'입니다. 이 경전은 부처님께서 내면적 행복의(명백하게 '중도'의) 추구를 격려하는 내용으로 이어집니다. 여기서 부처님께서는 이것을 네 가지 선정의 추구로만 한정합니다. 결론적으로 말하자면, '중도'는 선정의 추구입니다.

부처님의 깨달음에 관한 이야기에서, 선정이 깨달음에 이르는 길이라는 사실을 보살이 자각했을 때(MN 36,31), 그는 여위고 쇠약해진 몸으로는 선정을 얻는 것이 실질적으로 불가능하다는 사실을 즉시 인식했습니다. 그래서 그는 잘 먹기 시작했습니다. 이것을 보고, 그의 다섯 제자들은 그가 정진을 포기했다고 생각하고 역겨워하며 그를 떠났습니다(MN 36,32).

이것은 몸을 평온하게 만들고 그런 후 선정으로 이끄는, 부드러운 수행이 부처님 출현 이전에는 이런 다섯 제자들과 같은 학식 있는 구도자들에게 유효한 길로 인식되지 않았음을 보여줍니다. 선정에 이르는 길이 가치 있는 것으로 널리 인식되지 않았다면, 그 길이 추구되지 않았고 따라서 선정이 성취되지 않았다고 해도 전혀 이상할게 없습니다. 왜 새롭게 깨달은 부처님의 첫 번째 설법의 첫 부분이 선정과 그 너머 깨달음의 길을 여는 '중도'의 가르침(팔정도)이었는지도 이제 명확해질 것입니다.

이러한 내용들은 서양에서 새로운 견해입니다. 그래서 저는 이 문제에 관해 많은 근본경전들을 인용하며 길게 서술했습니다. 혁신적인 것은 커다란 논쟁을 불러일으키기 마련입니다. 부처님께서는 견해에 대한 집착이 통찰에 장애가 될 수 있다고 말씀하셨습니다. 저는 모든 진지한 독자들에게 가지고 있던 견해들을 잠시 제쳐두고, 공평하게 여기서 제시된 증거들을 검토해볼 것을 부탁드립니다.

「빤짤라짠다 경」(SN 2,7)은 확실한 근본경전입니다. 이것은 경전의 다른 곳에서도 인용되고 있기에(AN IX,42), 제1차 결집에서 500명의 아라한들에 의해 확실한 법^{dhamma}으로 승인받았다고 할 수 있기 때문입니다. 이 경전에서는 부처님께서 선정을 발견했다고 말합니다.

선정에 집착할 수 있을까요? ❦

보살은 선정이 깨달음에 이르는 길이라는 통찰을 얻었습니다. 그리고 그는 생각했습니다. '다섯 가지 감각과 전혀 관계가 없고, 해로운 것과도 전혀 관계가 없는 즐거움을 왜 나는 두려워할까? 나는 이러한 (선정의) 즐거움을 두려워하지 않을 것이다!' (MN 36,32).

오늘날조차도 일부 수행자들은 선정처럼 강력하고 즐거운 것은 모든 고통의 소멸에 도움이 되지 않는다고 잘못 믿고 있습니다. 그래서 그들은 여전히 선정을 두려워합니다. 그러나 경전들에서 부처님께서는 선정의 즐거움은 "추구해야 하고, 계발해야 하며, 그리고 권장해야 한다. 이것을 두려워해서는 안 된다."고 반복해서 말씀하셨습니다(MN 66,21).

이러한 부처님의 명확한 충고에도 불구하고, 일부 스승들은 선정에 너무 집착하면 결코 깨달을 수 없다고 수행자들을 현혹합니다. 그래서 선정 수행을 막습니다. 집착에 대한 부처님의 단어는 '우빠다나upādāna' 입니다. 이것은 다섯 가지 감각세계의 안락함과 즐거움에 대한 집착 또는 다양한 형태의 (자아라는 견해 같은) 잘못된 견해들에 대한 집착만을 의미합니다. 이것은 결코 선정처럼 유익한 것을 의미하는 것이 아닙니다.[3]

단순하게 말하자면, 선정상태는 '놓아버림'의 단계입니다. 자유에 의해 구속될 수 없듯이, 수행자는 '놓아버림'에 집착할 수 없습니다. 수행자는 선정에, '놓아버림'의 지복에 몰두할 수 있습니다. 그

---

[3] | 우빠다나(upādāna)를 다음에서 살펴보십시오. *Buddhist Dictionary: Manual of Buddhist Terms and Doctrines*, by Nyanatiloka, 4th rev. ed.(Kandy: Buddhist Publication Society, 1980), p. 228.

리고 이것이 일부 사람들이 오해해서 두려워하는 것입니다. 그러나 「청정한 믿음의 경」(DN 29.25)에서 부처님께서는 선정에 몰두하는 사람은 오직 네 가지 결과, 즉 예류·일래·불환·완전한 깨달음 중 하나만을 기대할 수 있다고 말씀하셨습니다! 달리 표현하자면, 선정에 몰두하는 것은 깨달음의 네 단계로만 이끈다는 것입니다. 그래서 부처님께서는 말씀하셨습니다. "수행자는 선정을 두려워해서는 안 된다."

일부 수행자들에게 선정은 그들의 경험과는 너무 멀리 떨어져 있어서 관계가 없는 것처럼 보일지 모릅니다. 하지만 그렇지 않습니다. 이러한 고귀한 상태들에 관한 논의는, 앞에 있는 영역을 정밀하게 표시해줄 뿐 아니라 신심을 고무시킬 수도 있습니다. 또한 이러한 논의는 수행자가 이런 심오한 자유의 상태들에 가까이 접근할 때 무엇을 해야 하는지에 대해 알려준다는 점에서 더욱 중요합니다. 마지막으로, 이러한 논의는 법에 대한 깊은 이해를, 특히 세 번째 성스러운 진리인 모든 고통의 소멸에 대한 이해를 갖게 해줍니다. 이것은 선정의 기쁨과 지복이 (비록 일시적이긴 하지만) 윤회가 버려진 양과 직접적으로 관련이 있기 때문입니다. 따라서 선정에 관한 논의는 비록 멀리 있는 것처럼 보이지만 충분한 가치가 있습니다.

일부 독자들은 스스로의 경험을 통해 이런 논의를 이해할 수 있을 만큼 이미 가까이 와 있을지도 모릅니다. 그러면 이것이 선정으로 마지막 도약을 할 수 있도록 도움을 줄 수 있습니다. 혹은 심오한 수행의 상태를 경험할 때, 수행자들은 그 상태가 정확하게 무엇인지 알고 싶어하고 부처님의 말씀으로 그것을 확인하고 싶어합니다. 그래서 수행의 깊이를 정확하게 확인할 수 있는 것이 중요합니다.

성취에 대해 어느 정도 신심을 고무시키는 일도 역시 중요합니다. 이러한 긍정적 감정은 더욱더 놓아버릴 수 있는 힘을 줄 것입니다. 여러분에게 선정상태들이 얼마나 굉장하고 심오한가를 보여주고, 이러한 경험들이 깨달음이라는 사건에 얼마나 중대한가를 증명하는데, 저의 의도가 있습니다.

선정에 대한 논의를 읽음으로써 여러분에게 심어진 씨앗들은 결국 언젠가는 열매를 맺을 것입니다. 적절한 때에, 마음은 해야 할 일을 자동으로 알 것입니다. 예를 들어 니밋따가 나타날 때, 마음은 무의식적으로 어떻게 반응할지를 알 것입니다. 그리고 나중에 문득 이런 생각이 들지도 모릅니다. '이런 반응이 어디서 왔지?' 이런 반응은 이와 같은 논의를 읽음에서 왔다는 것이 그 정답입니다. 종종 이것은 전생에 익힌 것에서 오기도 합니다!

그러니 아직 선정에 도달하지 못했다고 이 논의가 여러분에게 쓸모가 없다고 부디 생각하지 마십시오. 사실 이것은 매우 쓸모가 있습니다. 선정들 중 하나를 성취하고 나서, 여기에서 주어진 이러한 가르침들이 아주 적절한 때에 여러분을 돕기 위해 왔음을 인식할 때, 여러분은 이 말을 이해하게 될 것입니다.

아름다운 호흡: 선정으로 가는 여행의 시작

지금까지는 역사적·이론적 관점에서 선정에 관해 논의했습니다. 이제는 수행의 측면에서 선정에 관해 설명하고자 합니다. '아름다운 호흡'의 시작에서부터, 선정으로 가는 여행에 대해 기술을 시작하는 것이 가장 적절할 것입니다. 이 단계가 성취되기 전에, 마음은 스스로를 더 높은 의식의 단계로 쏘아 올릴 수 있을 만큼의 충분한 만족감, 알아차림, 그리고 안정성을 가지고 있지 않습니다. 하지만 잠깐의 중단도 없이 긴 시간 동안 애쓸 없이 알아차림을 호흡에 유지할 수 있으면, 그리고 호흡이 아름답게 나타나는 강한 알아차림에 마음이 편안하게 자리 잡았으면, 여러분은 선정으로 여행을 떠날 준비가 되었습니다.

수행의 즐거움을 두려워하지 마십시오. 수행에서 행복은 중요합니다! 더구나 여러분은 정말 행복해질 자격이 있습니다. 호흡에서 지극한 행복을 느끼는 것은 수행의 길에서 필수적인 부분입니다. 그러니 즐거움이 호흡과 함께 일어나면, 이것을 귀중한 보물처럼 소중하게 여기고 보호하십시오.

'아름다운 호흡'의 단계에서 일어나는 즐거움은 마음의 주의력을 호흡에 붙잡아두는 접착제 역할을 합니다. 즐거움은 알아차림이 애쓸 없이 호흡과 함께 머물도록 합니다. 마음이 즐겁게 호흡을 지켜보고 다른 곳으로 가기를 원치 않기 때문에, 수행자는 호흡에 완전한 주의력을 유지하며 머뭅니다. 마음은 자동적으로 호흡과 함께 머물고, 모든 방황은 사라집니다.

즐거움을 경험하지 못한다면, 어떤 불만족이 있을 것입니다. 불만족은 방황하는 마음의 원천입니다. '아름다운 호흡'의 단계에 도달하기 전에는 불만족이 알아차림을 호흡에서 밀어냅니다. 그러면 오직 의지의 작용을 통해서만, 즉 통제를 통해서만 알아차림을 호흡에 유지할 수 있습니다. 그러나 '아름다운 호흡'의 단계가 성취되면, 즉 즐거움이 '오래 지속되는 만족감'을 일으키면, 더 이상 마음은 방황하지 않을 것입니다. 통제는 느슨해지고, 노력은 덜어집니다. 그리고 마음은 자연스럽게 미동 없이 머뭅니다.

휘발유가 자동차를 추진하는 연료이듯, 불만족은 마음을 움직이는 연료입니다. 기름이 떨어지면, 자동차는 천천히 멈춥니다. 운전자는 브레이크를 쓸 필요가 없습니다. 마찬가지로, '아름다운 호흡'이 등장해 불만족이 떨어지면, 마음은 천천히 멈춥니다. 수행자는 의지력의 브레이크를 쓸 필요가 없습니다. 마음은 아주 자연스럽게 고요히 멈춥니다.

기쁨과 행복 🌿

빨리어 복합어인 '삐띠-수카 $^{p\bar{\imath}ti\text{-}sukha}$'는 '기쁨과 행복'의 결합을 의미합니다. 우리는 이런 단어들을 많은 종류의 경험들에 (세속적인 것들에까지도) 쓸 수 있습니다. 그러나 수행에 있어서 '삐띠-수카'는 '놓아버림'을 통해 생긴 '기쁨과 행복'만을 의미합니다.

다양한 종류의 불은 그 연료에 따라서 나무불, 기름불, 산불 등으로 구분할 수 있습니다. 마찬가지로, 다양한 종류의 행복도 그 원인에 의해 구별할 수 있습니다. '아름다운 호흡'과 함께 일어나는 '기쁨과 행복'은 과거와 미래, 내면의 해설, 그리고 의식의 다양성을 놓아버림에 의해 그 연료가 공급됩니다. 이것은 '놓아버림'에서 생긴 즐거움이기에 집착을 만들 수 없습니다. 집착과 '놓아버림'을 동시에 할 수는 없습니다. 사실, '아름다운 호흡'과 함께 일어나는 즐거움은 어느 정도 집착을 버렸음을 명확하게 보여줍니다.

'기쁨과 행복'은 관능적 흥분, 개인적 성취, 또는 '놓아버림'에서 일어날 수 있습니다. 이러한 세 가지 종류의 행복은 그 본질에 있어서 다릅니다.

관능적 흥분에서 생긴 행복은 뜨겁고 자극적일뿐 아니라 마음을 동요시키기도 합니다. 그래서 이것은 피로합니다. 이런 행복은 반복되면 사라집니다. 개인적 성취에서 일어난 행복은 따뜻하고 뿌듯합니다. 하지만 이것도 역시 빈 구멍만을 남긴 채 금방 사라집니다. 그러나 '놓아버림'에서 생긴 행복은 근사하고 오래 지속됩니다. 이것은 진정한 자유의 느낌과 관련되어 있습니다.

또한 관능적 흥분에서 생긴 행복은 더욱더 강한 욕망을 일으킵니다. 그래서 행복을 불안정하고 포악하게 만듭니다. 개인적 성취에서 일어난 행복은 통제광이 되는 데 더 많은 투자를 하도록 합니다. 그리고 개인의 힘에 대한 환상을 조장합니다. 통제자는 모든 행복을 죽입니다. '놓아버림'에서 생긴 행복은 더욱더 놓아버리고 간섭을 덜 하도록 고무시킵니다. 이것은 대상을 그냥 내버려두도록 북돋웁니다. 그래서 안정적이며 힘이 들지 않습니다. 이러한 행복은 원인과 가상 관계가 없고, 조건 지어지지 않음 즉 원인이 없음과 가장 가깝습니다.

수행에서 성공하기 위해서는 서로 다른 종류의 행복들을 잘 알 필요가 있습니다.

만약 호흡의 알아차림에서 일어난 행복이 관능적 흥분의 종류라면, 예를 들어 육체적 쾌감의 파동들이 몸속을 세차게 흐르는 경우라면, 이것은 노력이 느슨해질 때 여러분을 무겁고 피곤하게 만든 채 곧 사라집니다. 만약 행복이 성취감과 관련 있다면, 예를 들어 '와~! 드디어 수행에 진전이 있어.' 라고 생각하는 경우, 이것은 흔히 통제자의 등장에 의해 허물어져 파괴되고 간섭하는 에고에 의해 망쳐집니다.

그러나 만약 '아름다운 호흡'과 함께 일어나는 '놓아버림'에서 생긴 행복이라면, 여러분은 어떤 말도 어떤 것도 할 필요가 없다고 느낍니다. 이러한 행복은 그 형제가 자유이고 그 자매가 평화입니다. 이것은 선정 정원의 꽃처럼 피어나, 엄청난 강도로 저절로 자랄 것입니다.

'아름다운 호흡' 말고도 많은 다른 수행대상들이 있습니다. 자애, 몸의 부분kāyagatāsati, 단순한 심상kasiṇa 등등 ……. 하지만 선정으로 발전되는 모든 수행들은 '놓아버림'에서 생기는 '기쁨과 행복'이 일어나는 단계에 도달해야 합니다.

예를 들어, 자애명상은 수행자를 매우 즐거운 기쁨으로 채우면서 전체 우주에 대한 훌륭하고, 빛나고, 무조건적인 사랑으로 열립니다. '놓아버림'에서 생긴 '기쁨과 행복'이 일어났습니다. 그는 '아름다운 자애'의 단계에 있습니다.

어떤 수행자들은 사람 신체의 부위에, 흔히 두개골에 초점을 맞춥니다. 수행이 깊어지고 알아차림이 내면의 두개골 이미지에 오래 머물면서, 놀라운 과정이 전개됩니다. 마음속 두개골의 이미지가 하얗게 되고 그 색이 짙어지기 시작해서, 강렬한 광채를 발하며 '아름다운 두개골'로 빛나게 됩니다. 물론, '놓아버림'에서 생긴 '기쁨과 행복'이 모든 경험을 '기쁨과 행복'으로 채우면서 나타났습니다. 예컨대, 부패하는 시체에 대한 부정관不淨觀을 하는 스님들조차도 애초에 역겨웠던 송장이 별안간 세상에서 가장 아름다운 이미지 중 하나로 변하는 경험을 하기도 합니다. '놓아버림'이 대단히 큰 행복을 일으켜서 자연적 혐오감을 압도하고, '기쁨과 행복'으로 이 이미지를 가득 채워버린 것입니다. 수행자는 '아름다운 시체'의 단계를 알았습니다.

부처님께서는 16단계로 구성된 호흡명상의 5단계와 6단계에서 호흡경험과 함께 '기쁨과 행복'이 일어남을 가르치셨습니다. 저는 위에서 이러한 수행의 중대한 단계에 대해 상세하게 다루었습니다.[4]

'기쁨과 행복'이 일어나지 않는다면, 틀림없이 충분한 만족감이 없을 것입니다. **여전히 너무 열심히 노력하고 있습니다.** 이때 수행자는 다섯 가지 장애 중 처음 두 장애에 대해 곰곰이 생각해봐야 합니다. 첫 번째 장애인 감각적 욕망은 주의력을 욕망의 대상으로 이끌어 호흡에서 멀어지게 합니다. 두 번째 장애인 악의는 호흡경험에서 흠을 발견합니다. 그래서 이 불만족이 주의력을 호흡에서 쫓아버립니다. 만족은 욕망과 악의 사이의 '중도'입니다. 만족은 알아차림을 충분히 오랫동안 호흡에 유지시킵니다. 그러면 '기쁨과 행복'이 일어날 것입니다.

고요한 멈춤으로 가는 길 ❦

고요한 멈춤은 움직임이 없음을 의미합니다. 의지는 마음을 움직입니다. 따라서 고요한 멈춤을 경험하려면 모든 의지, 모든 행함, 모든 통제를 제거해야 합니다.

만일 나무 잎사귀 하나를 쥐고 최선을 다해 이것을 흔들림 없이

---

4 | 저는 호흡명상에 관한 7장에서, 기쁨과 행복(pīti-sukha)과 호흡 사이의 관계에 대해 상세하게 다루었습니다.

고요히 유지하려 한다면, 여러분이 아무리 열심히 노력하더라도 결코 성공할 수 없을 것입니다. 근육의 미세한 진동에 의한 약간의 떨림은 언제나 있을 것입니다. 하지만 잎을 건드리지 않고 이것을 미풍으로부터 보호하기만 한다면, 이 잎은 고요한 멈춤이라는 자연적 상태에 도달할 것입니다. 정확하게 같은 방식으로, 의지의 손아귀로 마음을 잡아서는 고요한 멈춤을 성취할 수 없습니다. 하지만 만일 마음이 움직이는 원인인 의지를 제거한다면, 마음은 이내 고요하게 멈출 것입니다.

이렇게, 의지로써 마음을 고요하게 멈출 수는 없습니다. 고요한 멈춤은 '놓아버림'에서 생긴 '기쁨과 행복'을 통해 이를 수 있습니다. '아름다운 호흡'과 함께 오는 즐거움이 나타나면, 의지는 불필요해집니다. 알아차림이 저절로 애씀 없이 호흡과 함께 머물기에 의지가 불필요해집니다. 알아차림은 '아름다운 호흡'과 함께 있음을 즐깁니다. 그래서 억지로 할 필요가 없습니다.

고요한 멈춤은 '기쁨과 행복'을 더욱 깊어지게 합니다. 이렇게 '기쁨과 행복'이 깊이지면 노력이 적게 필요해집니다. 따라서 고요한 멈춤이 더 강하게 자랍니다. 이러한 자체강화의 피드백 과정이 계속됩니다. 고요한 멈춤이 '기쁨과 행복'을 깊게 하고, '기쁨과 행복'이 고요한 멈춤을 증장시킵니다. 중단되지 않는다면, 이러한 과정은 고요한 멈춤이 심오해지고 '기쁨과 행복'이 절정에 이르는 선정에 들 때까지 계속 지속됩니다.

이 장에서 저는 선정과 관련해 자주 거론되는 몇몇의 이슈들에 대해 탐구했습니다. 니밋따에 관한 다음 장은 깊은 몰입으로 가는 길로 우리를 더 가까이 데려갑니다.

10 ─────────── Mindfulness, Bliss, and Beyond

선정 II
– 지복 위의
지복

니밋따: 선정으로 가는 홈스트레치*

호흡이 사라지고 즐거움이 마음을 채울 때, 일반적으로 니밋따가 나타납니다. 저는 2장에서 니밋따와 그 특징에 대해 간단하게 논의했습니다. 여기서는 이것에 관해 훨씬 더 깊이 논의해보고자 합니다.

이 문맥에서 니밋따는 마음에 나타나는 아름다운 '빛'을 의미합니다. 그렇지만 니밋따는 시각을 통해 보이는 것이 아닙니다. 따라서 시각적 대상이 아닙니다. 이 수행단계에서 시각은 작동하지 않습니

---

* 홈스트레치(home stretch): 육상 경기, 경마 등에서 결승점이 있는 쪽의 최후 직선코스.

다. 니밋따는 '의근意根, mind sense'을 통해 인식되는 순수한 정신적 대상입니다. 하지만 이것은 대개 빛으로 인식됩니다.

이 단계에서 인식은 이런 순수한 정신적 현상들을 해석하려고 애를 씁니다. 인식은 우리가 이해할 수 있는 측면에서 경험을 해석하는 마음의 기능입니다. 인식은 새로운 경험을 이전의 유사한 경험으로 해석하는 비교에 결정적으로 의지하고 있습니다.

하지만 순수한 정신적 현상들은 너무 드물게 일어나는 일입니다. 그래서 인식은 이러한 새로운 경험들과 조금이라도 비교될 수 있는 어떤 것을 찾는 데 큰 어려움을 겪습니다. 이것이 니밋따가 이상하게 나타나는 이유입니다. 니밋따는 이전에 결코 경험해보지 못했던 것처럼 보입니다. 그러나 수행자의 과거 경험의 목록 가운데 니밋따에 가장 가까운 현상은 (자동차의 불빛, 어둠 속 랜턴의 불빛, 또는 밤하늘의 보름달 같은) 단순한 시각적 빛입니다. 이러한 유사하지만 불완전한 비교에 의지해서, 인식은 니밋따를 빛으로 해석합니다.

이런 니밋따를 경험하는 모든 사람들이 정확하게 같은 것을 경험한다(!)는 사실을 알게 된 것은, 저에게 참으로 흥미로운 발견이었습니다. 단지 수행자들이 이러한 경험을 많은 다른 방식들로 해석할 뿐입니다. 어떤 사람은 니밋따를 순백색의 빛으로 보고, 다른 사람은 황금색으로 보며, 어떤 이는 짙은 파란색으로 봅니다. 어떤 이는 니밋따를 원형으로, 다른 이는 직사각형으로 봅니다. 그리고 어떤 사람은 니밋따를 날카로운 가장자리를 가진 것으로, 다른 사람은 가장자리가 흐릿한 것으로 봅니다. 수행자들이 묘사하는 니밋따의 특징들은 정말 끝이 없습니다. 그러나 알아야 할 중요한 사실은 색깔, 모양 등은 상관이 없다는 것입니다. 인식이 니밋따를 색칠하고, 거기에 모양을 만듭니다. 그래서 수행자가 니밋따를 이해할 수 있도록 해줍니다.

| 니밋따가 너무 일찍 나타날 때 |

때로는 수행의 아주 초기 단계에 '빛'이 마음에 나타날 수도 있습니다. 능숙한 수행자들을 제외한 모든 이들에게 이러한 침입자는 매우 불안정합니다. 만일 수행자가 여기에 주의력을 둔다면 어떤 성과도 거둘 수 없을 것입니다. 니밋따에 주의력을 둘 적당한 시기가 아닙니다. 니밋따가 주의력을 분산시킨다고 생각하고, 원래의 초기 단계 수행으로 다시 돌아가는 것이 최선입니다.

호흡이 사라짐에 가까울 정도로 아직 가라앉지 않은 '아름다운 호흡'의 단계에서 니밋따가 나타날 때는 무엇을 해야 하는지 더욱 알기 힘듭니다. 여기서도 니밋따는 침입자로 나타납니다. 니밋따는 주의력을 '아름다운 호흡'에 유지하는 것을 방해합니다. 만약 수행자가 의도적으로 주의력을 호흡에서 니밋따로 옮기면, 니밋따는 대개 오래 지속되지 않습니다. 마음이 미세한 니밋따를 유지할 수 있을 정도로 충분히 정제되지 않았기 때문입니다. 호흡에 대한 수행을 더 할 필요가 있습니다. 따라서 최선의 방법은 니밋따를 무시하고 '아름다운 호흡'에서 모든 주의력을 훈련시키는 것입니다.

흔히, 이러한 조언을 따른 뒤, 니밋따가 더욱 강하고 더욱 밝게 다시 돌아옵니다. 이것을 다시 무시하십시오. 훨씬 더 강력하고 빛나는 니밋따가 세 번째로 돌아올 때, 다시 호흡으로 돌아가십시오. 이런 방식으로 수행하면, 최후에는 매우 강력하고 찬란한 니밋따가 여러분의 인식에 들어올 것입니다. 여러분은 이것과 함께 갈 수 있습니다. 사실, 이런 니밋따를 무시하는 것은 거의 불가능합니다. 이러한 니밋따는 일반적으로 선정에 들도록 이끕니다.

위의 내용은 방문객이 여러분 집의 문을 두드리는 것에 비유할 수 있습니다. 그냥 세일즈맨이 문을 두드리는 소리일지 모릅니다. 그래서 여러분은 이 소리를 무시하고 하던 일을 계속합니다. 보통, 이게 끝입니다. 때로는, 그런데도 방문객이 더욱 크게 더 오래 다시 문을 두드립니다. 여러분은 두 번째로 이것을 무시합니다. 잠시 정적이 흐른 뒤, 훨씬 크고 더욱 강하게 문을 두드립니다. 이렇게 끈질기게 문을 두드리는 것은 방문객이 여러분의 친구라는 의미입니다. 그래서 여러분은 문을 열어 그를 들어오게 합니다. 그리고 친구와 즐거운 시간을 보냅니다.

'아름다운 호흡'의 단계에서 나타나는 초기 니밋따를 다루는 또 다른 방법은, 호흡의 중심에 니밋따를 결합시키는 것입니다. 수행자는 연꽃의 중심에 담겨 있는 보석과 유사하게 이 상태를 상상하도록 훈련합니다. 아른거리며 빛나는 보석은 니밋따를 나타냅니다. 그리고 연꽃은 '아름다운 호흡'을 나타냅니다. 만약 마음이 니밋따와 함께 머물 수 있을 정도로 충분한 준비가 되지 않았다면, 마음은 여전히 호흡에 닻을 내립니다. 이따금 마음은 너무 준비가 안 되어서, 호흡이 니밋따에 가까이 다가가는 것처럼 보입니다. 그래서 그 결과, '아름다운 호흡'만을 남기고 니밋따는 사라집니다. 이 단계 전으로 돌아가는 것은 수행을 방해하지 않습니다. 그 반면, 마음이 니밋따에 제대로 준비가 되어 있으면, 니밋따가 호흡을 밀어내면서 강해지고 확장됩니다. 그리고는 호흡이 인식의 한계를 벗어나 사라지고, 오직 니밋따만 남습니다. 이 방법은 마음을 이것에서 저것으로 옮겨가는 움직임을(수행을 크게 방해하는 거친 움직임을) 포함하고 있지 않는 훌륭한 방법입니다. 여기서 수행자는 '아름다운 호흡'에서 니밋따로 변화되는 과정 또는 그 반대를 수동적으로 지켜만 봅니다. 그는 이 과정이 욕망이 아닌 자연에 따라 발전하고 물러남을 허용합니다.

다음의 조언은 많은 선정 경험이 있는 능숙한 수행자들을 위한 것입니다. 하지만 내용의 완결성을 위해 여기에 포함시켰습니다. 수행자가 선정에 드는 데 능숙하고 얼마 전에 선정을 경험했다면, 마음은 수행을 시작조차 하기 전이라도 매우 고요하고 강력합니다. 그래서 수행자는 많은 단계들을 건너뛸 수 있습니다. 니밋따를 거의 즉시 일으킬 수 있을 정도일지도 모릅니다. 마음은 니밋따에 아주 익숙하고 매우 호의적으로 향해 있습니다. 그래서 마음은 글자 그대로 니밋따로 도약하고, 니밋따가 머뭅니다. 그리고 이내 선정에 도달합니다. 이런 능숙한 수행자들에게는 니밋따가 더 일찍 나타날수록 더 좋습니다.

| 니밋따가 나타나지 않을 때 |

어떤 수행자들의 경우, 호흡이 사라져도 니밋따가 나타나지 않습니다. 마음에 빛이 나타나지 않습니다. 그 대신 평화, 텅 빔, 무無의 깊은 느낌만이 남습니다. 이것은 매우 유익한 상태입니다. 그래서 과소평가되어서는 안 됩니다. 그러나 선정은 아닙니다. 더구나, 이것에는 더 이상 나아갈 힘이 결여되어 있습니다. 이것은 막다른 골목이면서 정체된 상태입니다. 하지만 더 이상 발전될 수 없습니다. 이 상태를 우회해서, 니밋따가 나타날 원인을 만들고 수행을 더 깊게 해서 선정에 들어갈 수 있는 많은 방법들이 있습니다.

위의 상태는 수행자가 호흡과 함께 충분한 '기쁨과 행복'을 기르지 못했기 때문에 일어납니다. 호흡이 사라졌을 때, 충분한 즐거움이 없었습니다. 그래서 알아차림이 자리 잡을 수 있는 아름다운 명확한 정신적 대상을 가지지 못했습니다. 이러한 사실을 이해한다면, 수행자는 호흡을 지켜볼 때 즐거움의 계발과 강력한 아름다운 느낌이 될 때까지 이 즐거움을 기르는 일에 더욱 가치를 부여할 필요가 있습니다. 예를 들어, 호흡을 정말 아름다운 시간을 함께 보낸 사랑하는 오랜 친구라고 여길 수도 있습니다. 이런 행복한 순간들에 대한 기억은 여러분에게 기쁨을 일으킵니다. 그리고 이 기쁨은 호흡을 아름답게 보도록 해줍니다. 수행자가 어떤 유용한 방법을 쓰던지 간에, 호흡과 함께하는 아름다움에 세심한 주의를 기울임으로써 아름다움은 꽃필 것입니다. 주의를 기울이는 것은 대개 성장합니다.

앞장에서는, 수행의 즐거움을 두려워하지 말라고 주의를 주었습니다. 저는 이 충고가 너무 중요하다고 생각합니다. 그래서 여기서도 거의 똑같이 이것을 반복합니다. 수행의 즐거움을 두려워하지 마십시오. 너무 많은 수행자들이 행복을 중요하지 않다고 생각하거나, 그들이 이러한 즐거움을 누릴 자격이 없다고 믿습니다. 그래서 그들은 행복을 무시합니다. 수행에서 행복은 중요합니다. 그리고 여러분은 지복至福을 누릴 자격이 있습니다! 수행대상에서 지복을 누리는 것은 수행의 길에서 필수적인 부분입니다. 따라서 호흡과 함께 즐거움이 일어날 때, 여러분은 이것을 소중히 간직하고 보호해야 합니다.

니밋따가 일어나지 않는 또 다른 이유는, '아는 것'에 충분한 에너지를 쏟지 않았기 때문입니다. 앞장에서 설명한 것처럼, 즐거움은 에너지를 '아는 것'으로 흘러보냄으로써 만들어집니다. 일반적으로 우리 정신적 에너지의 대부분은 계획과 기억, 통제와 생각 같은 '행함'에서 소모됩니다. 만약 수행자가 '행하는 것'으로 흐르던 에너지의 방향을 바꿔 이것을 모두 '아는 것'으로(주의력으로) 흐르게만 한다면, 그의 마음은 즐거움으로 밝아지고 에너지로 충만해질 것입니다. 많은 즐거움 즉 '기쁨과 행복'이 있으면, 호흡이 사라진 후에 니밋따가 나타납니다. 따라서 니밋따가 나타나지 않는 이유는, 어쩌면 통제에 너무 많은 에너지를 쏟고 '앎'에 충분한 에너지를 쏟지 않아서일 것입니다.

그렇지만, 호흡이 사라졌는데도 니밋따가 여전히 나타나지 않는다면, 불만족에 떨어지지 않도록 주의해야 합니다. 불만족은 이미 있던 '기쁨과 행복'을 모두 시들게 합니다. 그리고 마음을 들뜸으로 몰아넣을 것입니다. 불만족은 니밋따가 더욱더 일어나지 못하게 만들 것입니다. 그래서 수행자는 인내심을 가져야 합니다. 그리고 만족감을 인식하고 이것을 강화하는 데서 그 처방을 구해야 합니다. 만족감에 주의를 기울이는 것만으로도, 이것은 대개 깊어집니다. 만족감이 더욱 강하게 자라면서, 즐거움이 일어날 것입니다. 즐거움이 강력하게 자라나면, 니밋따가 나타날 것입니다.

호흡이 사라질 때 니밋따를 일으키는 또 다른 유용한 방법은, 현재순간에 더 예리하게 초점을 맞추는 것입니다. '현재순간 알아차리기'는 이 수행방법의 바로 첫 번째 단계입니다. 이것은 초기에 확립되어야 하는 것입니다. 그러나 수행이 진전되고 다른 것들에 주의력을 기울이면서 '현재순간의 알아차림'이 조금 엉성해질 수 있습니다. 알아차림이 정확하게 초점이 맞춰지지 않고 현재순간 주위에서 흐려질 수 있습니다. 이것을 문제로 인식함으로써, 알아차림의 초점을 현재의 중심에서 칼날처럼 날카롭게 아주 쉽게 조절할 수 있습니다. 망원경 렌즈를 조절하듯이, 약간 흐릿해진 이미지가 매우 선명해집니다. 주의력이 예리하게 현재순간에 초점이 맞춰지면, 이것은 더 강한 힘을 가지게 됩니다. '기쁨과 행복'은 초점의 예리해짐과 함께 옵니다. 그리고 니밋따도 곧 따라옵니다.

| 적합한 니밋따와 쓸모없는 니밋따 |

빛으로 인식되는 종류의 니밋따들을 계발하는 것은 매우 유용합니다. 이러한 '빛 니밋따'는 수행자를 선정으로 운반하는 최고의 수단입니다. '느낌 니밋따'를 이용해 선정에 들어가는 것도 가능은 합니다. 하지만 실제로 그런 경우는 드뭅니다. 이것은 마음에서 빛을 보지 못하지만 그 대신 마음에서 지복의 느낌을 경험하는 경우를 말합니다. 촉각(다섯 가지 감각 중 마지막 남은 감각)은 초월했으며, 순전히 의근意根으로만 이러한 지복의 느낌을 경험한다는 것은 중요한 사실입니다. 이것도 물론 순수한 정신적 대상입니다. 하지만 지복의 신체적 느낌과 밀접하게 연관된 것으로 인식됩니다. 이것은 진짜 니밋따입니다. 그러나 이러한 니밋따로 선정에 접근하도록 작업하는 것은 (비록 불가능하지는 않지만) 훨씬 어렵습니다. 이런 이유로, 만일 선정을 바란다면 '빛 니밋따'의 계발을 권합니다.

선정으로 가는 길에 쓸모가 없는 일부 시각적인 니밋따들이 있습니다. 이런 것들로 시간을 낭비하지 않기 위해, '쓸모없는' 니밋따들을 아는 것은 도움이 됩니다.

때로는 전체 장면들이 명확하게 마음속에 나타날 수도 있습니다. 풍경들, 건물들, 그리고 사람들, 익숙한 것 또는 이상한 것이 나타날 수도 있습니다. 이러한 영상들은 흥미로운 볼거리일지는 모르지만, 거의 쓸모가 없습니다. 또한 이것들은 의미가 없습니다. 따라서 수행자는 어떤 진리가 드러난 것으로 이것들을 절대 착각해서는 안 됩니다. 경험을 통해, 이 단계에서 나타나는 영상들은 지독히 기만적이고 전혀 신뢰할 수 없음을 알 수 있습니다. 시간을 낭비하고 싶다면 여기에 잠시 머무를 수도 있습니다. 그러나 모든 관심을 버리고 '아름다운 호흡'으로 다시 돌아가라고 충고하고 싶습니다. 이런 복잡한 니밋따들은 지나치게 복잡한 마음의 반영일 뿐입니다. 호흡을 놓아버리기 전에, 마음은 훨씬 더 효과적으로 단순하게 가라앉았어야 했습니다. 중단 없이 긴 시간 동안 주의력을 '아름다운 호흡'에 유지할 때, 수행자는 단순함 속에서 훈련하는 것입니다. 그러면 호흡이 사라질 때, 수행의 발전에 적합한 단순하고 단일한 니밋따가 나타납니다.

여전히 지나치게 복잡한, 조금 덜 정교한 니밋따는 '불꽃 니밋따'라고 부를 수 있습니다. 그 이름이 암시하듯, 이것은 결코 오래 지속되지 않고 많은 움직임을 보이며 오고 가는 많은 불꽃의 폭발들로 이루어져 있습니다. 동시에 몇 개의 빛이 폭발할 수도 있고, 다른 색깔의 폭발이 있을 수도 있습니다. 이러한 '불꽃 니밋따'도 마음이 여전히 너무 복잡하고, 매우 불안정하다는 것을 보여줍니다. 원한다면 잠시 여흥을 즐길 수도 있겠지만, 여기에서 너무 많은 시간을 낭비해서는 안 됩니다. 수행자는 모든 현란함을 무시하고 호흡으로 돌아가야 합니다. 그리고 더욱더 심일경성心一境性, 마음이 하나로 모인 상태과 고요함을 계발해야 합니다.

다음 종류의 니밋따는 '수줍어하는 니밋따'라고 부를 수 있습니다. 하나의 순수한 빛이 금세 번쩍이다 이내 사라집니다. 잠시 후, 다시 번쩍입니다. 매번, 이것은 1~2초만 지속됩니다. 이러한 니밋따는 훨씬 고무적입니다. 그 단순함은 마음이 하나로 모였음을 보여 줍니다. 그 힘은 '기쁨과 행복'이 강하다는 표시입니다. 하지만 의식에 들어온 뒤 오래 머물지 못하는 것은, 고요함의 정도가 충분치 못하다는 사실을 보여줍니다. 이런 상황에서는, 즉시 '아름다운 호흡'으로 돌아갈 필요가 없습니다. 그 대신, 고요함을 더 계발하면서 인내심 있게 기다리십시오. 그러면 마음이 무척 수줍어하는 니밋따를 더 잘 받아들이게 될 것입니다. 뒤에서 아주 자세하게 설명하겠지만, 이런 니밋따는 마음이 대개 흥분과 두려움으로 니밋따의 등장에 과도하게 반응하기 때문에 사라집니다. 견고한 고요함을 확립하고 전혀 반응하지 않는 자신감을 가짐으로써, 수줍어하는 니밋따는 다시 돌아오고 그때마다 더 오래 머뭅니다. 곧 이러한 니밋따는 수줍음을 버립니다. 그리고 마음의 고요함 속에 받아들여진다고 느끼면서, 긴 시간 동안 머뭅니다.

수행자는 먼저 이렇게 접근해야 합니다. 하지만 니밋따가 계속 수줍어하고 오래 머무를 징후를 보이지 않는다면, 니밋따를 무시하고 '아름다운 호흡'으로 돌아가야 합니다. '아름다운 호흡'으로 마음의 평온함을 더 기르십시오. 그리고서 니밋따가 이번에는 스스로 자리

잡을 것인지를 알아보기 위해, 수줍어하는 니밋따로 돌아갈 수 있습니다.

또 다른 종류는 '점 니밋따' 입니다. 이것은 단순하고 강력하지만 아주 작은 빛입니다. 이것은 많은 초 동안 지속됩니다. 이러한 니밋따는 매우 유용할 수 있습니다. 이것은 심일경성이 탁월하고 고요함도 충분하지만, '기쁨과 행복'이 여전히 조금 부족함을 보여줍니다. 수행자는 점 니밋따를 부드럽게 더 깊이 들여다봐서, 알아차림이 조준되도록 하기만 하면 됩니다. 그러면 마치 알아차림이 이 니밋따에 더 가까워지는 것처럼 보이고, 니밋따의 크기가 커지기 시작합니다. 니밋따가 약간 확장될 때, 초점을 가장자리나 가장자리 바깥이 아니라 그 중심에 유지해야 합니다. 마음의 초점을 예리하게 '점 니밋따'의 중심에 유지함으로써, 니밋따는 그 힘이 강해지고 '기쁨과 행복'이 자라납니다. 이내 점 니밋따는 최고의 니밋따로 펼쳐집니다.

선정에 들기에 가장 적합한 최고의 니밋따는 구름 없는 밤하늘의 보름달과 닮은 것으로 시작됩니다. 이것은 '아름다운 호흡'이 부드럽게 사라지면 서두르지 않고 떠오릅니다. 그 존재를 확립하고 안정되는 데 3~4초 정도 걸립니다. 그리고 마음의 눈앞에 고요하게 멈추고, 매우 아름답게 머뭅니다. 니밋따가 애씀 없이 머물면서, 니밋따는 더욱 밝고 더욱 찬란하게 자랍니다. 곧 이것은 지복으로 빛나면서 한낮의 태양보다 더 밝게 나타납니다. 이것은 지금까지 봤던 것 중 단연 가장 아름다운 것이 됩니다. 그 아름다움과 힘은 흔히 견딜 수 없을 것처럼 느껴집니다. 이런 대단한 힘을 지닌 너무 엄청난 지복을 감당할 수 있을까 하는 생각이 듭니다. 하지만 감당할 수 있습니다. 수행자가 느낄 수 있는 지복에는 한계가 없습니다. 그리고는 수행자를 이보다 더한 지복 속에 빠뜨리거나 또는 수행자가 빛나는 황홀경의 중심으로 뛰어들면서, 니밋따가 폭발합니다. 만약 거기에 머무른다면, 이것이 선정입니다.

| 니밋따를 빛내기 |

7장에서 저는 거울의 비유를 먼저 소개했습니다. 사실 니밋따가 마음의 이미지임을 인식하는 것은 여러 측면에서 중요한 통찰입니다. 거울 속을 볼 때 얼굴의 이미지를 보듯이, 수행자는 이 수행단계의 심오한 '고요한 멈춤'에서 자기 마음의 이미지를 봅니다.

따라서 니밋따가 흐릿하게 혹은 지저분하게까지 나타난다면, 이것은 자신의 마음이 흐릿하고 지저분하다는 것을 의미합니다! 대개 이것은 수행자가 최근에 덕행이 부족했기 때문에 나타납니다. 어쩌면 화를 냈거나 자기중심적이었을 겁니다. 이 수행단계에서 수행자는 자신의 마음을 직접 보고 있습니다. 여기에는 거짓이 있을 수 없습니다. 수행자는 항상 마음을 진실로 있는 그대로 봅니다. 따라서 만일 니밋따가 흐릿하고 얼룩지게 나타난다면, 일상에서의 행위를 청정하게 해야 합니다. 도덕적 계율을 지켜야 하고, 친절하게만 말해야 합니다. 그리고 좀 더 보시를 해야 하고, 사심 없이 봉사해야 합니다. 니밋따가 나타나는 이 수행단계는 덕행이 수행의 성공에 필수적인 요소라는 사실을 극명하게 보여줍니다.

여러 해 동안 명상수련회를 지도하면서, 저는 순수한 마음을 가진 수행자들이 가장 쉽게 수행의 진전을 이루고 가장 극적인 수행의 결과를 가져온다는 사실을 알게 되었습니다. 그들은 즐겁고 관대한 사람들입니다. 그들은 다른 존재들을 해치지 않는 성품을 가지고 있습니다. 그리고 그들은 부드럽게 말하고, 온화하며, 아주 행복합니다. 그들의 아름다운 생활방식은 그들에게 아름다운 마음을 선사합니다. 그리고 아름다운 마음은 그들의 고결한 생활방식을 뒷받침해줍니다. 이 수행단계에 도달할 때, 그들의 마음은 니밋따라는 이미지로 드러납니다. 이러한 니밋따는 너무 아름답고 순수합니다. 그래서 그들을 쉽게 선정으로 이끕니다. 이것은 경솔하고 방종한 생활방식을 유지하면서는, 수행에서 쉽게 성공할 수 없다는 사실을 보여줍니다. 반면, 자신의 행위에 대한 정화와 자비로운 마음의 계발은 마음이 수행에 준비가 되도록 합니다. 흐릿하거나 혹은 지저분한 니밋따를 빛나게 만드는 최선의 치료법은, 수행 이외의 시간에 자신의 행위를 정화하는 것입니다.

하지만 일상생활에서의 행위가 그리 도가 지나치지 않다면, 더러운 니밋따를 수행 그 자체에서 빛나게 만들 수도 있습니다. 이것은 주의력을 니밋따의 중심에 맞춤으로써 성취됩니다. 니밋따에서 대부분은 흐릿하게 보일지도 모릅니다. 그러나 언제나 니밋따의 바로 중심은 가장 밝고, 가장 순수한 부분입니다. 니밋따의 다른 부분은 딱딱해서 작업이 불가능할지도 모릅니다. 하지만 그 중심은 부드럽습니다. 그 중심에 초점을 맞추면, 니밋따는 풍선처럼 불어나 더욱 순수하고 더욱 밝은 두 번째 니밋따를 만듭니다. 모든 곳 중 가장 밝은 지점인, 이 두 번째 니밋따의 바로 중심을 들여다봅니다. 그러면 이것도 풍선처럼 불어나 더욱더 순수하고 더욱 밝은 세 번째 니밋따가 됩니다. 그 중심을 응시하는 것은 효과적으로 니밋따를 빛나게 만듭니다. 니밋따가 아름답고 찬란하게 빛날 때까지, 이런 방법을 지속합니다.

삶에서 수행자가 여기저기에서 집요하게 잘못을 골라내는 강한 '흠잡는 마음'을 길렀다면, 흐릿한 니밋따에서 아름다운 중심을 찾아 거기에 주의력을 맞추는 것이 거의 불가능할 것입니다. 그는 사물에서 결점을 골라내도록 너무 조건 지어졌습니다. 그래서 니밋따의 모든 흐릿하고 더러운 부분들을 무시하고, 오직 니밋따의 아름다운 중심에만 초점을 맞추는 것은 성미에 맞지 않습니다. 이것은 삶의 잘못된 태도들이 깊은 수행의 성공을 어떻게 가로막을 수 있는지를 다시 한 번 보여줍니다. 삶에서 더욱 용서하는 태도를 계발하고 (부정적으로 집착하지 않고 긍정적으로 지나치지도 않으며, 균형 잡히게 수용적으로) 좋고 나쁨의 이중성을 더욱 감싸 안아야, 실수에서 아름다움을 볼 수 있을 뿐 아니라 흐릿하고 더러운 니밋따 속에서 아름다운 중심을 볼 수도 있습니다.

선정에 들기 위해서는 밝고 빛나는 니밋따가 필수적입니다. 흐릿하고 지저분한 니밋따는 여행 도중에 고장이 날 오래된 고물차와 같습니다. 대개 흐릿한 니밋따는 빛나게 만들지 않으면 잠시 머물다 사라집니다. 따라서 만일 니밋따를 빛나게 만들 수 없다면, '아름다운 호흡'으로 돌아가십시오. 그리고 거기서 에너지를 더 기르십시오. 호흡과 함께 엄청난 '기쁨과 행복'을 만드십시오. 그러면 다음에 호흡이 사라지고 니밋따가 나타날 때, 이것은 흐릿함 없이 아름답게 빛날 것입니다. 사실, 수행자가 '아름다운 호흡'의 단계에서 니밋따를 빛나게 만든 것입니다.

| 니밋따를 안정시키기 |

니밋따가 매우 밝을 때, 이것은 매우 아름답기도 합니다. 일반적으로 이것은 이 세상의 것이라고는 생각되지 않는 아름다움의 깊이로 나타납니다. 그리고 이전에 경험했던 어떤 것보다 훌륭해 보입니다. 니밋따가 무슨 색깔이건, 그것은 자신의 눈에 보이는 어떤 것보다 1,000배는 더 풍부합니다. 이러한 경이로운 아름다움은 주의력을 사로잡아서 니밋따가 머물도록 만듭니다. 니밋따가 아름다울수록, 니밋따가 더 안정적이게 되고 여기저기로 뛰어다니지 않을 것입니다. 따라서 니밋따가 긴 시간 지속되도록 안정시키는 최선의 방법 중 하나는, 위에서 설명한 대로 니밋따를 찬란하고 빛나게 만드는 것입니다.

그렇지만 일부 니밋따들은 찬란하게 빛나더라도 여전히 오래 지속되지 않습니다. 이것들은 강한 '기쁨과 행복'을 지니고서 인식의 정신적 영역에서 터집니다. 하지만 맑은 밤하늘의 별똥별보다 더 오래 지속되지 않습니다. 이런 니밋따들은 힘을 가지고 있지만, 충분한 안정성이 부족합니다. 이러한 니밋따들을 안정시키기 위해서는, 두려움과 흥분이 니밋따를 흩어서 없애버리는 두 적이라는 사실을 아는 것이 중요합니다.

두 적 가운데 두려움이 더 일반적입니다. 이러한 니밋따들은 그 순전한 힘과 아름다움이 너무 엄청나게 나타납니다. 그래서 수행자는 흔히 큰 두려움을 느낍니다. 두려움은 자신보다 훨씬 강력한 어떤 것을 인식할 때 나타나는 자연적 반응입니다. 더구나 이 경험은 너무나 생소한 것입니다. 그래서 개인의 안전이 심각하게 위협받는 것처럼 보입니다. 통제를 모두 잃어버릴지도 모른다고 느껴집니다. 만약 '자아'를 놓아버리고 니밋따를 신뢰하기만 한다면, 너무도 행복하게 그렇게 될 것입니다! 그러면 수행자는 세간을 초월한 지복에 의해 욕망과 통제가 압도되는 경험을 하게 될 것입니다. 그 결과, 스스로의 자아라고 여겼던 많은 부분들이 사라지고 진정한 자유로움만이 남을 것입니다. 강력한 니밋따가 나타날 때 공포가 일어나는 근본 원인은 자기 에고의 일부분을 잃어버리는 것에 대한 두려움 때문입니다.

자아가 없다는 부처님의 무아에 대한 가르침을 어느 정도 이해한 사람들은 한결 쉽게 이 두려움을 넘어 니밋따를 받아들일 수 있을 것입니다. 그들은 아무것도 보호할 게 없음을 압니다. 그래서 통제를 놓아버리고, '텅 빔'을 신뢰하며, 자아 없이 그 아름다움과 힘을 즐길 수 있습니다. 그러면 니밋따는 안정됩니다. 아무도 여기에 없다는 사실에 대한 지적인 이해조차도, 가장 깊숙이 있는 공포를 극복하는 데 도움이 될 것입니다. 하지만 무아의 진리에 대한 이해가 없는 사람이라면, 두려움을 지복에 대한 더욱 강력한 인식으로 대체함으로써 이를 극복할 수 있습니다.

수영장에 간 아이의 비유가 이 마지막 부분을 잘 설명해줍니다. 막 걸음을 배우기 시작한 아이가 처음으로 수영장을 봅니다. 아이는 겁을 먹기 마련입니다. 익숙하지 않은 환경이 그의 안전을 위협합니다. 자신의 작은 몸이 이런 단단하지 않은 물질을 감당할 수 있을지가 정말 걱정됩니다. 아이는 통제를 잃어버릴까봐 겁이 납니다. 그래서 발가락 하나를 물에 담가봅니다. 그리고는 곧장 뺍니다. 느낌이 괜찮았습니다. 그래서 발가락 세 개를 조금 더 오래 물에 담급니다. 이것도 괜찮았습니다. 그다음에는 발을 전부 담급니다. 그다음에는 다리를 모두 담급니다. 자신감이 생기고, 수영장에서 노는 것이 재미있을 것 같습니다. 그래서 즐거움에 대한 기대감이 두려움을 눌러버립니다. 아이는 물속에 뛰어듭니다. 물속에 완전히 들어갑니다. 그리고 너무나 즐거운 시간을 보냅니다. 이제 부모들도 아이를 수영장에서 떼어낼 수 없습니다!

이와 비슷하게, 강력한 니밋따와 함께 두려움이 일어날 때, 처음에는 거기에 잠시만 머무를 수 있습니다. 그리고는 그것이 어떤 느낌이었는지 생각해봅니다. 매우 좋았다고 말하는 것이 부족할 정도입니다. 그래서 다음번에는 더 오래 머뭅니다. 이것은 더 좋았습니다. 이러한 단계적 방법을 통해, 자신감은 곧 강해지고 즐거움에 대한 기대감이 매우 지배적이게 됩니다. 그래서 경이로운 니밋따가 나타나면 수행자는 거기에 바로 뛰어들고 완전히 빠집니다. 더구나 그는 너무나 즐거운 시간을 보내서, 그를 여기에서 나오게 하는 것은 무척 어렵습니다.

특히, 두려움이 그다지 강하지 않을 때, 두려움을 극복하는 또 다른 유용한 방법은 신뢰를 건네주는 작은 마음의 의식儀式을 하는 것입니다. 지금까지 여러분은 자신의 수행을 운전하는 기사였습니다. 하지만 이제 통제를 니밋따에게 건네줄 순간입니다. 7장에서 말한 것처럼, 여러분 차의 운전을 신뢰하는 친구에게 맡기듯이, 열쇠를 강력한 니밋따에게 건네준다고 상상할 수 있습니다. 열쇠를 건네주는 상상의 동자으로 통제력을 옮기고, 니밋따에게 완전한 신뢰를 두게 됩니다. 이러한 신뢰의 이동은 니밋따를 더욱 안정적으로 만듭니다. 그리고 그 결과 니밋따가 더 깊어집니다.

여기서도 물론, '아는 것'에게 신뢰를 주고 '행하는 것'으로부터 신뢰를 거둡니다. 이것이 전체 수행의 저변에 깔려 있는 테마입니다. 수행자는 바로 시작부터 수동적 알아차림을, 즉 알아차림의 대상에 전혀 개입하지 않고 명확하게 알아차리는 능력을 훈련합니다. 신뢰와 함께 결합된 에너지는 알아차림으로 흘러들어가고 활동에서 멀어집니다. 호흡 같은 평범한 대상을 간섭하지 않고 지켜볼 수 있게 되면, 수행자의 수동적 알아차림은 '아름다운 호흡' 같은 더욱 매혹적인 대상에 의해 도전을 받을 것입니다. 만약 이 시험을 통과하면, 모든 것들 중 가장 큰 도전을 안겨주는 대상인 니밋따가 등장합니다. 이것은 수동적 알아차림에 대한 궁극적 시험입니다. 왜냐하면 수행자가 니밋따에 개입해서 조금이라도 통제하려고 하면, 그는 마지막 시험에서 실패하고 '아름다운 호흡'으로 다시 보내져 보충 교육을 받게 되기 때문입니다. 수행을 하면 할수록, 수행자는 '행함'을 모두 놓아버리면서 강력하게 알아차릴 수 있게 됩니다. 이런 기술이 완전해지면, 이 마지막 시험을 통과할 수 있습니다. 그러면 결점 없는 수동적 알아차림으로 쉽게 니밋따를 안정시킬 수 있습니다.

여기서도 거울의 비유를 적용할 수 있습니다. 여러분이 거울 속에서 자신의 반영을 볼 때 그 이미지가 여기저기로 움직인다면, 그것은 여러분이 멈춰 있지 않기 때문입니다. 거울을 흔들리지 않게 잡아서 그 이미지를 안정시키려 하는 것은 아무 소용이 없습니다. 실제로, 이런 시도를 한다면 그 반영은 아마 더 많이 움직일 것입니다. 거울 속의 이미지가 움직이는 것은 거울이 아니라 보는 사람이 움직이고 있기 때문입니다. 거울을 보는 사람이 멈추어야만 그 이미지도 멈출 것입니다.

사실, 니밋따는 '마음의 반영'입니다. 이것은 '아는 것'의 이미지입니다. 이 반영 즉 니밋따가 여기저기로 움직일 때, 니밋따를 흔들림 없이 잡아서 안정시키려 하는 것은 헛수고입니다. 니밋따를 지켜보고 있는 것이 움직이기 때문에 니밋따는 움직입니다. 이것을 이해하고 '아는 것'에 초점을 맞추면, 니밋따는 고요하게 멈춥니다. '아는 것'이 움직이지 않으면, 니밋따도 움직이지 않습니다.

니밋따의 안정성을 해치는 또 다른 적은 흥분과 들뜸입니다. 저는 이것을 '와~!' 반응이라고 불렀습니다. 수행이 성공적이고 놀라운 것들이 나타나면, 수행자는 매우 흥분할 수 있습니다. 특히 태양보다 빛나고, 어떤 멋진 꽃보다 아름다운 경이로운 니밋따가 처음 나타날 때는 흥분하기 쉽습니다. 이럴 때 마음은 흔히 '와~!' 하고 반응합니다. 불행하게도, 니밋따는 즉시 물러가버립니다. 그리고 매우 오랫동안, 심지어는 몇 달 동안 다시 돌아오지 않으려 할지 모릅니다. 이러한 재앙을 피하려면, 7장에서 자세하게 묘사했던 숲속의 고요한 연못에 관한 아잔 차 스님의 유명한 비유를 명심해야 합니다.

이 비유에서 숲속의 연못은 마음을 나타냅니다. 그리고 그 주위에 앉아 있는 스님은 '알아차림'을 나타냅니다. '알아차림'이 고요하게 멈춰 있으면, '아름다운 호흡'과 '기쁨과 행복' 같은 동물들이 밀림에서 나와 마음의 주위에서 즐기며 놉니다. '알아차림'은 고요하게 멈춰 있어야만 합니다. 만약 그렇다면, '아름다운 호흡'과 '기쁨과 행복'이 마음에서 그 일을 다 끝낸 뒤, 수줍음 많은 니밋따가 마음에서 놀기 위해 조심스럽게 등장할 것입니다. 만일 '아는 것'이 '와 ~!' 하고 생각하는 것을 니밋따가 감지하면, 니밋따는 부끄러워하며 밀림으로 뛰어 돌아갈 것입니다. 그리고 아주 오랫동안 다시 나타나지 않을 것입니다.

따라서 강력하고 아름다운 니밋따가 나타날 때는, 고요히 멈춘 마음으로 니밋따를 지켜보십시오. 아잔 차 스님이 외딴 숲속의 호숫가에 미동조차 없이 앉아 있었듯이 말입니다. 그러면 여러분은 이 이상하고 경이로운 니밋따가, 수행자를 선정에 데려갈 준비가 될 때까지 마음에서 아주 오래 즐겁게 노는 것을 지켜보게 될 것입니다.

선정에 들기

니밋따가 안정적이고 빛날 때, 수행자는 선정의 입구에 있습니다. 수행자는 선정으로의 이동을 위한 원인과 조건이 준비될 때까지, '고요한 멈춤'과 '아무것도 하지 않음'을 유지하며 여기서 인내심 있게 기다리도록 훈련해야 합니다. 하지만 이 단계에서, 어떤 수행자들은 니밋따의 가장자리를 슬쩍 엿보면서 이 과정을 방해하는 실수를 저지릅니다.

니밋따가 안정적이고 밝으면 그 모양과 크기에 관심을 갖게 될지도 모릅니다. 니밋따가 원형일까 아니면 직사각형일까? 가장자리가 명확할까 아니면 분명치 않을까? 작을까 아니면 클까? 니밋따의 가장자리를 보면, 알아차림은 그 심일경성을 잃습니다. 가장자리는 안과 밖이라는 이원성의 장소입니다. 이원성은 심일경성의 반대입니다. 만일 수행자가 가장자리를 본다면, 니밋따는 흔들리게 되고 심지어 사라질지도 모릅니다. 수행자는 가장자리에서 멀리 떨어진 니밋따의 바로 중심에 알아차림을 유지해야 합니다. 그래서 가장자리에 대한 모든 인식이 심일경성의 비非이원성으로 사라지도록 해야 합니다. 이와 마찬가지로, 니밋따를 확대하거나 축소하려 한다면, 이것 역시 본질적인 심일경성을 희생하게 될 것입니다. 확대와 축소는 크기에 대한 인식을 포함합니다. 그리고 이것은 니밋따의 가장자리에 대한 인식과 그것 밖에 있는 공간에 대한 인식을 포함합니다. 여기서도 수행자는 이런 무익한 확대와 축소를 통해, 이중성의 함정에 빠지고 심일경성을 상실하게 됩니다.

따라서 니밋따가 안정적이고 밝을 때, 여러분은 인내심이 있어야 합니다. 움직이지 마십시오. 여러분은 '기쁨과 행복' 그리고 심일경성이라는 선정의 요소들을 기르고 있습니다. 이것들이 충분한 힘을 축적했을 때, 선정으로 저절로 펼쳐실 것입니다.

자주 인용되는 경전의 한 구절이 여기에 관련이 있습니다. 이것은 흔히 '근본 마음'을 암시하는 것으로 잘못 해석됩니다. 이 구절은 『앙굿따라 니까야』에 실려 있습니다.

오, 비구들이여, 이 마음은 밝게 빛난다. 하지만 이것은 우연한 번뇌들에 의해 더럽혀졌다. 가르침을 받지 못한 범부는 이것을 진실로 있는 그대로 이해하지 못한다. 그래서 그에게는 정신적 계발이 없다.

오, 비구들이여, 이 마음은 밝게 빛난다. 그리고 이것은 우연한 번뇌들에서 벗어났다. 가르침을 받은 고귀한 제자는 이것을 진실로 있는 그대로 이해한다. 그래서 그에게는 정신적 계발이 있다. (AN Ⅰ,6,1-2)

아름답고 안정된 니밋따의 단계에서, 찬란하고 믿을 수 없을 만큼 밝게 빛나는 것은 니밋따입니다. 그리고 이미 설명했듯이, 니밋따는 마음의 이미지입니다. 수행자가 이런 니밋따를 경험할 때는, 위의 『앙굿따라 니까야』 구절에 있는 것처럼 이것을 밝게 빛나는 마음으로 인식합니다. 마음이 다섯 가지 장애를 의미하는 '우연한 번뇌들'로부터 벗어났기 때문에, 이 니밋따는 빛납니다. 그리고 수행자는 이 니밋따가(다섯 가지 장애로부터 벗어난 이 밝게 빛나는 마음이) 선정으로 들어가는 입구라는 것을 이해합니다. 그리고 수행자는 '정신적 계발'이 무엇을 의미하는지를 진실로 이해합니다.

니밋따가 빛나고 안정적이면, 그 에너지는 순간순간 쌓입니다. 이것은 평화 위에 평화 위에 평화를 더해서, 평화가 거대해지는 것과 같습니다! 평화가 거대해지면, '기쁨과 행복'도 거대해지고 니밋따는 밝고 빛나게 자랍니다. 만약 이 상태에서 니밋따의 바로 중심에 초점을 유지함으로써 심일경성을 지속시킬 수 있다면, 그 힘은 임계점에 도달할 것입니다. 수행자는 '아는 것'이 니밋따 속으로 빨려 들어가는 것처럼 느낄 것입니다. 즉, 가장 아름다운 지복 속으로 빠져 드는 느낌일 것입니다. 아니면, 니밋따가 다가와 '아는 것'을 감싸 며 그를 우주적 황홀경 속에 삼켜버리는 것처럼 느낄 수도 있습니 다. 그는 선정 속으로 들어가고 있습니다.

| 요요 선정 Yo-Yo Jhana |

종종 경험이 부족한 수행자들이 니밋따에 빠져들 때가 있습니다. 하지만 그들이 시작했던 곳으로 바로 튕겨져 나옵니다. 저는 아이들의 장난감에서 이름을 따서 이것을 '요요 선정'이라고 부릅니다. 이것은 충분히 오래 지속되지 않습니다. 따라서 진짜 선정이 아닙니다. 하지만 선정에 아주 가깝습니다. 알아차림을 선정에서 튕겨 나오게 만드는 것은, 제가 위에서 밝혔던 적敵 즉 흥분입니다. 니밋따에 빠져들 때 경험하는 지복은 상상할 수 있는 어떤 것보다 더 큰 행복입니다. 따라서 이것은 충분히 이해가 되는 반응입니다. 이전에는 최고의 성적 오르가즘이 즐거운 것이라고 생각했을지 모릅니다. 그러나 이제는 이런 선정의 지복과 비교하면, 그것은 하찮은 것이라는 사실을 알게 됩니다. 심지어 '요요 선정' 후에도, 행복감에 흔히 눈물을 터뜨립니다. 전 생애에서 가장 경이로운 경험에 눈물을 흘립니다. 그래서 초보 수행자들이 '요요 선정'을 먼저 경험하는 것은 이해할 만합니다. 결국, 이런 엄청나게 강력한 지복을 다룰 수 있으려면 많은 훈련이 필요합니다. 그리고 영적 삶에서의 최고 상賞 중 하나를

받을 때는, 흥분을 놓아버리는 많은 지혜가 필요합니다.

나이가 든 분들은 주사위를 이용한 단순한 아동용 보드게임인 '뱀과 사다리 게임'을 기억할 것입니다. 이 게임에서 가장 위험한 칸은 결승점 바로 앞의 칸입니다. 99번째 칸에는 가장 긴 뱀의 머리가 있습니다. 만일 100번째 칸에 내리면, 여러분은 이깁니다. 하지만 99번째 칸에 내리면, 그 뱀의 꼬리로 떨어져 출발점으로 돌아가게 됩니다. '요요 선정'은 99번째 칸에 내리는 것과 같습니다. 여러분은 게임에서 거의 이겼습니다. 즉, 선정에 드는 것에 아주 가까이 갔습니다. 하지만 조금 부족하게 떨어져서 흥분이라는 뱀의 머리에 내립니다. 그리고는 미끄러지거나, 더 정확히 말하자면 튕겨져 나와서, 출발점으로 돌아갑니다.

그렇지만 '요요 선정'은 진짜에 아주 가까운 것입니다. 그래서 가볍게 여길 것이 아닙니다. '요요 선정'에서 수행자는 믿을 수 없을 정도의 지복과 황홀한 기쁨을 경험합니다. 수행자는 여러 시간 동안 기상관측용 기구(氣球)처럼 높이 떠 있는 듯한 느낌이 듭니다. 여기에는 세상에 대한 근심이 없으며, 거의 잠을 잘 수 없을 정도로 엄청난 에너지가 있습니다. 이 경험은 그의 삶에서 최고의 경험입니다. 이것이 여러분을 바꿀 것입니다.

약간의 훈련과 경험에 대한 지혜로운 숙고를 통해, 여러분은 튕겨 나오지 않고 니밋따에 빠져들거나 혹은 니밋따에 의해 감싸질 수 있을 것입니다. 그러면 경이로운 선정의 세계로 들어갑니다.

11 ─ Mindfulness, Bliss, and Beyond

선정 III
- 지복 위의
지복 위의
지복

모든 선정의 지표(地標) 🍃

선정에 들어가는 순간부터, 수행자는 모든 통제력을 잃을 것입니다. 평소에 하듯이, 명령을 내릴 수 없을 것입니다. 통제를 하던 의지가 사라지면, 미래에 대한 관념을 형성하는 '내가 ~ 할 것이다! will.'도 역시 사라집니다. 선정 속에서는 시간에 대한 관념이 멈춥니다. 따라서 '다음에 뭘 해야 하지?' 라는 의문은 일어날 수 없습니다. 언제 선정에서 나올지조차도 결정할 수 없습니다. 의지와 그 소산인 시간의 이러한 완벽한 부재는 선정에 영원한 안정성을 줍니다. 그래서 때로는 이런 지복의 상태가 여러 시간 동안 지속되기도 합니다.

선정 속에서 수행자는 관점의 기능을 잃습니다. 이것은 완벽한 심일경성과 고정된 주의력 때문입니다. 이해는 이것을 저것에, 여기를 저기에, 지금과 그때를 관련시키는 비교에 의지합니다. 선정 속에서는 미동 없이 전체를 감싸는 비이원적 지복만을 오로지 인식합니다. 그러면 관점이 일어날 공간이 없어집니다. 이것은 평소와 다른 각도로 찍힌 익히 알려진 대상의 사진을 보고 이것이 무엇인지를 추측해야 하는 수수께끼와 같습니다. 어떤 대상들은 다른 각도에서 보지 않고서는 분간하기가 아주 어렵습니다. 관점이 제거되면, 이해도 역시 제거됩니다. 따라서 선정 속에서는 시간에 대한 감각이 없을 뿐 아니라, 무엇이 일어나고 있는지에 대한 이해도 없습니다. 이때 수행자는 그가 어느 선정에 들어 있는지조차도 알 수 없을 것입니다. 그가 오로지 아는 것은 알 수 없는 시간 동안 지속되는 엄청난 지복, 부동함, 불변함뿐입니다.

비록 모든 선정 속에서 이해가 작용하지 않을지라도, 이것은 결코 혼수상태가 아닙니다. 수행자의 알아차림은 대단히 강해져서 정말 믿을 수 없을 만큼 예리해집니다. 수행자는 굉장히 알아차리고 있습니다. 오직 알아차림만이 움직이지 않습니다. 이것은 얼어버렸습니다. 그리고 '초강력 알아차림'의 '고요한 멈춤'은, 즉 완벽한 알아차림의 심일경성은 선정 경험을 이전에 알았던 어떤 것과도 완전히 다른 것으로 만듭니다. 선정은 무의식상태가 아닙니다. 이것은 비이원적 의식입니다. 선정 속에서는 움직이지 않는 '시간을 초월한 지복'

하나만을 알 수 있습니다.

나중에, 수행자가 선정에서 나오면, 이러한 완벽한 의식의 심일경성은 깨집니다. 심일경성이 약화되면서, 관점이 다시 나타납니다. 그리고 마음은 다시 움직일 수 있는 능력을 가지게 됩니다. 마음은 비교와 이해에 필요한 공간을 회복합니다. 일상적인 의식이 돌아왔습니다.

선정에서 막 나온 뒤에는, 대개 일어난 일을 돌이켜보고 선정 경험을 다시 검토해보게 됩니다. 선정은 너무도 강력한 사건입니다. 따라서 이것은 수행자의 기억창고에 지울 수 없는 기록을 남깁니다. 사실, 살아 있는 한 결코 이것을 잊지 못할 것입니다. 이러한 선정은 완전한 기억으로 쉽게 상기될 수 있습니다. 수행자는 선정 속에서 일어났던 상세한 내용들을 이해합니다. 그리고 그것이 어떤 선정이었는지를 압니다. 또한 선정을 다시 검토함에 의해 얻어진 정보는 깨달음으로 **이끄는 통찰의 토대를 형성합니다.**

선정을 모든 다른 경험들과 구별 짓는 또 다른 이상한 특징은, 선정 속에서는 다섯 가지 감각 모두가 완전히 닫힌다는 것입니다. 수행자는 볼 수도, 들을 수도, 냄새 맡을 수도, 맛볼 수도, 감촉을 느낄 수도 없습니다. 까마귀가 까악까악 우는 소리도, 사람이 기침하는 소리도 들을 수 없습니다. 근처에서 천둥이 치더라도, 선정 속에서는 이 소리를 들을 수 없습니다. 누군가가 여러분의 어깨를 툭 치거나 혹은 여러분을 들었다 놓더라도, 선정상태에서는 이것을 알 수 없습니다. 선정 속에서 마음은 이러한 다섯 가지 감각으로부터 너무나 완벽하게 차단됩니다. 그래서 다섯 가지 감각이 침입할 수 없습니다.[5]

아주 우연히, 한 재가 제자가 집에서 수행을 하던 중 깊은 선정에 빠진 적이 있었습니다. 그의 아내는 그가 죽었다고 생각했습니다. 그래서 앰뷸런스를 불렀습니다. 그는 요란한 사이렌 소리 속에 서둘러 병원으로 옮겨졌습니다. 응급실 심전도에는 심장박동이 전혀 기록되지 않았고, 뇌파도에는 두뇌활동이 전혀 나타나지 않았습니다. 그래서 당직인 의사는 심장을 다시 뛰게 하려고 심장제세동기를 그의 가슴에 대었습니다. 전기충격의 힘으로 몸이 병원 침대 위로 튀었다 떨어졌습니다. 하지만 그는 아무것도 느끼지 못했습니다.

응급실에서 그가 완전히 정상인 상태로 선정에서 나왔을 때, 그는 자신이 어떻게 거기에 왔는지 전혀 알지 못했습니다. 앰뷸런스와 사이렌에 대해서도, 몸에 경련을 일으킨 심장제세동기에 대해서도 전혀 몰랐습니다. 선정에 들어 있던 긴 시간 내내, 그는 오직 지복만을 완전하게 알아차리고 있었습니다. 이것은 선정을 경험할 때 다섯 가지 감각이 닫힌다는 것이 무엇을 의미하는지를 보여주는 예입니다.

---

[5] | 소리가 초선정(初禪定)을 방해할 수 있지만, 수행자가 실제로 소리를 감지할 때 그는 더 이상 선정에 있지 않습니다.

| 모든 선정의 지표에 대한 요약 |

선정의 특징은 다음과 같습니다.

    (1) 생각이 존재할 가능성이 전혀 없습니다.

    (2) 결정을 하는 것이 불가능합니다.

    (3) 시간에 대한 인식이 없습니다.

    (4) 의식이 비이원적입니다. 따라서 이해가 미칠 수 없습니다.

    (5) 하지만 수행자는 정말정말 알아차리고 있습니다. 그러나 움직이지 않는 지복만을 알아차립니다.

    (6) 다섯 가지 감각이 완전히 닫힙니다. 그리고 여섯 번째 감각만이, 즉 마음만이 작동합니다.

따라서 깊은 수행 중에 이것이 선정인지 아닌지 의문이 든다면, 이것은 선정이 아니라고 확신할 수 있습니다! 이런 생각은 선정의 '고요한 멈춤' 속에 존재할 수 없습니다. 이러한 특징들은 선정에서 나온 후에만 인식할 수 있습니다. 즉 마음이 다시 움직일 수 있을 때, 알아차림을 다시 살펴봄으로써 인식할 수 있습니다.

초선정 初禪定

| '미세한 요동' — 위따까 그리고 위짜라 |

모든 선정은 거의 움직임이 없는 지복의 상태입니다. 하지만 초선정에서는 감지할 수 있는 어떤 움직임이 있습니다. 저는 이 움직임을 초선정의 '미세한 요동'이라고 부릅니다. 수행자는 엄청난 지복을 알아차리고 있습니다. 이것은 너무 강력해서, '하고자 하고will' '행하는do' 에고의 부분을 완전히 가라앉혔습니다. 말하자면, 선정 속에서 수행자는 자동항법장치를 사용하는 것과 같습니다. 선정 속에서는 통제를 하고 있다는 느낌이 전혀 들지 않습니다.

그러나 지복은 너무도 감미로워서 집착의 작은 찌꺼기를 만들 수 있습니다. 마음은 본능적으로 지복을 움켜쥡니다. 이러한 무의식적 움켜쥠은 지복을 약화시킵니다. 초선정의 지복은 놓아버림에 의해 그 연료가 공급되기 때문입니다. 지복이 약화되는 것을 보고서, 마음은 자동적으로 그 움켜쥠을 놓아버립니다. 그러면 지복은 다시 그 힘이 강해집니다. 마음은 다시 움켜쥡니다. 그런 후 다시 놓아버립니다. 이러한 미세한 무의식적 움직임이 초선정의 '미세한 요동'을 일으킵니다.

이 과정은 또 다른 방식으로 인식될 수도 있습니다. 무의식적 움켜쥠 때문에 지복이 약해질 때, 마치 이것은 알아차림이 지복에서 조금 멀어지는 것처럼 보입니다. 그런 후 마음이 자동적으로 놓아버릴 때, 알아차림은 지복으로 가까이 당겨집니다. 이러한 앞뒤로의 움직임이 '미세한 요동'을 묘사하는 두 번째 방식입니다.

사실, 이러한 '미세한 요동'은 초선정의 구성요소 중 '위따까vitakka, 尋' 그리고 '위짜라vicāra, 伺'라고 부르는 한 쌍입니다. 위따까는 지복으로 돌아가는 자동적인 움직임입니다. 그리고 위짜라는 지복에 대한 무의식적 움켜쥠입니다.

어떤 주석가들은 위따까와 위짜라를 '일으킨 생각initial thought'과 '지속적 생각sustained thought'으로 설명합니다. 다른 문맥들에서는 이 단어들이 생각을 의미할 수 있습니다. 하지만 선정에서 이것들은 분명히 이와는 다른 의미입니다. 선정처럼 정제된 상태에서 생각 같은 매우 거친 상태가 존재하는 것은 불가능합니다. 사실, 생각은 선정에 들기 한참 전에 멈춥니다.

선정 속에서, 위따까와 위짜라는 둘 다 언어 이전의 상태입니다. 따라서 생각의 조건을 갖추고 있지 않습니다. 위따까는 지복으로 돌아가는 언어 이전의 마음의 움직임입니다. 위짜라는 지복을 움켜잡는 언어 이전의 마음의 움직임입니다. 선정 밖에서는 이러한 마음의 움직임들이 쉽게 생각을 일으키고, 때로는 말도 일으킵니다. 하지만 선정 속에서 위따까와 위짜라는 너무 미세해서 어떤 생각도 일으킬 수 없습니다. 이것들이 할 수 있는 거라곤, 알아차림을 지복으로 되돌려 보내고, 알아차림을 지복에 유지하는 것뿐입니다.

| 심일경성 — 에까가따 |

초선정의 세 번째 요소는 '에까가따ekaggatā', 즉 심일경성心一境性입니다. 심일경성은 존재의 미세한 영역에 예리하게 초점이 맞추어진 알아차림입니다. 이것은 초선정의 '미세한 요동'에 의해 일어난 지복을 둘러싼 작은 영역과 더불어, 지복이 나오는 지점만을 봅니다. 따라서 공간에서 하나로 모여 있습니다. 이것은 오직 현재순간만을 너무도 전일專一하고 정확하게 인식해서, 모든 시간에 대한 관념이 완전히 사라집니다. 따라서 시간에서 하나로 모여 있습니다. 그리고 이것은 오직 하나의 대상만을 즉 '기쁨과 행복'이라는 정신적 대상만을 알고, 다섯 가지 감각의 세계와 육체적 몸에 대해 전혀 인식하지 못합니다. 따라서 현상에서 하나로 모여 있습니다.

이러한 공간에서의 심일경성은 선정에서만 발견되는 비이원적 의식이라는 독특한 경험을 일으킵니다. 여기서는 시간을 초월한 기간 동안, 완전하게 그렇지만 오직 하나만을 한 각도로 알아차립니다. 의식이 하나에 정말 초점이 맞춰져 이해의 기능이 잠시 정지합니다. 심일경성이 흩어지고 선정에서 나온 후에야, 초선정의 특징들을 인식하고 모두 이해할 수 있습니다.

시간에서의 심일경성은 초선정을 대단히 안정적이게 만듭니다. 그래서 초선정은 매우 긴 시간 동안 애씀 없이 유지됩니다. 시간에 대한 관념은 과거에서 현재까지, 또는 현재에서 미래까지, 또는 과거에서 미래까지와 같은 간격의 측정에 의지하고 있습니다. 초선정에서 인식되는 것이 오로지 지금 바로 이 순간뿐입니다. 따라서 시간을 측정할 여지가 없습니다. 모든 간격은 줄어들었습니다. 이것은 영원함과 부동함의 인식으로 대체되었습니다.

현상에 대한 심일경성은 대단한 지복 위의 지복이 일어나게 합니다. 이것은 선정이 지속되는 동안 변하지 않습니다. 그래서 초선정이 매우 편안한 거처가 되도록 만듭니다.

학술적 측면에서 볼 때, '에까가따 ekaggatā'는 '하나의-정상頂上'을 의미하는 복합어입니다. 중간 단어인 '악가 agga' (산스크리트어로는 agra)는 산의 정상, 경험의 정점, 또는 (인도 옛 무굴제국의 수도 '아그라' 같은) 나라의 수도를 의미하기도 합니다. 따라서 '에까가따'는 단순한 심일경성이 아닙니다. 이것은 고매하고 숭고한 어떤 것에 맞춰진 단일한 초점입니다. 초선정에서의 단일한 고귀한 정상은 '기쁨과 행복'입니다. 따라서 초선정에서는 이러한 최상의 지복이 에까가따의 초점이 됩니다.

| 기쁨과 행복 |

초선정의 마지막 두 요소는 '기쁨과 행복 pīti-sukha'입니다. 이 둘은 서로 매우 밀접한 관계에 있기 때문에 함께 논의할 것입니다. 사실, 이 둘은 기쁨 pīti이 사라지고 행복 sukha만 홀로 남는 삼선정에서야 서로 분리됩니다. 따라서 삼선정에 도달해서야 수행자는 무엇이 행복이고 무엇이 기쁨인지를 경험적으로 알 수 있습니다. 여기서는 이 쌍

을 하나로 설명하는 것으로 충분할 것입니다.

초선정의 이 두 요소는 알아차림의 초점이자 초선정의 중심 경험을 형성하는 지복을 의미합니다. 지복은 초선정의 지배적인 특징입니다. 따라서 이것은 수행자가 선정에서 나온 후 이를 다시 검토할 때, 첫 번째로 인식하게 되는 것입니다.

불교보다 오래되지 않은 신비전통들은 초선정의 순전한 광대함, 에고 없음, 고요한 멈춤, 황홀경, 궁극성, 그리고 청정한 성스러움에 완전히 압도되었습니다. 그래서 이 경험을 '신과의 합일'로 이해했습니다. 그러나 부처님께서는 초선정이 세간을 초월한 지복의 한 형태일 뿐이고, 이것보다 더 뛰어난 다른 것들이 있다고 설명하셨습니다. 선정이라는 불교적 경험을 통해, 수행자는 세속을 초월한 많은 단계들의 지복을 알게 됩니다. 초선정은 첫 번째 단계입니다. 비록 초선정에서 나온 뒤일지라도, 수행자는 이보다 더 행복한 경험이 있을 것이라고는 상상조차 하지 못합니다. 하지만 이보다 훨씬 더한 것들이 있습니다!

각 단계의 지복들은 다른 '맛', 즉 서로를 구별 짓는 특질이 있습니다. 이런 다른 특질들은 지복의 다양한 원인들에 의해 설명될 수 있습니다. 햇빛에서 생긴 열은 나무를 태워 나오는 열과 다릅니다. 그리고 이것도 역시 용광로에서 만들어진 열과는 다릅니다. 마찬가지로, 다른 원인들에 의해 연료가 공급되는 지복들은 서로 구별되는 특징들을 보여줍니다.

초선정의 지복을 구별 짓는 특징은, 이것이 모든 다섯 가지 감각 활동의 완전한 부재에 의해 그 연료가 공급된다는 것입니다. 다섯 가지 감각이 (생각으로 나타나는 다섯 가지 감각의 모든 울림을 포함하여) 닫히면, 수행자는 몸과 물질의 세계欲界, kāmaloka를 떠나 순수한 마음의 세계色界, rūpaloka로 들어갑니다. 이것은 마치 거대한 짐이 사라진 것과 같습니다. 혹은 아잔 차 스님이 설명한 것처럼, 기억하는 한 내내 밧줄이 여러분의 목에 단단하게 묶여 있었던 것과 같습니다. 사실, 너무 오랫동안 거기에 익숙해져서 여러분은 고통을 더 이상 인식하지 못합니다. 그리고 어쩌다, 팽팽함이 느슨해지고 밧줄이 제거됩니다. 그때 느끼는 지복은 올가미가 사라진 결과입니다. 이와 마찬가지로, 초선정의 지복은 무거운 짐의 완전한 사라짐, 즉 여러분이 세계라고 여기던 모든 것들의 완전한 사라짐에 의해 일어납니다. 초선정의 지복을 일으키는 원인에 대한 이러한 통찰은, 고통에 대한 부처님의 네 가지 고귀한 진리四聖諦를 이해하는 데 기초가 됩니다.

| 초선정의 요약 |

요컨대, 초선정은 다섯 가지 요소로 특징지을 수 있습니다. 여기서는 세 가지로 압축됩니다.

 (1)+(2) 위따까 그리고 위짜라 vitakka-vicāra: 지복으로 다가가고 멀어지는, 섬세하고 미묘한 움직임인 '미세한 요동'으로 경험됨

니다.

(3) 심일경성 ekaggatā: 비이원성, 영원함, 그리고 고요한 멈춤으로 경험됩니다.

(4)+(5) 기쁨과 행복 pīti-sukha: 물질세계의 어떤 것도 능가하는 지복으로 경험됩니다. 그리고 다섯 가지 감각세계를 완전히 초월함에 의해 그 연료가 공급됩니다.

이선정 二禪定

| '미세한 요동'의 가라앉음 |

초선정이 깊어지면서, '미세한 요동'은 약해지고 지복이 강해집니다. 수행자는 위짜라가 여전히 가장 미세한 움켜쥠으로 지복을 잡고 있는 상태에 도달합니다. 하지만 이 상태가 지복에 어떤 불안정을 일으킬 정도는 아닙니다. 지복은 위짜라의 결과로 약화되지 않습니다. 그리고 알아차림도 그 근원에서 멀어지는 것처럼 보이지 않습니다. 지복이 너무 강해서 위짜라가 이것을 방해할 수 없습니다. 비록 위짜라는 여전히 활동하고 있지만, 더 이상 어떤 위따까도 없습니다. 즉, 지복의 근원으로 돌아가는 마음의 움직임은 더 이상 없습니다. '미세한 요동'은 사라졌습니다. 이것은 경전에서 위따까는 없지만 약간의 위짜라가 있는 상태로 설명되는 선정상태입니다(MN 128,31;AN VIII,63). 이것은 이선정에 매우 가깝습니다. 그래서 일

반적으로 이선정에 포함시킵니다.

불변의 안정성을 가질 정도로 지복이 강해지면, 위짜라가 더 이상 잡을 이유가 없어집니다. 이때, 마음은 완전한 자신감을 가지게 됩니다. 그래서 전부 놓아버릴 수 있습니다. 지복의 안정성에서 기인한 내면의 자신감을 통해서, 수행자는 위짜라를 완전히 놓아버립니다. 그래서 위짜라는 사라지고 진정한 이선정에 들어갑니다.

경전에서 언급되는 이선정의 첫 번째 특징은 '아위따까avitakka'와 '아위짜라avicāra' 입니다. 이것은 '위따까와 위짜라가 없음'을 의미합니다. 경험적으로, 이것은 마음에 더 이상의 '미세한 요동'이 없음을 의미합니다.

두 번째 특징은 '내면의 자신감ajjhattaṃ sampasādanaṃ' 입니다. 경험적으로, 이것은 지복의 안정성에서 기인한 완전한 자신감을 나타냅니다. 그리고 이것이 위짜라가 소멸되는 원인입니다.

| 마음의 완벽한 심일경성 |

이선정의 세 번째이자 가장 쉽게 알아차릴 수 있는 특징은 '마음의 완벽한 심일경성cetaso ekodibhāvaṃ' 입니다. 어떤 '미세한 요동'도 더 이상 없으면, 마음은 흔들림 없는 바위와 같습니다. 마음은 태산보다 부동하고, 다이아몬드보다 단단합니다. 변함없는 '고요한 멈춤'은 완벽합니다. 이것은 믿을 수 없을 정도로 대단합니다. 마음은 아주 조금의 흔들림도 없이 지복 속에 머뭅니다. 이러한 완벽성은 삼매로

나중에 인식됩니다.

삼매는 '주의 깊은 고요한 멈춤'의 능력입니다. 그리고 이선정에서 이러한 주의력은 조금의 움직임도 없이 대상에 유지됩니다. 가장 미세한 진동조차 없습니다. 수행자는 고정되고, 완전히 얼어버리고, '초강력 접착제'로 붙어버립니다. 미동조차 할 수 없습니다. 모든 마음의 동요가 사라집니다. 이보다 더한 마음의 '고요한 멈춤'은 없습니다. 이것을 완벽한 삼매라고 부릅니다. 그리고 이것은 이선정뿐 아니라 더 높은 선정들의 특징이기도 합니다.

| 삼매에서 생긴 지복 그리고 모든 '행함'의 끝 |

이러한 삼매의 완벽성은 이선정의 지복에 독특한 맛을 줍니다. 초선정에 부가되었던 짐은, 즉 움직임의 고통은 버려졌습니다. 모든 것이 완전히 고요하게 멈췄습니다. 심지어 '아는 것'조차도. 이러한 절대적 고요한 멈춤은 마음의 움직임에서 생긴 정신적 고통을 초월합니다. 그리고 이것은 순수한 삼매에 의해 연료가 공급되는 엄청난 지복을 드러냅니다. 경전에서, 이선정의 지복은 '삼매에서 생긴 기쁨과 행복$^{samādhija\ pīti-sukha}$'이라고 불립니다(DN 9,11). 이러한 지복은 다섯 가지 감각세계의 초월에서 생기는 지복보다 훨씬 즐겁습니다. 수행자는 이러한 지복을 생각조차 할 수 없었을 것입니다. 이것은 완전히 다른 상태입니다. 수행자는 이선정의 경험을 통해서, 즉 세속을 초월한 최상의 지복인 두 가지 흔치 않은 '종^{種}'들을 알고 나서,

앞으로 다른 어떤 수준들의 지복이 있을지를 깊이 생각하게 됩니다.

이선정의 또 다른 현저한 특징은 모든 '행함'이 전부 소멸되었다는 것입니다. '미세한 요동'을 일으켰던 무의식적 활동마저도 완전히 사라졌습니다. '행하는 것'은 죽었습니다. 올챙이는 개구리가 되어서야 마른 땅을 처음으로 경험합니다. 이렇게 물이 사라지고 나서야, 비로소 올챙이는 '물'이라는 단어의 의미를 완전하게 이해할 수 있습니다. 마찬가지로, 수행자는 이선정을 경험할 때에야 비로소 '행하는 것'이라는 말의 의미를 완전하게 이해할 수 있습니다. 이선정에서는 '행하는 것'이 사라질 뿐 아니라, 개인의 영원한 정체성의 본질이라고 명백하게 보였던 부분이 마치 존재로부터 제거된 것 같습니다. 명백하게 보였던 것이 신기루, 미혹이 됩니다. 수행자는 일차적인 경험에서 얻은 정보를 이용하여 자유의지라는 환상을 꿰뚫습니다. "존재하는 것은 행하는 것이다."라고 주장했던 철학자(사르트르)는, '존재'는 있지만 어떤 '행함'도 없는 이선정을 알 수 없었을 것입니다. 이러한 선정들은 기묘하며, 일상적 경험을 넘어섭니다. 하지만 이것들은 실제하는 것입니다. 세상보다 더 실재적입니다.

이선정의 요약

이선정은 선정의 요소들로 이루어진 또 다른 네 가지 특징으로 요약할 수 있습니다.

(1)+(2) 지복의 안정성에서 생긴 내면의 자신감 때문에, 초선정의 '미세한 요동'이 가라앉습니다 avitakka-avicāra, ajjhattaṁ sampasādanaṁ.

(3) 지복에서 생긴 완전한 자신감에서 기인한 마음의 완벽한 심일경성 cetaso ekodibhāvaṁ. 이것은 대개 바위 같은 고요한 멈춤 또는 삼매의 완벽함으로 경험됩니다.

(4) 마음의 모든 움직임이 사라져서 생긴 세속을 초월한 지복 samādhija pīti-sukha. 이것이 이선정의 초점입니다.

(5) 모든 '행함'의 끝: 처음으로 '행하는 것'이 완전하게 사라집니다.

삼선정 三禪定 🦋

'아는 것'의 고요한 멈춤이 지속되면서, '알아지는 것'의 고요한 멈춤이 훨씬 더 심오해집니다. 선정에서, '알아지는 것'은 마음의 이미지이고 마음은 '아는 것'이라는 사실을 기억하십시오. 먼저, '아는 것'이 고요하게 멈춥니다. 그다음, 그 이미지인 '알아지는 것'이 점차 고요하게 멈춥니다.

처음 두 선정에서 이 마음의 이미지는, 지금까지 '기쁨과 행복'이라고 불렸던 지복으로 인식됩니다. 삼선정에서 마음의 이미지는 고요한 멈춤의 다음 수준, 즉 매우 다른 종류의 지복에 도달합니다.

| 기쁨의 사라짐 |

삼선정 전에 모든 지복은 (비록 구별되는 원인들 때문에 그 맛이 다르기는 하지만) 공통된 것을 가지고 있었습니다. 이 공통된 것은 '기쁨과 행복의 결합'입니다. 이것들은 샴 쌍둥이처럼 분리될 수 없게 항상 함께 있었습니다. 그래서 이 둘을 구별하는 것은 무의미할 뿐 아니라 불가능했습니다. 지금까지, 이러한 결합이 모든 지복에 공통된 특성을 주었습니다. 이제 삼선정에서는 '기쁨'이 사라지고 '행복'만 남습니다. 그리고 이것은 완전히 다른 종류의 지복을 일으킵니다.

삼선정을 경험하고 나서야, 수행자는 무엇이 '행복'인지를 그리고 추리에 의해 무엇이 '기쁨'인지를 알 수 있습니다. 이선정의 '기쁨'은 다른 어떤 것보다 행복한 것 같았습니다. 하지만 이제 그것은 지복의 작은 부분으로 여겨집니다. '행복'이 더 정제된 부분입니다.

| 대단한 알아차림, 명확한 앎, 그리고 평정 |

모든 선정 경험들은 거의 설명이 불가능합니다. 선정이 더 높을수록, 경험이 더 심오할수록, 더욱 설명이 힘들어집니다. 이러한 상태들과 이것들의 언어는 세상과 멀리 떨어져 있습니다. 한마디로 말하자면, 삼선정의 지복('행복')은 매우 편안하고, 더 고요하며, 더욱 평온합니다. 경전에서는 삼선정이 알아차림^{sati}, 명확한 앎^{sampajañña}, 그리고 평정^{upekkhā}이라는 특성들을 동반한다고 말합니다. 「차례대로의 경」(MN 111)에서는, 모든 선정에 이러한 특성들이 존재한다고

말합니다. 하지만 수행자는 이런 매우 깊은 선정(삼선정)에 있을 때, 특별히 알아차리고 매우 명확한 앎을 가지며 아주 고요하게 멈춰 움직임 없이 지켜봅니다(이것이 평정의 근본 의미). 아마도 이런 이유 때문에 위의 세 가지를 삼선정의 특성으로 강조한 것 같습니다.

| (이선정에서와 같이) 바위 같은 고요한 멈춤 그리고 '행하는 것'의 부재 |

삼선정에서 삼매는 완벽합니다. 이 삼매는 바위 같은 고요한 멈춤, '행하는 것'의 부재, 그리고 다섯 가지 감각세계로부터의 접근 불가능성이라는 속성을 지닙니다. 삼선정은 지복의 속성에 의해 이선정과 구별됩니다. 그리고 이것은 다음 단계로 비상해서 완전히 다른 종류의 지복으로 나타납니다. 그래서 경전들에서는 "지복 속에 머물고, 알아차리고, 그저 지켜만 본다."(DN 9,12)라는 깨달은 이들의 삼선정에 대한 묘사를 인용합니다.

| 삼선정의 요약 |

삼선정은 다음의 특징을 가지고 있습니다.

(1) 지복이 분리되었습니다. 즉 거친 부분인 '기쁨^{pīti}'이 사라졌습니다.
(2) 남아 있는 지복인 '행복^{sukha}'은 대단한 알아차림, 명확한 앎, 그리고 '그저 지켜만 보는 느낌'이라는 특성을 보여줍니다.

(3) 이선정과 마찬가지로 바위와 같은 절대적 '고요한 멈춤' 그리고 '행하는 것'의 부재라는 특징이 유지됩니다.

사선정四禪定

'아는 것'의 고요한 멈춤이 '알아진 것'을 가라앉히면서, 처음 세 가지 선정의 중심적 특징인 지복은 사선정에 들 때 다시 변합니다. 이때서야 지복은 더욱 급격하게 변합니다. '행복'은 완전히 사라집니다. 남는 것은 완벽한 고요한 멈춤을 지켜보는 완벽하게 고요한 '아는 것'입니다.

사선정의 관점에서 보면, 이전의 선정들은 정신적 대상의 남아 있는 움직임 그리고 훨씬 더 훌륭한 어떤 것을 가리는 고통으로 보입니다. 지복이 가라앉으면, 오로지 남는 것은 사선정임을 증명하는 심오한 평화뿐입니다. 여기서는 아무것도 움직이지 않습니다. 그리고 아무것도 빛나지 않습니다. 행복과 불쾌를 느끼는 어떤 것도 없습니다. 수행자는 마음의 바로 중심에서 완벽한 균형을 느낍니다. 태풍의 눈에서처럼, 마음의 중심에서는 아무것도 움직이지 않습니다. 여기에는 완벽감이 존재합니다. 즉, 고요한 멈춤과 알아차림의 완벽함이 있습니다. 부처님께서는 이것을 '그저 지켜만 보는 청정한 알아차림upekkhā sati pārisuddhi'으로 설명하셨습니다(DN 9,13).

사선정의 평화는 세상에서 발견되는 다른 평화와 같지 않습니다.

이것은 이전의 세 가지 선정 경험을 통과한 후에만 알 수 있습니다. 오직 이런 과정을 통해서만, 수행자가 느꼈던 부동의 평화가 실제로는 사선정에 속하는 것임을 나중에 확인할 수 있습니다. 또한 사선정은 정말 너무도 고요하게 멈춘 상태입니다. 따라서 수행자는 그 고원高原에서 여러 시간 동안 머뭅니다. 짧은 시간 동안 사선정을 경험하는 것은 불가능해 보입니다.

사선정에서는 '기쁨' 과 '행복' 이 모두 사라집니다. 그러면 오로지 남는 것은 완벽한 평화뿐입니다. 하지만 사선정에서 나온 뒤에 돌이켜 보면, 이러한 경험은 최고의 즐거움으로 인식됩니다. 사선정의 완벽한 평화는 지금까지 경험한 것 중 최고의 지복으로 여겨집니다. 이것은 더 이상 지복이 아닌 지복입니다! 이것은 재치 있고 신비롭게 들리도록 말장난 하는 것이 아닙니다. 정말 그렇습니다.

| 사선정의 요약 |

사선정은 다음과 같은 특징을 가지고 있습니다.

(1) '행복sukha' 의 사라짐.
(2) 지극히 오래 지속되고 변하지 않는 완벽한 평화에 대한 인식. 이것은 낮은 세 가지 선정을 거쳐야만 도달할 수 있습니다.
(3) 이선정과 마찬가지로 바위 같은 절대적인 고요한 멈춤 그리고 '행하는 것' 의 부재.

(4) 다섯 가지 감각과 신체의 세계로부터의 완벽한 접근 불가능성.

네 가지 선정에 대한 부처님의 비유

부처님께서는 네 가지 선정 경험을 실감나는 비유로 자주 묘사하곤 하셨습니다(예: MN 39,15-18;25-28). 이러한 비유들을 설명하기 전에, 잠시 멈춰서 모든 비유에 쓰이는 핵심 빨리어 단어인 '까야^{kāya}'의 의미를 명확하게 밝히는 것이 도움이 될 것입니다. '까야'는 영어 단어 'body'와 같은 의미의 범위를 가지고 있습니다. 'body'는 사람의 몸 이외의 것들을 의미하기도 합니다. 예컨대 'body of evidence(일련의 증거)' 같은 경우입니다. '까야'도 역시 신체적 몸 이외의 것들을 의미할 수 있습니다, 예컨대 정신적 요소들의 모임을 의미하는 '나마-까야^{nāma-kāya}' (DN 15,20) 같은 경우입니다.

선정상태에서 다섯 가지 감각은 작동하지 않습니다. 이것은 신체적 몸에 대한 경험이 없음을 의미합니다. 신체적 몸을 넘어섰습니다. 따라서 선정에 관한 네 가지 비유들에서 "그의 전체 **까야**^{kāya}의 어떤 부분도 (지복 등에 의해) 가득 차지 않은 곳이 없도록"(MN 39,16)이라고 부처님께서 말씀하신 것은, "그의 **정신적 경험의 전체 영역**의 어떤 부분도 가득 차지 않은 곳이 없도록"을 의미하는 것으로 이해할 수 있습니다. 사람들은 흔히 이 부분을 잘못 이해합니다.

부처님께서는 초선정을 너무 마르지도 않고 너무 젖지도 않은 아주 적당한 양의 수분을 머금고 있는 (비누로 사용된) 진흙 덩어리에 비유하셨습니다. 진흙 덩어리는 단일해진 마음을 나타냅니다. 초선정에서 알아차림은 '미세한 요동'에 의해 만들어진 아주 작은 영역에 제한됩니다. 수분은 다섯 가지 감각의 세계로부터 완전히 격리됨에 의해 일어난 지복을 의미합니다. 진흙 덩어리를 완전히 채운 수분은, 정신적 경험의 공간과 시간에 완전히 가득 차는 지복을 나타냅니다. 이것은 중단 없는, 연이은 지복 그리고 이보다 더한 지복으로 나중에 인식됩니다. 수분이 과도하지 않아서 새어 나오지 않는다는 것은, 선정이 지속되는 한 지복이 '미세한 요동'에 의해 생긴 공간에 항상 담겨 있음을 의미합니다. 즉, 지복이 이러한 마음공간의 영역에서 다섯 가지 감각의 세계로 결코 새어 나가지 않음을 나타냅니다.

 이선정은 외부로부터 물의 유입은 없지만 내부에서 샘이 솟아 시원한 물이 가득한 호수에 비유됩니다. 호수는 마음을 나타냅니다. 밖에서 물이 호수로 유입될 수 있는 통로가 전혀 없다는 것은, 밖으로부터의 어떤 영향도 마음에 접근할 수 없음을 묘사합니다. '행하는 것' 조차도 이런 선정의 마음에 들어갈 수 없습니다. 이러한 밀봉된 접근불가능성이 이선정의 바위 같은 고요한 멈춤의 원인입니다. 내부의 샘이 시원한 물을 공급한다는 것은, 이선정의 지복에서 생긴 내면의 자신감을 나타냅니다. 내면의 자신감은 완전한 놓아버림을 일으키고, 마음을 시원하게 만들어서 고요한 멈춤으로 이끕니다. 그리고 마음을 모든 움직임으로부터 해방시킵니다. 시원함은 삼매 또는 고요한 멈춤에서 생긴 지복 그 자체를 상징합니다. 그리고 이러한 지복은 전체 정신적 경험을 가득 채우고, 선정의 시간 동안 전혀 변하지 않습니다.

삼선정은 호수의 시원한 물에 잠긴 채 잘 자라는 연꽃에 비유됩니다. 연꽃은 삼선정의 마음을 나타냅니다. 물은 연꽃의 꽃잎과 잎사귀를 시원하게 할 수 있습니다. 그렇지만 모든 물은 굴러떨어지기 때문에, 물이 연꽃에 스며들 수는 없습니다. 시원함은 '행복^{sukha}'을 나타내고, 젖음은 '기쁨^{pīti}'을 나타냅니다. 물속에 잠긴 연꽃처럼, 삼선정에서 마음은 '행복'에 의해 시원해지지만 '기쁨'에 의해 젖지 않습니다. 삼선정에서 마음은 오직 '행복'만을 경험합니다. 비유에서 연꽃이 항상 물속에 잠겨 있듯이, 삼선정에서 마음은 결코 밖으로 움직이지 않으면서 바위 같은 '고요한 멈춤'을 계속해서 경험합니다. 시원한 물이 연꽃을 잘 자라게 하듯이, 삼선정의 지복도 마음을 그 속에 유지시킵니다. 또한 비유에서 시원한 물이 연꽃을 뿌리에서 그 끝까지 시원함으로 가득 채우듯이, 삼선정의 독특한 지복은 전체 정신적 경험의 처음부터 끝까지를 가득 채웁니다.

사선정은 머리부터 발끝까지 깨끗한 흰 천으로 덮인 남자에 비유됩니다. 남자는 마음을 나타냅니다. 그리고 천은 사선정임을 증명하는 평정과 알아차림의 완벽한 청정함을 나타냅니다. 사선정에서 마음은 깨끗한 천처럼 얼룩과 때가 없습니다. 이것은 순수하고 단순하게, 완벽하게 고요히 멈춰서 그저 지켜만 봅니다. 흰 천이 남자의 몸을 머리부터 발끝까지 완전히 덮고 있듯이, 이러한 완벽하게 청정한 평화가 정신적 경험의 전체 영역을 처음부터 끝까지 가득 채웁니다.

이것이 제가 이해하는 선정의 네 가지 비유에 대한 의미입니다.

선정에서 선정으로 이동하기 ❤

앞에서 지적했듯이, 수행자는 선정 속에서 조금도 움직일 수 없습니다. 수행자는 이 선정에서 저 선정으로 움직이게 하는 어떤 결정도 형성할 수 없습니다. 선정에서 나오려는 결정조차도 할 수 없습니다. 선정 속에서는 이런 모든 통제가 버려집니다. 더구나 선정에서 알아차림의 심오한 '고요한 멈춤'은 이해라는 정신적 활동을 얼려버립니다. 그래서 수행자는 선정상태에서 자신의 경험을 거의 이해할 수 없습니다. 선정에서 나와 이를 돌이켜본 후에야, 선정의 지표들을 인식할 수 있습니다. 따라서 어떤 선정에서든 수행자는 움직일 수 없을 뿐 아니라, 자신이 어느 상태에 있는지도 알 수 없고, 어디로 움직여야 하는지도 알 수 없습니다! 그러면 어떻게 선정에서 선정으로의 이동이 일어날까요?

네 개의 방이 있는 집에 오직 하나의 출입문만 있다고 상상해보십시오. 그 문을 통해서 첫 번째 방에 들어갑니다. 두 번째 방에 들어가려면 첫 번째 방을 거쳐야 합니다. 그리고 세 번째 방에 들어가려면 두 번째 방을, 네 번째 방에 들어가려면 세 번째 방을 거쳐야 합니다. 그 집을 떠날 때는, 네 번째 방을 나가서 세 번째 방으로 돌아가고, 그다음에 두 번째 방으로, 그다음에는 첫 번째 방으로 돌아갑니다. 이렇게, 들어올 때 통과했던 똑같은 문을 통해 집을 나갑니다. 이제, 모든 방의 바닥이 너무 미끄러워 거기서 운동량*을 조금도 더 할 수 없다고 상상해보십시오. 그러면, 적은 운동량을 가지고 집에 들어가면, 미끄러지다가 첫 번째 방에서 멈출 것입니다. 좀 더 강한 운동량을 가지고 들어가면, 두 번째 방, 세 번째 방, 또는 네 번째 방에서 멈출 것입니다.

이러한 비유는 어떻게 선정에서 선정으로의 이동이 실제로 일어나는지를 설명해줍니다. 선정 속에서 수행자는 통제력이 없습니다. 만약 적은 운동량을 가지고 선정에 들어가면, 수행자는 초선정에서 멈춥니다. 좀 더 강한 운동량이 있으면, 이선정 또는 삼선정에 도달합니다. 그리고 선정에 들 때 훨씬 더 강력한 운동량이 있으면, 사선정에 도달할 수 있습니다. 선정에 들 때의 운동량은 통제가 가능한 '선정에 들기 전'에만 만들 수 있습니다.

여기서 운동량은 '놓아버림'의 운동량을 의미합니다. 수행자는 선정에 들어가기 전에 '놓아버림'을 기릅니다. 그래서 이것이 강한 자연적 성향, 즉 마음의 무의식적 경향성이 되게 합니다. 만일 적은

---

* 운동량(momentum) : 움직이는 물체에 포함된 힘. 질량과 속도의 곱으로 표현.

'놓아버림'의 운동량을 가지고 선정에 들어가면, 초선정에서 멈출 것입니다. 좀 더 강한 놓아버림의 자연적 성향으로 선정에 들면, 이선정 혹은 삼선정에 도달합니다. 매우 강한 놓아버림의 경향성으로 선정에 들면, 사선정을 성취합니다. 그렇지만 선정 속에 있는 동안에는 '놓아버림'의 운동량을 증가시킬 수 없습니다.

수행자는 지복의 경험들을 다시 검토하고 집착이라고 부르는 장애물들을 알아차림으로써, 선정 밖에서 이런 '놓아버림'의 운동량을 키울 수 있습니다. 마음이 '놓아버림'의 엄청난 행복을 인식하면, 놓아버리는 경향성은 자라납니다. 종종 저는 다음과 같이 생각하며 제 완고한 마음을 가르쳤습니다. '이것 봐, 마음아! 보라고! 놓아버림의 상태들에 얼마나 대단한 지복이 있는지 보라고! 마음아, 잊지 마. 알겠지?' 그러면 마음은 더욱더 강하게 '놓아버림'으로 기웁니다. 혹은 마음이 더 깊은 지복의 장애물들을 인식할 수 있습니다. 다양한 수준의 집착들이 이러한 장애물들입니다. 마음이 재검토를 통해 자기 행복의 적(집착)들을 알고 나면, 놓아버리는 경향성이 지혜에 의해 강해집니다.

선정에서 선정으로 어떻게 이동하는가를 다른 방식으로 이해하기 위해, 태양 아래에서 열리는 천 겹의 꽃잎을 가진 연꽃을 다시 떠올려보십시오. 초선정은 연꽃 중심에 매우 가까운 흔치 않은 섬세한 꽃잎의 겹에 비유할 수 있습니다. 이 겹의 꽃잎들이 태양에 의해 막 데워져 그 속의 더욱더 향기로운 꽃잎의 겹을 드러내듯이, 흔치 않은 섬세한 초선정은 고요한 알아차림에 의해 데워져 훨씬 더 행복한 이선정을 드러냅니다. 꽃잎의 안쪽 겹들은 하나가 다른 것 속에 있습니다. 마찬가지로 이선정은 초선정 속에, 삼선정은 이선정 속에, 그리고 사선정은 삼선정 속에 놓여 있습니다.

많은 선정 경험이 있다면, 수행자는 '결의決意, adhiṭṭhāna'의 힘을 이용해서 선정에서 선정으로 이동할 수 있습니다. 이 문맥에서 '결의'는 마음을 프로그램하는 불교적 방법을 의미합니다. 수행을 시작할 때, 수행자는 결정된 시간 동안 특정한 선정에 들도록 마음을 미리 프로그램할 수 있습니다. 물론 이것은 그 목적지에 익숙하고, 그 길을 잘 알고 있는 능숙한 수행자에게만 적용됩니다. 이것은 이륙하자마자 자동조정장치를 설정하는 것과 같습니다. 그렇지만 능숙한 수행자일지라도, 특정한 선정에 도달하려면 정상적인 과정을 거쳐야 합니다. 예를 들어 삼선정에 들도록 마음을 프로그래밍한다면, (비록 이것을 아주 빨리 할 수 있을지는 모르지만) 먼저 초선정과 이선정을 통과해야 합니다.

무색계 성취

천 겹의 꽃잎을 가진 연꽃의 비유에서, 가장 안쪽 꽃잎의 겹들 가운데 네 겹은 선정을 나타냅니다. 여덟 번째로 가장 안쪽에 있는 겹은 초선정입니다. 일곱 번째로 가장 안쪽에는 이선정이 있습니다. 여섯 번째로 가장 안쪽에는 삼선정이 있습니다. 다섯 번째로 가장 안쪽에는 사선정이 있습니다.

여러분은 지금 아마도 마지막 네 겹의 꽃잎들이 무엇을 나타내는지 궁금할 것입니다. 네 가지 선정의 너머에는 네 가지 무색계無色界 성취들이 있습니다. 경전에 따르면, 부처님께서는 이러한 성취들을 결코 '선정jhāna'이라고 부르지 않으셨습니다. 이 사실을 주목할 필요가 있습니다. 1,000년 후에 편찬된 주석서들에서만 이것들을 선정이라고 부릅니다. 네 가지 무색계 성취들은 다음과 같습니다.

공무변처空無邊處
식무변처識無邊處
무소유처無所有處
비상비비상처非想非非想處

사선정이 삼선정 속에 놓여 있듯이, 첫 번째 무색계 성취는 사선정 속에, 두 번째 무색계 성취는 첫 번째 무색계 성취 속에 놓여 있습니다. 그리고 연꽃잎의 겹들처럼 이런 식으로 진행됩니다. 따라서 모든 네 가지 무색계 성취들은 선정에서 이어진 다음의 특징들을 당연히 가지고 있습니다.

- 마음은 다섯 가지 감각의 세계 그리고 몸에 대한 모든 인식에 접

근할 수 없습니다.
- 마음은 긴 시간 동안 바위 같은 '고요한 멈춤' 속에 머뭅니다. 이때는 어떤 생각도 형성할 수 없고, 어떤 계획도 만들 수 없습니다.
- 이해가 완전히 얼어버립니다. 그래서 수행자는 그때 자신의 경험을 거의 이해할 수 없습니다. 무색계 성취에서 나온 후에야 이해가 이루어집니다.
- 사선정의 청정한 평정과 알아차림이 각각 무색계 성취의 기초로써 유지됩니다.

처음 세 가지 선정은 서로 다른 형태의 지복들을 그 대상으로 취하고, 사선정은 청정한 평화라는 고귀한 상태를 그 대상으로 취합니다. 마찬가지로, 각각의 무색계 성취들은 순수한 정신적 대상을 취합니다. 이러한 대상에 대한 인식을 저는 '심처心處'라고 부릅니다. 왜냐하면 이것이 무색계 성취가 의지하고 있는 정신적 기반이기 때문입니다. 이런 부동한 '심처'는 무색계 성취가 높아지면 높아실수록 더욱더 정제되고 텅 비게 됩니다.

앞의 사선정에서 알아차림은 강력하며, 고요히 멈춰 있습니다. 알아차림은 다섯 가지 감각세계를 완전히 넘어선 완벽한 평화를 그저 지켜만 보며, 정확하게 하나로 모여 있습니다. 정확한 심일경성 상태에서는 세상에서 기인한 일상적 관념들이 제거됩니다. 그리고 세속을 초월한 다른 인식들이 이것들을 대체합니다.

예컨대 수행의 초기 단계에서 현재순간에 완벽하게 초점이 맞춰지면(시간에서 하나로 모임을 의미합니다.), 시간에 대한 일상적 관념들이 제거되고 세속을 초월한 시간에 대한 인식들이 이를 대체합니다. 현재순간에 완전히 집중되어 있으면, 한편으로는 시간을 초월한 듯이 느껴지고 다른 한편으로는 세상에 있는 모든 시간을 가진 듯이 느껴집니다. 절대적인 지금의 순간 속에서, 시간은 경계가 없고 규정되지 않고 비어 있고 측정이 불가능합니다. 이것은 '무한無限'이면서 동시에 '무無'입니다. 이것은 제한되지 않습니다^{anantā}. 수행의 초기에 경험하는 시간에서의 심일경성은, 무색계 성취들에서 '무한'과 '텅 빔'을 동시에 느끼는 것을 이해하는 열쇠가 될 수 있습니다.

| 공무변치 |

사선정에서부터, 마음은 공간에서의 절대적 심일경성을 인식하기 위해 완벽한 평화를 들여다볼 수 있습니다. 말하자면, 이것은 언제나 확인할 수 있는 사선정의 특징 중 하나입니다. 그리고 이것이 무색계 성취로 들어가는 입구입니다. 이러한 절대적 심일경성에서 공간은 공간이 아닌 것처럼, 무한하면서도 텅 비게 인식됩니다. 여기서는 평소에 공간을 제한했던 '물질色, rūpa'이 없다고 인식됩니다. 그래서 이 성취와 이 뒤의 성취들을 '무색계無色界, arūpa 성취'라고 부릅니다.

첫 번째 무색계 성취는 공무변처空無邊處입니다. 이것은 무한하게 그리고 텅 비게, 측정할 수 없게 그리고 규정되지 않게 인식됩니다. 이러한 인식이 마음을 완전히 채우고, 이 성취의 긴 시간 동안 잠시도 깜빡이지 않고 지속됩니다. 여기서 알아차림은 강력하고 고요하게 멈춰 있으며 청정합니다. 이러한 알아차림이 완전히 만족하면서 이 인식을 지켜봅니다.

| 식무변처 |

무한한 공간空無邊에 대한 인식 속에, 공간이 그 의미를 잃어버리는 '공간 없음에 대한 인식'이 있습니다. 첫 번째 무색계 성취에서 마음이 이 특징에 주의를 기울이면, 공간은 사라지고 의식의 절대적 심일경성에 대한 인식으로 대체됩니다. 이 상태에서 의식은 무한함과 텅 빔, 측정할 수 없음과 규정되지 않음을 동시에 느낍니다. 수행자는 식무변처識無邊處라는 두 번째 무색계 성취에 들었습니다. 이러한 인식이 마음을 완전히 채우고, 더욱 긴 시간 동안 흔들림 없이 지속됩니다.

| 무소유처 |

무한한 의식識無邊에 대한 인식 속에, 이제 의식도 그 의미를 잃어버리는 '의식 없음에 대한 인식'이 있습니다. 두 번째 무색계 성취에서 마음이 이 특징에 초점을 맞추면, 의식에 대한 모든 인식들이 사라

집니다. 물질과 공간에 대한 인식은 이미 사라졌습니다. 따라서 '무無'에 대한 심일경성만이 남습니다. 수행자는 무소유처無所有處라는 세 번째 무색계 성취에 들었습니다. 이러한 관념이 마음을 완전히 채우고, 훨씬 더 긴 시간 동안 변함 없이 지속됩니다.

| 비상비비상처 |

'무無'에 대한 인식 속에, 심지어 '무'도 아닌 것에 대한 인식이 있습니다! 만약 마음이 이 특징을 볼 수 있을 정도로 섬세하면, '무'에 대한 인식은 사라지고 '인식도 아니고 인식 아닌 것도 아닌非想非非想' 것에 대한 인식으로 대체됩니다. 이 네 번째 무색계 성취에 대해 유일하게 말할 수 있는 것은, 사실 이것이 인식이라는 것입니다(AN IX,42). 천 겹의 꽃잎을 가진 연꽃의 비유에서, 이 상태는 다른 모든 꽃잎들이 완전히 열려도 여전히 닫혀 있는 마지막 겹의 꽃잎으로 표현됩니다. 이 마지막 겹의 꽃잎은 전혀 꽃잎처럼 보이지 않습니다. 이것은 가장 섬세하고 고귀합니다. 왜냐하면 이것이 그 섬세한 품안에 유명한 '연꽃 중심의 보석', 즉 열반涅槃, nibbāna을 꼭 껴안고 있기 때문입니다.

| 열반, 모든 인식의 소멸想受滅 |

인식도 아니고 인식 아닌 것도 아닌非想非非想 것에 대한 인식 속에, 느껴지고 인식되는 모든 것이 소멸하는想受滅 '모든 인식의 끝' (열반)이

있습니다. 만약 마음이 여기에 주의를 기울이면, 마음은 멈춥니다. 그리고 마음이 다시 활동할 때, 수행자는 아라한과 혹은 불환과를 성취합니다. 이 두 가지 가능성만이 존재합니다.

| 점진적 소멸 |

선정과 네 가지 무색계 성취를 바라보는 또 다른 방식은, 점진적 소멸의 과정으로 살펴보는 것입니다.

초선정에 이르는 과정에서는 몸과 모든 '행함doing'과 더불어 다섯 가지 감각의 세계가 소멸됩니다. 초선정에서 사선정에 이르는 길은 즐거움과 불쾌감을 인식하는 마음의 부분이 소멸되는 과정입니다. 사선정에서 네 번째 무색계 성취에 이르는 길은 '앎knowing'이라고 불리는 남아 있는 마음의 활동이 거의 소멸되는 과정입니다. 그리고 마지막 단계에서는 '앎'의 마지막 자취가 소멸됩니다.

선정과 무색계 성취에 이르는 과정에서, 먼저 수행자는 몸과 다섯 가지 감각의 세계를 놓아버립니다. 그다음에는 '행하는 것'을 놓아버립니다. 그다음에는 즐거움과 불쾌감을 놓아버립니다. 그다음에는 공간과 의식을 놓아버립니다. 그다음에는 모든 '앎'을 놓아버립니다.

대상을 놓아버리면, 대상은 사라집니다. 소멸합니다. 만일 대상이 남아 있다면 놓아버린 것이 아닙니다. 알아질 수 있는 모든 것을 '놓아버림'으로써 '아는 것'은 소멸합니다. 이것이 마음을 포함한 모든

것의 소멸입니다. 여기가 의식이 더 이상 나타나지 않는, 땅地 · 물
水 · 불火 · 공기風가 발판을 발견하지 못하는, 정신과 물질名色이 완전
히 파괴되는 장소입니다(DN 11,85). '텅 빔' 입니다. 소멸입니다. 연
꽃 중심의 보석, 곧 열반입니다.

 선정에 관한 이 장에서 저는 여러분을 이론에서 수행까지, 선정이
라는 엄청난 정상들이 있는 높은 산맥까지, 그리고 무색계 성취라는
더 높이 있는 매우 드문 봉우리들까지의 여행을 이끌었습니다. 비록
이 여행이 오늘은 여러분 아득히 너머 있을지 모릅니다. 하지만 내
일은 그 길을 따라 상당히 나아갔을지도 모릅니다. 그래서 여러분
앞에 있는 이런 지침서를 가지는 것은 오늘에도 도움이 됩니다.
 또한 이러한 선정은 엄청나게 값진 금광과 같습니다. 하지만 선정
은 값비싼 금속이 아닌 가장 소중한 통찰들을 담고 있습니다. 선정
은 열반에 눈을 뜨게 하는 특별한 통찰들을 만드는 원료, 즉 예상치
못한 정보를 제공합니다. 선정은 불교의 얼굴을 장식하는 보석입니
다. 선정은 깨달음의 체험에 필수적입니다. 그리고 이것은 오늘날에
도 가능합니다.
 저는 부처님의 말씀으로 이 장을 마치고자 합니다.

> 지혜 없이 선정은 없다.
> 선정 없이 지혜는 없다.

그러나 선정과 지혜를 모두 가진 이들,

그들은 열반에 가까이 있다.

(Dhp 372)

12

깊은 통찰의 본질

통찰은 흔합니다. 그러나 깊은 통찰은 드뭅니다. 통찰은 안심이 됩니다. 그러나 깊은 통찰은 위협적이고, 때로는 두렵습니다. 통찰은 개인의 성격에 약간의 영향만 미칩니다. 그러나 깊은 통찰은 그 사람의 인생을 바꿉니다.

예를 하나 들어보겠습니다.

두 스님이 바람 속에 나부끼는 깃발을 두고 논쟁을 하고 있었습니다. 한 스님은 깃발이 움직인다고 말했습니다. 다른 스님은 바람이 움직인다고 주장했습니다. 그들은 선사禪師에게 갔습니다. 선사는 둘 다 틀렸다고 대답했습니다. 그리고는 말했습니다.

"마음이 움직인 것이니라."

그런 후 상좌부의 숲속 수행승이 나타났습니다. 그는 세 사람 모두 핵심을 놓쳤다고 지적했습니다. 그가 말했습니다.

"그대들 입을 놀린 게 문제였소!"

이것은 통찰입니다.

제가 아는 한 스님에게 들은 얘기입니다. 재가 신자일 때, 그는 성적인 오르가즘보다 더한 깊고 오래 지속된 강력한 지복을 수행에서 경험한 적이 있었습니다. 거기에서 몸은 사라졌고, 모든 것이 고요하게 멈췄습니다. 이러한 평범치 않은 경험은 행복에 대해 그가 이전에 가졌던 이해에 의문을 제기하게 만들었습니다. 이 경험은 그것을 뒤집어버렸고, 그의 삶 전체를 바꿔버렸습니다. 그는 남은 생애 동안 스님이 되었습니다.

이것이 깊은 통찰입니다.

십정도 十正道

『앙굿따라 니까야』에는 여러 경선들이 담겨 있습니다. 여기서는 각 경전을 구성하는 내용의 수에 따라 부처님의 법문이 정리되어 있습니다. 예를 들어 '네 가지'라고 제목이 붙은 장에는 네 가지 바른 노력四正勤, 힘을 성취하는 네 가지 길四神足, 그리고 그 이외의 다른 네 가지로 구성된 많은 내용들이 수록되어 있습니다. 처음으로 여기에 있는 '여덟 가지'의 장을 읽었을 때, 저는 여덟 중 가장 유명한 팔정도八正道를 발견할 수 있으리라 기대했습니다. 하지만 그것은 거기에 없었습니다. 저는 깜짝 놀랐습니다.

여러분도 아시겠지만, 유명한 팔정도는 『앙굿따라 니까야』에서 '열 가지'의 장에 실려 있습니다. 왜냐하면 부처님에 의해 두 가지 요소가 추가되었기 때문입니다(AN X,103). 십정도十正道에 추가된 두 가지 요소는 '바른(또는 완벽한) 지혜sammā-ñāṇaṁ'와 '바른 해탈sammā-vimutti'입니다.

여덟 가지의 길은 수행을 의미하고, 그 반면 추가된 두 가지 요소인 '완벽한 지혜'와 '완벽한 해탈'은 그 목표인 수행의 결과를 의미하는 것으로 결론지을 수 있습니다. 따라서 열 가지의 길은 그 목표와 함께 수행의 길을 가르칩니다.

깊은 통찰은 '완벽한 지혜'를 말합니다. 『앙굿따라 니까야』에서는 "완벽한 지혜(깊은 통찰)는 선정(완벽한 삼매)이 없이는 불가능하다."라고 명백하게 말합니다(AN X,103). 그리고 깊은 통찰의 필연적 결과는 완벽한 해탈, 다른 말로 하자면 깨달음입니다.

완벽한 지혜 — 진실로 있는 그대로 보는 것

경전에서, 완벽한 지혜 또는 깊은 통찰은 '진실로 있는 그대로 보는 것yathā bhūta ñāṇadassana'으로 흔히 불립니다. 많은 사람들이 통찰을 가졌다고 선언합니다. 그리고 진실로 있는 그대로 본다고 주장합니다.

그러나 그들이 서로 동의하는 경우를 보기는 힘듭니다. 그래서 아주 많은 종교들이 존재하고, 각각의 종교 안에 수많은 종파들이 있습니다. 그들은 모두, 자신들은 진실로 있는 그대로 보지만 다른 이들은 그렇지 못하다고 주장합니다! 종교가 없는 사람들도 마찬가지입니다. 왜냐하면 그들은 종교가 없는 이들만이 진실로 있는 그대로 본다고 믿기 때문입니다. 왜 '통찰'은 많은 논쟁을 일으킬까요?

문제는 정말로 '진실로 있는 그대로 보는' 사람들이 매우 적다는 데 있습니다. 많은 대대수의 사람들은 보이는 대로 봅니다. 그리고 그것을 통찰로, 진실로 여깁니다. 주의하십시오! 알아차리고 있을 때조차도, 감각에 나타나는 것은 여러분의 마음에 들도록 이미 걸러지고 씻기고 장식된 것입니다.

베트남전에 참전했던 제 도반 스님은 머리 뒤쪽에 총알이 박혔습니다. 이 부상으로 뇌의 일부가 파괴되었습니다. 의사들은 그가 장님이 될 것이라고 생각했습니다. 하지만 그들이 틀렸습니다. 그의 시력은 완전한 것처럼 보였습니다. 여러 주가 지난 후, 그가 친구 몇 명과 야구경기를 할 때였습니다. 타자가 그가 있는 방향으로 공을 하늘 높이 쳐올렸습니다. 공을 쉽게 잡으려고 눈으로 공의 궤도를 따라가며 이동했을 때, 공이 갑자기 사라졌습니다. 공이 우주에서 사라졌습니다! 몇 초 후, 공은 그 궤도에서 좀 더 진행된 지점에 다시 나타났습니다. 그제야 그는 자신에게 사각지대가 있다는 사실을 알게 되었습니다.

사각지대의 문제는 이것을 볼 수 없다는 것입니다. 실제로 시각 영역에 구멍이 있어도, 마음은 거기에 당연히 있으리라 여기는 것으로 그 구멍을 메웁니다. 그리고 우리는 마음의 이런 작용을 볼 수 없습니다! 알아차리며 지켜볼 때조차도, 우리의 경험들은 항상 진실로 있는 그대로는 아닙니다.

우리는 일시적인 사각지대의 존재를 모릅니다. 이것은 우리가 욕망에 유혹당하거나, 분노로 불탈 때마다 일어납니다. 어떤 사람이 사랑에 빠져 있을 때, 그는 상대방의 결점을 볼 수 없습니다.

한 남자가 자신의 새로운 사위에게 말했습니다.

"자네가 내 딸을 완벽하다고 생각하는 것은 무척 자연스런 일이네. 왜냐하면 자네는 사랑에 빠져 있기 때문이지. 하지만 한두 해가 지나면 내 딸의 결점이 보이기 시작할 것이네. 그때는 항상 이걸 기억하게. 애초에 내 딸에게 그런 결점이 없었다면 자네보다 훨씬 나은 사람과 결혼했을 것이란 사실을!"

욕망 또는 바라는 마음 때문에 우리는 실재를 우리의 구미에 맞게 왜곡합니다.

이와 유사하게, 화가 났을 때는 세상에서, 배우자에게서, 그리고 개에서조차 결점들만 보입니다. 그래서 우리는 개를 걷어찹니다! 자신의 괴로움이 다른 사람들의 잘못 때문이라는 것이 진실로 있는 그대로입니다. 불쌍한 개를 포함해서. 화난 상태에서는 그렇게 보이기 때문입니다. 불교에서는 화를 일시적 정신이상의 상태로 봅니다. 이것은 위험한 질병입니다. 이때 우리는 진실로 있는 그대로 본다고 생각합니다. 하지만 사실 우리의 견해들은 왜곡되었습니다.

아마도, 자존심은 지혜를 오염시키는 가장 보이지 않고 음험한 힘일 것입니다. 우리는 견해를 통해 스스로의 정체성을 만듭니다. 그래서 자신의 견해를 바꾸는 것, 자신이 틀렸다고 인정하는 것은 자아에 대한 관념을 흔히 위협합니다. 그 증거들을 부정하고 마음속의 사각지대를 더 키우는 것이 한결 쉬워지고 더욱 편안해집니다. 그러면 자각하는 인식 속에 들어오는 것은 우리가 알기를 원하는 것뿐입니다. 실로, 진실로 있는 그대로를 보기 위해서는 많은 용기가 필요합니다. 왜냐하면 그러기 위해서는 많은 소중한 견해들을 놓아버려야 하기 때문입니다. '법'을 보는 것은 두렵습니다. 왜냐하면 그러기 위해서는 모든 것 중에 가장 소중한 관념, 즉 자아라는 견해를 놓아버려야 하기 때문입니다.

그러면 진실로 있는 그대로 보고 있다고 어떻게 확신할 수 있을까요? 깊은 통찰과 미혹의 차이점을 어떻게 알 수 있을까요? 다섯 가지 장애들이 가라앉았을 때만, 진실로 있는 그대로 보고 있다고 확신할 수 있습니다.

다섯 가지 장애 그리고 깊은 통찰 🍃

다섯 가지 장애는 진실로 있는 그대로 보는 것을 막습니다. 다섯 가지 장애를 다시 한 번 열거해보겠습니다.

> 감각적 욕망
>
> 악의
>
> 나태와 혼침
>
> 들뜸과 후회
>
> 의심

감각적 욕망은 진실을 우리의 구미에 맞게 왜곡합니다. 예를 들어 보겠습니다. 제가 10대 초반에 첫 맥주잔을 들이켰을 때 이것은 믿을 수 없을 정도로 역겨운 맛이었습니다. 하지만 제가 속했던 남성 사회에서는 맥주를 거의 숭배하다시피 했고, 모든 축하연에서는 필수적으로 맥주잔을 치켜들었습니다. 그래서 얼마 지나지 않아 저는 맥주의 맛을 즐기기 시작했습니다. 맥주의 맛이 변한 것이 아니라, 맛에 대한 저의 인식이 제가 원했던 것에 맞게 바뀐 것이었습니다. 진실이 욕망에 의해 왜곡되었습니다. 섹스도 이와 유사합니다. 사회적으로 조건 지어진 교미에 대한 호르몬적 갈망이 원래의 경험을 비틀어 섹스를 즐겁게 보이도록 만듭니다. 성적인 즐거움이 진실로 있는 그대로일까요? 아니면 욕망이 그것을 그렇게 보이도록 만드는 것일까요? 아난다 존자는 왕기사^{Vaṅgīsa} 존자에게 말했습니다. "정욕은 인식의 전도일 뿐이다!" (SN 8,4)

두 번째 장애인 악의는 부정否定의 막후에 있는 힘입니다. 우리는 늙음, 병듦, 그리고 죽음을 정말 싫어합니다. 그래서 이것들이 우리에게 일어나지 않을 것이라 생각하며 부정합니다. 우리는 이 몸의 실재를 있는 그대로 보기를 거부합니다. 그 대신 거짓을 고수합니다. 우리는 사랑하는 사람들과 이별하는 생각을 싫어합니다. 그래서 그들이 언제나 함께 있을 것이라는 환상 속에 삽니다. 우리는 잘못되었다고 증명되는 것을 너무 싫어합니다. 그래서 스스로를 속이도록 사실들을 조작합니다. 요컨대, 진실은 대개 우리의 구미에 맞지 않아서 무의식중에 이것을 그냥 막아버립니다. 악의는 진실로 있는 그대로 보는 것을 막는 주요한 장애입니다.

나태와 혼침은 몸의 무기력과 마음의 흐릿함입니다. 이것은 마치 명확한 것이 하나도 없는 어둠 속에서 걷는 것과 같습니다. 여기서도 역시, 여자 친구가 슈퍼모델처럼 보이거나 남자 친구가 멋진 축구선수처럼 보일 때는, 분명하게 보이지 않는 밤중입니다. 서로의 여드름이 확실히 보이는 대낮에 데이트를 했다면 그리 많은 사람들이 사랑에 빠지지는 않았을 것입니다. 밤은 사물의 진실을 왜곡합니다. 마찬가지로, 나태와 혼침의 흐릿한 불빛은 진실로 있는 그대로의 모습을 왜곡합니다.

들뜸과 후회는 완전하게 진실로 있는 그대로를 볼 수 있도록 시간을 허락하지 않습니다. 마음이 빨리 움직일 때는, 인식에 도달하는 정보가 불완전합니다.

예를 하나 들어보겠습니다.

우리 절은 고속도로에서 2킬로미터 정도 떨어진 언덕 정상에 있습니다. 몇 년 동안 차로만 그 언덕을 오르락내리락 했습니다. 그러다 어느 날, 저는 그 가파른 도로를 걸어서 오르기로 결심했습니다. 걸으면서, 저는 잘 안다고 생각했던 언덕의 비탈과 계곡이 제가 이전에 봤던 어떤 것과도 다르게 보인다는 사실에 놀랐습니다. 그 풍경은 더 아름답게 보였을 뿐 아니라, 더욱 풍부한 색상과 세세한 모습을 드러내었습니다.

그런 후 저는 멈춰 섰습니다. 그러자 모든 것이 다시 변했습니다. 움직이지 않자, 그 광경은 더욱더 눈부시게 아름다워졌습니다. 저는 이전에 놓쳤던 절묘한 특징들을 알아차릴 수 있었습니다. 그것은 모두 너무 명확하고, 너무 충만하며, 그리고 너무나 즐거웠습니다. 움직이는 차의 창문을 통해 바라보면, 눈은 창문 너머에서 일어나고 있는 것의 단편만을 받아들일 수 있습니다. 망막에 부딪히는 빛은 다음 이미지가 자리 잡기 전에 완전한 영상을 형성할 충분한 시간을 가지지 못합니다. 걷고 있으면, 시각은 특징들을 잡아낼 수 있는 더 많은 시간을 가집니다. 그리고 완전히 멈춰 서면, 시각은 경이로운 계곡의 모든 풍부한 아름다움을 알 수 있는 완전한 기회를 가지게 됩니다. 오직 움직임을 멈췄을 때만, 저는 언덕 비탈에 담겨 있는 모든 진실을 볼 수 있었습니다. 이와 유사하게, 마음이 고요히 멈췄을 때만 실제로 있는 그대로의 모든 진실을 볼 수 있습니다.

의심을 부처님께서는 길을 안내하는 이정표나 지도가 없이 사막에서 길을 잃는 것에 비유하셨습니다(MN 39,14). 의심은 수행자가 어디를 봐야 할지, 그리고 어떻게 봐야 할지를 전혀 알 수 없게 만듭니다. 그래서 진실로 있는 그대로 보는 것을 막습니다. 부처님께서는 그 길을 가리키기 위해, '법'이라고 부르는 지도를 주셨습니다. 이것은 후대를 위해 경전에 기록되어 있습니다. 이 책과 같은 책들은 사막에 더 많은 이정표를 더함으로써 경전의 메시지를 강화하는 역할을 합니다.

요컨대, 다섯 가지 장애는 미혹의 홍보 담당자입니다. 이것은 진실로 있는 그대로 보는 것을 막습니다. 그 대신 사회적으로 용인되고, 구미에 맞고, 도전적이지 않은 것을 인식에 제공합니다. 더구나 이러한 다섯 가지 장애의 작업은 막후에서 이루어집니다. 사람들은 다섯 가지 장애의 조작을 대부분 알아차리지 못합니다. 이것이 미혹이라고 불리는 이유입니다. 따라서 이러한 다섯 가지 장애가 작용하고 있을 때는, 알아차림의 대상이 진실로 있는 그대로인지 확신할 수 없습니다. 통찰을 신뢰하고 확신할 수 있는 유일한 시간은, 다섯 가지 장애가 한동안 눌렸을 때입니다.

따라서 모든 의미 있는 통찰의, 특히 깊은 통찰의 필수조건은 긴 시간 동안 다섯 가지 장애가 버려지는 것입니다.

근접삼매 — 선정의 바로 이웃

다섯 가지 장애는 선정을 통해 버려집니다. 선정을 경험하는 동안에 깊은 통찰을 얻을 수 없다는 것은 사실입니다. 선정은 매우 고요하게 멈춘 상태입니다. 따라서 숙고의 정신적 활동이 일어날 수 없습니다. 그럼에도 불구하고, 선정 경험은 거기에서 나온 후 긴 시간 동안 다섯 가지 장애를 완전히 눌러버리는 역할을 합니다. 그리고 그때 깊은 통찰이 일어날 수 있습니다.

선정에서 나온 직후의 수행상태를 '근접삼매upacāra samādhi'라고 부릅니다. '선정의 바로 이웃'이라는 의미입니다. 이 상태에서, 다섯 가지 장애는 몇 시간 또는 그보다 더 오랫동안 완전히 활동을 멈춥니다. 알아차림은 엄청나게 강력하고, 쉽게 초점이 맞춰지며, 두려움이 없습니다. 무력화된 다섯 가지 장애기 눌렸기 때문입니다. 이때가 부처님께서 "마음이 청정해지고 밝고 오점 없고 불완전함이 제거되고 부드럽고 다루기 쉽고 안정되고 평온함에 도달했다."(MN 4,27)고 하신 상태입니다. 여기에서 깊은 통찰이 일어날 수 있습니다.

초선정에 들어가기 직전의 시간도 역시 근접삼매입니다. 이 시간에도 수행자는 초선정에 바로 이웃해 있습니다. 이것은 매우 아름답고 고요하게 멈춰 있는 니밋따에 애쓰지 않고 긴 시간 동안 머물 수 있는 능력으로 대개 경험됩니다. 여기서도 다섯 가지 장애가 눌립니다. 하지만 선정 이후에 나타나는 것과 비교할 때, 선정 이전의 근접

삼매는 불안정하기로 악명이 높습니다. 이때, 다섯 가지 장애는 쉽게 다시 몰래 들어올 수 있습니다. 왜냐하면 장애들이 방금 전에 그리고 가볍게만 눌렸기 때문입니다. 수행자가 이때 '법dhamma'에 대해 숙고한다면, 근접삼매는 사라지고 다섯 가지 장애가 다시 돌아올 것입니다. 이것이 부처님께서 이때 '법'을 숙고하는 것은 장애이고 그래서는 안 된다고 경전에서(AN III,100) 말씀하신 이유입니다.

그래서 부처님께서 「날라까빠나 경」(MN 68,6)에서 말씀하신 것처럼, 수행자가 아직 초선정 또는 그보다 높은 선정을 성취하지 못하는 한 불만족과 피로와 더불어 다섯 가지 장애가 그의 마음에 침입해서 남을 것입니다. 하지만 수행자가 최소한 초선정을 성취하면, 다섯 가지 장애·불만족·피로는 그의 마음에 침입하지도 남지도 않을 것입니다. 깊은 통찰을 얻기 위해서는 다섯 가지 장애를 억누르는 것이 필수적입니다. 따라서 선정도 역시 필수적입니다.

두 명의 사자使者에 관한 이야기

선정이 깊은 통찰에 필수적이라는 것을 강조하기 위해, 부처님께서는 두 명의 사자에 관한 비유를 가르치셨습니다. 이 비유의 주요한 부분들은 「낑수까 경」(SN 35,245)에 있고, 주석서에서 자세하게 설명됩니다. 여기서 저는 이 비유를 부연해서 설명하고자 합니다.

황제는 그의 아들에게 통치의 기술을 가르치고 있었습니다. 어린 왕자에게 직접적인 경험을 주기 위해, 그는 왕자를 제국의 영토 바로 안에 있는 작은 나라의 총독으로 임명했습니다. 그는 아들에게 왕의 모든 권한을 주고, 통치하는 방법을 익히도록 보냈습니다. 몇 달이 지난 후, 그 나라로부터 유력한 시민들의 대표단이 황제에게 찾아왔습니다. 그들은 왕자가 자신의 직무를 완수하지 못하고 있다고 불평을 했습니다. 왕자는 날마다 파티를 벌이고 있었습니다. 젊은 사내가 처음으로 집을 떠나본 것이기에, 이것은 이해할 만한 일이었습니다.

황제는 가장 현명한 대신을 불렀습니다. 그리고 그에게 그 나라로 가서 그의 아들에게 통치자의 의무를 가르치라고 말했습니다. 하지만 현명한 대신은, 만일 그가 혼자서 간다면 오만한 어린 왕자가 그의 말을 듣지 않으리라는 것을 예견했습니다. 그래서 그는 이 임무에 제국의 군대에서 가장 강력한 장군을 내동하게 해달라고 황제에게 청했습니다. 황제는 동의했습니다. 그래서 현명한 대신과 강력한 장군, 두 명의 사자가 어린 왕자를 가르치기 위해 함께 갔습니다.

그들이 마침내 왕자의 궁전에 도착했을 때, 연회장에서 흘러나오는 최고조에 달한 파티의 흥거운 소리를 들을 수 있었습니다. 하지만 그들은 왕자의 다섯 친구에 의해 궁전에 들어가는 것을 제지당했습니다. 현명한 대신은 그들이 누구이고 누가 그들을 보냈는지를 알렸습니다. 그렇지만 왕사의 다섯 동료는 그저 비웃으며 그들에게 돌아가라고 말했습니다. 그들은 말했습니다.

"이곳은 우리 왕자의 영토요. 그리고 여기서 그는 그가 원하는 대로 할 것이요!"

현명한 신하의 사리에 맞는 말은 왕자의 다섯 친구에게 전혀 먹히지 않았습니다. 그래서 강력한 장군이 검을 빼들고 그 친구들에게 다가갔습니다. 순식간에 다섯 친구는 시야에서 완전히 사라졌습니다.

그런 후, 두 사람은 궁전으로 방해받지 않고 들어가 파티를 멈췄습니다. 그리고 왕자 앞에 섰습니다. 다시 한 번, 현명한 대신은 그들이 누구이고 어디에서 왔는지를 알렸습니다. 그의 다섯 친구와 마찬가지로, 왕자는 이곳은 그의 나라이고 그가 원하는 대로 할 것이라고 주장했습니다. 그리고는 말했습니다.

"꺼져요!"

그는 완강하게 아버지의 가장 현명한 고문이 하는 말을 듣지 않으려 했습니다. 그래서 강력한 장군이 다시 한 번 검을 빼들었습니다. 그리고는 왕자의 머리카락을 잡고, 검의 날카로운 날을 왕자의 목에 대었습니다.

장군이 명령했습니다.

"왕자님, 당신 아버지가 보낸 대신의 말을 들으십시오!"

피부에 닿은 칼날을 느끼며 왕자가 다급하게 소리쳤습니다.

"듣고 있어요! 듣고 있잖아요!"

강력한 장군이 왕자를 조금도 흔들림 없이 잡고, 왕자는 최선의 주의력을 기울이고, 황제의 대신은 그 젊은이를 가르쳤습니다. 그래서 왕자는 통치자의 의무와 보상에 대해 모두 이해하게 되었습니다. 그때부터 그는 완전히 다른 사람이 되었습니다. 그는 지혜롭게 그의 나라를 다스렸습니다. 그리고 얼마 지나지 않아 (모든 것 중 최고의 행복인) 전체 제국을 다스리게 되었습니다.

이 비유에서 황제는 부처님이고, 왕자는 그의 제자들 중 한 사람입니다. 현명한 대신은 통찰을 의미하고, 강력한 장군은 선정을 의미합니다. 왕자의 다섯 친구로 표현되는 다섯 가지 장애들을 쫓아버리는 것은 통찰이 아니라 선정입니다. 그리고 선정에 뒤따르는 근접 삼매가 마음을 오랫동안 흔들림 없이 잡습니다. 그러면 통찰이 일어나서 마음에 '법'을 가르치게 됩니다.

종치는 막대

위의 두 명의 사자에 관한 비유가 보여주듯, 사물의 본질을 깊이 보기 위해서는 마음이 흔들림 없이 잡혀 있어야 합니다. 저는 이 부분을 '종치는 막대 문제'로 대중들에게 자주 설명합니다.

저는 제 자리 옆에 놓여 있는 종 치는 데 사용하는 막대를 집어 들고 청중들에게 묻습니다. "이게 뭐죠?"

"막대기요." 어떤 사람이 말합니다.

"다른 대답은 없나요?" 저는 묻습니다.

"원통 모양이요." 다른 사람이 의견을 냅니다.

"또 다른 것은요?" 저는 계속합니다.

"반은 검고 반은 흰 것이요." "흰색 절반이 천으로 싸인 것이요." "6인치 길이요." "종을 치는 데 사용하는 것이요."

"그게 이것의 모든 것인가요?" 저는 더 많은 대답을 유도합니다.

"반짝이는 거요." "끝이 둥근 것이요." "손으로 쥐는 부분이 닳은 것이요."

묘사들이 그치고, 청중들은 여전히 보고 있습니다. 하지만 그들은 종치는 막대가 무엇인지에 대한 이해를 아직 마치지 못했다는 사실을 깨닫습니다. 더 오래 볼수록, 그들은 더 많은 것을 봅니다. 그리고 지금 그들이 보기 시작하는 것은 그것을 묘사할 단어들이 없습니다. 그들은 명칭들이 피상적이었다는 사실을 깨닫습니다. 그것은 '막대기', '원통 모양', '반은 검고 반은 흰 것' 등보다 훨씬훨씬 이상의 것입니다. 명칭들은 우리가 어린 시절에 학교에서 배운 것입니다. 부처님께서는 명칭을 '인습적 실재'라고 부르셨습니다. 우리가 명칭을 사물로 혼동할 때, 이것은 이해를 방해합니다. 청중들이 "이것은 막대기다."라고 말하고 의미를 포착했다고 생각했을 때, 그들은 더 이상의 조사를 멈췄습니다. 모든 명칭들이 소진될 때까지, 그들이 모든 명칭들 너머의 것을 (고요하게 멈춰 있는 마음으로) 보기 시작할 때까지, 저는 그들이 발견을 계속하도록 부추겨야 했습니다.

세상에서 가장 아름다운 대나무 숲 🖤

케임브리지 대학의 학생 시절, 저는 처음으로 명상수련회에 참여했습니다. 그곳에서 참가자들은 매일 아침 한 시간 동안 운동을 위한 산책 시간이 주어졌습니다.

첫 번째 날 아침 상당히 고요한 수행을 이미 경험하고 나서, 저는 근처에 있는 식물원에 가기로 결정했습니다. 식물원에 들어갔을 때, 제 마음은 입구 바로 안에 있는 대나무 숲의 아름다움에 매혹되었습니다. 그것은 저의 삶에서 보았던 것 중 가장 절묘한 식물이었습니다. 긴 줄기들의 모양과 질감은 매혹적이었고, 아침 햇살에 그 빛깔은 찬란하게 빛났고, 줄기와 점점 가늘어지는 가지 그리고 얇은 잎의 비율은 완벽했습니다. 그리고 미풍에 너무 우아하게 흔들리는, 전체가 앙상블을 이룬 모습은 저를 매료시켰습니다. 저는 경이로움 속에 그 불가사의한 대나무를 그저 쳐다보고 있었습니다. 몇 분 동안이나 그렇게 서 있었는지 모릅니다. 그리고는 근처 벤치에 앉아서 시간이 다 될 때까지 대나무의 아름다움을 계속해서 탐구했습니다. 저는 억지로 스스로를 명상수련회에 돌아가도록 해야 했습니다.

다음날 아침 저는 식물원으로 다시 돌아왔습니다. 그리고 대나무의 경이로움이 저를 다시 사로잡았습니다. 한 번 더, 저는 신체적 운동을 위한 시간을 똑같은 작은 대나무 숲을 응시하며 고요히 벤치에 앉아 보냈습니다. 그 수련회의 아홉 번 아침 중 여덟 번을(하루는 정말 운동이 필요해서 그란타Granta 강을 따라 산책을 했습니다.), 케임브리지 식물원 입구의 단순한 대나무들을 즐거움 속에 응시하며 시간을 보냈습니다. 하지만 저는 이것으로도 부족했습니다!

그렇게 수련회가 끝나고, 일주일 정도가 지났습니다. 그날 아침 저는 자유 시간이 생겼습니다. 그래서 자전거를 타고 나의 오랜 친구, 세상에서 가장 아름다운 대나무 숲을 다시 방문했습니다. 거기에 도착했을 때, 저는 어리둥절했고 실망했습니다. 똑같은 대나무가 거기에 있었습니다. 하지만 그것은 너무 평범하고, 허약하게 길고, 단조롭고, 밋밋하게 보였습니다. 지저분한 작은 덤불처럼 보였습니다!

그 변화는 저로 하여금, 며칠 전에 그토록 눈부시게 아름다웠던 대나무 숲을 무엇이 그렇게 바꾸었는가를 조사하게 만들었습니다. 변한 것은 대나무가 아니라 제 마음이라는 사실을 곧 알게 되었습니다. 수련회가 지난 후 그리고 케임브리지 시내의 복잡한 도로를 자전거를 타고 지나친 후, 제 마음은 수련회에서 알았던 고요한 멈춤과는 멀리 떨어져 있었습니다. 이제 마음은 사물의 표면만을, 명칭만을, 그리고 결점만을 볼 수 있었습니다. 마음은 그 아름답고 무한한 심연으로 깊이 뛰어들 수 있도록 대나무를 충분히 오랫동안 고요한 멈춤 속에 잡아둘 수 없었습니다. 위의 두 사자에 관한 비유의 왕자처럼, 마음은 삼매에 의해 흔들림 없이 잡히고 나서야 진실을 볼 수 있습니다.

첫 명상수련회 중, 저는 처음으로 깊은 수행을 경험했습니다. 식물원으로 걸어들어 갔을 때, 저의 마음은 대단히 고요했습니다. 그래서 눈을 대나무로 돌렸을 때, 마음은 거기에 머물렀고 거기에서 놀았고 그 물체의 중심으로 뛰어들었고 너무나 즐거운 시간을 보냈습니다. 마음이 이렇게 고요하게 멈추면, 종치는 막대조차도 놀랍도록 복잡하고 매력적이게 됩니다. 종치는 막대에서 너무도 많은 일이 일어나는 것이 보입니다. 그래서 그것을 여러 시간 동안 행복하게 지켜볼 수 있습니다. 그래도 그것의 가르침은 결코 끝나지 않습니다.

손전등 + 지도 🌿

단조로운 대나무 숲이 세상에서 가장 아름다운 숲으로 변신하는 것을 보는 것은, 흥미로울 뿐 아니라 대단한 영적 기쁨입니다. 하지만 이것이 그 사람의 삶을 바꾸지는 않습니다. 미혹은 가장 단단한 대나무보다 더 꿰뚫기 힘듭니다. 그럼에도, 이러한 경험들은 마음이 삼매에 의해 강화되었을 때 얼마나 더 깊이 볼 수 있는가를 보여주는 데 도움을 줍니다. 삼매가 더욱 평화로워질수록, 마음은 더욱 고요하게 멈추고 두려움이 없어지고 알아차림은 더 깊이 꿰뚫습니다. 이것이 일반적으로 선정 후의 마음에 깊은 통찰이 나타나는 이유입니다.

선정 후, 수행자가 어디를 봐야 할지를 모를 때는 깊은 통찰이 일어나지 못할 수 있습니다. 예를 들어, 대나무 숲은 봐야 할 적절한 장소가 아닙니다! 8장의 비유를 이어서 하자면, 선정 후의 마음은 앞의 모든 것을 비추는 매우 강력한 손전등에 비유할 수 있습니다. 그렇지만 손전등을 어디로 향해야 할지 모르면, 깊은 통찰이 숨어 있는 장소를 발견하지 못할 것입니다. 그래서 강력한 손전등뿐만 아니라 정확한 지도도 필요합니다. 부처님의 가르침이 그 지도입니다.

하지만 지도만 있고 손전등이 없거나 혹은 아주 약한 손전등을 가지고 있다면, 이때도 역시 깊은 통찰을 발견하지 못할 것입니다. 이것은 경전을 공부하고 대단한 성취를 얻은 수행자들과 토론을 해서 이론을 잘 파악하고 있지만, 선정에 대한 개인적 체험이 없는 학자와 같습니다. 손전등이 너무 약하기 때문에 깊은 통찰이 일어날 수 없습니다.

그러나 지도를 가지고 있고, 질문하고 공부하면서 경험 많은 스승들에게 듣고, 강력한 손전등도 가진 사람 즉 선정에 의해 강화된 마음을 가진 사람, 이런 사람은 깊은 통찰에 가까이 있습니다. 부처님께서는 이렇게 말씀하셨습니다.

"선정(손전등)과 지혜(지도)를 가진 이들은 깨달음에 가까이 있다." (Dhp 372)

13
해탈을 가져오는 깊은 통찰

전생 기억하기

부처님께서는 보리수 아래서 깨달음을 이루셨습니다. 이에 관한 인정된 기록에 따르면, 선정에 들어 마음을 강화한 후 부처님께서 마음을 기울인 깊은 통찰의 바로 첫 부분은 전생前生에 관한 질문이었습니다. 경전에서 발견되는 '지도'에 따르면, 이것은 깊은 통찰을 얻기 위한 적절한 시작 장소입니다.

현대 불교계에는 전생의 타당성에 관한 많은 논쟁들이 있습니다. 불행하게도, 이러한 견해들 중 많은 부분은 잘못된 정보에 바탕하고 있거나 오해하고 있거나 또는 깊은 통찰을 완전히 결여하고 있습니다. 가장 초기경전들에 대한 연구는 윤회가 (어떤 이들이 우리가 믿도록 만든) '문화적 부가물'이 아니라, 오히려 부처님의 깊은 통찰의 중심 기둥을 형성한다는 사실을 명확하게 보여줍니다. 예를 들자면, 잘못된 견해邪見를 가진 사람에 대한 부처님의 표준적 정의는 업業과 윤회를 믿지 않는 사람입니다(MN 117,5). 더욱 단호하게, 부처님께서는 「부정할 수 없는 가르침의 경」(MN 60,8)에서 말씀하셨습니다. "실제로 다른 세계(윤회)가 있기 때문에, '재생再生이 없다'는 견해를 가지고 있는 이는 잘못된 견해를 가지고 있다."

당연히, 회의론자들은 윤회가 진실인지를 어떻게 지금 여기서 스스로 확인할 수 있는지 알고 싶어합니다. 저는 이것이 어떻게 확인되는지를, 즉 인생을 바꾸는 깊은 통찰들 중 하나(자신의 전생을 보는 것)를 어떻게 꿰뚫게 되는지를 설명하고자 합니다.

어느 날 저녁, 매우 평화로운 수행에서 나왔을 때, 저는 제 마음에게 간단하고 명확한 지시 하나를 주었습니다. '내가 가장 어렸을 때의 기억이 뭐지?' 그런 후 저는 내면의 고요함으로 다시 돌아갔습니다. 그리고 아무것도 기대하지 않으면서, 현재순간의 내용에 주의를 기울였습니다.

잠시 후, 익숙한 냄새가 저의 코를 자극했습니다. 냄새를 상상하고 있는 것이 아니었습니다. 저는 현재순간에서 명확하게 그것을 다시 경험하고 있었습니다. 그 냄새와 함께, 이것이 제가 아기였을 때의 유모차에서 나는 냄새라는 기묘하지만 확실한 기억이 찾아왔습니다. 이내 저는 유모차에 누워 있는 듯 새로 태어난 아기의 세계를 아주 세세하게 다시 경험하고 있었습니다. 저는 제가 그때 가장 좋아했던 장난감 중 하나였던 귀여운 푸른색 돼지인형을 보고서 미소를 짓지 않을 수 없었습니다. 어머니가 저를 위해 걷게 하면 딸랑거리는 소리를 내던 이 인형은 이름이 포키Porky였습니다. 놀랍도록 정확하고 편안하게, 저는 마흔이 넘은 스님의 몸으로 앉아서 새로 태어난 아기의 삶을 상세하게 기억하고 있었습니다.

모든 과정은 놀라울 정도의 확신을 동반하고 있었습니다. 그래서 이 아기가 40여 년 전의 나라는 사실에 대해 털끝만큼의 의심도 없었습니다. 이 경험은 저를 무척 놀라게 했습니다. 그리고 제가 기억을 이해하던 방식을 바꿨습니다. 흥미롭게도, 저는 나중에 내과의사로부터 새로 태어난 아이에게서 처음 발달하는 감각이 후각이라는 사실을 알게 되었습니다. 아기는 어머니와 (자신의 유모차 같은) 다른 익숙한 것들을 냄새를 통해 인지합니다. 저는 이것을 제 자신의 경험으로 확인할 수 있었습니다.

이전의 기억에 접근하는 방법을 이해하면, 수행자는 마음에 '더 이전으로 부탁해.'라고 명확하게 암시함으로써 계속 진행할 수 있습니다. 그리고는 아무 기대 없이 내면의 고요로 다시 돌아가, 조용히 현재순간에 주의력을 유지합니다. 이전의 삼매 상태가 충분히 깊었다면, 또 다른 기억이 나타날 것입니다. 만일 기억이 나타난다면, 그것은 빨리 그리고 애쓰지 않아도 나타날 것입니다. 그리고 진짜 어릴 때 기억이라면, 이것이 어린 시절에서 온 것이라는 사실에 대한 놀라운 확신을 언제나 동반합니다. 만약 털끝만큼의 의심이라도 있다면, 그 기억은 신뢰할 수 없습니다. 그것은 아마도 본인이 바라는 생각일 것입니다.

저의 제자들 중 몇몇은 그들이 그들 어머니 자궁 안의 양수羊水 속에 떠서, 따뜻하게 담겨 있는 것을 직접 다시 경험했습니다. 어떤 사람들은 오래전 다른 장소에서 다른 몸으로 현재의 그들보다 훨씬 나이가 든 사람이 되는 더욱더 이상한 기억들을 다시 경험합니다. 이것이 전생의 그들이었다는 사실을 알게 되는 것은 충격적인 일입니다. 하지만 이를 피할 수는 없습니다.

선정에 의해 생긴 이러한 회상은 대개 기억이라고 부르는 것보다 훨씬 명확합니다. 그리고 이것은 공상이라고 부르는 것과도 완전히 다릅니다. 이러한 회상은 '강력한 알아차림'의 상태에서만 일어납니다. 또한 매우 강력한 '인식의 명확성'을 가지고 있습니다. 그리고 이 둘, 즉 '강력한 알아차림'과 '인식의 명확성'은 신원身元이 포함된 정확한 인지라는 독특한 특징을 만듭니다.

또한, 흔히 이런 과거의 기억들은 너무 불쾌합니다. 그래서 바라는 마음의 산물일 수 없습니다.

저의 제자 중 한 명은 갓난아기로 처음 몇 주가 지났을 때를 기억했습니다. 그녀는 그녀를 사랑스럽게 안고 있는 여자를 올려다보았습니다. 그리고 그녀의 용모가 어머니로 알았던 사람과 너무 다른 것을 보고 소스라치게 놀랐습니다. 그녀가 입양되었을까요? 그녀의 어머니가 그녀에게 말하지 않았던 일이 있었을까요?

가능한 한 빨리 그녀는 이제까지 엄마라고 불렀던 사람을 만났습니다. 그리고 그녀가 정말 생물학적 어머니인지를 퉁명스럽게 물었습니다. 그녀의 어머니는 놀라서, 먼저 왜 그녀가 그런 질문을 하는지를 물었습니다. 수행으로 유도된 기억에 대해 듣고 나서, 그녀의 어머니는 그녀에게 수행 중에 보았던 여자에 대해 설명해보라고 말했습니다. 그녀는 쉽고 아주 자세하게 그 여자의 얼굴을 묘사했습니다. 그녀의 어머니는 누구를 묘사하는지를 즉시 알아차리고는 미소를 지었습니다. 그 여자는 그녀의 어머니가 그녀가 태어난 지 처음 몇 주가 됐을 때 고용한 유모였습니다. 그녀의 어머니는 딸이 이 여자를 이렇게 정확하게 기억할 수 있다는 사실에 깜짝 놀랐습니다. 그리고 딸은 그녀의 엄마가 진짜 엄마였다는 사실에 안도했습니다.

어떤 기억들은 훨씬 더 불쾌합니다. 왜냐하면 이 기억들이 전생의 자신의 죽음을 떠올리게 하기 때문입니다. 어떤 제자들은 이것이 너무 불쾌하다고 느껴서 단 몇 초 만에 이 기억에서 물러납니다. 전생의 죽음은 시간적으로 우리의 현존재에 가장 가까운 전생의 사건이고, 일반적으로 강렬한 경험은 지울 수 없는 상처를 남긴다는 사실을 주목할 필요가 있습니다. 이 끔찍한 사건을 지켜보고 그것을 넘어 더 이전의 시간으로 돌아가기 위해서는, 삼매에 의해 일어난 두려움 없는 마음이 필요합니다. 진리에의 헌신이 필요합니다. 의심의 여지없이, 이 불쾌감은 이것이 (본인이) 바라는 환상이 아니라 자기 전생의 실재 사건들에 관한 정확하고 충격적인 기억이라는 사실을 증명합니다.

이러한 전생에 대한 기억은 네 가지 이유로 깊은 통찰로서의 자격을 갖추고 있습니다.

첫째, 부처님께서는 이것을 깨달음으로 이끄는 '세 가지 앎三明, tevijjā' 중 첫 번째로 꼽았습니다(MN 91,33). 그리고 「유학有學의 경」(MN 53,20)에서 부처님께서는 전생에 대한 기억을 암탉의 병아리들이 처음으로 그 알을 깨고 나오는 것에 비유하셨습니다.

둘째, '진실로 있는 그대로 보는 것'이 선정 후에만 일어나듯이, 이것은 선정을 경험한 후에만 일어납니다(AN VII,61).

셋째, 전생의 기억은 믿음, 전통, 또는 추론이 아니라 지금 여기에서의 개인적 경험에 기초하고 있습니다.

넷째, 이러한 기억은 그 사람의 인생 전체를 바꿉니다. 수행자는 엄청난 패러다임의 전환을 경험합니다. 예컨대, 자신의 죽음에 대한 두려움과 다른 사람들의 죽음에 대한 슬픔이 현격하게 줄어듭니다. 현재의 삶이 이제 다른 관점에서 보입니다. 말하자면, 금생이라는 하나의 작은 조각이 아니라, 조각그림 맞추기 퍼즐 전체를 즉 '큰 그림'을 가지게 됩니다. 가장 중요한 것은, 이제서야 스스로의 확장된 경험에서 나온 일차적 정보를 통해 부처님께서 말씀하신 고통의 의미를 진정으로 이해할 수 있게 되었다는 사실입니다. 부처님의 가장 지혜로운 제자였던 사리뿟따 존자가 다음과 같이 말한 이유를 이해할 것입니다.

"다시 태어나는 것이 고통의 의미이고, 다시 태어남을 끝내는 것이 행복의 의미이다!"(AN X,65)

고통에 대한 깊은 통찰

'네 가지 성스러운 진리(사성제)'는 부처님의 핵심 가르침입니다. 이 중 첫 번째는 고통에 대한 진리입니다. 부처님께서는 존재들이 깨닫지 못하는 주된 이유는 고통을 완전하게 이해하지 못하기 때문이라고 말씀하셨습니다(DN 16,2,1).

존재들이 고통을 완전하게 이해하지 못하는 한 가지 이유는, 그들이 오직 이 현재 삶만을 보고 흔히 이 삶의 한 부분만을 보기 때문입니다. 피할 수 없는 병듦과 죽음을 이미 부정하면서, 그들은 과거와 미래의 삶들을 더욱더 완강하게 인정하지 않습니다! 완전한 그림을 열심히 찾지 않으면, 결코 완전한 이해에 도달하지 못할 것입니다. 따라서 진리에 헌신하고 진리가 가져오는 자유를 열망하는 사람들은, 선정에서 생긴 깊은 통찰을 통해 윤회에 대한 이런 뿌리 깊은 부정에 도전해야 합니다.

선정에 기초해서 많은 삶들에 대한 깊은 통찰을 얻을 수 있습니다. 이것은 당연히 전혀 의심의 여지가 없습니다. 그러면 고통의 완전한 의미에 대한 깊은 통찰이 일어날 수 있습니다. 이제는 부처님의 다음 말씀을 이해할 수 있을 것입니다.

> 그대들이 윤회하며 수많은 삶을 거치고, 불행을 만나 흘린 눈물은 저 대양의 모든 물보다 많다. (SN 15,3)

> 그대들이 수많은 죽음을 거치며 남긴 시체들의 뼈를 모아 쌓는다면, 그 어떤 산보다도 더 높을 것이다. (SN 15,10)

> 이렇게 오랜 세월 동안 그대들의 뼈가 공동묘지들을 채웠다. 삶에 대한 염오厭惡를 경험하고, 삶에 대해 평온해지고, 삶에서 해탈하기에 충분할 만큼 긴 시간이었다. (SN 15,1)

완전한 이해를 가지게 되면, 태어남이 있을 때는 필연적으로 고통이 뒤따른다는 사실을 알게 됩니다. 거의 상상할 수 없는 윤회의 너비에 대한 직접적 앎에 기초한 깊은 통찰은, 지성 속에서가 아니라 수행자의 용기 속에서 이 사실을 봅니다. 이러한 깊은 통찰은 '태어남이 고통의 원인이다jātipaccayā dukkha.'라는 '연기緣起, paṭiccasamuppāda'의 중대한 첫 번째 고리를 봅니다. 인생을 바꾸는 이러한 통찰에 의해 갈애와 집착이 해체되기 시작합니다. 더 이상 집착할 만한 가치가 있는 것은 없습니다.

선정 경험은 고통에 대한 완전한 이해로 가는 두 번째 대로大路를 활짝 엽니다. 행복에 대한 깊은 통찰을!

선정의 주요한 특징들 중 하나는 이전에는 결코 알지 못했던 긴 시간 동안 지속되는 지복의 경험입니다. 제가 말했듯이, 선정의 지복은 성적 오르가즘보다 훨씬 행복하고 더 오래 지속됩니다. 이것은 잊을 수 없는 경험입니다. 이러한 지복은 행복에 대한 관념을 뒤집어버립니다. 사랑에 빠지는 것조차도 이것만큼 즐겁지는 않습니다. 수행자는 필연적으로 이러한 지복이 무엇이고, 이것이 어디에서 왔는가를 묻게 될 것입니다.

| 목을 조르는 밧줄 |

11장에서 언급된, 목을 조르는 밧줄에 관한 아잔 차 스님의 생생한 비유가 이러한 행복을 설명하는 데 도움이 될 것입니다.

목에 밧줄을 두르고 태어난 한 남자를 상상해보십시오. 이 밧줄을 두 명의 보이지 않는 힘센 악마가 계속 단단히 잡아당기고 있었습니다. 그는 이렇게 성장했습니다. 그래서 별다른 것을 알지 못합니다. 그는 이런 어려움에 너무 익숙해져서 이것을 알아차리지조차 못합니다. 알아차림을 수행할 때조차도, 그는 단단하게 조여진 밧줄을 인식하지 못합니다. 밧줄은 항상 있었고, 이것이 정상으로 여겨졌습니다. 그래서 밧줄은 주의력의 범위에서 제외되었습니다.

그러다 어느 날, '다섯 가지 감각'과 '행함'이라는 두 악마가 밧줄을 놓아버리고 잠시 사라졌습니다. 생전 처음으로 그는 (밧줄의) 조임으로부터의 자유를, 다섯 가지 감각과 '행함'이라는 짐으로부터의 자유를 경험합니다. 그는 지금까지 알았던 그 어떤 것과도 비교할 수 없는 믿을 수 없는 지복을 경험합니다. 그리고서야 그는 행복이 무엇인지, 그리고 단단하게 조여진 밧줄과 그를 현혹시키는 두 악마들이 얼마나 큰 고통이었는지를 이해할 수 있습니다. 그는 행복은 고통의 끝이라는 사실도 깨닫습니다.

이와 유사하게, 우리는 자신의 마음을 단단하게 '묶고' 있는 몸을 가지고 태어납니다. 그리고 다섯 가지 감각과 '행함'(의지, 선택, 통제 등)이라는 악마들이 우리를 꽉 움켜잡고 있습니다. 이렇게 자랐고 여기에 익숙해져서, 이것을 정상으로 여깁니다. 어떤 사람들은 다섯 가지 감각의 세계를 즐기기 시작하고, 무엇을 하는 것에 재미를 느낍니다. 심지어, 생각이라고 부르는 정신적 활동을 즐기기까지 합니다. 실제로 사람들은 이것을 행복으로 여깁니다. 믿기지 않는 사실입니다! 다섯 가지 감각 또는 의지에 대한 알아차림을 수행할 때조차도, 여기에서 근본적인 고통의 속성을 발견할 수 없습니다. '이것은 원래 그런 것'이라고 항상 보였으니, 어떻게 그것을 발견할 수 있겠습니까?

그러다 어느 날, 생전 처음으로 선정에 듭니다. '행함'이라는 마음의 움직임과 함께 다섯 가지 감각이 잠시 동안 완전히 사라집니다. 이것들이 사라지면서 몸도 사라집니다. 그리고 이번 생에서 처음으로, 마음이 모든 '행함', 다섯 가지 감각의 모든 활동, 그리고 아름다운 마음을 목 조르고 있는 팽팽한 밧줄 같은 짐스러운 몸에서 자유로워집니다. 그리고 지금까지 알았던 어떤 행복보다 더 큰 선정의 지복을 경험합니다. 이제야 행복이 무엇인지를 그리고 고통이 무엇인지를 이해할 수 있습니다. 이제야 몸이 고통이라는 것을, 보고 듣고 냄새 맡고 맛보고 느끼는 것이 하나도 빠짐없이 모두 고통이라는 것을, 그리고 모든 '행함'이 모조리 고통이라는 것을 깨닫습니다. 고통의 편재성遍在性에 대한 통찰이 일어납니다. 그리고 선정의 지복은 선정에 든 시간 동안 막대한 고통이 사라진 결과라는 사실을 깨닫습니다.

만약 모든 다섯 가지 감각이 사라지는 선정 경험이 없다면, 이른 아침 햇살이 비친 이슬 맺힌 장미를 보는 것이 고통이라는 것을, 혹은 베토벤의 도도한 5번 교향곡을 듣는 것이 고통이라는 것을, 혹은 대단한 섹스가 불에 타는 듯 고통스럽다는 것을 이해할 수 없을 것입니다. 이런 말을 하면 미쳤다고 생각할 것입니다. 하지만 개인적 경험을 통해 선정을 알고 나면, 이 말이 정말 사실임을 알게 될 것입니다. 부처님께서는 경전에서 말씀하셨습니다.

"범부들이 행복이라 부르는 것을 깨달은 이들은 고통이라 부른다."(SN 35,136)

깊은 통찰은 범부들이 접근할 수 없는 것을, 그들이 이해할 수 없는 것을, 그리고 흔히 충격적인 것을 봅니다. 첫아이의 탄생을 봤을 때가 본인의 삶에서 가장 경이로운 순간으로 여겨질지 모릅니다. 하지만 그것은 그보다 더 나은 것을 모를 때만 그렇습니다. 선정은 그보다 더 나은 것입니다. 그리고 이것은 행복이 무엇인가에 대한 여러분의 모든 이해를 바꿀 수 있습니다. 그리고 그 결과, 고통의 의미를 드러냅니다. 이것은 글자 그대로 여러분의 마음을 날려버립니다.

| 감옥의 비유 |

이 점을 강조하기 위한 또 다른 비유는 감옥에서 태어나고 성장해서 한 번도 감옥 밖에 발을 디뎌보지 못한 남자에 관한 비유입니다.

그가 오로지 아는 것은 감옥의 생활뿐입니다. 그는 그의 세계 밖에 있는 자유에 대한 개념이 없습니다. 그래서 그는 감옥이 고통스런 곳임을 이해하지 못합니다. 만일 어떤 사람이 그의 세계가 고통이라고 말했다면, 그는 동의하지 않았을 것입니다. 감옥이 그의 경험적 한계이기 때문입니다.

그러나 어느 날, 그는 감옥 담장 너머의 상상할 수 없는 광대한 진정한 자유의 세계로 이끄는 오래선에 파진 탈출터널을 발견합니다. 이 터널을 통해 감옥에서 탈출하고 나서야 그는 감옥이 실제로 얼마나 고통스런 곳이었는지 알게 됩니다. 그리고 고통의 끝(감옥으로부터의 탈출)이 행복이라는 사실을 깨닫습니다.

이 비유에서 감옥은 몸이고, 감옥의 높은 담장은 다섯 가지 감각입니다. 그리고 우리를 혹사시키는 감옥의 교도관은 '행하는 것',

즉 우리 자신의 '의지'입니다. 탈출에 이용되는 오래전에 파진 터널을 선정이라고 부릅니다(AN IX,42).

선정을 경험하고 나서야, 다섯 가지 감각의 세계가 기껏해야 정말 다섯 개의 벽으로 이루어진 교도소라는 사실을 깨닫습니다. 다섯 가지 감각의 세계는 어떤 부분은 조금 더 안락하기는 하지만, 여전히 모든 사람들이 사형 집행을 기다리는 감옥과 같습니다! 깊은 삼매를 경험하고 나서야, '의지'가 자유를 가장한 고문기술자였다는 사실을 깨닫습니다. '의지'는 우리가 평화 속에서 행복하게 영원히 쉬는 것을 막았습니다. 오직 감옥 밖에서만, 깊은 통찰을 일으키는 정보를 얻을 수 있습니다. 이러한 통찰을 통해 고통에 대한 진실을 발견합니다.

요컨대 선정 경험 없이는 세계에 대한 앎이 너무 제한되어, 첫 번째 고귀한 진리인 고통을 완진하게 이해할 수 없습니다. 그러면 깨달음에 이를 수 없습니다.

무상에 대한 깊은 통찰

모든 것의 변화하는 본질에 대한 통찰은 아주 쉬워 보입니다. 영원히 지속되는 것은 아무것도 없다는 사실은 명백합니다. 이것을 이해하기 위해서 수행자가 될 필요조차도 없습니다. 만약 이렇게 무상無常, anicca을 보는 것으로 완전하게 깨달을 수 있다면, 왜 더 많은 사람들이 깨닫지 못했을까요?

　베트남전에 참전했던 스님의 일화에서처럼, 이것은 전혀 보이지 않는 사각지대들을 우리가 가지고 있기 때문입니다. 우리는 '눈에 띄는 변화 없이' 항상 존재하는 현상들을 볼 수 없습니다. 어떤 것들은 너무 변동이 없습니다. 그래서 그것들을 알아차리지조차 못합니다. 이것이 미혹을 구성하는 사각지대들입니다. 다음의 비유들이 도움이 될 것입니다.

| 텔레비전의 비유 |

집에서 텔레비전을 보며 앉아 있는 사람을 상상해보십시오. 그는 이 상자를 보며 '무상'에 대해 숙고할 수 있습니다. 화면들이 오고 가고, 프로그램들이 오고 가고, 채널들이 오고 갑니다. 텔레비전이 꺼지고 시커먼 스크린만 남을 때는 심지어 '텅 빈 채널'도 관찰할 수 있습니다. 그러나 여기서 일어나는 '무상'에 대한 어떤 통찰도 피상적입니다. 이러한 통찰이 텔레비전에 대한 여러분의 집착을 부수지는 못합니다.

　마찬가지로, 오고가는 관계들, 낮이 밤으로 바뀌는 것, 꽃의 시듦, 몸의 늙음에 대해 숙고할 수 있습니다. 그러나 비록 이 모든 것들의 '무상'을 보더라도, 여전히 갈애는 가라앉지 않습니다. 생명이 꺼지고 시커먼 텔레비전 같은 생기 없는 육체만 남는 때인, 죽음에 대해 숙고할 때조차도 이것이 집착들을 폭파하지는 못할 것입니다. 시체

보관소의 의사나 장의사는 일할 때마다 시체를 봅니다. 하지만 그들은 깨달음을 얻지 못합니다. 이러한 숙고들은 도움은 되지만 여전히 피상적입니다.

다시 텔레비전의 비유로 돌아가겠습니다. 그는 집에 앉아 텔레비전을 보며 '무상'에 대해 숙고하고 있습니다. 그러다 별안간 프로그램뿐 아니라 전체 텔레비전이 사라집니다! 순식간에 완전히 사라집니다. 텔레비전은 이렇게 사라져서는 안 되는 것입니다. 이런 것은 품질보증으로도 보상받지 못합니다. 이것은 전혀 예상치 못했던 것이고, 충격적이며, 인생을 바꾸는 것입니다. 이것이 깊은 통찰입니다.

우리가 볼 수 없는 어떤 현상들이 있습니다. 우리는 그것들의 견고한 영속성에 의지하고 있습니다. 그리고 그것들이 무상하다고 전혀 상상할 수 없습니다. 어떤 것을 할 수 있는 잠재력인 '의지'가 그 예입니다. '의지'를 억누르고 그것을 어떤 집중된 활동에 억제하고 있을 때조차도, 할 수 있는 잠재력 즉 어떤 것을 할 수 있는 능력이 항상 존재함을 여전히 알고 있습니다. 사람들은 언제나 어느 정도 통제를 하고 있습니다.

깊은 수행에서는 할 수 있는 잠재력, 즉 의지가 별안간 사라집니다. 텔레비전 수상기가 바로 눈앞에서 사라짐을 보는 것처럼, 이것은 예상하지 못했던 것이고 충격적이며 기묘합니다. 선정에서는, 특히 이선정과 그 이상의 선정에서는 의지가 소멸됩니다. 그렇지만 의식은 어느 때보다도 더 밝고 명확하게 지속됩니다. 무엇을 할 수 있는 잠재력마저도 사라집니다. 수행자는 알아차리면서 얼어버렸습니다. 마음은 다이아몬드보다 더 단단하고, 훨씬 더 빛납니다. 마음은 허공처럼 흔들림 없습니다.

이것은 너무 이상한 경험이지만, 대단히 생생한 진짜 경험입니다. 달도 없는 캄캄한 밤의 거대한 네온사인처럼, 우리는 이것의 메시지를 명백하고 쉽게 볼 수 있습니다. 우리가 항상 존재한다고 여겼던, 할 수 있는 잠재력 즉 '의지'가 완전히 소멸되었고 허공으로 사라졌습니다. 이것이 무상에 대한 깊은 통찰이 의미하는 바입니다. 상상할 수도 없고 혼란스러운 것이 사실로 보입니다. '나', '행하는 것', '의지'는 멈춥니다. 그렇지만 의식은 지속됩니다. 이러한 깊은 통찰을 경험하고 나면, 결코 다시는 여러분이 자신을 지배하고 있다고 생각하지 않을 것입니다.

| 사라지는 대양 |

일어났다 꺼지고, 왔다가 가는 대양의 파도를 보고 있다고 상상해 보십시오. 이것은 즐거운 느낌vedanā과 불쾌한 느낌이 일어났다 꺼지고, 왔다가 가는 것을 지켜보는 것과 같습니다. 이것도 '무상'에 대한 숙고입니다. 하지만 너무 피상적입니다.

어느 날 파도의 일어남과 꺼짐에 대해 숙고하고 있을 때, 대양을 담고 있던 모든 땅덩어리들과 함께 전체 대양이 별안간 사라진다고 이제 상상해보십시오. 전체가 자취를 감춥니다. 모든 것이 사라집니다. 바로 **이것이** 상상할 수 없고, 깜짝 놀랄 만한, 아주 혼란스러운 깊은 통찰입니다. 대양은 갑자기 그 존재가 사라져서는 안 되는 것입니다.

이것이 선정에서 일어나는 일입니다. 수행자는 다섯 가지 감각의 대양에서 일어났다 꺼지는, 즐겁고 그리고 불쾌한 파도들을 숙고하고 있었습니다. 그러다 다섯 가지 감각을 담고 있는 몸과 함께 다섯 가지 감각의 바다 전체가 완전히 사라집니다. 그는 글자 그대로, 이 세계 즉 욕계欲界, kāmaloka로부터 벗어나 선정의 세계인 색계色界, rūpaloka로 들어갔습니다. 그는 '무상'의 진정한 의미와 이것이 얼마나 멀리까지 미치는지에 대한 다른 차원의 이해를 가지게 됩니다. 그는 '다섯 가지 감각의식前五識'의 소멸에 대한 깊은 통찰을 갖게 됩니다. 결코 다시는 '나는 보고, 듣고, 냄새 맡고, 맛보고, 접촉하는 사람이다.'라고 생각하지 않습니다.

| 안구眼球와 망원경 |

어떤 사람이 망원경으로 별을 보고 있다고 상상해보십시오. 그런데 누군가가 와서 망원경 끝에 평평한 거울을 붙입니다. 그러면 망원경으로 별을 보고 있던 사람은 이제 별 대신 '보는 일을 하고 있는 것'을 보게 됩니다. 망원경을 볼 때마다 이 사람이 볼 수 있는 것은 오로지 자신의 안구뿐입니다. 항상 똑같습니다. '아는 일을 하는 사람'이 무상하다는 것에 대한 피상적인 통찰조차도 얻기가 매우 어렵습니다.

이제, 끝에 거울이 붙은 망원경을 통해 '보는 일을 하고 있는 것'을 보고 있을 때 별안간 안구의 이미지가 모든 것과 함께 완전히 사라져버린다고(심지어 허공조차도 남기지 않고) 상상해보십시오. 이 사건 후 그는 곧, 만일 모든 '알아지는 것'이 사라진다면 '아는 일을 하는 것'도 역시 사라졌음이 틀림없다는 것을 깨닫습니다. '아는 일을 하는 사람'이 영원하지 않고, '아는 것'이 내가 아니라는, 깊은 통찰이 일어납니다.

이것은 수행자가 선정과 무색계 성취에서 나아가면서 일어나는 일과 정확하게 일치합니다. '다섯 가지 감각의식前五識'은 초선정에 들어가자마자 이미 사라졌습니다. 이제 남아 있는 '의식第六識'이 한 겹 한 겹 벗겨집니다. 여덟 가지 해탈八解脫, atthavimokha의 마지막인 '느껴지고 인식되는 모든 것의 소멸想受滅'의 성취 직전에 마음의 마지막 찌꺼기가 사라집니다. '마음의 안구'인 '찟따citta'가 소멸됩니다. 그리고 모든 것이 사라집니다. 깊은 통찰은 (각 문화권에서 마음, '찟따', 모든 존재의 근거, 아트만 등으로 부르는) '아는 것'이 '무상'하고, 결국에는 소멸한다는 것을 발견했습니다. 그리고 이것이 '반열반般涅槃, parinibbāna'입니다.

이렇게, '무상'에 대한 깊은 통찰은 대부분 수행자들이 생각하는 것보다 훨씬 깊이까지 미칩니다. 선정 경험들의 정보를 이용해서, 수행자는 한때 견고했던 근거들의 붕괴를 보게 됩니다. 수많은 스스로에 대한 가정假定들은 이 근거들에 아주 오랫동안 의지했습니다. 자아에 대한 견해의 모든 덩어리들이 무너지고 부서집니다. 깊은 통찰은 언제 어디에도 자아가 딛고 설 수 있는 영속적인 것은 하나도 없다는 사실을 곧 드러냅니다. 이것은 더 이상 문제가 되지 않습니다. 왜냐하면 '서서 있을 주체'가 어디에도 없다는 사실을 깨달았기 때문입니다.

무아에 대한 깊은 통찰

깊은 통찰에 의해 폭발할 수 있는 세 종류의 폭탄이 있습니다. 이 중 어느 것이라도 미혹의 토대를 무너뜨릴 수 있습니다. 고통苦, 무상無常, 그리고 무아無我가 그것입니다. 부처님께서는 이것을 합쳐서 '존재의 세 가지 특징'이라고 부르셨습니다. 앞에서는 고통과 무상에 대한 깊은 통찰이, 집착할 것은 아무것도 없고 어디에도 설 곳이 없다는 사실을 어떻게 드러내는지를 살펴봤습니다. 이제 저는 세 번째 폭탄(무아의 진리에 관한 통찰)의 도화선에 불을 붙일 것입니다. 이것은 말 그대로 여러분을 날려버릴 수 있는 잠재력을 가지고 있습니다!

여기서도 역시, '무아'에 대한 깊은 통찰은 오직 선정과 선정에 의해 강화된 마음이 제공하는 정보를 통해서만 일어날 수 있습니다. 불완전한 경험에 기초한 이성적 사고만으로는 이러한 진리에 조금도 다가갈 수 없습니다.

예컨대 어떤 전통들에서는 '나는 누구인가?'라는 질문에 대해 이성적 조사의 방법으로 깊은 통찰에 도달하려 합니다. 그러나 「모든

「번뇌의 경」에서 부처님께서는 분명하게 이런 질문을 '지혜롭지 못하게 주의를 기울이는 것'으로 부르셨습니다(MN 2.7). 실제로, 이에 관련된 빨리어 어구는 '아요니소 마나시까라$^{ayoniso\ manasikāra}$' 입니다. 직역하자면, 이것은 '근원으로 돌아가지 않는 마음의 작용'을 의미합니다. '나는 누구인가?' 라는 질문은 충분히 깊이 꿰뚫지 못하고 있습니다. 왜냐하면 여기에는 잘못된 가정이 포함되어 있기 때문입니다. '나는 누구인가?' 라는 질문은 '나' 라는 존재가 있다고 가정합니다. 그리고 그 의심스러운 전제 위에서 존재인 '누구' 만을 발견하고자 노력합니다. '누가 이 질문을 하고 있지?' 라고 조사할 때도 역시 핵심을 놓치고 있습니다. '내가 나라고 여기는 것이 무엇이지?' 또는 '무엇이 이 질문을 하고 있지?' 라고 묻는 것이 더욱 생산적일 것입니다.

불교가 흥성하던 중세 인도에서, 한 학승^{學僧}과 마하데와$^{Mahādeva,\ 大天}$ 사이에 무아에 관한 유명한 공개적 논쟁이 있었습니다. 논쟁은 다음과 같이 진행되었습니다.

학승ǀ 안녕하세요. 당신은 누구죠?
마하데와ǀ 마하데와요.
학승ǀ '마하데와' 는 누구죠?
마하데와ǀ 나요.
학승ǀ '나' 는 누구죠?

마하데와 | 개요.

학승 | '개'는 누구죠?

마하데와 | 당신이요!

학승 | '당신'은 누구죠?

마하데와 | 마하데와요.

학승 | '마하데와'는 누구죠?

마하데와 | 나요.

학승 | '나'는 누구죠?

마하데와 | 개요.

학승 | '개'는 누구죠?

마하데와 | 당신이요!

청중들의 웃음이 학승에게 통찰을 줄 때까지, 이렇게 토론은 계속해서 돌고 돌았습니다. 그는 자신이 영리한 마하데와에 의해 여러 번 개로 불리도록 허용했다는 사실을 깨달았습니다. 이 재미있는 역사적 대화는 어떻게 언어가 암묵적 가정들을 포함하고 있는지를 보여줍니다. 두 스님의 말 저변에 깔린 가정들은 전혀 달랐습니다. 이것은 질문을 제대로 만들지 않으면 적절한 대답을 들을 수 없다는 사실을 보여줍니다.

좀 더 생산적인 질문은 '누구'가 아니라, '무엇'을 자신으로 여기고 있는가를 조사하는 것입니다. 그런 후 이렇게 물어보십시오. '이것이 경험에서 얻은 사실과 일치하는가?' 저는 스스로를 스님, 영국계 호주인, 백인(더 정확하게 말하자면 부분적으로 분홍빛 피부를 가진), 54세, 건강함 등으로 여기고 있을지도 모릅니다. 하지만 깊은 통찰을 통해서는 이런 모든 개성들을 단지 일시적인 것으로, 따라서 본질적인 '나'가 아니라고 볼 수 있습니다. 나이가 들면서, 허물어지는 몸을 자신으로 여길 수 없다는 사실은 점점 더 명백해집니다. 또한 자신을 두뇌의 부산물로 여길 수도 없습니다.

| 뇌의 죽음 후에도 살아남는 마음 |

최근의 의학적 연구는 마음이 단지 뇌의 부산물이 아니라는 저의 주장을 뒷받침해줍니다. 다음은 연구자들의 말입니다.

> 심장마비 생존자들에 관한 최근의 연구들에 따르면, 비록 대부분의 심장마비 생존자들이 심장마비가 일어난 순간부터 기억을 회상하지 못하지만, 약 10%는 전형적인 임사臨死체험과 일치하는 기억들을 보여준다. 이것은 볼 수 있는 능력과 소생술蘇生術의 특징들을 명확하고 자세하게 기억하는 능력을 포함한다. 소생술 담당 의료진에 의해 이것이 확인되었다. 인간과 동물에 관한 많은 연구들은 뇌의 기능이 심장마비 중에 멈춘다는 사실을 보여준다. 따라서 추리력과 기억 형성을 포함하는, 이렇게 명료하고 잘 조직된 사고 과정들이 어떻게 이런 때 일어날 수 있는지에 대한 의문이 제기된다.[6]

대뇌 동맥류로 뇌수술을 받던 도중에 합병증을 일으켰던 젊은 미국 여성에 관해 사봄^{Sabom}은 언급한다. 그녀의 대뇌피질과 뇌간腦幹의 뇌파가 완전히 정지했다. 그러나 수술은 성공적으로 끝났다. 이 환자는 뇌파가 정지된 시간 동안 유체이탈을 포함하는 매우 깊은 임사체험을 경험한 것으로 밝혀졌다.[7] 이것은 뒤에 관찰에 의해 입증되었다.

개별적 연구에서 나온 이 두 인용문은 의학적 사망 이후에 의식이 지속됨을 보여줍니다. 첫 번째 연구는 영국 사우샘프턴 종합병원의 의사팀에 의해 2000년에, 그리고 두 번째 연구는 네덜란드의 의사팀에 의해 2001년에 행해졌습니다. 뒤의 연구는 세계에서 가장 명성 있는 의학저널 중 하나인 《랜싯$^{The\ Lancet}$》에 발표되었습니다. 그들은 심장마비 환자들에게 나타나는 임사체험 현상을 엄밀하게 연구했습니다. 그런 후 저자들은 다음과 같은 결론을 내렸습니다. "우리의 결과들은 의학적 요소들이 임사체험 현상을 설명할 수 없다는 사실을 보여준다. …… 모든 환자들은 의학적으로 사망했다."[8]

---

6 | Sam Parnia and Peter Fenwick, "Near Death Experiences in Cardiac Arrest: Visions of a Dying Brain or Visions of a New Science of Consciousness", *Resuscitation* 52 (2002): 5 (abstract).

7 | Pim van Lommel et al., "Near Death Experience in Survivors of Cardiac Arrest: A Prospective Study in the Netherlands," *Lancet* 358 (December 15, 2001): 2044.

8 | Ibid., p. 2043.

쉽게 말하자면, 이 두 광범위한 연구는 뇌의 사망 후에도 마음이 살아남았음을 증명하는 상당수의 사례들을 보여줍니다. 만약 마음이 그저 두뇌의 부산물이라면, 이런 일이 일어나지 않을 것입니다. 뇌가 더 이상 기능하지 않을 때 의식이 존재한다는 사실은, 마음이 뇌로부터 독립적일 수 있다는 설득력 있는 증거가 됩니다. 또 다른 연구는 말합니다.

이 심장마비 모델의 데이터는 임사체험이 의식이 없는 상태에서 일어난다는 사실을 시사한다. 이것은 의외의 결과다. 왜냐하면 뇌의 심한 기능장애로 환자가 깊은 혼수상태에 있을 때는, 주관적 경험과 기억을 뒷받침하는 대뇌 조직들이 심각하게 손상되어야 하기 때문이다. 임사체험에서 보고되는 것 같은 복잡한 경험들은 일어나서는 안 되고, 기억 속에 보존되어서도 안 된다. 이러한 환자들은 전혀 주관적 경험이 없거나 (이 연구에서 88.8%의 환자들의 사례에서처럼) 또는 만일 일부 뇌의 기능들이 유지되고 있더라도 기껏해야 혼란스러운 상태만을 가질 것이 기대된다. 설사, 의식이 없는 뇌가 신경전달물질로 넘쳐흐르더라도, 명확하고 명료하게 기억된 경험들을 만들어서는 안 된다. 왜냐하면 의식 경험을 일으키고, 기억을 뒷받침하는 대뇌 단위들이 대뇌의 무산소증無酸素症에 의해 손상되기 때문이다. 심장마비가 일어날 때, 뇌간 활동이 급속하게 상실되기 전에 대뇌피질의 기능이 먼저 상실된다는 사실은 이러한 견해를 더욱 뒷받침해준다.[9]

'유력한 용의자들'을 보낸 후, 우리는 스스로가 자아라고 여기는 마지막 두 후보자에게 다가갑니다.

| 자아라는 환상의 마지막 요새 |

자아로 여기는 마지막 두 후보자는 '행하는 것^{doer}'과 '아는 것^{knower}'입니다. 모든 일시적인 정체성의 아래에는 이 둘이 숨어 있습니다. 이것들은 진리에 대항하는 마지막 성채이자, 자아라는 환상의 마지막 요새입니다. 깨닫지 못한 사람은, 결국 '행하는 것' 또는 '아는 것' 아니면 둘 다를 이용해서 자아의 존재를 지키려 할 것입니다. 그의 이성과 통찰이 그렇게 하도록 강하게 압박하기 때문입니다. 이 마지막 요새를 습격하고 환상 너머를 보기 위해서는, 선정에 기초한 강력하고 깊은 통찰이 필요합니다.

자신의 자아기 통제를 하고 있다는 사실은 너무 명백해 보입니다. 음악 듣는 것, 텔레비전 보는 것, 또는 무언가 읽는 것 등을 당연히 본인의 자아가 선택한다고 생각합니다. 자신의 자아가 자신의 의지를 일으키는 경험은 사실처럼 보입니다. 불행하게도, 명백해 보이는 것이라도 사실이 아닌 경우가 많습니다.

샌프란시스코에 있는 캘리포니아 대학의 신경과학자 벤저민 리벳

---

9 | Sam Parnia et al., "A Qualitative and Quantitative Study of the Incidence, Features and Aetiology of Near Death Experiences in Cardiac Arrest Survivors," *Resuscitation* 48 (2001): 154.

Benjamin Libet은 다음과 같은 실험을 했습니다.

그는 지원자들에게 그들이 원할 때 스스로의 자유의지로 팔을 펴고, 손목을 구부리라고 말했습니다. 피실험자들은 시계를 통해 행동하기를 결정한 때를 정확하게 알 수 있었습니다. 그리고 그들의 손목에 전극을 달아서 행동이 시작된 시간을 확인할 수 있게 했습니다. 또한 더 많은 전극을 지원자들의 두피에 달아서, '준비 퍼텐셜readiness potential'이라고 부르는 특정한 뇌파의 패턴을 기록했습니다. '준비 퍼텐셜'은 복잡한 모든 행동을 하기 직전에 일어나며, 다음 움직임을 계획하는 뇌와 관련되어 있습니다. 이 실험에서는 어떤 행동을 하려는 의식적 결정이 '준비 퍼텐셜'이 일어난 뒤에 나타난다는 사실이 발견되었습니다![10]

이 실험의 피할 수 없는 결론은, 우리가 '어떤 행동을 하려는 결정'으로 관찰할 수 있는 것이, 즉 우리가 자신의 자유의지라고 여기는 것이, 오직 행동의 과정이 시작된 뒤에만 일어난다는 사실입니다. '의지'는 행동을 일으키지 않습니다. 오히려 이것은 과정의 부산물입니다.

이런 확실한 증거도 받아들이기는 힘듭니다. 이것이 삶에 대한 우

---

10 | Benjamin Libet, "Unconscious Cerebral Initiative and the Role of Conscious Will in Voluntary Action," *Behavior and Brain Sciences* 8 (1985) : 529-39 (with commentaries, pp. 539-66, and Behavior and Brain Sciences 10 [1987] : 318-21).

리의 기본 전제들에 반하는 것이기 때문입니다. 어떤 사람들은 여기에 두려움을 느끼기도 합니다. 왜냐하면 그들이 스스로의 몸 또는 마음을 지배하고 있지 않다는 생각을 일으키기 때문입니다. 확고한 과학적 증거조차도 의지의 환상을 파괴할 만큼 강력하지는 않습니다. 의지를 일으키는 것이 자아가 아니라 원인과 결과의 텅 빈 과정이라는 것을 직접적으로 보기 위해서는, 선정이 필요합니다.

수행을 적절하게 요약하자면, 어떤 것들의 중심으로 들어가는 것이라고 할 수 있습니다. 먼저, 수행자는 '지금'이라고 부르는 '시간의 중심'으로 갑니다. 그다음에는, 모든 생각에서 벗어난 '지금의 중심'으로 들어갑니다. 다음에는, 호흡이라는 '몸의 중심'으로 들어갑니다. 다음에는 '아름다운 호흡'이라는 '호흡의 중심'으로 들어갑니다. 다음에는 '아름다운 호흡의 중심'으로 들어가 니밋따를 경험합니다. 그다음에는 니밋따의 중심으로 들어가 초선정에 듭니다. 그다음에는 초선정의 중심으로 들어가 이선정에 듭니다. 이런 식으로 계속 진행이 됩니다. 이것이 '근원으로 돌아가는 마음의 작용 yoniso manasikāra'입니다. 몸과 마음의 근원으로 더욱 깊이 들어가면서 수행자는 잠재적 '행함'이 머무르는 요새, '행하는 것'의 자리, 의지의 근원에 도달합니다. 그리고 거기에 자아가 전혀 없다는 사실을 봅니다.

| 운전사 없는 버스의 비유 |

우리 삶을 버스여행에 비유해보겠습니다. 여기서 버스는 몸과 마음

을, 버스 운전사는 의지를, 창밖으로 보이는 풍경은 즐거움과 고통의 경험을 나타냅니다. 우리 대부분은 시원찮은 기사가 운전하는 버스에 타고 있다고 느낄 것입니다. 종종 버스는 매우 기분 좋은 풍경을 지나갑니다. 하지만 구제불능인 운전사는 멈추기는커녕 오히려 더 속도를 냅니다. 마찬가지로, 삶의 행복한 시간들은 원하는 만큼 오래 지속되지 않는 것처럼 보입니다. 한편 어느 때는, 버스가 소름끼치도록 무서운 지역을 지나갑니다. 하지만 무능한 운전사는 최대한 속도를 내기는커녕 오히려 속도를 줄입니다. 심지어 멈추기까지 합니다. 마찬가지로, 정말 불행한 삶의 순간들은 생각보다 더 오랫동안 지속되는 것처럼 보입니다.

그리고서, 이 서툰 운전사(우리의 의지)를 찾아내어 교육시켜야 될 순간이 옵니다. 즉 버스가 행복한 지역만을 운행하며 거기에 천천히 머물도록, 인생의 유독성 쓰레기더미가 쌓인 곳은 피하거나 전속력으로 벗어나도록 교육시키는 것입니다. 버스 운전사의 자리, 즉 의지의 근원을 발견하는 데는 기나긴 영적 내면의 여행이 필요합니다. 우리는 이것을 선정에서 발견합니다. 하지만 거기로 갔을 때, 우리는 우리 삶에 대해 충격을 받습니다. 운전사의 자리가 비어 있습니다. 여러분, 인생은 운전사 없는 버스입니다!

버스를 운전하는 사람이 없음을 보고 나면, 자신의 자리로 돌아가 조용히 앉게 됩니다. 그리고는 불평을 멈춥니다. 불평을 할 대상이 더 이상 없습니다. 아름다운 경험들이 오고 가고, 고통스런 경험들이 오고 갑니다. 그리고 우리는 평정하게 그저 그곳에 앉아 있습니다. 불평이, 달리 말하자면 불만족 또는 행복에 대한 욕망이 마침내 소멸되었습니다.

욕망은 어떤 것을 잡으려고 뻗거나 혹은 밀어내는 팔과 같습니다. 너무 흔하게 수행자들은 사랑하는 사람들, 소유물, 초콜릿 등과 같은 욕망의 대상들만을 관찰합니다. 그들은 팔의 작용만을 봅니다. 그러나 수행자는 팔을 움직이는 주체를, 즉 욕망을 일으키는 주체를 보아야 합니다. 욕망을 일으키는 주체가 '자아라는 미혹'입니다. '자아라는 미혹'이 있으면 언제나 욕망이 있습니다. 욕망은 미혹이 그 자신을 표현하는 방식입니다. 깊은 통찰을 통해 운전사의 자리가 비었음을, 즉 '행하는 것'이 없음을 볼 때 미혹은 폭발하고 욕망은 이내 멈춥니다. 왜냐하면 욕망을 일으키는 주체가 어디에도 존재하지 않기 때문입니다.

몇몇 영리한 제자들은 저에게 묻습니다. "만약 우리 버스의 운전사 자리가 비어 있다면, 왜 힘들게 수행을 해야 하죠? 노력을 하는 이유가 뭐죠?" 저는 이렇게 대답합니다. "버스 운전사의 자리가 비어 있기 때문에, 수행할 수밖에 없습니다!" 노력은 여행의 일부입니다. 하지만 항상 기억하십시오. 노력은 많은 다른 원인들에 의해 일어나는 것이지, 여러분의 자아에서 나오는 것이 아닙니다.

'아는 것'에 대한 부처님의 말씀 🌱

대단히 훌륭한 몇몇 수행승들조차도 환상의 마지막 방어선인 '아는 것'을 돌파하지 못합니다. 그들은 '찟따'를 궁극적이고 영원한 실재로 여깁니다. 그리고 이를 '아는 것', '근본 마음', '청정한 앎', 혹은 몇 가지 다른 설명들로 표현합니다. 정확하게 말하자면, 이런 개념들은 힌두교의 가르침에 속하는 것이지 불교의 가르침이 아닙니다. 부처님께서는 이러한 이론은 충분히 깊이 꿰뚫지 못하고 있다고 하시면서, 이것을 명확하게 논파하셨습니다.

예컨대 불교 경전의 첫 번째 모음인 『디가 니까야』의 첫 경전인 「범망경梵網經」에서, 부처님께서는 62가지 잘못된 견해micchā diṭṭhi에 대해 자세하게 설명하셨습니다. 8번째 잘못된 견해는 '마음心 citta' 또는 '의意 mano' 또는 '의식第六識 viññāṇa'이라고 부르는 것을 확고하고, 영원하고, 변하지 않고, 영원히 똑같은 자아attā라고 여기는 것입니다(DN 1,2,13). 이렇게, 부처님께서는 '아는 것'이 영원하다고 생각하는 것은 잘못된 견해라고 말씀하셨습니다.

「인연 상윳따」에서 부처님께서는 말씀하십니다.

> 그러나 비구들이여, 배우지 못한 범부들은 '마음', '의', 그리고 '의식'이라고 부르는 것에 대해 염오를 경험할 수 없고, 그것에 대해 평정하게 될 수도 없으며, 그것으로부터 벗어날 수 없다. 무슨 이유 때문인

가? 왜냐하면 오랫동안 그들은 이것을 '이것은 나의 것이다. 이것이 나이다. 이것이 자아이다.'라고 잡고, 소유하고, 움켜쥐었기 때문이다. ……

비구들이여, 배우지 못한 범부들은 이 몸을 자아라고 여기는 것이 더 나을 것이다. …… 왜냐하면 이 몸은 …… 백 년 동안 또는 그보다 더 오래도 지속되기 때문이다. 그러나 '마음', '의', 그리고 '의식'이라고 부르는 것은, 밤낮으로, 일어날 때와 소멸될 때가 다르다. (SN 12.61)

그러나 앞에서 언급한 확실한 과학적 증거가 '행하는 것이 자신이다.'라는 견해를 제거하지 못하는 것처럼, 부처님의 직접적 가르침인 확실한 경전의 근거조차도 그 자체로는 '아는 것'이 궁극적 실재, 즉 자아라는 견해를 제거할 수 없습니다. 어떤 이들은 오로지 경전이 그들의 견해와 일치하지 않는다는 이유만으로 그 내용들이 변형된 것임이 틀림없다고 주장합니다![11]

이러한 비이성적 완고함은 '유애有愛, bhavataṇhā', 즉 존재에 대한 욕망에서 기인합니다. 우리는 소유물, 몸, 생각 등 거의 모든 것을 놓

---

11 | 예를 들면, 빨리성전협회의 전(前) 회장인 리즈 데이비즈 여사는 『앙굿따라 니까야』의 첫 영어 번역본 서문에서 무아(無我)와 욕망에 대한 부정이 둘 다 부처님의 가르침이 아니라 "승려들의 가르침"이라고 주장했습니다(pp. xiv-xv). 좀 더 최근에 틱낫한 스님은 그의 책 *The Sutra on the Full Awareness of Breathing*에서 "따라서 우리는 네 가지 수행상태들이(jhāna) … 부처님의 죽음 후에 만들어졌다는 사실을 추측할 수 있다."고 썼습니다.' (p. 20)

아버릴 준비가 되어 있습니다. 하지만 너무 '유애'가 강해서, 최종적으로 우리는 어떤 것을 즉 존재를 위한 아주 작은 장소를 필요로 합니다. 우리는 거기에 도달하기 위해 열심히 노력한 후, 결국 반열반(완전한 소멸)을 즐기고 싶어합니다. 많은 위대한 수행자들은 '유애' 때문에, 부처님과 동의할 수 없고 '찟따'를 포함한 모든 것을 완전히 놓아버리는 마지막 버림의 도약을 할 수 없습니다. 부처님께서 "집착할 만한 가치가 있는 것은 아무것도 없다$_{\text{sabbe dhammā nālam abhinivesāya}}$."(MN 37,3)고 말씀하실지라도, 사람들은 여전히 '찟따'에 집착합니다. 부처님께서는 손에 아무리 적은 양의 똥이 있더라도 심한 악취를 풍기는 것처럼 모든 수준의 존재들은 심한 악취를 풍긴다고 말씀하시면서, 이러한 모든 집착들을 강력하게 논파하셨습니다(AN 1,18,13). 그럼에도, 그들은 계속해서 '아는 것'에 집착합니다. 그리고 '아는 것'을 '모든 존재의 근거', '신과의 합일', '근본 마음' 등으로 부르며 부당하게도 이것을 신비로운 심오함의 차원으로 격상시킵니다.

수행자는 부처님의 가르침에 대한 확고한 앎과 결합된 많은 선정 경험들을 통해서만 '존재에 대한 욕망', 즉 '유애'의 장벽을 꿰뚫을 수 있습니다. 여기서 그는 소위 '마음'·'의'·'의식'·'아는 것'이라고 부르는 것이 단지 텅 빈 과정에 불과하다는 사실을 스스로 깨닫습니다. 이것은 존재에 대한 욕망에 의해 연료가 공급되고, 영원하다는 미혹에 의해 눈이 가려진 과정임을 인식하게 됩니다. 또한 이것은 의심의 여지없이 완전히 사라지게 되어 있고, 결국 아무것도 남기지 않는 과정이라는 사실도 알게 됩니다.

'찟따'에 대한 깊은 통찰

모든 의식활동을 지배하는 것은 '마음(찟따)'입니다. 시각은 그 자체로 볼 수 있다고 생각할지 모릅니다. 하지만 보인 것을 알게 하는 것은, 사실 보는 것을 즉시 뒤따르는 '의근意根'입니다. 시각 그 자체는 기록하지 않습니다. 부처님께서 말씀하신 것처럼, '마음'은 그 자체의 고유한 경험영역뿐 아니라 다섯 가지 감각의 모든 작용들을 스스로 전용專用할 수 있습니다(SN 48,42). '의식第六識'이 '다섯 가지 감각의식前五識'의 모든 인지작용들을 뒤따르기 때문에, 이러한 '다섯 가시 감각의식'은 동일성의 환상을 수반합니다. 보고, 듣고, 냄새 맡고, 맛보고, 접촉하는 것에는 유사한 점이 있어 보입니다. 선정 속에서 '찟따'와 얼굴을 마주보게 되면, ('다섯 가지 감각의식'에) 동반되는 '찟따'가 의식의 흐름에 연속성의 환상을 일으킨다는 사실을 알게 됩니다.

| 알갱이 같은 '찟따'의 본질 |

의식의 흐름이 알갱이와 같은 것처럼, 이제 우리는 이 흐름을 구성하는 '찟따'도 이와 같은 속성을 지니고 있음을 깨닫습니다. 앞에서

살펴봤듯이, 해변의 백사장은 연속적인 것처럼 보입니다. 하지만 가까이서 보면 해변은 매우 작은 이산화규소 알갱이들로 구성되어 있습니다. 더욱더 가까이에서 보면, 각각의 알갱이들 사이에는 공간이 있어서 이들이 서로 닿지도 않음을 볼 수 있습니다.

'찟따'도 알갱이와 같은 속성을 가지고 있습니다. 이제 '찟따'는 연속적인 실재로 보이지 않습니다. 이것은 빽빽하게 함께 묶이고 원인과 결과에 의해 이웃한 것들과 결부된, 일련의 개별적 '앎들'·'찟따들'·'마음의 작용들'로 구성된 것으로 명확하게 인식됩니다. '찟따'가 잠시 동안 존재에서 완전히 사라지는 마음 작용들 사이의 틈까지도, 즉 각각의 앎들 사이의 틈까지도 알아차릴 수 있습니다.

이것은 깊은 통찰을 충분히 일으킬 수 있습니다. 많은 선정 경험을 바탕으로 수행자는 오염되지 않은 '찟따' 조차도 무상하고, 개별적인 마음 분자들의 퍼레이드이고, 소멸한다는 사실을 봅니다. 그는 대단한 도약을 합니다. 그래서 '아는 것', '앎', '마음' 또는 '오염되지 않은 찟따'가 어떤 본질이나 자아가 없는 과정에 불과하다는 사실을 깨닫습니다. 또한 이것은 원인과 결과에 의해 지배되는 과정입니다. 왜냐하면 모든 '찟따'들은 일어나게 되어 있고, 또한 완전히 소멸하게 되어 있기 때문입니다. 부처님께서는 말씀하셨습니다.

"일어나는 속성을 가진 무엇이든지, 그것은 모두 소멸하게 되어 있다. yaṅkiñci samudaya-dhamma, sabbantaṁ nirodha-dhammanti" (SN 56,11)

'찟따'의 점차적 사라짐

초선정뿐만 아니라 몇 가지의 더 높은 선정들을 경험하고 나면, 선정이 높아질수록 '찟따'가 더 많이 점차 사라진다는^{virāga} 특징을 인식할 수 있는 충분한 정보를 가질 것입니다. 수행자가 선정과 무색계 성취를 거치며 나아가면, '아는 것'의 경험이 점점 적어진다는 사실을 알 수 있습니다. 초선정에 이르는 길이 '다섯 가지 감각의식^{前五識}'의 '놓아버림'을 포함한다면, 그 이상 선정으로의 길은 '의식^{第六識}' 즉 '찟따'의 '놓아버림'을 수반한다는 사실을 깨닫게 됩니다.

예컨대 네 번째 무색계 성취에서 '찟다'는 거의 완전히 사라집니다. 이것이 이 상태를 '인식도 아니고 인식 아닌 것도 아닌^{非想非非想}'이라고 부르는 이유입니다. 말하자면, '찟따'는 그 자체 소멸의 끝에 서 있습니다. 이 끝을 지나가면, 이것이 '느낌과 인식의 소멸^{想受滅,} $^{saññā-vedayita-nirodha}$'입니다. 여기서, 바로 한순간 전에 존재했던 가장 미세한 '찟따'의 존재가 이제 소멸됩니다. 사라집니다. 멈춥니다. '꺼집니다.^{nibbāna}'

소멸의 상태에서 나온 직후, 수행자는 완전히 깨달은 아라한이 되거나 아니면 거의 완전히 깨달은 불환자가 됩니다. 아는 것, 즉 '찟따'의 일시적인 소멸이 너무도 강렬해서 깊은 통찰이 일어날 수밖에 없습니다. 수행자는 아무것도 남지 않고 모든 것이 멈췄음을 인식합니다. 이러한 깊은 통찰은 필연적으로 깨달음의 세 번째 또는 네 번째 단계라는 결과를 가져옵니다.

비록 '소멸의 성취'nirodha samāpatti'까지는 이르지 못하더라도, 수행자는 한 종류 또는 두 종류 선정의 정보만을 이용하여 이 '찟따'의 소멸하는 속성을 추리할 수 있습니다. 수행자는 이미 '찟따'의 첫 점차적 사라짐을 봤습니다. 그리고 이제 '아는 것'의 완전한 사라짐을 추론을 통해 알 수 있습니다.

더욱이 '찟따'는 사라지면 사라질수록, 더욱 평화롭고 더욱 고귀해집니다. 따라서 가장 평화롭고 가장 고귀한 것을 열망하는 사람이라면, 소멸로 마음을 기울일 것입니다. 경전에서는, 수행자가 선정을 경험한 뒤에 다음의 사실을 깨닫는다고 말합니다.

"이 완전한 사라짐은 평화롭다. 이것은 고귀하다. 즉, 모든 형성의 멈춤, 집착하는 모든 대상의 버림, 갈애의 파괴, 점차적 사라짐, 소멸, 열반이다. 여기에 서서, 마음의 흘러나옴(번뇌)이 파괴됨을 성취한다. 그러나 만약 (아라한으로서) 흘러나옴의 파괴를 성취하지 못하면 불환자가 된다." (MN 64,15)

| 연기緣起와 청정한 '찟따' |

무엇이 청정하고, 오염되지 않고, 빛나는 '찟따'일까요? 부처님께서는 선정에서 나온 직후의 마음을 "청정하고, 오염되지 않은"(MN 51,24) 것으로 일관되게 묘사하셨습니다. 다섯 가지 장애가 없는 '찟따'를 "빛나는"pabhassara (SN 46,33)이라고도 합니다. 그러므로 부처님에 따르면 청정하고, 오염되지 않고, 빛나는 '찟따'는 선정에서 나온

직후의 마음을 나타냅니다.

많은 경전들에 따르면, 깨달음을 촉진시키는 깊은 통찰은 이런 가장 청정하고, 전혀 오염되지 않고, 빛나는 '찟따' 조차도 연기적으로 일어난 것이고, 무상하고, 소멸하는 것이라는 인식입니다. 예컨대, 「앗타까나가라의 경」(MN 52)에서 아난다 존자는 부처님께서 깨달음으로 들이기는 문으로 천명하신 한 가지가 무엇이냐는 질문을 받았습니다. 아난다 존자는 부처님께서 열한 가지의 입구를 천명하셨다고 대답했습니다. 이 모두는 깊은 통찰을 위한 방아쇠로 모두 선정을 필요로 합니다.

"그는 이것에 대해 생각해보고 이렇게 이해한다. '초선정(또는 이선정, 삼선정 등)은 조건 지어지고 의지적으로 형성된 것이다. 그러나 조건 지어지고 의지적으로 형성된 어떤 것이라도 무상하고 소멸하는 것이다.' 여기에 서서 그는 (완진한 깨달음 또는 불환자의 상태를) 성취한다."

모래 알갱이의 비유에서, 그는 해변이 서로 닿지도 않는 개별적 알갱이들로 구성되어 있다는 사실뿐 아니라, 애초에 그 알갱이들을 그곳에 옮겼던 원인·결과 관계도 봅니다. 그는 바다가 어떻게 모래 입자들을 퇴적시키고 제거하는지를, 그리고 바다가 어떻게 모래로 해변을 매끈하게 만들고 채우는지를 이해합니다.

마찬가지로, 청정해진 '찟따'를 주의 깊게 보면, 이 '찟따'를 만든 원인·결과 관계를 알 수 있습니다. 오염된 바닷물이 종종 기름과

잡동사니들을 모래 위에 퇴적시키는 것처럼, 그는 욕망과 그 파트너인 의지가 어떻게 개별적 '찟따'(마음의 순간)들을 퇴적시키고 제거하는지를 그리고 어떻게 '찟따'를 매끈하게 만들고 오염시키는지를 이해합니다. 특히 여기서는 존재에 대한 욕망이 어떻게 개별적 '찟따'들의 연속으로 의식의 흐름을 꽉 채우고, 모든 빈 공간을 메워서 연속성과 영원성의 환상을 부여하는지를 알게 됩니다. 스스로 이것을 정말 명확하게 보고 나면, 청정한 '찟따' 조차도 조건 지어진 것이고, 무상하다는 것을 이해하게 됩니다.

'찟따'는 독립적이고 자립적으로 존재하는 실체가 아닙니다. 이것은 조건 지어짐에서 벗어난 것이 아닙니다. 존재의 모든 형태들 중 가장 청정하고 빛나는 '앎'의 형태가 무상하다는 것을 보고 나면, '찟따'의 모든 다른 형태들은 얼마나 더 그럴 것인가를 알게 됩니다. 수행자는 '찟따', '아는 것', '마음', 또는 그것을 다른 어떤 명칭으로 부르건 간에 그것이 영원히 지속되지 않을 것이라는 통찰을 경험했습니다. 마음 순간들의 흐름을 유지하던 원인들이 소멸되면 존재에 대한 욕망이 파괴됩니다. 그러면 마음의 흐름은 그 연료가 다 떨어집니다. 이것은 완전히 멈출 것입니다. 그리고 이것이 반열반, 완전한 소멸입니다.

| 청정한 '찟따'는 어디로 갈까요? ― 어리석은 질문 |

유행자 왓차곳따^{Vacchagotta}는 아라한의 죽음 뒤에 해탈한 마음$^{vimutta\ citta}$

이 어떻게 되는지를 부처님께 여쭈었습니다. 이에 부처님께서는 불의 비유를 들어서 대답하셨습니다(MN 72,19).

불은 연료에 의지해서 탑니다. 이것은 조건 지어진 것입니다. 연료가 다 떨어지면, 불은 꺼집니다^{nibbuta}. 불이 꺼진 뒤에 이것이 어디로 가는지 묻는 것은 이치에 맞지 않습니다. 마찬가지로, 아라한이 소멸된 뒤에 해탈한 '마음(찟따)'이 어디로 가는지 묻는 것은 이치에 맞지 않습니다. 이것은 어리석은 질문입니다. 앞서 나온 것처럼, 유명한 비구니인 아라한 빠따짜라는 기름 등불이 꺼지는 것을 보고 깊은 통찰을 얻어서 완전한 깨달음에 이를 수 있었습니다(Thig 116). 그녀는 불꽃과 '찟따'의 본질적인 유사성을 봤습니다. 그녀는 이 둘 모두 어떻게 연기적으로 일어나고, 불꽃이 '꺼진$^{nibbāna-ed}$' 것처럼 '찟따'도 이와 똑같이 그래야 하는지를 봤습니다.

아라한의 해탈한 '찟따'는 유성流星에 비유할 수 있습니다. 한량없는 수백만 년의 시간 동안 우주의 바위 혹은 얼음 조각은 밝고 어두운 공간에서 궤도를 그리며 우리 태양계를 돌고 돌았습니다. 마찬가지로 의식의 흐름 즉 '아는 것'과 '행하는 것'은 밝고 어두운 세계들에서 태어나고 죽으면서, 윤회를 돌고 도는 우주적 '텅 빔'의 한 부분인 한량없는 수백만의 삶 동안 헤맸습니다. 바위 혹은 얼음 조각이 우리 행성과 만나 대기 속으로 들어오고, 밝고 순수한 유성으로 찬란하게 불탑니다. 그리고는 영원히 소멸됩니다. 마찬가지로 우리가 '사람'이라고 부르는 것이 '법'을 만나 '행하는 것'과 '아는 것'

의 '텅 빔'에 대한 깊은 통찰을 가지게 됩니다. 그러면 '찟따'는 (그것이 곧 영원히 소멸될 것이라는, 꺼질 것이라는 확실한 앎을 가지고) 찬란하고 눈부시게 불탑니다.

유명한 「보배의 경」(Sn 235)에서는 말합니다.

> 옛것은 파괴되고, 새로운 것은 일어나지 않는다.
> 마음(찟따)으로 미래의 존재를 혐오하는 이들,
> 그들의 (다시 태어남의) 씨앗은 파괴되었고, 그들은 성장에 대한 욕망이 없다.
> 현자들은 이 등불처럼 꺼진다.

그리고 『테라가타』(장로게)에서 두 위대한 아라한은 말합니다.

> 돌고 도는 '찟따'는 바로 여기에서 파괴될 것이다!
> (Thag 184—시와까 스님 Sivaka Thera)

> 너, '찟따'는 확실히 무너질 것이다!
> (Thag 1144—딸라뿌따 스님 Tālaputa Thera)

깊은 통찰 그리고 염처

부처님께서는 선정의 성취를 돕는 방법으로서뿐 아니라 무아에 대한 깊은 통찰을 얻기 위한 수단으로서도, 알아차림의 네 가지 초점 또는 염처 수행을 가르치셨습니다.

후자인 무아를 꿰뚫는 수행은 선정 경험에 의지하고 있습니다. 이것이 각각의 염처 수행이 (8장에서 설명된 대로) 다섯 가지 장애를 이미 버렸음을 의미하는 "vineyya loke abhijjhā-domanassam"을 선행 조건으로 시삭하는 이유입니다. 「날라까빠나 경」(MN 68,6)에서 확인할 수 있듯이, 다섯 가지 장애가 "마음에 침범하고 머무는 것"을 막는 것은 선정의 기능 중 하나입니다. 깊은 통찰이 일어나기 위해서는 선정에 의해 강화된 알아차림이 필요합니다.

염처 수행의 목표는 각각의 수행 끝에서 반복되는 구절에 나타나 있습니다.

이러한 현상들이 원인에 의해 일어나고 원인에 의해 멈춘다는 것을 숙고한 후에, 수행자는 "그저 몸身이 있을 뿐이다.", "그저 느낌受이 있을 뿐이다.", "그저 마음心이 있을 뿐이다.", "그저 정신적 대상法이 있을 뿐이다."라는 사실을 알게 됩니다. 그리고 이 모든 것들이 나, 나의 것, 나 자신이라고 여길 수 없는 원인·결과의 과정이라는 사실을 깨닫습니다. 따라서 "그는 어떤 것에도 집착하지 않고anissita, 어떤 것도 세상에서 취하지 않는다."(MN 10)

달리 표현하자면, 염처 수행의 기능은 무아에 대한 깊은 통찰을 얻는 것입니다.

이 장에서 저는 네 번째와 세 번째 염처 수행에 특히 주목했습니다. 왜냐하면 가장 안쪽의 그리고 거의 접근이 불가능한 미혹의 동굴이, '행하는 것' 과 '아는 것' 이 거주하는 곳이기 때문입니다. 조건 지어지고 텅 빈 '행하는 것' 의 본질에 대한 조사는 네 번째 염처 수행에 속합니다. 무상하며 의존하고 있는 '아는 것' 의 본질에 대한 깊은 통찰은 세 번째 염처 수행 전체에 속합니다. 이렇게, 제가 깊은 통찰이라고 상세하게 설명한 것은 바로 **선정**에 의해 **강화된** 염처 수행입니다.

| 아잔 차 스님의 마지막 말 |

저의 스승이신 아잔 차 스님의 건강이 악화되자, 우리 서양 스님들은 그를 위해 파나나찻 사원에 사우나실을 지었습니다. 아잔 차 스님은 그가 주석하던 파퐁 사원^{Wat Pa Pong}에서 일주일에 한 번 사우나를 하러 우리 사원으로 건너오곤 했습니다. 그래서 우리는 스승을 위해 봉사할 수 있었습니다. 또한 스승도 '법' 에 대한 가르침을 나누어줌으로써 우리를 도울 수 있었습니다. 사실, 그는 매주 사우나를 하러 가기 전에 우리에게 법문을 하곤 했습니다. 그런 후, 스님들은 사우나실로 그를 모시고 가서 도왔습니다.

한번은, 아잔 차 스님이 매우 감동적인 법문을 했습니다. 그래서 저는 평소처럼 사우나실로 스승을 모시고 가는 대신 법당 뒤쪽으로 빠져나와 좌선을 했습니다. 저는 매우 행복하게 수행을 했습니다. 수행에 아주 깊이 빠져들었습니다. 그래서 시간을 잊어버렸습니다.

얼굴에 활짝 미소를 띠며 수행에서 나왔을 때, 스승에 대한 생각이 떠올랐습니다. 저는 아직 시간이 좀 남았으리라 생각했습니다. 그래서 사우나실로 가서 그의 목욕옷 헹구는 것 같은 봉사를 할 수 있을 것이라고 생각했습니다. 저는 사우나실로 걸어갔습니다.

하지만 너무 늦었습니다. 왜냐하면 사우나실로 가는 길에서, 사우나를 끝내고 차로 돌아가던 아잔 차 스님을 만났기 때문입니다. 아잔 차 스님이 멈췄습니다. 그리고는 수행의 대가들만이 가질 수 있는 시선으로 저를 꿰뚫어 봤습니다. 저는 그가 저의 편안해진 얼굴과 미소를 알아차리고 방금 깊은 수행에서 나왔음을 추론했다고 생각했습니다. 그래서 위대한 아잔 차 스님이 저를 깨닫게 하려 했습니다.

"브라마왐소!"

칼로 찌르듯 날카로운 목소리로 그가 다그쳤습니다.

"왜?"

저는 망설였습니다. 저는 그 질문을 이해하고 있었습니다. 하지만 그 대답은 저에게서 너무 멀리 떨어져 있었습니다.

그래서 저는 대답했습니다.

"모르겠습니다."

탐색하는 듯한 표정이 풀리고, 그는 웃음을 터뜨렸습니다.

"어쨌든 답은 알려주마."

그는 말했습니다.

"어떤 사람이 너에게 '왜'라고 물으면, '아무것도 없다'고 대답하거라."

이것은 저를 날려버렸습니다. 정신이 아찔해졌습니다. 이것은 너무도 큰 감명을 주었습니다. 그래서 20년도 더 된 이 만남을 이 글을 쓰는 지금도 명확하게 그려낼 수 있습니다.

아잔 차 스님은 저를 더욱 압박했습니다.

"이해하겠느냐?"

"예, 스님."

저는 자신 있게 대답했습니다.

"아니, 너는 이해하지 못한다!"

그는 다시 웃었습니다. 그리고는 차로 계속해서 걸어갔습니다.

제가 아는 한 가장 자비롭고 지혜로운 스승에 의해 이것은 제게 전해졌습니다. 그는 깊은 통찰이 무엇인지에 관한 이 장을 요약했습니다. 선정에 의해 강화된 알아차림으로 탐색할 때, "왜?"라는 큰 질문은 하나, 단 하나의 정확한 대답만을 일으킵니다.

"아무것도 없습니다."

이해하시겠습니까?

아니요, 여러분은 이해하지 못합니다.

Mindfulness, Bliss, and Beyond ———————— **14**

깨달음
-흐름에
들어감

내가 성취한 이 법은 심오하고, 보기 어렵고 이해하기 어려우며, 평화롭고 고귀하며, 단순한 추론으로는 얻을 수 없으며, 미묘하고, 현자들에 의해 경험되는 것이다. 그러나 이 세대의 사람들은 집착을 즐기고, 집착에서 기쁨을 찾고, 집착을 찬탄한다. 이러한 세대가 이 진리 즉 특유의 조건성, 연기를 보기는 힘들다. 그리고 이 진리, 즉 모든 형성의 멈춤, 모든 소유물의 버림, 갈애의 파괴, 평정, 소멸, 열반을 보기는 어렵다.
— 깨달음 직후의 부처님 말씀 (MN 26)

열반의 실현인 깨달음은 비록 성취하기 어렵지만 불가능하지는 않습니다. 오늘날에도 진짜를 경험한 스님들이 살아 있습니다. 「대반열반경大般涅槃經」(DN 16,5,27)에서 유행자 수밧다Subhadda에 대한 부처님의 가르침에 따르면, 완전한 팔정도를 제대로 수행하는 곳이라면 어디에서든 예류자, 일래자, 불환자, 그리고 완전한 깨달음을 이룬 아라한을 발견할 수 있습니다. 그러나 예컨대 선정을 버리고 일곱 가지 길만 수행하거나 또는 모든 덕행(바른 말, 바른 행위, 바른 생계)을 버리고 다섯 가지 길만 수행하는 식으로 불완전하게 이 길을 수행하면, 깨달은 이들을 발견할 수 없을 것입니다. 오늘날 완전한 팔정도에 대한 진정한 헌신은 한거와 감각기관의 단속에 전념하는 몇몇 승가에서만 발견됩니다. 오직 이런 곳에서만 깨달은 이들을 발견할 수 있습니다.

열반이 아닌 것

위의 얘기는 받아들이기 힘들지 모르지만 사실입니다. 이것은 소멸로서의 열반에 대한 부처님의 가르침이 받아들이기 힘들지만 사실인 것과 같습니다. 이 장에서, 저는 부처님께서 그것을 배우도록 의도한 대로, 즉 정확하고 명확하게 깨달음에 대해 설명할 것입니다. 또한 깨달음이 일어나는 과정의 마지막 부분들에 대해서도 설명할 것입니다. 하지만 열반이 아닌 것에 대해 먼저 설명하겠습니다.

| 열반의 질의 저하 |

불교가 유행을 따르게 될 때마다, 열반의 의미를 많은 사람들의 구미에 맞게 바꾸는 경향이 있습니다. 대중성에서 나온 압력은 진리를 왜곡해서 그것을 더 편안한 것으로 만듭니다. 사람들에게 그들이 듣고 싶은 것만을 말하면, 가르침은 아주 잘 받아들여집니다. 더구나 일부 법사法師들은 허영심 때문에, 깨닫지 못한 그들 자신의 상태를 도전하지 않는 방식으로 열반을 설명합니다. 이 모든 것들이 열반의 질을 떨어뜨립니다.

현대 불교서적들에서는, 깨달음이란 보이는 그대로의 현상들(선정 후에만 보이는 '진실로 있는 그대로의 현상'과는 다른)에 대한 수동적인 순종일 뿐이라고 설명합니다. 또는 '조건 지어지지 않은 것(열반을 가리키는 다른 표현)'이라는 것이 단지, 쉽게 접근할 수 있는 '이 순간의 알아차림'(이 순간 안에서라면 어떤 것도 조건 없이 괜찮은, 정말로 어떤 것도 괜찮은)에 지나지 않는다고 설명합니다. 혹은 '불사의 상태(열반을 가리키는 다른 표현)'라는 것이 단지, 둘이 아닌 하나의 깨어 있음, 모든 구별에 대한 거부, 그리고 모든 것이 하나이고 온화하다는 확언일 뿐이라고 설명하기도 합니다.

그러면 불교 최고의 목표는 좀 덜 괴롭게 살아가는 생활의 기술, 인생의 부침에 대한 절망적인 항복, 그리고 존재의 모든 형태들에 내재한 고통에 대한 부정에 불과하게 됩니다. 이것은 정신병을 가진 죄수가 탈출구를 찾기는커녕 그 자신의 투옥을 축하하는 것과 같습니다. 이렇게 질을 떨어뜨린 '법'은 따뜻하고 편안하게 느껴질지 모릅니다. 그러나 이것은 진정한 열반을 심하게 과소평가하는 것입니다. 이러한 매력적 왜곡들을 받아들이는 사람들은, 이것이 불량품이라는 것을 알게 될 것입니다.

| 바나나 열반 |

저는 10대 때, 많은 크리스천 스승들에게 하느님의 의미에 대해 설명해달라고 했습니다. 그들은 하느님이 아닌 것을 얘기하거나 또는 이해할 수 없는 대답을 저에게 주었습니다. 예컨대 그들은 하느님을 "말로 표현할 수 없는 존재", "궁극적 실재", "모든 존재의 근거", "무한한 의식", 또는 "청정한 앎"이라고 말하곤 했습니다.

뒤에 저는 불교계의 스승들에게 열반의 의미를 설명해달라고 했습니다. 그들은 열반이 아닌 것을 얘기하거나 또는 이해할 수 없는 대답을 저에게 주었습니다. 예컨대 그들은 열반을 "말로 표현할 수 없는 것", "궁극적 실재", "모든 존재의 근거", "무한한 의식", 또는 "청정한 앎"이라고 말하곤 했습니다.

그런 후 통찰이 일어났습니다.

'전에 어디선가 이런 뜻 모를 말을 들은 적이 있어!'

하느님에 대한 설명들을 거부했던 것과 똑같은 이유로, 지금도 저는 불교의 열반에 대한 모든 이해하기 어려운 딱딱한 설명들을 거부합니다.

열반에 대한 어떤 정의들은 단순한 모순어법矛盾語法입니다.

예컨대 '나타나지 않는 의식' 또는 '파악될 수 없는 것과의 조화' 같은 것들입니다. 의식은 경험이 나타나게 하는 인식과정의 본질적인 부분입니다. 따라서 '나타나지 않는 의식'은 사실 '나타나지 않는 나타남' 또는 '의식하지 않는 의식'을 의미합니다. 이것은 난센스입니다. 사람은 마음이 파악할 수 있는 것과만 조화를 이룰 수 있습니다. 따라서 뒤의 정의는 '조화할 수 없는 것과의 조화' 또는 '파악할 수 없는 것을 파악함'이 됩니다.

이러한 설명들과 이와 유사한 다른 설명들은 지혜를 가장한 어리석음에 불과합니다.

불교신자들이 열반이 무엇인지를 명확하게 이해하지 못한다는 것은 매우 당혹스러운 사실입니다. 이것은 버스에 탔는데 그 버스가 어디로 가는지 확실히 모르는 것과 같습니다. 불교신자가 아닌 친구들이 여러분에게 불교적 여정에 있어서 어디를 가고 있는지 설명해 달라고 할 때는 상황이 더 안 좋습니다. 그래서 많은 불자들이 모호함에 의지해서, 신비롭게 들리는 표현들을 색다르게 결합해서 청중들을 속이려 합니다. 만일 듣는 사람들이 여러분이 말하는 것을 이해하지 못한다면, 그들이 이것을 심오하다고 생각하거나 여러분을 현명하다고 여길 가능성이 충분히 있습니다!

열반에 대한 이런 뒤틀린 설명들은 단순성을 완전히 결여하고 있으며, 심하게 왜곡되어 있습니다. 그래서 저는 이것을 '바나나 열반'이라고 부릅니다. 우리는 경험을 통해서, 누가 어떤 것을 잘 알고 그것에 대한 빈번하고 직접적 경험을 가지고 있으면, 명확하고 자세하고 단순한 설명을 할 수 있다는 것을 압니다. 신비화는 말하는 사람이 얘기하고 있는 것에 대해 모르고 있다는 사실을 확실히 보여줍니다.

신비성이 제거된 열반

여기서 저는 열반에 대한 세 가지 상호보완적인 설명을 하고자 합니다.

(1) 최고의 행복으로서의 열반.
(2) 감각적 욕망食, 악의嗔, 미혹痴의 완전한 소멸로서의 열반.
(3) 우리가 몸과 마음이라고 부르는 이 과정의 남김 없는 소멸로서의 열반.

모두 부처님의 가르침에 근거한 이 세 가지 표현은 열반에 대해 명확하고 정확하게 묘사합니다. 깨달음이 무엇인지 일단 이해하고 나면, 거기에 이르는 길을 쉽게 알아볼 수 있습니다. 그리고 부처님의 모든 가르침들이 놀랍도록 투명해질 것입니다.

| 최고의 행복 |

부처님께서 말씀하셨습니다.

"열반은 최고의 행복이다."(Dhp 203, 204)

이것은 아마도 깨달음에 대한 가장 도움이 되는 설명일 것입니다. 이것은 직접적이고 횡설수설이 없을 뿐더러 매우 호소력이 있습니다. 또한 왜 지난 26세기 동안 많은 사람들이 열반을 얻기 위해 노력해왔는지를 보여줍니다. 우리는 모두 행복을 원합니다. 그리고 만약 최고의 행복이 있다면, 그것이 우리가 원하는 것입니다. 그래서 불교의 끊임없는 가르침은 점점 더 행복해지는 방법입니다. 그리고 바로 이 삶에서 모든 행복의 정상, 즉 열반에 도달하는 것입니다.

요즘 저는 부처님의 특별한 가르침인 사성제四聖諦를 재배열하여 제시합니다. 고통에 대한 성스러운 진리에서 시작하면 청중들이 흥미를 잃어버린다는 사실을 저는 발견했습니다. 그들은 이미 삶을 통해 고통에 대해 충분히 알고 있습니다. 그들은 더 많은 고통에 대해 듣기 위해 저녁시간을 포기하지 않았습니다. 모든 세일즈맨들이 알고 있듯이, 첫인상이 가장 중요합니다. 그래서 저는 사성제를 다음과 같이 제시합니다.

(1) 행복滅

(2) 행복에 이르는 길道

(3) 불행苦

(4) 불행의 원인集

이것은 본질적으로는 부처님의 가르침과 같지만, 더 큰 효과를 일으키기 위해 재배열되었습니다. 어떤 사람들은 이러한 재배열을 '마케팅'이라고 부를지도 모릅니다. 하지만 이것은 행복을 맨 앞에 둠으로써 불교의 목표를 강조합니다.

최고의 행복으로 설명되는 열반은 또한 팔정도가 행복이 계속 커지는 길이라는 사실을 보여줍니다. 진심으로 이 길을 따르는 사람들은 더 행복해집니다. 부처님께서는 「다툼 없음에 대한 분석의 경」(MN139)에서 "즐거움을 규정할 줄 알아야 하고, 이것을 알고 나서 스스로에게서 즐거움을 추구해야 한다."고 말씀하셨습니다. 수행자는 두려움 없이 이러한 내면의 행복, 즉 선정을 추구해서 최고의 행복에 도달합니다.

여러분이 경험한 최고의 행복은 무엇입니까? 마약? 섹스? 음악? 사랑에 빠지는 것? 첫아이의 탄생을 보는 것? 여러분은 선정의 행복이 이 모든 것들을 뛰어넘는다는 것을 알게 될 것입니다. 그래서 첫 선정 경험은 그 사람이 기존에 가졌던 행복에 대한 관념들을 산산이 날려버립니다. 선정은 행복에 대한 깊은 통찰을 제공합니다. 선정은 최고의 행복일 뿐만 아니라 (앞서 말했듯이) 깨달음과 아주 가까운 것입니다. 그래서 부처님께서는 선정을 "바른 깨달음의 행복 sambodhi sukha"이라고 부르셨습니다(MN 66). 수행자는 선정에서 이보다 조금 더 높은 행복으로 나아갑니다. 이것이 열반입니다.

최근의 과학적 연구들은 수행이 사람들을 더 행복하게 만들고, 스님들이 아마 그중에서도 가장 행복한 사람들이라는 주장을 뒷받침해줍니다.[12] 따라서 정말 즐거운 시간을 보내고 싶은 사람은 훌륭한 수행자가 되어야 합니다. 그리고 만일 모든 것들 중 최고의 행복을 원한다면, 열반으로 가야 합니다.

| 감각적 욕망, 악의, 미혹의 완전한 소멸 |

부처님의 최고 제자였던 사리뿟따 존자는 열반을 감각적 욕망, 악의, 그리고 미혹의 완전한 소멸로 정의했습니다(SN 38.1). 다음의 소원 말하기 게임은 이 정의를 잘 설명해줍니다.

다섯 명의 아이가 소원 말하기 게임을 하고 있었습니다. 아이들은 차례대로 "만약 네가 소원을 빈다면 그건 무엇이니?"라는 질문을 받습니다. 그리고 최고의 소원을 말한 아이가 이기게 됩니다.

첫 번째 아이가 말했습니다.

"내가 소원을 빈다면, 난 초콜릿 아이스크림을 원해."

왜냐하면 그날은 무더운 날이었고 이 아이는 아이스크림을 좋아

---

[12] Goleman, Daniel, narrator, *Destructive Emotions: How Can We Overcome Them? A Scientific Dialogue With the Dalai Lama*. (New York:Bantam Books, 2003), pp.338-39. 이 내용은 위스콘신 매디슨 대학의 연구자 리처드 데이비드슨의 발표에 관해 소개합니다.

했기 때문입니다.

두 번째 아이가 말했습니다.

"내가 소원을 빈다면, 난 아이스크림 공장이 있었으면 좋겠어. 그러면 원할 때마다 아이스크림을 실컷 먹을 수 있으니까!"

첫 번째 아이는 침울하게 앉아서 아이스크림 한 개만 원한 것을 후회했습니다. 그리고 두 번째 아이가 참 똑똑하다고 생각했습니다.

세 번째 아이가 말했습니다.

"내 소원은 10억 달러야. 10억 달러면 아이스크림 공장, 캔디 가게, 그리고 패스트푸드 레스토랑을 살 수 있어. 그러면 원할 때마다 햄버거 하나와 감자튀김 두 개를 먹을 수 있지. 엄마도 날 막을 순 없을 거야! 그리고 딴 게 생각날 때마다 바로 살 수 있는 돈이 남아 있겠지."

이제 두 번째 아이가 아이스크림 공장 하나에만 만족한 자신을 바보라고 생각했습니다. 그리고 10억 달러의 소원을 빈 세 번째 아이가 무척 머리가 좋다고 생각했습니다.

네 번째 아이가 말했습니다.

"내가 소원을 빈다면, 난 세 가지 소원을 들어달라고 할거야! 첫 번째 소원은 아이스크림 공장이야. 두 번째 소원은 10억 달러야. 그리고 세 번째 소원은 세 가지 소원을 더 빌 수 있는 거야! 그러면 영원히 소원을 빌 수 있어."

10억 달러의 소원을 빈 아이조차도 이젠 졌다고 생각했습니다. 앞서 소원을 말한 세 아이 모두 이 네 번째 아이가 천재라고 생각했습니다.

무제한의 소원보다 더 뛰어난 것이 존재할까요?

하지만 다섯 번째 아이가 그들을 모두 뛰어넘었습니다.

아이가 조용히 말했습니다.

"내가 소원을 빈다면, 나는 너무 만족해서 더 이상의 소원이 전혀 필요 없어지길 원해!"

마지막 아이가 소원 말하기 게임에서 이겼습니다.

마찬가지로, 완전히 부동하게 앉는 사람이 전 인류를 이깁니다. 그는 최고의 행복 즉 열반이 모든 감각적 욕망, 악의, 그리고 미혹의 완전한 소멸이라는 것을 이해했습니다. 열반은 결국 만족입니다.

세상에는 두 가지 종류의 자유가 있습니다. 욕망의 자유와 욕망으로부터의 자유가 그것입니다.

첫 번째 것은 네 번째 아이의 무한한 욕망에 의해 상징됩니다. 이것은 물질만능 사회에서 궁극적인 목표로 숭배되는 종류의 자유입니다. 현대 정부들은 부, 권리, 그리고 자유라는 무제한적인 욕망의 자유를 사람들에게 주려고 노력합니다. 하지만 사람들은 대부분 만족하지 못합니다.

두 번째 종류의 자유는 다섯 번째 아이의 영원한 만족에 의해 상징됩니다. 불교와 같은 영적 길만이 욕망으로부터의 자유를 존중합니다. 열반은 이 두 번째 자유의 완벽한 형태입니다. 왜냐하면 감각적 욕망, 악의, 그리고 미혹의 완전한 소멸이 모든 욕망으로부터의 자유이기 때문입니다. 이것은 갈애의 끝입니다. 평화입니다. 깨달음입니다.

| 몸과 마음의 남김 없는 소멸 |

부처님 시대에는 일개 시골 사람들조차도 열반nibbāna의 의미를 이해했습니다. 왜냐하면 (열반을 의미하는) '닙바나nibbāna'가 '기름 등불이 꺼졌다'는 것을 의미하는 데 쓰이는 일상적 단어였기 때문입니다(Sn 235). 기름이 다 떨어지거나 혹은 심지가 다 타버리거나 혹은 바람이 열을 빼앗아갈 때, 시골 사람들은 불꽃이 "열반했다nibbāna-ed"고 말하곤 했습니다. '닙바나nibbāna'는 일반적인 용법에서, 그것이 단순한 불꽃이 됐든 이 복잡한 몸과 마음이 됐든 …… 또는 유행하는 신기한 상자가 됐든, 자연적 과정의 남김 없는 소멸을 묘사하는 단어였습니다.

저는 1970년대 후반 캘리포니아에서 커피 테이블 위에 장식품으로 작은 금속 상자를 두는 것이 유행했다는 이야기를 들었습니다.

직사각형 모양의 상자는 전면의 간단한 스위치를 제외하고는 모든 면이 단순했습니다. 손님들이 그 상자가 뭘 하는 거냐고 물으면, 스위치를 켜보라는 얘기를 들었습니다. 스위치를 탁 누르자마자, 안쪽에서 모터가 윙하고 도는 소리와 톱니바퀴가 덜커덕거리는 소리가 들렸습니다. 그다음 덮개가 올라오고, 기계 팔이 그 속에서 나왔습니다. 금속성 팔은 펴지고 앞쪽 코너 쪽으로 구부러져 스위치를 껐습니다. 그다음 그것은 다시 상자 속으로 들어가고, 덮개가 닫혀, 모든 것이 다시 조용해졌습니다. 이 상자의 유일한 목표는 스스로 스위치를 끄는 것이었습니다.

이것은 저에게 열반에 대한 가장 아름다운 비유입니다!

우리가 '몸과 마음'이라고 부르는 과정의 목표는 스스로를 끄는 것입니다. 결국 평화로워지는 것입니다.

물론, '몸과 마음'이라고 부르는 전체 과정이 완전히 텅 비어 있다는 직접적인 경험을 가져야만, 이 비유의 즐거운 정확성을 이해할 수 있습니다. 사실, 여기에도 저기에도 혹은 어디에도 아무도 없다는 사실을 이해하는 것은 중대한 통찰입니다. '행하는 것(의지)'과 '아는 것(의식)'은 자연적 과정에 불과합니다. 이러한 통찰의 중심을 꿰뚫으면, 잃을 것도 전혀 없고 없앨 것도 전혀 없습니다. 원래 영속하는 실재가 있을 때만 '없애다annihilate'라는 단어를 쓸 수 있습니다. 하지만 텅 빈 자연적 과정의 남김 없는 종료에 대해서는 '소멸cessation'이라는 단어를 씁니다. 열반은 스스로 소멸되는 몸과 마음의 텅 빈 자연적 과정입니다.

오직 고통만이 존재하고, 고통을 받는 자는 발견되지 않는다.
행위들은 있지만, 그 행위들을 '행하는 자'는 없다.
열반은 있지만, 거기에 들어가는 사람은 없다.

길은 있지만, 그 위에 나그네는 보이지 않는다.

(Vsm 16,90)

열반의 첫 경험 — 예류預流

진심을 다해 완전한 팔정도를 오래 수행한 후, 이것이 전부 무엇을 의미하는지를 되돌아보게 되는 순간이 옵니다. 방금 전 선정을 경험한 뒤, 수행자는 조사를 위해 어떤 대상이든지 긴 시간 동안 흔들림 없이 잡을 수 있는 '초강력 알아차림'을 가지게 됩니다. 들뜸과 나태 · 혼침의 장애들은 완전히 사라졌습니다. 마음은 빛나고 명확하며, 고요하게 멈춰 있습니다. 마음은 내면의 행복으로 충전됩니다. 마음은 매우 강력해집니다. 그래서 익숙하지 않은 곳들로 '알아차림'이 깊이 들어갈 때 일어나는 온갖 두려움을 쉽게 극복합니다.

진리를 추구하는 데 있어서, 마음을 용감하고 영웅적이고 멈출 수 없도록 만드는 것은 지복입니다. 다른 때에도, 수행자는 알기 어려운 '진실로 있는 그대로'에 가까이 다가갔습니다. 그러나 두려움, 욕망, 그리고 싫어함이 마음을 쫓아버렸습니다. 하지만 선정에서 머물다 나온 후에는, 이제 욕망도 없고 싫어함도 없고 부여된 '보호할 자기 이익'도 없습니다. 자신의 정보에 대한 선정의 기억을 이용해서, 수행자는 가차 없이 존재의 중심을 꿰뚫습니다. 마음은 대담하고 날카롭게, 제가 '행하는 것'과 '아는 것'이라는 두 지배자에 의해 통치되는 자아의 요새라고 불렀던, 경험의 근원으로 돌진합니다. 거기서 수행자는 처음으로 (모호함이 없는 확실성을 가지고) 이 요새가 완전히 텅 비어 있음을 봅니다!

이러한 깊은 통찰의 경험은 상상할 수 있는 다른 어떤 것과도 전혀 다릅니다. 부처님께서는 「참된 사람의 경」에서 선정에 관하여, 하지만 예류에도 똑같이 적용시킬 수 있는, 말씀을 하셨습니다.

"그들이 아무리 어떨 것이라고 그것을 상상하더라도, 그 경험은 언제나 그와는 다를 것이다."(MN 113,21)

여기서는 어마어마한 패러다임의 전환이 일어납니다. 지구 구조 플레이트들의 이동이 엄청난 지진을 일으키는 것처럼, 우리 견해들에 대한 근본적 관점의 이동은 마음에서 일어나는 무시무시한 지진과 같습니다. 많은 오래되고 소중한 관념과 견해의 구조물들이 완전히 무너집니다. 이러한 매우 강력한 깊은 통찰은 마음속의 폭발처럼 느껴집니다. 잠시 동안, 수행자는 어찌할 바를 모릅니다. 그는 스스로가 미치지 않았다는 것을 확실히 압니다. 사실, 마음은 이전에 느꼈던 어떤 때보다 더 제정신입니다. 마음은 매우 명확하고, 고요하며, 지극히 행복합니다. 깊은 통찰에 나타나는 필수적 특징 중 하나는 지속적이고 감미로운 지복이 아주 긴 시간 동안 계속된다는 것입니다. 깨달음을 성취한 후, 부처님께서는 해탈의 지극한 행복 때문에 움직일 수 없어서 7일 동안 미동도 않고 앉아계셨습니다(Vin I,1,1).

어느 정도 시간이 지난 후(어쩌면 며칠이 걸릴지도 모릅니다.), 마침내 먼지가 가라앉는 것처럼 느껴집니다. 황홀한 행복감의 눈부신 빛은 그가 다시 분별할 수 있을 정도로 충분히 줄어듭니다. 그는 어떤 건물들이 여전히 남아 있고, 어떤 것들이 더 이상 거기에 없는지를 봅니다. 만약 이것이 예류預流, sotāpatti라면, 그는 (개인적인 또는 우주적인) 자아 또는 실체에 대한 모든 환상들이 영원히 완전하게 없어졌다는 것을 명확하게 볼 것입니다.

예류 후에는 모든 것이 아주 명백하게 보입니다. 이 뻔뻔한 사기극을 더 일찍 꿰뚫어보지 못한 자신의 지독한 어리석음에 놀랍니다. '실체가 없다'는 진리는 부처님의 가르침들에 반복해서 명확하게 제시되어 있습니다. 이제 그는 읽었던 모든 것을 왜곡하고 해석하고 거르며 부처님의 말씀에서 자신이 듣고 싶은 것만 취했다는 사실을 깨닫습니다. 이것은 바라는 마음, 부정하는 마음, 그리고 나머지 다섯 가지 장애 때문이었습니다. 미혹은 정말 믿을 수 없을 정도로 강력합니다. 그리고 대부분 사람들이 아는 것보다 훨씬 널리 퍼져 있습니다. 볼테르는 재치 있게 말했습니다. "무한의 수학적 개념을 이해하는 유일한 방법은 인간의 어리석음에 대해 숙고해보는 것이다."

이제 환상은 드러났고, 미혹은 해체되기 시작합니다. 무아의 중심을 꿰뚫고 나면, 비로소 고통의 전체 범위를 알 수 있습니다. 이전에는 모든 것이 고통이라는 사실을 받아들이길 주저했습니다. 이것은 자아라는 환상이, 고통에서 벗어난 존재의 한구석 정도는 적어도 필요로 했기 때문입니다. 자아는 '근본 마음', '하나와의 합일'이건 아니면 다른 영적 환상이건 간에 완벽하게 행복한 어떤 천국의 세계와 같은 것을 필요로 했습니다. 다른 모든 것은 고통일지 모르지만 이것 하나만은 고통에서 제외된 영역이라는 것이 자아라는 환상의 마지막 보루였습니다.

그러나 안과 밖의 모든 현상들이 완전히 텅 비어 있음을 보고 나면, 더 이상 이러한 보루가 필요 없습니다. 자기 자신의 존속에 대한 이해관계가 소멸됩니다. 부정은 약화됩니다. 이제 그는 "모든 현상들이 정말 구제불능의 고통이다.sabbe saṅkhārā dukkhā"(Dhp 278)라는 부처님의 명확한 가르침에 전적으로 동의할 수 있습니다.

또한, 몸과 마음에 영속하는 실재가 없다는 것을 보게 되면, 이 전체 과정이 아무것도 잃어버리지 않은 채로 남김없이 끝날 수 있습니다. 아주 많은 진지한 불자들이 깨달음 후에 어떤 것을 자신에게 간직하고 싶어합니다. 이것은 참 흥미롭습니다. 어떤 것을 자신에게 간직하는 것을 '집착'이라고 부릅니다. 비록 그것이 정제된 것에 대한 애착이더라도 마찬가지입니다.

하지만 예류 후에는 자아의 견해에서 일어나는 이런 모든 집착들이 마침내 제거됩니다. 수행자는 모든 경험들은 원인 때문에 일어나는 현상에 불과하며 따라서 언젠가는 완전히 소멸한다는 것을 깨닫습니다. 몸과 마음도 여기에 포함됩니다.

앞장에서 말했듯이, 무상에 대한 완전한 이해는 대양의 파도처럼 단지 일어났다 꺼지는 것을 보는 것뿐만 아니라, 그것을 담고 있는 땅덩어리와 함께 전체 대양이 사라짐을 보는 것입니다. 무상을 완전하게 알기 위해서는 이러한 소멸을 봐야 합니다. 그리고 무아가 드러나면서 이러한 앎은 계속해서 뒤따라 일어납니다. 그래서 경전에서는 많은 새로운 예류자들이 그들의 성취를 다음과 같이 표현합니다.

> 무엇이 일어나든, 그 모든 것들은 (언젠가는) 완전히 소멸될 것이다.
> (SN 56,11)

무아를 완전히 꿰뚫고 나면, 마음은 고통과 무상도 완전히 꿰뚫을 수 있습니다. 예류의 사건은 (그 경험을 아는 것도 포함한) 모든 경험들이 무상, 고통, 그리고 무아, 즉 '소멸하는 것이고, 고통이고, 영속하는 실체가 없다.' 라는 사실을 인식하는 것입니다. 이 유명한 '존재의 세 가지 특징'은 모든 것들에 퍼져 있습니다. 따라서 이것은 언젠가는 아무것도 남기지 않고 소멸할 몸과 마음의 본질이기도 합니다.

| 무無에서 어떤 것을 만들기 |

조금 전에 지적했듯이, 어떤 사람들은 존재에 너무 집착해서 열반이 '아는 것'을 위한 일종의 보루라고 생각합니다. 이런 사람들은 '어

디에도 없음'을 장소의 이름으로, '텅 빔'을 소중하고 견고한 실재로, 그리고 '소멸'을 어떤 환상적인 것의 시작으로 여길 것입니다. 그들은 무無에서 어떤 것을 만들려고 합니다.

우리가 어떤 대상이 아닌 것 또는 어떤 특징들이 없는 것을 설명할 때, 이러한 '부정'과 '없음'은 대상 그 자체로 흔히 잘못 이해될 수 있습니다. 이것이 언어가 가진 문제입니다.

예를 하나 들어보겠습니다. 루이스 캐럴의 『거울 나라의 앨리스』[13]에 나오는 내용입니다.

하얀 왕은 그의 사자使者들이 길에 보이느냐고 앨리스에게 물었습니다.

"길에 **아무도 안** 보이는데요."

앨리스가 말했습니다.

"나에게도 그런 눈이 있었으면 정말 좋겠어."

왕이 불만스런 어조로 말했습니다.

"'**아무도안**'을 볼 수 있다니! 그리고 이렇게 멀리서! 이런 빛에서 왜 나는 진짜 사람들밖에 볼 수 없는 거지!"

그런 후 사자가 도착했습니다. 왕이 그에게 물었습니다.

"길에서 누구를 만났느냐?"

"**아무도 안** 만났습니다."

---

[13] Carroll, *Complete Illustrated Works*, pp. 193-94.

사자가 대답했습니다.

"정말 맞는 얘기야." 왕이 말했습니다.

"이 어린 숙녀도 그를 봤지. 틀림없이 '아무도안'은 너보다 느렸겠구나."*

"저는 최선을 다했습니다."

사자가 시무룩한 어조로 대꾸했습니다.

"저는 아무도 저보다 더 빨리 걷지 못한다고 확신합니다."**

"그는 그럴 수 없어."

왕이 말했습니다.

"만일 그랬다면 그가 여기에 먼저 와 있을 것 아니냐?"

불교에도 이와 비슷한 이야기가 있습니다. 부처님의 위대한 제자인 아누룻다Anuruddha 존자의 어린 시절 일화가 그것입니다.

아누룻다 존자는 전생 선업善業의 좋은 과보 때문에 이번 생에 원하는 물건들을 언제나 받을 수 있었습니다(Dhp-a 5:17).

어느 날, 어린 아누룻다는 점심 바구니의 음식을 걸고 친구들과 공기놀이를 하고 있었습니다. 운이 없게도, 그는 계속 져서 결국 점

---

* 원문은 "So of course Nobody was slower than you"이다. 여기서 사자는 'Nobody(아무도안)'을 사람 이름이 아니라 일반 단어 'nobody'로 이해해서 "틀림없이 너보다 느린 사람은 없었겠구나."라고 오해한다.

** 원문은 "I am sure nobody walks much faster than I do"이다. 왕은 이 문장의 nobody를 사람의 이름 'Nobody(아무도안)'으로 이해해서 이 문장을 "저는 '아무도안'이 저보다 훨씬 빨리 걷는다고 확신합니다."라고 오해한다.

심으로 먹을 음식들이 전혀 남지 않았습니다. 그의 집안은 매우 부유했습니다. 그래서 그는 점심 바구니를 집으로 들고 가서 과자를 좀 더 가져오라고 하인에게 지시했습니다. 하인이 돌아온 지 얼마 안 되어서, 그는 이 과자도 모두 잃었습니다. 그래서 두 번째로 하인을 집으로 보내서 과자를 더 가져오도록 했습니다. 그리고 또다시 아누룻다는 공기놀이 내기에서 과자를 모두 잃었습니다. 세 번째로 그는 하인에게 집에 가서 어머니에게 과자를 더 달라고 하라고 지시했습니다. 하지만 그때는 어머니에게도 과자가 다 떨어지고 없었습니다. 그래서 그녀는 하인에게 빈 바구니를 가지고 아누룻다에게 돌아가 "낫티Natthi 과자!"라고 말하라고 지시했습니다. '낫티Natthi'는 '전혀 없다'를 의미하는 빨리어 단어입니다.

하인이 빈 바구니를 들고 아누룻다 존자에게 돌아가고 있을 때, 천신天神들은, 만일 그들이 개입하지 않는다면, 아누룻다가 원한 것을 받지 못하게 되리라는 사실을 깨달았습니다. 아누룻다가 지은 전생의 선업 때문에 이것은 일어날 수 없는 일이었습니다. 그래서 천신들은 빈 바구니 속에 천상의 과자를 몰래 넣었습니다.

하인이 도착해서 바구니를 어린 주인에게 건네며 말했습니다. "낫티 과자, 주인님!" 하지만 아누룻다가 바구니를 열었을 때, 천상의 과자에서 아주 감미로운 향기가 났습니다. 그래서 그는 하나를 맛보지 않을 수 없었습니다. 그 과자는 너무 맛있었습니다. 그 후로 그는 어머니에게 '낫티 과자'만을 달라고 했습니다.

천신들이 개입하지 않을 때, 사실 '낫티 과자'는 '과자가 전혀 없다'는 것을 의미합니다. 마찬가지로, 뭔가 바라는 생각을 하는 사람들이 개입하지 않을 때 '아자땅ajātaṁ'은 '전혀 태어남이 없다'는 것을, '아부땅abhūtaṁ'은 '존재하게 되는 것이 없다'는 것을 의미합니다. 그리고 '아까땅akataṁ'은 '만들어진 것이 없다'는 것을, '아산카땅asankhataṁ'은 '조건 지어진 것이 없다'는 것을 의미합니다. 이 네 가지 용어는 우다나(Ud 8,3)에 담겨 있는 유명한 열반의 동의어들입니다.

번역자들은 (빨리어에서 부정의 접두사 'a-'로 표시되는) 이러한 부정명제들을 번역할 때, 마치 거기에 어떤 것이 있는 것처럼 '태어나지 않은 것', '나타나지 않은 것', '만들어지지 않은 것', '조건 지어지지 않은 것'으로 번역해서 근거 없는 왜곡을 더합니다. 이것은 하얀 왕이 '아무도 안'을 사람의 이름으로 생각하는 것과 다를 바가 없습니다.

| 예류를 위한 두 가지 계기와 다섯 가지 필요조건 |

부처님께서는 바른 삼매sammā-samādhi 또는 선정jhāna이 '진실로 있는 그대로 보는 것'의 직접적인 원인이라고 자주 말씀하셨습니다(AN V,24;V,168; VI,50;VII,61;VIII,81;X,3;XI,3). 그러면 왜 선정을 경험하는 모든 사람들이 예류자가 되지 못하는 것일까요?

그 해답은 선정과 더불어 부처님의 가르침에 대한 적절한 이해도 역시 필요하기 때문입니다. 12장에서, 저는 손전등과 지도의 비유를 들었습니다. 세 남자가 밤에 숲속에서 보물을 찾고 있다고 상상해보십시오. 첫 번째 남자는 손전등은 있지만 지도가 없습니다. 두 번째 남자는 지도는 있지만 손전등이 없습니다. 세 번째 남자는 손전등과 지도를 모두 가지고 있습니다. 오직 세 번째 남자만이 보물을 찾을 것입니다. 이 비유에서 손전등은 선정에 의해 강화된 빛나는 마음을 상징합니다. 지도는 부처님의 가르침을 정확하게 적용하는 지식을 의미합니다. 그리고 보물은 예류를 나타냅니다. '법'을 배우고 선정 경험이 있는 사람만이 열반을 발견할 것입니다.

「교리문답의 큰 경」에서 사리뿟따 존자는 바른 견해가 일어나는 데는(예류의 성취를 달리 표현하는 말) "두 가지 계기"가 필요하다고 말했습니다. 이 두 가지 계기는 "다른 사람의 말$^{parato\ ghosa}$"과 "근원으로 돌아가는 마음의 작용$^{yoniso\ manasikāra}$"입니다. 이 두 가지가 결합되어야 바른 견해가 일어날 수 있습니다. 사리뿟따 존자는 다섯 가지 조건, 즉 덕행^{sīla}, 배움^{suta}, 토론^{sākacchā}, 선정^{samatha}, 그리고 통찰^{vipassanā}이 이 두 가지 계기를 돕는다고 이어서 말했습니다(MN 43,13-14).

'근원으로 돌아가는 마음의 작용'은 선정에 기초한 통찰을 나타냅니다. 천 겹의 꽃잎을 가진 연꽃의 비유에서 그 중심에는 가장 소중한 보석인 열반이 자리하고 있습니다. 수행자가 해야 할 일은 부드럽게 이 연꽃을 한 겹 한 겹 열어서 그 중심에 도달하는 것입니다. 이것은 '근원으로 돌아가는 마음의 작용'이 의미하는 바를 설명합니다. 선정의 역할은 수행자를 그 중심에 충분히 가까이 데려가는 것입니다. 통찰의 역할은 그 속의 완전한 텅 빔을 깨닫는 것입니다. 선정과 통찰 모두 덕행sīla에 기초해야 합니다. 왜냐하면 수행자의 덕행이 깨끗하지 않다면, 니밋따가 흐릿하거나 아예 나타나지 않아서 선정에 도달할 수 없기 때문입니다. 따라서 사리뿟따 존자가 말한 예류의 두 번째 계기는 '근원으로 돌아가는 마음의 작용'을 구성하며 모두 함께 굴러가는 덕행, 선정, 지혜라는 세 가지 필요조건으로 이루어져 있습니다.

'다른 사람의 말'은 예류를 위한 또 다른 필수적 요소입니다. 다섯 가지 필요조건에서 배움과 토론이 여기에 해당됩니다. 경전을 읽거나 성취를 얻은 스님들의 법문을 듣는 것만으로는 충분하지 않습니다. 수행자는 읽고 들은 것을 훌륭한 스승과의 토론을 통해 정확하게 이해했는지 확인할 필요가 있습니다. 배움suta, 토론sākacchā은 대학의 강의와 (개별 지도강사에 의한) 개별 지도 혹은 세미나에 해당됩니다.

더 중요한 사실은 (말로 하거나 기록된) 이러한 '다른 사람의 말'이 고귀한 존재들로부터 나온 것이어야 한다는 점입니다. 그래야 효과가 있습니다. 여기서 고귀한 존재들이란 예류자, 일래자, 불환자, 아라한을 말합니다. 그들은 무상, 고통, 무아를 매우 깊숙이 꿰뚫어보았습니다. 그들은 열반에 대한 개인적 경험을 직접 가지고 있습니다. 그래서 자신들이 말하는 것에 대해 정확하게 알고 있습니다. 진정으로 고귀한 존재로부터 법을 듣는 것은 매우 중요합니다. 그래서 이것 없이는 입류가 불가능하다고 경전에서는 말합니다(AN X,61). 고귀한 존재와 보통 사람이 정확하게 똑같은 내용을 설할 수는 있겠지만, 청중들은 직관적으로 거기에 엄청난 차이가 있음을 알아차립니다. 이러한 차이를 만드는 것은 그 가르침이 나오는 근원이 다르기 때문입니다. 고귀한 존재로부터 나오는 법문은 살아 있고 감동적입니다. 하지만 그것이 보통 사람으로부터 나온 것일 때는 기껏해야 흥미거리에 지나지 않습니다. 그래서 (비록 신비성이 제거되고, 고귀한 존재의 가르침에 내재된 힘이라고 명확하게 설명하기는 하지만) 상좌부 불교에도 일반적으로 금강승金剛乘이나 대승大乘에 존재하는 전법傳法의 전통과 유사한 것이 있습니다. 게다가 이러한 가르침과 토론, 즉 '다른 사람의 말' 은 예류가 일어나기 위해 필요한 것의 절반에 지나지 않습니다.

따라서 예류에 이르기 위해서는 다섯 가지 필요조건인 덕행, 배움, 토론, 선정, 그리고 통찰을 부지런히 길러야 합니다. 그리고 '다른 사람의 말' 로 결합되는 배움과 토론은 반드시 고귀한 존재로부터 나온 것이어야 합니다. '근원으로 돌아가는 마음의 작용' 을 완수하도록, 덕행과 선정이 통찰의 토대가 되도록 하십시오. 그런 후 '다른 사람의 말' 과 '근원으로 돌아가는 마음의 작용' 두 가지를 서로 가까이에 두면, 이것은 화약과 불꽃을 서로 가까이에 두는 것과 같습니다. 이 둘이 부딪히면 엄청난 폭발이 일어납니다. 이것이 깊은 통찰입니다. 연기가 모두 사라지고 나면, 수행자는 자아에 대한 모든 환상들이 완전히 파괴되었다는 사실을 인식하게 될 것입니다. 이것이 예류입니다.

| '주로 믿음을 따르는 자' 그리고 '주로 법을 따르는 자' —선정 없는 예류? |

승단에서 자주 일어나는 논쟁의 주제 중 하나는 전혀 선정을 경험하지 않고서도 예류에 이를 수 있느냐에 관한 것입니다. 지금까지의 서술에서 명확하게 나타나듯이, 저는 선정에서 얻은 극적인 정보가 없이 무상, 고통, 무아의 완전한 의미를 꿰뚫을 수 있는 가능성이 있다고 생각하지 않습니다. 그러나 삼장三藏(빨리어 경전을 구성하는 '세 개의 바구니')에는 그것이 가능할지도 모른다고 암시하는 몇 가지 이야기들이 있습니다.

제가 본 가장 설득력 있는 내용은, 증거를 남기지 않고 부처님을 죽이기 위해 데와닷따Devadatta가 보낸 서른한 명의 자객들 이야기입니다.

첫 번째 자객이 부처님을 죽이고, 그다음 두 명이 첫 번째 자객을 죽이고, 그다음 네 명이 이 두 명을 죽이고, 그다음 여덟 명이 앞의 네 명을 살해하고, 마지막 열여섯 명이 이 여덟 명을 죽이기로 되어 있었습니다. 그러면 누가 부처님을 죽였는지 추적하기가 어려울 것입니다. 하지만 부처님의 강력한 존재감 때문에, 아무도 그들의 임무를 완수할 수 없었습니다. 오히려 각각의 그룹들은 부처님께 용서를 구하고 부처님으로부터 법을 들었습니다. 자객으로 고용된 자들이 선정 수행은 말할 것도 없고 덕행을 갖추고 있었을 리 만무합니다. 그렇지만 살인자가 될 뻔했던 서른한 명은 부처님의 가르침을 들은 후 모두 예류에 도달했습니다(Vin 2,7,3,7-8).

이러한 예외적 경우는, 예류에 이르는 두 종류의 사람에 대한 소개를 통해서 설명할 수 있습니다. '주로 믿음을 따르는 자saddhānusārī'와 '주로 법dhamma을 따르는 자dhammānusārī'가 그들입니다(MN 70). 믿음信, 에너지精進, 알아차림念, 삼매定, 그리고 지혜慧라는 다섯 가지 정신적 기능五根은 마음을 강화해서 깨달음에 이르도록 합니다. 삼매와 그 결과로 생기는 지혜가 약하더라도, 믿음과 그 결과로 생기는 에너지가 이를 보충할 수 있습니다. 믿음과 에너지가 예류에 이르는 주요한 추진력인 사람을 '주로 믿음을 따르는 자'라고 부릅니다. 그리고 삼매와 지혜가 주요한 힘인 사람을 '주로 법을 따르는 자'라고 부릅니다. 물론 양쪽 다 '알아차림'이 필요합니다. 부처님의 가르침에 대한 매우 강한 믿음과 그 믿음에서 흘러나오는 엄청난 에너지를 가지고 있는 사람은 어쩌면 전혀 선정을 경험하지 않고서도 예류에 도달할 수 있을지도 모릅니다. "믿음은 산도 옮길 수 있다."는 옛 속담처럼 말입니다.

하지만 전혀 선정 없이 미혹이라는 에베레스트산을 옮기고 예류에 도달하려면, 아주 확고한 믿음이 필요합니다. 주석서의 내용을 각색한 다음 이야기에 등장하는 젊은이와 같은 수준의 믿음이 필요합니다(Dhp-a III,417-21).

한 젊은이가 성취를 얻은 스승에게 자신을 제자로 받아달라고 간청했습니다. 스승은 제자들이 가르친 대로 실천하지 않아서 골칫거리일 뿐이라고 말하면서 거절했습니다. 젊은이는 자신은 스승에 대해 아주 강한 믿음을 가지고 있어서 그의 모든 지시를 따를 것이라고 말했습니다. 그래서 스승은 그를 시험해보기로 마음먹었습니다.

그는 젊은이에게 무슨 일이 있어도 멈추지도 방향을 바꾸지도 말고, 정동쪽으로 똑바로 걸어가라고 지시했습니다. 그래서 제자는 정동쪽으로 걷기 시작했습니다. 가시투성이 덤불을 만나자, 그는 이것을 그냥 똑바로 통과했습니다. 물에 잠긴 논에 이르자, 그는 논두렁으로 둘러가지 않고 진흙을 비집으며 걸어서 똑바로 통과했습니다. 그리고 큰 호수에 이르렀을 때, 그는 원래 방향에서 1도도 벗어나지 않고 그냥 계속해서 걸었습니다. 물은 곧 그의 허리까지 차올랐고 이윽고 목, 그리고 코의 높이까지 이르렀습니다! 그는 여전히 계속 걸었습니다. 물이 귀를 덮어서 들을 수 없게 될 찰라, 멈추고 물에서 나오라고 스승이 소리쳤습니다. 그 후, 이 젊은이는 그의 제자가 되었습니다.

스승의 지시를 따르기 위해 기꺼이 자신의 목숨을 바칠 수 있는 이런 제자를 가르치기는 쉽습니다. 이것이 '주로 믿음을 따르는 자'가 되어, 선정 경험 없이 예류에 이르는 데 필요한 수준의 믿음입니다. 요즘처럼 회의적인 시대에 이런 가능성이 많다고 저는 생각하지 않습니다.

이러한 강한 믿음은 반드시 고귀한 존재로 향해야 합니다. 지혜 없는 믿음은 도박입니다. 이런 이유로 저는 선정에 기초한 지혜의 길, 즉 '주로 법을 따르는 자'의 길을 추천합니다.

이와 관련해서 경전들에서는 먼저 나무의 껍질 그다음에 변재邊材를 통하지 않고서 나무의 심재心材에 이를 수 없듯이, 선정 경험이 전혀 없이는 아라한은 말할 것도 없고 불환을 성취하는 것도 불가능하다고 명확하게 말합니다(MN 64 또한 ANV.22；VI.68；VIII.81；IX.12).

인과관계 그리고 예류의 결과

부처님께서는 말씀하셨습니다.

"연기緣起를 보는 자는 법法을 본다. 법을 보는 자는 연기를 본다."[14]

예류의 필연적 결과 중 하나는 연기에 대한 완전한 이해입니다. '법'을 꿰뚫기 전에는, '아는 것'과 '행하는 것' 모두가 자신의 자아 또는 자아의 일부로 보였습니다. 예류에 이르고 나면, 이것들은 자연적 과정에 불과하다고 보입니다. 즉 개인에 의해서가 아니라, 연기에서 완벽하게 설명된 원인과 결과라는 개인과 상관없는 법칙에 의해 지배된다는 것입니다.

---

14 | 「코끼리 발자국 비유의 경」(Mahāhatthipadopama Sutta, MN 28).

예류자는 '앎'과 '행함'의 작용을 일으키는 원인들에 대해 명확하게 이해합니다. 그는 '앎'과 '행함'의 결과들도 이해합니다. 특히 그는 '감각적 욕망에 대한 갈애kāmataṇhā'와 '존재에 대한 갈애bhavataṇhā'가 어떻게 순간에서 순간으로까지뿐 아니라 삶에서 (그다음) 삶으로까지도 이러한 '앎'의 정신적 과정을 추진시키는지 깨닫습니다.

진실로, 예류자는 자아나 영혼 없이 어떻게 재생再生이 일어나는지를 설명해주는 것이 연기의 주요한 역할 중 하나라는 사실을 이해합니다. 대개, 존재bhava를 일으키는 연료upādāna를 만드는 이 두 종류의 갈애 때문에 재생jāti이 일어납니다. 혹은 이와 상응되는 관점에서 보자면, 자아에 대한 환상과 고통에 대한 부정이(달리 말하면 미혹avijjā이) 업saṅkhāra을 일으켜서, 의식viññāṇa이 새로운 삶의 사이클에서 자라도록 돕습니다. 따라서 예류자는 부처님께서 말씀하신 대로 재생이 일어난다는 사실에 의심이 없습니다. 또한 예류자는 재생이 **왜** 일어나는지도 압니다.

예류자들은, 제가 **연멸**緣滅이라고 부르는, 소멸의 측면에서도 연기의 열두 가지 요소들을 완전히 꿰뚫고 있습니다. 무엇이 몸과 마음이라는 개인과 무관한 과정을 유지시키는가를 보고 나면, 그들은 또한 이것이 어떻게 아무런 남김없이 소멸할 수 있는지도 보게 됩니다. 그들은 성취를 얻은 순간부터 소멸의 과정이 시작되었다는 사실도 역시 압니다. 그들에게, 존재의 과정은 치명적 상처를 입었습니다. 그리고 소멸의 과정은 이제 돌이킬 수 없습니다.

무상을 완전하게 볼 때, 예류자들은 몸과 마음이 남김없이 소멸될 수 있다는 사실을 인식합니다. 무아를 완전하게 볼 때, 그들은 이러한 궁극적 소멸에서 전혀 잃어버릴 것이 없다는 사실을 이해합니다. 왜냐하면 애초부터 영속하는 것이 없었던, 단지 과정에 불과한 것이었기 때문입니다. 그리고 고통을 완전하게 볼 때, 이것은 언제나 그들에게 이 과정을 끝내야 한다는 절박감을 일으킵니다. 이것은 사과를 가지고 있을 때, 사과 전체가 완전히 썩어서 어떤 부분도 남겨둘 가치가 없다는 사실을 알게 되는 것과 같습니다. 그러면 사과를 던져 버리려는 절박감이 일어날 것입니다. 예류 후에는, 이러한 고통에 대한 완전한 이해가 몸과 마음을 소멸의 과정으로 이끕니다.

| 염오 |

자신의 곤경에 대한 '염오厭惡 nibbidā'가 일어납니다. 부처님께서 자주 가르치신 것처럼, '진실로 있는 그대로 보는 것'은, 즉 예류는 필연적으로 염오를 일으킵니다(SN 12,23). 사과가 썩은 것을 마침내 보게 되면, 염오는 그것을 버리게 만듭니다.

이러한 염오는 개인적인 것과 아무런 관계가 없다는 사실을 주목할 필요가 있습니다. 왜냐하면 자아에 대한 모든 견해들이 제거되었기 때문입니다. 염오는, 이것을 원하든 원하지 않든, 예류 후에 자연적으로 일어나는 개인과 상관없는 현상입니다(cf. AN XI,2). 이것은 자연, 즉 '법'입니다. 그뿐입니다. 또한 이러한 염오감은 예류의 표시 중 하나입니다. 감옥에서 태어나고 그 안에서 성장한 죄수가 자신이 지독한 곤경에 처해 있음을 알자마자 거기에서 벗어나고 싶어 하듯이, '법'을 (특히 고통에 대한 것을) 완전하게 본 사람은 거기에서 벗어나고 싶은 절박감을 경험할 것입니다.

존재를 윤회의 수레바퀴에 묶는 것은 미혹^{avijjā}과 갈애^{taṇhā}입니다. 그리고 윤회에서 그를 내던지는 것이 염오입니다. 염오는 윤회로부터의 (탈출용) 사출좌석입니다. 예류 전에는, '행함'의 조건 지어진 과정이 미혹의 영향력 아래에 있었습니다. 따라서 이것은 대개 얻음 또는 남들과의 사교와 관련이 있었습니다. 예류 후에는 '행함'의 과정이 점점 더 '법'의, 특히 고통에 대한 앎의 영향력 아래로 오게 됩니다. 따라서 점점 더 버림과 홀로 있음의 방향으로 기울게 됩니다.

| 점차적 사라짐 |

소멸의 인과적 순서에 따라서 (혹은 '열반의 법칙'에 따라서) 염오는 '점차적 사라짐^{virāga}'을, 특히 감각적 욕망과 악의의 점차적 사라짐을 일으킵니다. 다섯 가지 감각의 세계가 고통으로 완전히 가득 차 있음을 보게 되면, 거기에는 더 이상 그를 위한 것이 없습니다. 마음은 그 세계를 거부합니다. 이것은 그가 원해서가 아니라 피할 수 없는 과정의 한 부분입니다. 그러면 그 세계는 글자 그대로 마음에서 점차 사라집니다. 나중에는 마음의 세계도 점차 사라질 것입니다. 왜냐하면 이것도 역시 고통으로 가득 차 있기 때문입니다. 예류 경

험의 힘 같은 요소들에 따라서(즉 고통, 무아, 그리고 무상에 대한 이해가 습관적 경향성들을 얼마나 깊이 꿰뚫었느냐에 따라서), 소멸의 과정은 그만큼 지속이 되다가 '완전한 해탈^{vimutti}'을 경험하며 끝이 납니다. 그리고 이러한 과정은 자연적 법칙들에 지배되기 때문에 그 기간이 정해져 있습니다.

| 최대한 일곱 번의 삶 |

이러한 윤회의 법칙에 의해서, 소멸의 과정은 길어야 이후 여섯 번의 삶을 끝으로 피날레에 이를 것입니다.[15] '행하는 것'이 자아가 아니라 인과적 과정의 일부분에 불과하다는 사실을 이해하게 되면, 예류자들이 예컨대 세 번의 삶 혹은 전체 여섯 번의 삶을 선택할 수 없다는 사실이 명확해질 것입니다. 이 문제는 더 이상 그들의 통제 아래에 있지 않습니다. 이것은 열반으로 가는 버스를 탄 것과 같습니다. 일단 이 버스에 오르면, 버스에서 내릴 수도 없고 운전사를 통제할 수도 없습니다. 열반 버스는 그 자체 시간표에 따라 오직 그 터미널로만 갑니다!

따라서 예류의 단계에 도달한 후, 수행자가 다른 존재들을 위한 자비심으로 임박한 깨달음을 연기할 수 없다는 사실은 명백합니다.

---

15 | 빨리어에서, '일곱' 번의 삶은 이번 삶을 먼저 포함하고 센 것입니다. 예류자에게는 최대한 여섯 번의 삶이 더 남아 있습니다.

이제 보살의 서원을 세우기에는 너무 늦었습니다. 열반의 법칙, 즉 이 소멸의 자연적 과정은 돌아올 수 없는 지점을 넘었습니다. 이제 멈출 수 없습니다. 많아야 일곱 생 안에 열반할 것입니다. 안녕!

완전한 깨달음을 향해

깨달음에는 네 단계가 있습니다. 예류자, 일래자, 불환자, 그리고 완전하게 깨달은 아라한이 그것입니다.

예류자는 '법'을 보고, 바른 견해를 얻고서, 일곱 생 안에 반드시 완전한 깨달음을 얻습니다.

일래자는 예류자에서 나아가서 많은 감각적 욕망과 악의를 제거합니다. 그래서 인간 존재로 많아야 한 번만 돌아옵니다. 『앙굿따라 니까야』 주석서에 따르면, 모든 일래자들은 이번 삶 이후에 도솔천tusita에 나고, 그런 후 마지막 삶으로 인간계에 다시 태어난다고 합니다.[16]

불환자는 이보다 더 나아가서 다섯 가지 감각세계의 모든 욕망과 악의를 완전히 제거합니다. 만약 그가 죽는 순간에 완전한 깨달음을 얻지 못하면, 정거천suddhāvāsa에 나고 거기에서 완전한 깨달음을 성취합니다. 그는 결코 다시는 이 인간 세상에 태어나지 않습니다.

마지막으로 아라한은 즉 완전한 깨달음을 이룬 이는 모든 일을 끝내고, 더 이상 성취할 것이 없습니다. 이것이 그의 마지막 존재입니다.

조난당한 일곱 명의 선원 ᴗ

부처님께서는 「물의 비유의 경」(AN VII,15)에서 이러한 깨달음의 네 단계를 조난당한 일곱 명의 선원에 관한 비유로 설명하십니다. 비록 이 경전에서는 선원들이나 조난에 관한 직접적 언급은 없지만, (저에 의해 덧붙여진) 아래의 상세한 내용들은 육지에서 멀리 떨어진 물속에 있는 일곱 명의 사람에 대해 설명하는 합리적인 추측입니다.

배가 난파된 후, 일곱 명의 선원은 자신들이 바닷물 속에 있음을 알게 되었습니다. 첫 번째 선원은 곧바로 물에 빠져 죽었습니다. 두 번째 선원은 잠시 떠 있다가 빠져 죽었습니다. 세 번째 선원은 수면 위에 떠서 머리를 물 밖으로 내밀고 있었습니다. 네 번째 선원은 머

---

16 | Manorathapūraṇī (『앙굿따라 니까야』의 주석서), 3:374. 질문에 있는 경전은 AN 6,44 입니다.

리를 물 위로 내밀고서 주위를 둘러보았습니다. 그리고 그리 멀지 않은 곳에 있는 안전한 육지를 봤습니다. 다섯 번째 선원 역시 물위에 떠서 육지를 봤습니다. 그리고는 해변으로 잘 헤엄쳐 가고 있었습니다. 여섯 번째 선원은 물위에 떠서 육지를 확실하게 봤습니다. 그런 후 헤엄을 쳐서 거기에 거의 다 도착해, 이제 파도 속에 서서 해변을 향해 걷고 있었습니다. 일곱 번째 조난당한 선원은 물위에 떠서 육지를 보고, 육지로 헤엄쳐 갔습니다. 그리고는 파도를 헤치고 해변으로 걸어갔습니다. 그리고 이제 편안하고 안전하게, 마른 땅위에 행복하게 앉아 있었습니다.

부처님께서는 이 비유의 의미를 다음과 같이 설명하셨습니다.

곧장 물에 빠져 죽은 첫 번째 조난당한 선원은 많은 나쁜 업業을 지은 사람들을 나타냅니다. 그들은 죽은 뒤에 곧바로 낮은 세계로 떨어집니다.

잠시 떠 있다가 빠져 죽은 두 번째 조난당한 선원은 일곱 가지 정신적 힘을 가졌었지만, 나중에 이것을 잃어버린 사람을 의미합니다. 일곱 가지 정신적 힘satta balāni은 도덕적 수치심hiri, 나쁜 행위로 인한 업의 결과에 대한 두려움ottapa, 믿음, 에너지(정진), 알아차림, 삼매, 그리고 지혜입니다(뒤의 다섯 가지는 표준적인 다섯 가지 정신적 기능 또는 힘입니다.). 그들은 수행을 제대로 하지 않아서 부주의하게 이것을 잃어버렸습니다. 그들도 죽은 후에 낮은 세계로 떨어집니다.

물 위에 떠 있는 세 번째 선원은 이러한 일곱 가지 정신적 힘을 유지하고 있는 사람을 나타냅니다. 말하자면, 인생의 부침에도 불구하고 그들은 머리를 물 밖으로 내밀고 있습니다.

떠 있으면서 주위를 둘러보고, 안전한 육지를 발견한 네 번째 선원은 예류자를 나타냅니다. 그는 안전한 열반을 봤습니다.

해변으로 헤엄쳐가고 있는 다섯 번째 선원은 일래자를 나타냅니다. 그는 감각적 욕망과 악의를 부분적으로 뿌리 뽑았습니다.

육지에 아주 가까이까지 가서 남은 길을 서서 걸어갈 수 있는, 여섯 번째 선원은 불환자를 나타냅니다. 그는 다섯 가지 감각세계의 모든 욕망과 악의를 제거했습니다. 그는 대부분의 일을 끝냈습니다. 그리고 열반에 아주 가까이 서 있습니다.

안전하고 편안한 마른 땅에 도착한 일곱 번째 선원은 완전하게 깨달은 이, 아라한입니다.

부처님의 이러한 교훈적 비유는 네 단계의 깨달음에 관한 많은 소중한 정보들을 담고 있습니다.

첫째, 예류를 성취하기 위해서는 믿음, 에너지, 알아차림, 삼매, 그리고 지혜라는 다섯 가지 정신적 기능이 중요하다는 사실을 다시 한 번 강조합니다. 여기에 도덕적 수치심^{hiri}과 나쁜 행위에 대한 두려움^{ottappa}이라는 두 가지 필수적 요소를 더합니다. 빨리어로 이 두 가지 자질은 '히리^{hiri}'와 '옷따빠^{ottappa}' 입니다. 이것들은 도덕적 행위들을 보호합니다. 그래서 부처님께서는 이들을 "세계의 수호자"라고 부르셨습니다(AN II, 1, 9).

둘째, 이 비유는 예류자와 아라한 사이의 차이점을 보여줍니다. 예류자는 열반을 보기만 했습니다. 반면 아라한은 열반에 **도달했습니다**. 경전의 다른 비유에서, 예류자는 깊은 우물 속의 물을 볼 수 있지만 두레박도 줄도 없는 목마른 사람과 같습니다. 하지만 아라한은 두레박과 줄로 물을 길어 갈증을 해소하는 사람과 같습니다(SN 12,68).

셋째, 이 비유는 예류자가 완전한 깨달음에 이르기 위해 그다음 무엇을 해야 하는지, 그리고 어떻게 수행이 일래자와 불환자를 거쳐 완전한 깨달음에 이르는지를 보여줍니다. 이제 저는 이 수행이 어떤 것인지를 설명할 것입니다.

왜곡 그리고 생각의 정화 淨化

예류에서 불환으로 이끄는 수행은 물론 고귀한 여덟 가지의 길(팔정도)입니다. 이 단계에서 여덟 가지의 길은 진정으로 '고귀한'이라는 명칭을 받을 자격이 있습니다. 왜냐하면 이제 이것이 고귀한 존재에 의해 추구되기 때문입니다. 이 길의 첫 번째 요소인 바른 견해는 완벽해졌습니다. 예류자에 의해 고귀한 여덟 가지 길의 이러한 주춧돌이 제자리에 놓이고 나서야, 나머지 길들이 완벽해질 수 있습니다 (AN X,121). 그때부터 예류자 수행의 주요한 초점은 이 길의 두 번째 요소인 바른 생각 sammā-saṅkappa을 완벽하게 하는 데 있습니다.

불환에 이르기 위해서는 감각적 욕망kāma-sankappa, 악의vyāpāda-sankappa, 잔인함vihiṃsa-sankappa에 대한 생각들을 이제 모두 버려야 합니다. 노력, 알아차림, 그리고 삼매는 생각을 정화하기 위해 이제 결합되어야 합니다. 입류에 이르고 나서야 수행자는 수많은 삶 동안 생각의 과정을 왜곡시켰던 교활한 정신적 오염원kilesa들을 영원히 뿌리 뽑는 일을 시작할 수 있습니다. 이러한 이유로 부처님께서는 예류가 지나서야 제자를 '배우는 자有學, sekha'라고 부르셨습니다. 이때서야 본격적인 수행이 시작됩니다.

무엇을 해야 하고 왜 해야 하는지를 깊이 설명하기 위해서는, '위빨라사vipallāsa' 즉 "인지과정의 왜곡"(AN IV, 49)에 관한 부처님의 가르침을 소개할 필요가 있습니다.

여기서 인지과정은 견해, 인식, 그리고 생각이라는 세 가지 요소로 구성되어 있습니다. 부처님께서는 어떻게 견해가 인식을 만들고, 인식이 생각을 만들고, 그리고 생각이 견해를 만드는지를 관찰하셨습니다. 그래서 바르지 않은 견해는 거기에 맞게 인식을 왜곡해서 잘못된 인식을 만듭니다. 인식은 생각을 형성하는 건축용 블록이라고 할 수 있습니다(MN 18, 16). 따라서 잘못된 인식은 잘못된 생각을 형성합니다. 그런 후, 이러한 생각이 자신의 견해를 정당화하는 데 이용됩니다. 이렇게, 잘못된 생각은 원래의 잘못된 견해를 강화합니다. 그 결과 잘못된 견해 → 잘못된 인식 → 잘못된 생각 → 잘못된 견해 → 잘못된 인식 …… 으로 이어지는 끝이 없어 보이는,

자체적으로 유지되는 악순환이 계속됩니다.

불행하게도, 대부분의 사람들은 이러한 인지과정의 왜곡을 볼 수 없습니다. 그들은 감각이 제공하는 일차적인 증거인 인식이 항상 정확하다고 생각합니다. 이것은 모든 사람들이 왜 스스로가 옳다고 생각하는지를 아름답게 설명해줍니다!

전前 배우자들이 이혼하면서 흔히 가지게 되는 태도에서 나타나는 오늘날의 괴로운 예가 이를 잘 보여줍니다.

한 사람이 그의 전 배우자가 돼지 같은 사람이라는 견해를 갖기 시작합니다. 이러한 잘못된 견해에 의해서, 그는 배우자의 돼지 같은 행동만 인식할 것입니다. 돼지 같지 않은 어떤 것도 부정에 의해 차단되거나, 또는 정말 돼지같이 보이도록 해석될 것입니다. 배우자의 돼지 같은 속성만이 인식에 나타나도록 허용됩니다. 이렇게 자신이 일차적 경험에서 얻은 정확한 정보라고 여기는 본인 인식의 증거에 기초해서, 그는 합리적으로 전 배우자가 돼지라고 계속해서 생각할 것입니다. 이렇게, 그의 이성적 사고과정은 이제까지 알았던 모든 것을 확인합니다. 보십시오, 돼지 같은 사람이잖아요!

이런 방식으로 잘못된 견해는 정당화되고, 인지 왜곡의 악순환은 인식되지 않은 채로 계속됩니다.

더 미묘한 예는 유체이탈의 경험에서 나타납니다.

어떤 사람이 자신의 몸 밖으로 떠오르고, 터널을 지나 빛으로 이동합니다. 그리고 그 빛을 지나서 신성한 존재를 만납니다. 그 존재는 그에게 아직 때가 되지 않았다고 말합니다. 그리고 그는 다시 돌아와 이 얘기를 들려줍니다. 여기서 흥미로운 부분은 신성한 존재의 정체에 관한 것입니다. 제가 읽고 들은 바로는 기독교도들은 예수를 만났다고 말하고, 가톨릭 신자들은 성모 마리아를 만났다고 주장합니다. 중국 불교도들은 자비로운 관세음보살을 만났다고 주장하고, 일부 힌두교도들은 크리슈나 신神에게 영접을 받았다고 말합니다. 그리고 무신론자는 그가 만난 존재가 얼마 전에 죽은 조지 삼촌이라고 확신합니다!

무슨 일이 벌어지고 있는 것일까요? 모든 이런 신성한 존재들이 누가 오고 있는지 엿보고 나서 순서를 정하는 걸까요?

"지금 홍콩에서 불자가 오고 있습니다. 이번에는 관세음보살 당신 차례입니다."

저의 무례함을 용서해주십시오. 저는 다른 사람들의 믿음을 모욕하려는 것이 아닙니다. 저는 단지 이러한 시나리오가 얼마나 가당치 않은가를 보여주고자 할 따름입니다.

실제로 일어나고 있는 것은, (사실. 그들 자신의 마음에서 나오는 빛의 반영일 뿐인) 각 개인의 경험들이 그들의 종교적 견해 또는 종교적 견해 없음에 의해 왜곡되는 것입니다. 그리고 이것들이 인식을 그들의 신념체계에 맞도록 왜곡합니다. 이러한 왜곡의 과정을 알지 못한 채, 그들은 자신들의 인식을 액면 그대로 받아들입니다. 기독교도들은 예수를 만난 것에 미칠 듯이 기뻐하고, 가톨릭 신자들은 성모 마리아를 목격한 것에 대단히 고무됩니다. …… 그리고 무신론자조차도 사랑하는 연로한 조지 삼촌을 다시 만난 것에 기뻐합니다. 그 결과 그들이 자신들의 믿음만이 진리라고 확고하게 믿게 되는 것은 전혀 이상할 게 없습니다.

| 네 가지의 미혹 |

부처님께서는 자아, 즐거움, 영원, 그리고 아름다움이라는 미혹을 유지시키는 인지 왜곡에 대해 특히 우려하셨습니다(AN IV, 49).

예를 들어 어떤 사람이 '이 안에' 정말 '자아'가 있다는 견해를 가지면, 이 잘못된 견해는 인식을 왜곡해서 자아가 있는 것처럼 보이게 만듭니다. 그러면 그는 '나', '나의 것', '자아'의 측면에서 생각하게 되고, 이것은 이 잘못된 견해를 강화합니다. 만약 '자아'에 대한 견해가 도전을 받으면, 그는 이성 즉 생각에 의지하고 그가 일차적 경험이라고 여기는 인식으로 이것을 뒷받침합니다. 이 사람에게, 정말 '자아'가 있다는 사실은 이성과 경험에 의해 너무나 분명합니다. 부처님의 가르침으로도 그를 설득할 수 없을 것입니다. 이러한 미혹을 무너뜨리기 위해서는 선정에서 얻은 혁명적인 새로운 인식들이 필요합니다.

다른 예를 하나 더 들어보겠습니다. 대부분 사람들은 섹스가 즐거운 것이라는 견해를 가지고 있습니다. 이러한 견해는 너무나 널리 견지되고 있습니다. 그래서 제가 만약 이것이 잘못된 견해라고 말한다면, 많은 독자들이 저를 이상한 스님으로 여길 뿐더러 정말 미쳤다고 생각할 것입니다. 혹은 우리 스님들 표현으로, "전체 승복僧服을 갖추지 못하고 몇 개의 천 조각만 있는" 정신 나간 스님으로 여길 것입니다. 이런 견해를 매우 신봉하고 있기 때문에, 섹스는 실제로 즐거운 것처럼 보입니다. 왜냐하면 즐거운 섹스의 경험들만이 인식에 들어오도록 허용된 유일한 정보이기 때문입니다. 이러한 경험들에 근거해서 사람들은 섹스에 대해 생각합니다. 그들은 섹스가 즐거운 것이라고 생각하고, 그것에 대해 자주 생각합니다! 이것이 섹스가 즐거운 것이라는 견해가 사실로 받아들여지는 이유입니다. 부처님께서는 이것이 잘못된 견해라고 말씀하셨습니다(MN 22,3). 하지만 말만으로는 이렇게 깊이 뿌리박힌 자체적으로 유지되는 미혹의 악순환을 결코 깨지 못할 것입니다. 여기서도 역시, 섹스가 즐거운 것이라는 신화를 폭파하려면 선정의 힘이 필요합니다.

요컨대, 부처님께서는 미혹을 네 가지로 설명하셨습니다.

(1) 자아가 아닌 것을 자아로 여기는 것.
(2) 무상한 것을 영원하다고 여기는 것.
(3) 고통스러운 것을 즐거운 것으로 여기는 것.
(4) 혐오스러운 것을 아름답다고 여기는 것.

이러한 네 가지 전도된 이해는 견해·인식·생각이라는 세 가지 모든 인지의 차원에서 나타납니다. 이것이 문제입니다.

네 가지 미혹은 견해의 단계에서 깨집니다. 다섯 가지 장애를 억누르고 왜곡되지 않은 인식을 제공하는 선정을 이용해서, 우리는 '진실로 있는 그대로'를 볼 수 있습니다. 바른 견해는 예류에서 확립됩니다. 예류자는 자아가 아닌 것을 자아로, 무상한 것을 영원한 것으로, 고통스런 것을 즐거운 것으로, 혐오스러운 것을 아름답다고 여기는 네 가지 잘못된 견해를 결코 다시 갖지 않을 것입니다.

그러나 이것이 예류자에게 성적 욕망에 관한 인식이나 화나는 생각이 없다는 것을 의미하지는 않습니다. 견해가 청정해진 후, 인식과 생각이 곧바로 따라오지는 않습니다. '배우는 자有學'의 경우 때로는 인식과 생각이 예류에서 성취된 바른 견해에 의해 만들어지고, 때로는 이것들이 '습관적 경향성'이라고 부르는 이전의 왜곡된 견해에 의해 만들어집니다. 오래된 습관들을 극복하는 데는 상당한 시간이 (때로는 일곱 번의 삶이) 걸립니다. 그럼에도 '배우는 자'들에게 예컨대 성적인 생각이 일어나면, 그들은 이것을 순간적인 알아차림의 공백으로 여깁니다. 즉 그들은 그들의 마음이 바른 견해에서 잠시 분리되어, 오랫동안 밴 습관들로 다시 돌아갔다는 것을 알고 있습니다.

감각적 욕망과 악의로부터 인식과 생각을 정화하는 것이 예류에서 불환에 이르는 길입니다. 이것은 예류 때 깨달은 '법dhamma'을 잊지 않도록 수행해서, '법'이 언제나 존재하는 소위 '중단 없는 알아차림'에 이르게 하는 것입니다. 이러한 끊임없는 알아차림은, 덕행에 의해 뒷받침된, 선정과 바른 노력에 의해서만 가능합니다. 이것은 조난당한 일곱 명 선원의 비유에서 '해변으로 헤엄치는 것'입니다. 노력, 알아차림, 그리고 선정은 감각적 욕망, 악의, 그리고 잔인함에 대한 모든 생각들micchā saṅkappa을 점차 극복합니다. 그리고 마침내 이것들이 다시는 일어날 수 없게 됩니다. 고귀한 여덟 가지 길의 두 번째 요소, 즉 바른 생각이 완성되었습니다. 그는 불환자입니다. 이제 얼마 남지 않은 육지로 걸어가는 일만이 남았습니다.

불환자不還者

팔정도의 처음 두 가지 요소가 완벽해지면, 바른 말·바른 행위·바른 생계라는 그다음 세 가지 요소도 역시 완벽해질 수밖에 없습니다. 모든 몸과 말의 행위들은 생각에서 비롯되기 때문입니다. 그래서 생각이 감각적 욕망과 악의로부터 정화되면, 말과 행위도 똑같은 두 오염원들로부터 정화됩니다. 또한 부처님께서는 불환자는 덕행戒을 완전하게 성취했고, 삼매定도 완전하게 성취했지만, 지혜慧만 어느 정도 성취했다고 말씀하셨습니다(AN III, 85). 따라서 삼매로 함께 표현되는 팔정도의 마지막 세 가지 요소도 역시 완벽해졌습니다(MN 44,11). 이제 불환자는 그 길을 청정하게 만들었습니다. 모든 요소들은 제자리에 있습니다. 오로지 남은 것은 목표, 즉 열반을 깨닫는 것뿐입니다.

그러면 불환자는 어떻게 보일까요? 경전에서 발견되는 불환자들에 대한 가장 상세한 설명은 재가자들과 관련이 있습니다.

『앙굿따라 니까야』에 등장하는 웨살리Vesāli의 욱가Ugga 장자는 불환자가 되기 전에 네 명의 젊은 부인이 있었습니다(AN VIII,21)! 나중에, 그는 모든 아내들에게 자신이 남편으로 더 이상 머무를 수 없다고 얘기했습니다. 그리고 그들에게 (각자가 원하는 대로) 그의 '누이'로 집에 남든지, 친정으로 돌아가든지, 또는 다른 남편을 취하든지 선택하라고 말했습니다. 불환자는 그 속성상 성행위를 할 수 없습니다. 또한 불환자 특유의 겸손함은 욱가 장자로 하여금 승단의 모든 구성원들을 (그보다 성취가 낮은 스님들에게 조차도) 최고의 존경을 가지고 대하도록 만들었습니다. 『상윳따 니까야』에 나오는 또 다른 불환자인 찟따Citta 장자는 그가 원하는 어떤 정도라도 네 가지 선정을 성취할 수 있었습니다(SN 41,8).

『맛지마 니까야』의 도공陶工 가띠까라Ghatīkāra도 역시 재가자였습니다(MN 81). 그는 스님이 될 수 없었습니다. 왜냐하면 장님인 늙은 부모님을 그가 돌봐야 했기 때문입니다. 그는 다섯 가지 계율을 지켰고, 성행위를 하지 않았으며, 오전에만 식사를 했습니다. 그리고 돈을 만지지 않았습니다. 이렇게 사미승과 거의 같은 계율을 지켰습니다. 항아리를 만들어놓고 그는 "음식을 두고 가고 싶은 사람은 그렇게 하십시오. 그리고 원하는 만큼 항아리를 가져가십시오."라고 알렸습니다. 이런 방식으로 그는 자신과 부모님을 부양했습니다.

『앙굿따라 니까야』의 난다마따^{Nandamātā}는 재가의 여성으로 불환자였습니다(AN VII,50). 왕의 병사들이 그녀의 하나뿐인 아들을 눈앞에서 죽였을 때, 그녀는 아이를 죽인 살인자들에게 악의를 품지 않았습니다. 그녀도 역시 마음대로 네 가지 선정을 성취할 수 있었습니다.

이렇게 세속에 있는 불환자들조차도 마치 이 세상의 사람이 아닌 것처럼 행동했습니다.

위에서 설명한 왜곡^{vipallāsa}의 시스템으로 돌아가서 말하자면, 불환자의 경우 미혹은 여전히 작동하지만 인식과 생각의 차원에서만 작동합니다. 견해는 영원히 미혹으로부터 자유로워졌습니다. 그래서 불환자도 때론 욕망을 가지고 인식하고 생각하지만, 이것이 다섯 가지 감각의 세계에 대한 것은 아닙니다. 불환자는 선정의 세계와 무색계 성취의 세계에 대한 욕망을 가지고 있습니다. 또한 불환자는 종종 '나는 ~이다.'라는 측면에서 인식하고 생각합니다(예: SN 22,89). 이러한 인식과 생각은 '행하는 것'을 재생시키고, 불만족과 이에 뒤따르는 들뜸을 일으킵니다. 그래서 불환자는 다섯 가지 높은 족쇄^{上分結}에 묶여 있습니다. 즉 미혹^{avijjā}, 선정에 대한 욕망$^{rūpā-rāga}$, 무색계 성취에 대한 욕망$^{arūpā-rāga}$, '나는 ~ 이다'라고 생각하는 것 ^{māna}, 그리고 들뜸^{uddhacca}에 묶여 있습니다.

수행 중, 불환자들은 예류가 될 때 처음으로 봤던 통찰들을 잊지 않기 위해서 바른 노력, 알아차림, 그리고 선정을 결합하여 이 길을 따라 계속해서 나아가야 합니다. 특히 그들은 고통이 선정까지 미치고, 무색계 성취도 역시 고통으로 가득 차 있다는 사실을 명심하고 있습니다. 그래서 결국 염오감nibbidā이 마음을 이러한 존재들로부터도 떠나게 만듭니다. 그들은 무아의 가르침도 명심하고 있습니다. 그래서 마침내 이것이 인식과 생각의 차원에서 항상 확립되게 됩니다. 이것이 완성되면 마음은 완전하게 청정해집니다. 그는 아라한입니다. 다음은 불교의 핵심을 잘 요약한 유명한 게송입니다.

> 어떤 악도 행하지 않고,
>
> 선함을 기르며,
>
> 마음을 청정하게 하는 것,
>
> 이것이 부처님들의 가르침이다.
>
> (Dhp 183)

| 완전한 깨달음을 빨리 성취하기 |

때때로 고귀한 이들은 일래자와 불환자의 단계를 거치지 않고, 예류에서 바로 완전한 깨달음으로 갑니다. 일곱 명의 조난당한 선원의 비유에서, 이것은 파도 속에서 일어서지 않고 곧바로 육지로 헤엄쳐 가는 것과 같습니다. 어쩌면 그들이 육지에 아주 가까이 헤엄쳐 갔을 때 강한 파도가 그들을 물결에 실어 부드럽게 해변 위로 옮겨놓

앉을지도 모릅니다.

부처님의 최고 시자(侍者)였던 아난다 존자의 완전한 깨달음이 이런 경우입니다. 부처님의 완전한 열반 후, 부처님의 가르침을 모으고 이를 보존하기 위해 장로 스님들의 모임이 계획되었습니다. 이것은 뒤에 제1차 결집으로 알려집니다(Vin 2,11). 500명의 스님들이 초청되었고, 그중 499명이 아라한이었습니다. 한 명의 예외는 아난다 존자였습니다. 그래서 그 모임 전날 저녁, 아난다 존자는 완전한 깨달음을 얻도록 최선을 다하기 위해 밤새도록 열심히 수행할 것을 결심했습니다. 새벽이 되어서도 전혀 진전이 없었습니다. 그래서 그는 포기했습니다. 놓아버렸습니다. 그리고 잠시 후, 그는 500번째 아라한이 되었습니다!

이 놀라운 사건은 당나귀와 당근의 비유를 이용해서 설명할 수 있습니다.

오래전 남유럽의 시골사람들은 당나귀 수레를 운송수단으로 이용했습니다. 고집이 센 것으로 악명 높은 당나귀가 무거운 수레를 끌도록 사람들은 당나귀를 속여야 했습니다. 주인은 수레에 긴 막대를 달았습니다. 그 막대는 당나귀 머리 앞에서 2피트 정도 뻗어 있었습니다. 그 막대 끝에 줄을 묶고, 먹음직스러운 큰 당근을 줄 끝에 매달았습니다. 바로 앞의 줄 끝에 묶여 흔들리는 당근을 먹고 싶은 욕망에 당나귀는 앞으로 움직였고, 그 결과 마차를 끌었습니다. 당근도 역시 똑같은 속도로 앞으로 움직였습니다. 그래서 주인은 많은 당근을 쓰지 않고도 당나귀가 마차를 끌게 할 수 있었습니다.

그러나 불자佛子 당나귀는 그 당근을 얻는 방법을 압니다! 그는 최대한의 노력viriya과 집중samādhi을 기울여 수레를 가능한 한 빨리 움직이면서 맹렬히 당근을 쫓아 달립니다. 물론 당근도 똑같이 빨리 움직이면서, 항상 당나귀 입 앞에서 2피트 떨어진 곳에 머물러 있습니다. 이 시점에 불자 당나귀는 욕망을 놓아버립니다. 그는 갑자기 멈춥니다! 관성 때문에 당근은 흔들려 당나귀에게서 더 멀어지고, 호弧를 그리며 이전보다 훨씬 더 올라갑니다. 하지만 당나귀는 믿음saddhā과 지혜paññā를 가지고 있습니다. 그래서 알아차림sati을 가지고 인내심 있게 기다립니다. 왜냐하면 노력과 집중은 그 할 일을 다 했기 때문입니다. 인내심 있게 지켜보면서, 당나귀는 당근이 흔들려서 끝으로 멀어지는 것을 보고 그리고는 이것이 다시 흔들려서 돌아오기 시작하는 것을 봅니다. '상승 그리고 하강', 당나귀는 알아차립니다. 곧 당근이 원래의 자리로 다시 하강합니다. 하지만 이상하게도 이것은 이제 똑같은 속도로 당나귀 쪽으로 움직이고 있습니다. 인내를 수행하면서, 당나귀는 아무것도 하지 않습니다. 당근이 점점 더 가까이 올 때, 모든 일을 하는 것은 당근입니다. 적절한 순간에 당나귀는 그냥 입만 벌립니다. 그리고 먹음직스러운 큰 당근이 저절로 입속으로 들어옵니다.

"우두둑! 우적우적! 음~!"

"정말 달콤해."

이것이 법^{dhamma}을 아는 당나귀가 당근을 얻는 방법입니다.

아난다 존자의 이야기에서, 그는 밤새도록 너무 열정적으로 열반의 당근을 추구했습니다. 하지만 그가 아무리 열심히 그 당근을 쫓아도, 완전한 깨달음은 언제나 조금 더 멀리 있었습니다. 그가 포기하고 잠시 잠을 자려고 멈췄을 때, 열반은 잠깐 동안 흔들려서 훨씬 더 멀리로 갔습니다. 그런 후 열반은 (당근처럼) 아난다 존자에게로 왔습니다! 익히 알려진 기록에 따르면, 아난다 존자의 머리가 베개에 닿기 전에, 그의 마음이 달콤한 열반을 삼켰습니다.

아라한 또는 완전하게 깨달은 이

완전한 깨달음은 결코 다시는 자아가 있다는 견해를 가지지 않게 되고, 자아의 측면에서 인식하지도 않으며, 어떤 것도 '나', '나의 것', '자아'라는 생각을 하지 않게 됨을 의미합니다. 더 이상 '나' 또는 '나의 것'이라는 생각이 전혀 없기 때문에, 아라한은 다른 사람들처럼 소유물을 모아두지 않습니다.

예를 하나 들어보겠습니다. 저의 스승이신 아잔 차 스님이 최고의 명성을 누리며 여전히 매우 활발하게 활동하던 시절이었습니다. 그는 저에게 그의 방으로 올라가서 어떤 것을 가져오라고 말했습니다. 그가 생활하는 방을 본 것은 그때가 처음이었습니다. 저는 그 경험을 결코 잊을 수 없을 것입니다. 비록, 총리들, 막강한 장군들, 그리고 돈 많은 사업가들이 아잔 차 스님에게 온갖 종류의 선물을 주었지만, 그는 그 자신을 위해 아무것도 남겨두지 않았습니다. 그의 방은 말린 풀돗자리, 발우, 두 벌의 승복을 제외하고는 텅 비어 있었습니다. 그가 그의 모든 소유물들을 싸서 가는 데는 채 1분도 걸리지 않을 것입니다. 그 방은 마치 아무도 살지 않는 것처럼 보였습니다. 이것은 아라한의 마음을 잘 반영합니다.

| 아라한이 할 수 없는 아홉 가지 일 |

아라한이 그 속성상 할 수 없는 아홉 가지 일이 있습니다.

(1) 소유물들을 축적하는 일.
(2) 어떤 형태의 생명체든지 의도적으로 죽이는 일.
(3) 훔치는 일.
(4) 성행위를 하는 것.
(5) 고의적인 거짓말을 하는 것.
(6) 욕망 때문에 잘못 행동하는 것.
(7) 악의 때문에 잘못 행동하는 것.
(8) 미혹 때문에 잘못 행동하는 것.
(9) 두려움 때문에 잘못 행동하는 것. (AN IX,7)

예컨대 아라한은 감각적 욕망을 완전히 초월했기 때문에, 섹스에 대한 열망을 점화할 불꽃이 더 이상 남아 있지 않습니다. 모든 아라한들은 '성적 능력이 있는 임포텐츠'입니다.

또한 아라한은 '내가 더 낫다.', '내가 더 못하다.', '나는 동등하다.'라는 세 가지 종류의 자만māna을 영원히 뿌리 뽑았습니다. 불교에서는 '나는 구제불능이다.'라는 위축된 자기 비하조차도 전도된 형태의 자만으로 봅니다. 본질적으로 아라한은 '나는 ~이다.'라는 관점으로 더 이상 인식할 수 없습니다(SN 22,89). 그는 몸과 마음을 개인과 상관없는 과정으로 봅니다. 그에게 한 과정과 다른 과정을 비교하는 것은 나무의 가치와 망고의 가치를 비교하는 것만큼이나 전혀 이치에 맞지 않습니다.

세 가지 형태의 자만과 관련해서, 모든 개인적 비교들이 소멸되는 것은 완전한 깨달음에 이르러서입니다. '아라한이 보살보다 뛰어난가? 아니면 그 반대인가?' 같은 오래된 골치 아픈 논쟁들은 모두 사라집니다. 아라한은 이러한 측정을 넘어서 진리에 따라, 즉 무아의 진리에 따라 삽니다. 완전한 깨달음에는 엘리트주의가 끼어들 자리가 없습니다. 그래서 아라한에게는 아래의 이야기가 보여주듯 진정한 겸손을 기대할 수 있습니다.

사리뿟따 존자는 모두에 의해 특별히 지혜롭다고 인정받은 유명한 아라한이었습니다. 어느 날 아침, 그는 부적절하게 승복을 입고 탁발을 나갔습니다. 아주 어린 건방진 사미승이 이 잘못을 봤습니다. 그리고는 공개적으로 이 위대한 스님을 꾸짖었습니다. "네가 뭔

데 감히 그런 말을 하느냐, 꼬마야!"라고 말하며 반응하지 않고, 사리뿟따 존자는 자신이 정말 단정치 못하게 옷을 입었는지 조용히 확인했습니다. 그것이 사실임을 확인하고, 그는 덤불 뒤로 가서 승복을 고쳐 입었습니다. 그리고 다시 돌아와, 큰 존경을 담아 "나의 스승"이라고 부르면서 조그만 사미승에게 감사를 표했습니다. 아라한은 이러한 품위 있는 겸손을 지니고 있습니다(Th-a 2,116).

| 아라한과 무법자들 |

자아에 대한 모든 인식들을 넘어선 아라한들은 인기의 필요성을 느끼지 못합니다. 그들의 마음은 감명을 주고 싶은 욕구에서 벗어나 있습니다. 또한 잃을 것이 전혀 남아 있지 않기 때문에, 그들은 조금도 두려움을 느끼지 않습니다. 『테라가타』에 나오는 다음 게송들은 이런 두려움 없는 존재였던 아디뭇따^{Adhimutta} 스님과 강도들과의 대화를 묘사합니다(Thag 705-25).

> 강도들:
>
> "우리가 그들의 의사에 반하여,
>
> 희생의 제물로 죽인 이들, 또는 재산 때문에 죽인 이들.
>
> 모두들 부들부들 떨고, 두려움으로 정신없이 중얼거렸다."

"그대는 두려워하는 것처럼 보이지 않는다.
그대의 안색은 밝게 빛나고, 평온하고 고요하며,
최대의 위험, 죽음에 직면해서도,
그대는 애통해하지 않는다."

아디뭇따:
"갈망을 완전히 떠났을 때, 마음속에는 고통이 없다.
두목이여, 영원히 모든 속박을 자른 이에게
진정으로 모든 두려움은 극복된다."

"존재를 미래의 태어남으로 이끄는 것이 파괴되었을 때,
지혜로써 현상들이 진실로 있는 그대로 보였을 때,
죽음에 직면해서도 두려움은 없다.
짐을 내려놓은 것처럼."

"나는 성스러운 삶을 잘 살았다.
이 길은 끝까지 계발되었다.
나는 죽음에 대한 두려움이 없다.

질병의 소멸을 두려워하지 않는 것처럼."

"나는 성스러운 삶을 잘 살았다.
이 길은 끝까지 계발되었다.
존재들은 무의미하고 시시하게 보인다.
마시던 독약을 뱉어버리는 것처럼."

"피안에 도달한 이에게,
더 이상 '취(取)함'이 없는, 일을 다 마친 이에게,
마음의 흘러나옴이 멈춘 이에게,
삶의 마지막 종결에서 기쁨이 있다.
중대한 위기에서 빠져나온 사람이 기뻐하는 것처럼."

"나는 최고의, 최상의 진리를 성취했다.
세상이 더 이상 나에게 제공할 것은 남아 있지 않다.
죽음에 이르러서도 슬픔은 없다.
이것은 안도를 가져온다.
불타는 집에서 구출되는 것처럼."

"'여기에 무엇이 존재하게 되든,
어디에서 존재가 취해지든,
이 모든 것은 지배하는 신神이 창조한 것이 아니다.' 라고
위대한 성자께서는 명확하게 설명하셨다."

"부처님께서 가르치신 대로 이것을 아는 누구든지,
존재를 취하지 않는다.
벌겋게 단 쇳덩이를 '취하지' 않는 것처럼."

"나에게 '나는~이었다.' 는 생각은 없다.
그리고 '나는~일 것이다.' 라는 생각도 일어나지 않는다.
이러한 형성들이 끝나고 멈출 때,
이것들에 대해 무엇 때문에 애통해하는가?'

"그저 현상들이 일어날 뿐이고,
원인 때문에 형성들이 그저 지속될 뿐.
진실로 있는 그대로 봤다면 두려움은 없다. 오, 두목이여."

"지혜 있는 이가 이 세상을 바라볼 때,
풀과 나뭇가지들의 무더기를 보는 것과 같다.
그는 어디에서도 그의 것을 발견하지 못한다.
'나의 것'이 없기에 슬픔은 없다."

"나는 이 송장에 지쳤다. 넌더리가 난다.
존재는 그 마력을 잃었다.
그리고 여기서 이 송장이 부서질 때,
더 이상 다른 송장은 없을 것이다."

"그대는 원하는 대로 하라.
그대가 해야 할 바를 하라.
하지만 여기 이 시체 때문에,
미움이나 애착은 일어나지 않을 것이다."

이러한 소름끼치는 놀라운 말에,
강도들은 칼을 던지고 이렇게 말했다.

"존자시여, 당신은 무엇을 하셨기에,
그리고 당신의 스승은 누구시기에,
누구의 가르침이 모든 슬픔에서 벗어난
이러한 자유로 이끕니까?"

아디뭇따:
"모든 것을 알고 모든 것을 보는, 정복자 그리고 승리자,
한량없는 자비를 가진 나의 스승,
그는 세상의 스승이시고 세상의 의사이시다.

"정진한다면 모든 슬픔에서 벗어난 자유로 이끄는,
소멸에 이르는 이 견줄 데 없는 '법'을 그는 가르치셨다."

성자에 의해 잘 설해진 이러한 말을 듣고서,
칼을 내려놓고 무기를 버리고,
일부 강도들은 즉시 그들이 하던 일을 그만두었다.
한편 다른 이들은 세상을 떠나 성스러운 삶을 살았다.

부처님의 종교에 출가하여,

깨달음의 요소들, '힘들', 그리고 높은 마음을 계발하면서,

기쁜 마음과 성숙한 능력들로,

그들은 조건 지어지지 않은 상태, 열반에 이르렀다.

| 무엇이 아라한을 움직이는가? |

앞에서는 아라한들이 할 수 없는 것들을 열거함으로써 완전한 깨달음의 상태를 설명했습니다. 하지만 그들이 하는 행위의 종류에 대한 묘사를 통해서도 이를 설명할 수 있습니다. 본질적으로 그들의 행위는 자애慈, 연민悲, 공감하는 기쁨喜, 그리고 평정捨으로 이루어져 있습니다. 가르침이든 봉사든 먹는 것이든 휴식이든 또는 그들이 하도록 요청받는 다른 무엇이든지 간에, 아라한의 모든 행동을 일으키는 것은 이러한 네 가지 '고귀한 머묾'입니다. 이것을 빨리어로 '브라마위하라brahmavihāra, 梵住'라고 부릅니다.

저는 1974년부터 1983년까지 태국에서 스님 생활을 했습니다. 저는 그때 이런 아라한들을 만났던 것을 제 생애 최고의 축복이라고 생각합니다. 제가 언제나 기억할 한 분은 많은 신통력을 가진 것으로 명성이 자자했습니다. 신통력은 흔히 완전한 깨달음과 함께 오지만, 언제나 그런 것은 아닙니다(SN 12,70). 특히, 이 위대한 스님은 다른 사람의 마음을 읽을 수 있다고 알려졌습니다. 이것이 사실일지

도 모른다고 생각하며, 저는 이 아라한과의 만남을 망설였습니다. 사실 저는 겁을 먹었습니다. 젊은 스님으로서의 제 마음은 외설적 소설만큼이나 위대한 스님이 읽기에 적당하지 못했습니다. 더군다나 공개적으로는 절대로 안 됐습니다! 하지만 제가 이러한 존재(또는 비非존재라고 해야 할)가 있는 곳으로 들어갔을 때, 저의 모든 두려움들은 순식간에 증발해버렸습니다. 저는 제 자신의 모든 결점들에도 불구하고, 고요함과 안전함을 느낄 수 있었습니다. 그리고 받아들여진다는 느낌이 들었습니다. 아라한들은 어느 누구도 깔보지 않습니다(세 가지 자만이 제거되었습니다). 그래서 그들과 함께 있을 때, 사람들은 매우 편안하게 느껴집니다. 그들이 발산하는 모든 것은 자비와 지혜입니다. 진정한 아라한과 함께 하는 것은 가장 편안하고 기운을 북돋우는 만남입니다.

어느 정도 시간이 흐른 후, 한 동료 스님이 아라한에 대한 색다르지만 정확한 은유를 했습니다. 그는 사람들이 그들 몸에서 나온 많은 뾰족한, 보이지 않는 정신적 못을 가지고 있는 것 같다고 말했습니다.

어떤 사람들의 정신적 못은 매우 넓게 퍼져 있고 면도날처럼 날카롭습니다. 그래서 그들이 방에 들어가면 방 안의 모든 사람들은 매우 불편하다고 느낍니다. 그들과 함께 있으면 사람들은 쉽게 상처를 입습니다. 대부분 사람들의 정신적 못은 그리 길지도 그리 날카롭지도 않습니다. 그들에게 가까이 다가갈 수는 있습니다. 하지만 너무 가까이 다가가면 …… "아야!" 못에 긁힙니다. 일부 예외적인 사람들은 아주 적은 못을 가지고 있습니다. 그들이 갖고 있는 못들은 짧고 무딥니다. 그들은 정말 사랑으로 가득 차 있는 것처럼 보입니다. 그래서 사람들은 그들에게 가까이 다가가고 싶어합니다. 그러나 이런 사람들조차도, 그들에게 정말 가까이 다가가면 역시 못에 긁힐 수 있습니다. 그들도 역시 지켜야 할 개인적 영역이 있습니다.

마지막으로, 정신적 못이 전혀 없는 드물고 특별한 부류의 존재들이 있습니다. 바로 아라한들입니다. "그들은 너무 부드러워요. 그래서 꼭 껴안고 싶어요!"라고 어떤 사람이 저에게 말한 적이 있습니다. 이 말은 무례하기는 하지만, 정말 공감이 되는 얘기입니다. 아라한은 오로지 여러분의 행복만을 걱정하는 완벽한 영적 할아버지와 같습니다. 그는 성냄의 자취가 전혀 없습니다. 그리고 정말 지혜롭고 부드럽습니다. 이러한 아라한이 있는 곳에 가면, 우리는 결코 거기를 떠나고 싶어하지 않습니다.

모든 고통의 끝

여러분이 아라한을 만날 수 있는 행운을 가진다면, 이것이 바로 아라한의 모습입니다.

그는 세상에서 가장 행복한 사람처럼 보입니다(MN 89,12).

하지만 아라한의 내적 경험은 어떨까요? 모든 고통에서 자유로울

까요? 일부 사람들에게는 놀라움으로 다가오겠지만, 그 해답은 '그렇지 않다' 입니다! 아라한은 모든 고통에서 아직 자유롭지 못합니다.

아라한과 다른 모든 이들과의 차이점을 설명하기 위해서, 부처님께서는 두 개의 화살 비유를 가르치셨습니다(SN 36,6). 어떤 사람이 화살에 맞으면, 그는 큰 고통을 경험할 것입니다. 곧이어 두 번째 화살에 맞으면, 그는 두 배 혹은 그 이상의 고통을 경험할 것입니다. 이 비유에서 두 개의 화살은 신체적 그리고 정신적 느낌을 나타냅니다.

대부분 사람들은 고통스런 육체적 느낌을 경험할 때 즉시 고통스런 정신적 느낌이 뒤따릅니다. 이것은 두 개의 화살을 연속으로 맞는 것과 같습니다. 그러나 아라한은(그리고 불환자는)[17] 고통스런 육체적 느낌을 경험할 때, 고통스런 정신적 반응이 뒤따르지 않습니다. 이것은 단 하나의 화살만 맞은 것과 같습니다. 완전하게 깨달은 이는 정신적 고통의 화살을 제거했습니다. 하지만 여전히 육체적 고통의 화살을 경험해야 합니다. 부처님조차도 육체적 고통을 경험해야 했습니다(DN 16,4,20). 실제로, 생애의 마지막 몇 달 동안, 부처님께서는 '표상 없는 삼매animitta ceto-samādhi'에 들었을 때만 육체적 괴로움에서 자유로웠다고 말씀하셨습니다(DN 16,2,25).

물론 육체적 고통의 화살은 제거된 정신적 고통 전체에 비교하면

---

[17] | Bhihkhu Bodhi, *The Connected Discourses of the Buddha* (Boston: Wisdom Publications, 2000), p.1433n236.

매우 적습니다. 그래서 아라한들은 살아 있는 가장 행복한 존재입니다. 그렇지만 남아 있는 고통은 중요합니다. 이것은 아라한의 내적 경험들의 특징을 보여주고, 동시에 그들이 반열반(완전한 소멸)하는 주요한 원인을 제공합니다. 예컨대 아라한 와지라^{Vajirā}가 자신이 누구인지 설명해보라는 요구를 받았을 때, 그녀는 '와지라'라는 이름이 붙은 이 '몸과 마음의 과정'이 깨달은 이의 마음속에서 어떻게 보이는지를 설명했습니다.

> 단지 고통이 일어나고,
> 고통이 머물고, 사라질 뿐.
> 일어나는 것은 고통이 아닌 것이 없고,
> 사라지는 것은 고통이 아닌 것이 없다.
> (SN 5,10)

아라한의 마음에 관한 이러한 내부자의 시각은 「깟짜나곳따 경」(SN 12,15)에서 부처님에 의해 검증됩니다. 부처님께서는 말씀하십니다.

"일어나는 것은 단지 고통이 일어나는 것이고, 소멸하는 것은 단지 고통이 소멸하는 것이다."

앞에서 설명했듯이, 고통이 모든 존재의 차원에 (아라한이라는 존재까지) 충만해 있기 때문에 염오^{nibbidā}가 일어나고, 이 염오는 아라한의 몸과 마음의 과정이 완전한 소멸에 이르도록 합니다.

이렇게, 완전한 깨달음은 모든 고통의 끝이 아닙니다! 그래서 이것을 '유여열반有餘涅槃', 즉 '존재가 남아 있는 열반sa-upādisesa-nibbāna'이라고 부릅니다. 아라한은 그야말로 존재의 마지막 단계에 있습니다. 그는 이 단계에서 두 가지를 압니다. 첫째, 다시 태어나는 원인들을 압니다. 그 대부분은 감각적 즐거움에 대한 갈애kāmataṇhā와 존재에 대한 갈애bhavataṇhā입니다. 둘째, 이러한 원인들이 모두 파괴되었음을 압니다. 아라한으로 존재하는 것조차 고통임을 깨달았을 때, '존재'하고자 갈망할 이유가 있을까요? 그래서 아라한은 삶에서 삶으로 고통을 재생시키는 씨앗들('정신적 유전자들')을 파괴했다고 일컬어집니다(Sn 235). 그리고 이것이 완전히 파괴되었음을 압니다. 이것은 아라한만이 가지는 고유한 앎입니다. 아라한이 '무여열반無餘涅槃', 즉 '존재가 남아 있지 않은 열반an-upādisesa-nibbāna'(달리 표현하자면, 반열반 또는 완전한 소멸)에 이르는 데는 많은 시간이 필요치 않습니다. 아라한 상낏짜Sankicca 스님은 게송에서 다음과 같은 불멸의 말씀을 남겼습니다.

나는 죽음을 갈망하지 않는다.
나는 삶도 바라지 않는다.
일꾼이 그의 품삯을 기다리는 것처럼,
나는 나의 때를 기다린다.

(Thag 606)

반열반 般涅槃 parinibbāna

아라한들이 그들의 '품삯'을 받는 그 순간, 즉 모든 고통의 마지막 소멸이 반열반입니다. 이것은 '존재의 소멸bhavanirodha'입니다(SN 12.68). 완전한 깨달음이 일어난 순간부터 반열반할 때까지, 아라한들은 세상에 가장 큰 이익이 됩니다(Sn 233). 그들은 직접적인 열반의 경험을 통해 모범이 되어 가르칩니다. 그들은 살아 있는 '법'의 화신입니다. 완전한 깨달음에서 반열반에 이르는 부처님의 45년간은 오늘날에도 여전히 가장 강력한 시간으로 남아 있습니다. 이 시간들은 비옥한 갠지스 평원으로부터 멀리 떨어진 나라들에서 여전히 천둥처럼 울리고 있습니다. 그리고 1,000년 동안 그 빛을 내뿜고 있는 초신성처럼, 그 광채는 2,600년이 지난 오늘날을 밝게 비추고 있습니다.

부처님께서 법의 바퀴를 굴리시기 시작한 것은 오래전의 일입니다. 그리고 그 뒤 여러 세기 동안 그 바퀴를 구르게 했던 것은 아라한들이었습니다. 이 시대의 첫 번째 아라한인 부처님처럼, 모든 아라한들은 그 길을 보여주기만 할 따름입니다. 그 여정을 걷는 것은 그것을 듣는 사람들에게 달려 있습니다. 그 길은 계속해서 전해지고 있고, 오늘날까지도 잘 여행할 수 있도록 남아 있습니다. 그들이 모든 유정의 존재들을 돕기 위해 할 수 있는 일이 더 이상 남아 있지 않을 때, 모든 부처님들과 모든 아라한들은 반열반에 듭니다. 단지 '고통이 일어나고, 고통이 사라지는 것'일 뿐이었던 것이 이제 영원히 소멸합니다.

그러면 반열반 뒤에는 어떤 일이 일어날까요? 완전한 소멸의 순간 후에, 모든 앎viññāṇa第六識, citta心, mano意과 알아질 수 있는 모든 것들 nāma-rūpa, 名色이 소멸됩니다. 그리고 그것들과 함께 모든 설명들과 말들도 함께 소멸됩니다. 더 이상 말할 아무것도 없습니다. 사람들이 '아무것도 없다'라는 것을 어떤 것의 이름으로 오해하지 않도록, 아무것도 없다고 말하는 것조차 전혀 적당하지 않습니다(예: AN IV,174).

어떤 사람이 깨달았는지 구별하는 방법

저는 어떤 사람이 깨달았는지 어떻게 확인할 수 있느냐는 질문을 자주 받습니다. 그 답은 '확실히 알 수 없다' 입니다. 오직 부처님들만이 이런 능력을 가지고 있습니다(AN IV,44). 왜냐하면 이것이 부처님의 열 가지 힘 중 여섯 번째 힘이기 때문입니다(AN X,21). 부처님의 시대에는 오직 그만이 다른 사람의 성취를 확인할 수 있었습니다. 사리뿟따 존자 같은 위대한 아라한들조차도 이 문제에 관해서 부처님께 여쭈어야 했습니다(SN 35,87).

그러나 어떤 사람이 깨달았는지는 비록 확실히 알 수는 없지만,

어떤 유형의 사람들이 깨닫지 않았는지는 확실히 알 수 있습니다. 깨달음의 네 가지 단계에는 각각 명확한 표시들이 나타납니다. 따라서 만일 이 필수적인 표시들 중 어떤 것이라도 빠져 있다면, 그들이 이 단계에 이르지 않았다고 확신할 수 있습니다.

| 필수적 표시 |

예류자의 필수적 표시는 '예류자의 네 가지 특징'으로 시작합니다. 이것은 다음과 같습니다.

> (1) 부처님의 깨달음에 대한 흔들림 없는 믿음.
> (2) 부처님의 가르침 즉 '법'의 탁월함에 대한 흔들림 없는 믿음.
> (3) 승단에 있는 고귀한 이들의 가치에 대한 흔들림 없는 믿음.
> (4) '고귀한 존재들이 소중히 여기는' 높은 수준의 도덕적 행위.
> (DN 16,2,9;SN 55,1)

네 번째와 관련해서 「꼬삼비 설법의 경」(MN 48)에서는 그 수준의 행위가 어떤 것인가에 대해 자세하게 설명합니다.

"그들이 계율을 범하면, 그 속성상, 항상 이것을 스승이나 동료 수행자들에게 드러내고 미래에 이러한 잘못된 행위를 하지 않도록 단속한다."

또한 예류자는 '유신견有身見, sakkāya diṭṭhi'을 뿌리 뽑았습니다. 즉 예류자는 오온(五蘊: 몸, 느낌, 인식, 정신적 형성, 의식) 중 **어떤 것도** 자아로, 자아의 소유로, 자아를 담고 있는 것으로, 자아에 담겨 있는 것으로 여기지 않습니다(MN 44,7;SN 22,1). 이러한 유신견이 「범망경」(DN 1)에서 열거된 62가지 잘못된 견해들을 만들기 때문에, 예류자는 이러한 견해들 중 어느 것도 가질 수 없습니다(SN 41,3). 이것이 예류자를 '바른 견해를 완성한 자$^{\text{ditthi-sampanna}}$'라고 부르는 이유입니다(AN VI,89-95). 따라서 모든 예류자들은 윤회가 존재하고(MN 60,11), 업이 존재한다는(MN60,19) 견해를 반드시 가지고 있습니다.

마지막으로, 예류는 하나의 사건입니다(AN III,12). 따라서 예류자는 이것이 일어난 시간과 장소를 지적할 수 있어야 합니다.

그러므로 예컨대 어떤 사람이 승단에 대한 존경심이 없거나, 윤회를 믿지 않는다고 주장하거나, '마음$^{心, citta}$' 또는 '의意, mano' 또는 '의식第六識, viññāṇa'이 영원하다는 견해를 가지고 있으면(「범망경」에서 여덟 번째 잘못된 견해), 이 사람은 예류자가 아니라고 확실히 알 수 있습니다.

이러한 기준은 경전에 나오는 명확한 내용들에 기초하고 있습니다. 만약 어떤 사람들이 경전에서 예류에 대해 말하고 있는 내용을 존중하지 않는다고 말하며 이런 기준에 반대한다면, 이것은 그들이 예류자가 아니라는 또 다른 확실한 표시입니다. 왜냐하면 모든 고귀한 이들은 부처님의 가르침을 존중하고, 거기에서 영감을 얻기 때문입니다(MN 48,13-14).

일래자에게는 예류자의 모든 표시들이 있어야 하고, 거기에 더해서 감각적 욕망과 악의가 줄어들어야 합니다. 이 단계는 정확히 정의하기가 아주 어렵습니다. 그래서 저는 이 장에서 이것에 대해 거의 언급하지 않았습니다. 예컨대, 『앙굿따라 니까야』에는 뿌라나Purāna와 이시닷따Isidatta라는 형제의 이야기가 있습니다(AN VI,44). 전자는 성생활을 하지 않았고, 후자는 성생활을 유지했습니다. 그렇지만 부처님께서는 둘 다 일래자라고 선언했습니다. 이것은 오직 부처님만이 다른 사람의 성취를 확실하게 알 수 있는 능력을 가지고 있다는 사실을 보여주는 예입니다.

불환자의 표시는 훨씬 더 명확합니다. 예류자의 모든 특징들이 있어야 하고, 거기에 더해 감각적 욕망과 악의가 완전히 사라져야 합니다. 따라서 불환자는 성행위를 하는 것은 말할 것도 없고, 성행위에 대한 상상조차도 할 수 없습니다(AN VI,63에서 유추하자면). 그러므로 성생활을 하는 사람은 확실히 불환자가 아닙니다. 그리고 분명하게 화가 난 사람도 역시 불환자가 아닙니다.

아라한의 표시는 더욱더 명확합니다. 예류자와 불환자의 모든 특징들이 있어야 하고, 거기에 더해서 (소유물을 축적하는 일 같은) 아라한이 할 수 없는 아홉 가지 일과 같은 특징들이 존재해야 합니다(AN IX,7). 아라한은 또한 세 가지 '나는 ~이다.'라는 자만이 없기 때문에, 자연적 겸손함을 가지고 있습니다(SN 22,89). 아라한의 또 다른 고유한 특징은 죽음에 직면해서도 두려움이 없다는 것입니다(이 장 앞에서 서술했던 아디뭇따 스님의 이야기에서처럼). 따라서 만약 어떤 사람이 많은 소유물을 가지고 거만하며 죽음을 두려워한다면, 여러분은 이 사람이 완전한 깨달음에 이르지 못했다는 사실을 알 수 있습니다.

이것이 어떤 사람이 깨달음의 이런저런 단계가 **아니라고** 확인할 수 있는 방법입니다. 하지만 단지 어떤 잘못된 견해들 또는 행동들이 두드러지게 보이지 않는다고 해서 그것들이 뿌리 뽑혔음을 의미하는 것은 아닙니다. 때로 이것들은 선정에 의해 눌리기도 하고, 의지에 의해 눌리기도 합니다. 예를 들어, 만일 깨닫지 못한 사람이 선정에 들었다 나온 직후에 어떤 사람이 그의 마음을 읽는다면, 그의 마음에는 오염원들이 전혀 없어 보여서 평소 아라한의 마음과 구별할 수 없을 것입니다. 이것이 오직 부처님만이 다른 사람의 성취를 확실하게 알 수 있는 이유들 중 하나입니다. 다른 모든 사람들은 어떤 종류의 사람들이 이런저런 성취에 아직 도달하지 못했는지만 확실하게 알 수 있습니다.

| 두 명의 사원 소년[*] |

이 부분과 관련해서 참고가 될 만한 이야기는, 20여 년 전 우리 시대

---

[*] 사원 소년(temple boy) : 사원의 잡무를 돕거나 스님들의 심부름을 하는 소년.

최고의 수행자 중 한 사람이었던 스님에게 일어났던 사건과 관련이 있습니다.

교육을 거의 받지 못한 두 명의 사원 소년이 이 유명한 스승에게 수행을 좀 가르쳐달라고 청했습니다. 며칠에 한 번씩, 이 어린 소년들은 수행의 진전을 스승에게 보고했습니다. 결과는 놀라웠습니다. 얼마 지나지 않아, 가난한 마을 출신의 두 소년은 모든 스님들을 앞질렀습니다. 당시 거기에 있었던 사람들은 나중에 저에게 그때 그 사원의 분위기는 흥분에 가득 차 있었다고 말했습니다. 마치 우연인 것처럼, 비범한 정신적 능력을 가진 두 소년이 이 숲속 사원을 찾아왔습니다. 그리고 이제 그들의 뛰어난 숙명적 잠재력을 완수하기 위해 잘 나아가고 있었습니다.

마침내, 학식 깊은 스승은 두 소년이 완전한 깨달음에 이르렀다고 엄숙하게 선언했습니다. 그러자 스님들의 신심은 고무되어 이내 좀처럼 보기 힘들 정도로 극에 이르렀습니다. 스님들은 두 명의 새로운 아라한이 세상에 출현했다는 사실을 듣고 전율했습니다. 상좌부 불교 전통에서는, 재가신자가 완전한 깨달음을 성취하면 빨리 승단에 출가를 해야 하고, 그렇지 않으면 며칠 안에 죽게 된다고 이해하고 있습니다(Miln 7,2를 근거로). 그래서 이 위대한 스승은 바로 그날 두 사람 모두 스님이 되도록 했습니다. 소년들의 성취를 정말 확신했기 때문입니다.

얼마가 지난 후, 그중 한 소년이 가벼운 질병으로 병원에 가게 되었습니다. 의사는 수술이 필요하다고 진단했습니다. 수술이 마취상태에서 진행된다는 사실을 알지 못하고서, 이 소년 '아라한'은 놀랐습니다. 그는 확실히 두려워하고 있었습니다. 위에서 언급한 것처럼, 진짜 아라한에게는 이러한 두려움이 없습니다. 그래서 처음에는 이 소년, 그다음에는 다른 소년이 결국 모두 완전하게 깨닫지 못했다는 사실이 명확해졌습니다. 그 나라에서 가장 뛰어난 수행승 중 한 명이 완전히 실수를 했습니다.

만약 이렇게 학식 있고 뛰어난 스승이 이런 실수를 할 수 있다면, 우리도 그럴 수 있습니다.

어떤 사람들은 신통력을 가진 사람은 깨달음의 어떤 높은 단계에 이르렀음이 틀림없다고 생각합니다. 그러나 그들은 잘못 알고 있습니다. 부처님의 사촌인 데와닷따는 놀라운 신통력들을 가지고 있었습니다. 하지만 그는 예류자조차도 아니었습니다. 뒤에 그는 신통력을 잃고, 부처님을 살해하려 했습니다(Vin 2,7,2,5). 신통력은 믿을 수 있는 깨달음의 표시가 아닙니다.

「수낙캇따 경」(MN 105)에서 한 남자 신도가 부처님께 (그가 들었던) 부처님 앞에서 완전한 깨달음을 얻었다고 주장한 스님들에 관해 물었습니다. 그는 이 스님들이 모두 아라한이었는지 그렇지 않았는지를 알고 싶어했습니다. 부처님께서는 그들 중 일부는 아라한들이고, 일부는 그렇지 않다고 말씀하셨습니다. 이렇게, 부처님이 계시던 시대에조차도 사람들이 자신들의 성취에 관해 주장했던 것은 신뢰할 수 없었습니다. 사실, 스님이 재가 신자에게 자신의 깨달음에 대해 말하는 것은 스님의 계율에 위배되는 것입니다(바일제 pācittiya 8). 따라서 승복을 입은 사람이 공개적으로 이런 주장을 하는 것은 고의적으로 계율을 깨는 것이고, 이것은 그의 주장을 더욱 믿을 수 없게 만듭니다. 승단의 계율을 만들 때, 부처님께서는 자신의 성취를 과대평가하는 것이 얼마나 쉬운가를 인식하고 계셨습니다. 따라서 본인의 스승을 제외하고는, 자신의 성취에 대해 침묵을 유지하는 것이 최선의 방법입니다. 어떤 여성 출가자가 말했습니다.

"만약 당신이 깨달았다면 누구에게도 말하지 마십시오. 그렇지 않으면, 당신은 이것을 증명하느라 남은 인생을 다 보내게 될 것입니다!"

자신의 진전을 평가할 때, 먼저 깨달음의 각 단계의 표시들을 아십시오. 그런 후 허영심 없이 그리고 긴 시간에 걸쳐서, 어떤 표시들이 있고 어떤 표시들이 없는가를 조사하는 것이 현명합니다. 성급하게 어떤 깨달음의 단계를 주장하려 해서는 안 됩니다. 오히려 스스로 확신하기까지 어쩌면 몇 년은 기다려야 합니다. 수행자는 아래의 이야기가 보여주는 것처럼, 끊임없이 경험으로써 자신의 성취를 시험해봐야 합니다.

| 호랑이를 두려워하지 않았던 스님 |

1980년대 후반 태국 푸 톡 Poo Tork 지방의 숲속 사원에서, 위대한 숲속

수행승인 아잔 주안Juan 스님이 저에게 어떤 스님의 이야기를 들려주었습니다.

어느 늦은 오후, 한 숲속 수행승이 밀림 가운데 있는 가난한 마을로 들어왔습니다. 홀로 수행하기 위해 유행하는 스님들이 가장 가까운 마을에 그들의 도착을 알리는 것은 관습이었습니다. 이것은 그들이 이튿날 아침에 탁발 나온다는 사실을 신심이 돈독한 태국 마을사람들에게 알리기 위한 것이었습니다. 마을사람들은, 이미 많은 물소들과 몇 명의 마을사람들까지도 잡아먹은 사나운 호랑이가 밀림 주위를 어슬렁거리고 있다고, 즉시 이 스님에게 경고했습니다.

"나는 더 이상 죽음을 두려워하지 않소."

스님이 큰소리쳤습니다. 왜냐하면 그는 진심으로 이미 깨달았다고 생각했기 때문입니다.

마을사람들은 그를 믿지 않았습니다.

"호랑이가 지나다니는 길을 보여주시오."

스님이 도전적으로 말했습니다.

"밤새도록 거기에서 수행할 것이오."

마을사람들은 사람이 다니는 길 중 하나와 호랑이 길이 만나는 깊은 밀림까지 스님을 안내했습니다. 그곳은 마을에서 멀리 떨어져 있었습니다. 자신만만한 스님은 조용하게 모기장과 우산을 설치했습니다. 그리고 고요하게 수행하기 위해 마을사람들을 돌려보냈습니다. 마을사람들은 감명을 받았습니다.

태국 북동부의 숲속 전통에서는 많은 스님들이 '붓도^{buddho}'라는 염불을 이용하여 수행합니다. 숨을 들이쉴 때 마음속으로 '붓'이라고 알아차리고 숨을 내쉴 때 '도'라고 알아차립니다. 즉 호흡과 함께 '붓-도, 붓-도'라고 마음속으로 생각합니다.

어둠이 밀림의 벌레들을 거의 가라앉히자, 그 스님은 매우 평화로워졌습니다.

'부우우우우우우웃──도오오오오오오.'

호흡이 부드러워지고, 느려지고, 미세해지자 그는 이렇게 알아차렸습니다.

그런 후 그는 밀림에서 어떤 동물이 움직이는 소리를 들었습니다. 그가 이 소리에 주의를 기울이자, 호흡이 조금 짧아졌습니다.

'부우우우웃──도오오오.'

소리가 커졌습니다. 감히 눈을 뜨지 못한 채, 그는 이 소리가 그를 향해 오고 있는 꽤 큰 밀림 동물에게서 나는 것이 틀림없다고 마음속으로 판단했습니다. 호흡은 이제 매우 시끄럽고 아주 짧아졌습니다.

'붓-도, 붓-도, 붓-도.'

소리가 더 커졌습니다. 이것은 거대한 동물임이 틀림없었습니다. 그래서 그는 눈을 떴습니다. '붓-도, 붓-도'는 자동적으로 "호랑-이, 호랑-이!"로 바뀌었습니다. 그리 멀지 않은 곳에서 그를 향해 곧장 오고 있는 것은, 거대한 '스님 잡아먹는 호랑이'였습니다. 새로운 염불만 제외하고 모든 알아차림을 잃어버린 채, 그는 모기장

밖으로 뛰쳐나가 마을로 달리기 시작했습니다.

"호랑-이! 호랑-이!"

그가 빨라질수록, 새로운 염불은 더욱 커졌습니다.

그런데 스님이 뛰는 것은 승가의 계율에 어긋나는 것입니다. 여기에는 그럴만한 이유가 있습니다. 버튼이나 지퍼가 없는 스님들의 승복은 정교한 접힘과 많은 알아차림에 의해서만 결합되어 있습니다. 스님이 뛸 때는 승복이 풀리기 쉽습니다. 그러면 승복이 벗겨지고 땅에 끌리다가, 결국은 몸에서 완전히 떨어집니다. 그리고 이런 일이, 본인이 정말 깨달아서 호랑이도 두려워하지 않는다고 생각했던, 이 스님에게도 똑같이 일어났습니다.

그는 목청껏 그의 염불을 외치며 마을에 도착했습니다.

"호랑-이! 호랑-이!"

이 소리는 모든 사람들을 깨웠습니다. 이때쯤 그는, 머리에 머리카락이 한 올도 없는 것처럼, 몸에 승복을 전혀 걸치고 있지 않았습니다. 마을사람들은 두려움이 없다는 허풍이 그날 밤 폭로되었던 이 스님을 결코 잊을 수 없었습니다. 다른 낯 뜨거운 것들과 함께.

Mindfulness, Bliss, and Beyond ──────── 결론

마지막까지
놓아버림

수행 방법의 요약

이 수행의 방법은 집착을 버리는 단계들입니다. 달리 말하자면 이것은 '놓아버림'입니다. 이러한 버림은 보시에서 시작됩니다. 그래서 우리 불교센터에는 '기부함donation box'이 하나도 없습니다. 그 대신, 우리는 이것을 '놓아버림함letting go box'이라고 부릅니다. 그다음, 다른 사람이나 스스로에게 해가 되는 몸과 말의 행위들을 버립니다. 즉, 계율에 따라 도덕적으로 사는 것입니다. 그런 후에, 불교명상 수행을 통해서 다섯 가지 감각과 더불어 생각과 몸을 버립니다. 그다음에는, 수행의 중심에 있는 보물상자인 선정의 세계에 들어가기 위

해 '행하는 것'을 버립니다. 마지막으로, 나·나의 것·자아라는 영원한 실체의 미혹을 버립니다. 그래서 이 세계를 열반으로부터 갈라놓는 잘못된 견해를 제거합니다.

이 책은 수행이라고 부르는 '버림'에 초점을 맞추었습니다.

첫 번째 단계에서는 시간이라는 패러다임을 버립니다. 그래서 시간을 초월한 수행의 상태, 즉 '현재순간 알아차리기'에 들어갑니다.

다음에는, 내면 속 말의 폭정 즉 생각을 버립니다. 그래서 '생각 없이 현재순간 알아차리기'라는 빛나고 성스러운 평화에 듭니다.

그다음에는, 오직 하나의 신체 작용에만 초점을 맞춤으로써 몸과 다섯 가지 감각을 부분적으로 버립니다. 그리고 이것 외에 다른 것이 전혀 남아 있지 않을 때까지 이를 계발합니다.

다음에는, 몸과 다섯 가지 감각을 완전히 버립니다. 그러면 '아름다운 호흡'을 통해 니밋따의 단계에 도달합니다.

이윽고, 선정에 들기 위해 '행하는 것'을 버려야 하는 단계까지 나아갑니다.

그다음에는, 유일하게 남아 있던 것, 즉 '아는 것' 또는 '마음'을 점차 버립니다. 그래서 감미로운 더 높은 선정들에 도달하고, 이것들을 통해서 섬세한 거미줄 같은 무색계 성취에 다가갑니다.

요컨대 불교수행은 버림의 단계적 방법입니다. 이제는 아마도 왜 스님들의 집단인 승단이 '버리는 자'라고 불리는 사람들로 구성되어 있는지를 이해할 수 있을 것입니다.

'버림'이라는 단어 때문에 부디 겁먹지는 마십시오. 버림의 길은 또한 행복의 길이기도 합니다. 차츰 놓아버리면, 행복은 차츰 커집니다. 부처님께서는 경전에서 이러한 수행의 길을 자연적 과정으로 설명하셨습니다.

덕행이 있는 자는 '나에게 후회가 없기를'이라고 바랄 필요가 없다. 후회 없음은 덕행이 있는 자에게 자동적으로 일어난다.

후회가 없는 자는 '내가 즐겁기를'이라고 바랄 필요가 없다. 즐거움은 후회가 없는 자에게 자동적으로 일어난다.

즐거운 자는 '내가 희열을 느끼기를'이라고 바랄 필요가 없다. 희열은 즐거운 자에게 자동적으로 일어난다.

희열을 느끼는 자는 '내 몸이 평온하기를'이라고 바랄 필요가 없다. 평온은 희열을 느끼는 자에게 자동적으로 일어난다.

평온한 자는 '내가 내면의 행복을 가지기를'이라고 바랄 필요가 없다. 내면의 행복은 평온한 자에게 자동적으로 일어난다.

행복한 자는 '내 마음이 삼매에 들기를'이라고 바랄 필요가 없다. 삼매(선정)는 내면이 행복한 자에게 자동적으로 일어난다.

선정을 가진 자는 '내가 진실로 있는 그대로 보기를'이라고 바랄 필요가 없다. '진실로 있는 그대로 보는 것'(지혜)은 선정을 가진 자에게 자동적으로 일어난다.

(AN X,2)

이렇게 수행자는 '악의 없음'(덕행)으로부터 즐거움, 희열, 평온, 내면의 행복, 선정의 지복, 그리고 지혜에서 흘러나온 자유를 얻습니다. 이들은 단계적이고 자연스러운 진전 속에서 일어나는 행복의 모든 다른 형태들입니다. 버림 또는 점점 커지는 행복의 과정은 '진실로 있는 그대로 보는 것'에서 완결됩니다. 이것이 깨달음입니다. 그리고 깨달음은 모든 것들 중 최고의 행복입니다.

「법의 기념비의 경」(MN 89,12)에 따르면, 빠세나디Pasenadi 왕은 기원정사에 들르기를 아주 좋아했다고 합니다. 왜냐하면 거기에 가면 행복하고 미소 짓는 스님들을 언제나 볼 수 있었기 때문입니다. 부처님께서는 수행자가 성공적으로 수행을 계발하면 이렇게 된다고 하시며 이를 인정하셨습니다.

따라서 이 책에서 설명된 방법은 행복의 길, 지복의 길, '궁극적 희열로 여러분의 마음을 날려버리는 길'입니다! 고통스럽기만 한 것을 버리면 버릴수록, 더욱 큰 진정한 행복을 경험하게 됩니다. 수행 방법에 대해서는 이 정도로 하겠습니다. 이제 목표에 대해 다루어보겠습니다.

| 목표 |

부처님께서는 말씀하셨습니다.

"최고의 모임은 장로 스님들이 검소하고 부지런하며, 한거를 게을리 하지 않고, 아직 성취하지 못한 것을 성취하기 위해, 아직 이해하지 못한 것을 이해하기 위해, 그리고 여전히 깨달아야 할 것을 깨닫기 위해 에너지를 일으키는 곳이다."(AN III,93)

이렇게, 성취할 목표들이 있다고 부처님께서 가르치셨다는 것은 명백합니다. 그의 제자들은 노력해야 할 정신적 성취들이 있음을 잘 알고 있었습니다. 정말 최고의 보상이 제공되어 있었지만, 그것은 그 일에 모든 것을 헌신하는 사람들만이 얻을 수 있었습니다. 경전에서는 불교수행이 게으른 사람에게는 적당하지 않다고 명확하게 밝히고 있습니다. 오직 아라한들만이 더 이상 할 일이 없습니다(MN 70,12). 그리고 이런 완전한 깨달음을 이룬 존재들조차도 대개 다른 사람들의 궁극적 행복을 위해 정력적으로 노력합니다.

저는 이 책에서 많은 정신적 목표들을 성취하도록 권했습니다. 이것들은 오늘날 세계에서 사람들이 접근할 수 있는 가장 고귀한 성취들입니다. 더구나 여기에는 모든 목표들 중 가장 훌륭한 것, 즉 완전한 깨달음이 포함되어 있습니다. 이것은 부처님께서 얻으셨던 것과 똑같은 성취입니다.

어떤 사람들은 아무것도 성취할 것이 없다고 말합니다. 이런 잘못된 조언을 따르는 사람들은, 물론 아무것도 성취하지 못합니다. 그들에게는 어리석음만이 변함없이 짙게 남습니다. 그리고 이것은 버려지지 않은 탐욕과 악의가 그들의 삶에 일으키는 혼란으로 나타납니다. 인간으로 태어나는 것은 지혜의 길에서 나아가는 데 있어서 매우 소중한 기회입니다. 하지만 애석하게도, 이러한 기회가 무기력한 빈둥거림이나 의미 없는 추구로 너무 흔히 낭비됩니다. 부처님께서는 자신의 옷에 불이 붙은 듯이 절박감을 가지고 수행해야 한다고 조언하셨습니다(SN 56,34). 시간을 낭비하는 것에 관한 얘기는 이 정도면 충분하리라 생각합니다.

| 목표 그리고 무아 |

불교적 목표는 세속적 목표와는 완전히 다릅니다. 일반적으로 세속적 목표는 자아에 대한 관념을 강화하며, 소유물과 밀접한 관련이 있습니다. 반면 불교적 목표는 '자아 없음'과 '모든 소유물의 버림'으로만 이끕니다. 그래서 불교적 목표를 성취하고자 하는 바람과 세속의 갈애 사이에는 근본적인 차이가 있습니다.

현명한 스승들은 세속적 목표의 추구에 대해 적절하게 경고합니다. 왜냐하면 결국 이것은 언제나 좌절로 이끌기 때문입니다. 사람들은 목표를 성취하는 데 실패하고 포기하거나, 아니면 얻은 성취가 기대했던 것에 전혀 미치지 못한다고 느낍니다. 오스카 와일드는 이런 명언을 남겼습니다. "이 세상에는 오직 두 가지 종류의 비극민이 있다. 하나는 원하는 것을 얻지 못하는 것이고, 다른 하나는 그것을 얻는 것이다."

선정이라는 정신적 목표는 오직 '놓아버림'의 대단한 기술을 통해서만 성취할 수 있습니다. 수행자는, 생각과 자신의 몸으로부터 자유로워지는 것이 어떤 것인지에 대한 앎을 제외하고는, 이 성취에서 어떤 것도 얻지 않습니다. 또한 이러한 심오한 '놓아버림'에 기초한 깊은 통찰은 자만으로 이끌 수 없습니다. 어떻게 그럴 수 있겠습니까? 이것은 자만이 일어나는, 바로 자아라는 환상을 약화시키는 인식입니다. 무아를 본 어느 곳에서도 자만은 존재할 수 없습니다.

이렇게, 이 책에서 권하는 목표는 세속에서 추구되는 목표와는 무척 다릅니다. 부처님께서 칭찬하신 이 목표는 정신적인 향상의 방향으로만 이끕니다. 따라서 이러한 목표는 수행자들이 진심으로 염원하며 두려움 없이 계발할 만한 가치가 있습니다. 이러한 명확한 목표를 가져야만 정신적 발전의 가능성이 있습니다.

불교적 목표가 세속적 목표와 어떻게 다른지를 예를 들어 설명해보겠습니다. 높은 성취를 얻은 불자들로 구성된 축구팀이 있다고 상상해보십시오.

'놓아버림'이 그들의 최고 관심사이기에, 그들은 계속 공을 상대편에게 즐겁게 패스합니다. '연민'이 그들의 수행이기에, 상대팀이 골을 넣는 데 어려움을 가지면 이 불자들은 친절하게 그들을 돕습니다. 그리고 '보시'가 바로 그들의 성품이기에, 그들이 더 많은 점수를 잃을수록 그들의 업은 더 좋아집니다. 그런 후 시즌 끝에 이 팀은 리그에서 퇴출됩니다. 이와 마찬가지로, 그들의 고통스런 삶도 윤회로부터 쫓겨납니다! 그리고 그들은 이를 즐깁니다.

진정한 불자들은 다르게 생각합니다. 그들의 목표는 결코 다른 사람의 희생 위에 얻어지지 않습니다. 그들은 모든 소유물들을 정말 나누어주고 싶어합니다. 그리고 그들은 잃어버리는 것을 즐거워합니다.

| 목표치 높이기 |

이 책에서 저는 선정과 네 가지 깨달음의 단계라는 목표를 추구하도록 권했습니다. 앞에서 살펴봤듯이, 부처님께서는 이것들을 '범부의 경험을 뛰어넘는 상태들$^{uttari\text{-}manussa\text{-}dhamma}$'이라고 부르셨습니다. 수행자들이 바라는 목표치를 설정할 때, 저는 이것을 높게 설정하라고 강조합니다. 훌륭한 코치는, 그 한계를 뛰어넘도록, 그의 학생들에게 예상되는 한계보다 항상 높은 목표치를 설정합니다. 부처님께서 선언하신, 이러한 모든 것들 중 최고의 그리고 최상의 목표들에서 그러지 못할 이유가 있을까요? '범부의 경험을 뛰어넘는 상태들'을 성취하는 것은 여전히 바로 이 삶에서 가능합니다. 이 책은 여기에 여러분이 도전해보도록 권합니다.

이러한 성취들을 옹호하는 것뿐 아니라, 저는 이 길에 대해서도 자세하게 설명했습니다. 이 수행의 길은 그 결과보다는 주로 그 원인에 초점을 맞추고 있습니다. 어떤 사람이 훌륭한 목표를 너무 오랫동안 그리고 간절히 주시하면, 그는 그 목표를 달성하게 만드는 원인을 배양하는 데 시간과 에너지를 쏟는 일을 소홀히 하게 됩니다.

예컨대, 어떤 사람이 부엌에 있는 접시들이 모두 너무 더러운 것을 보고 탄식합니다. '아! 내 접시들은 언제쯤 깨끗해질까? 접시들이 모두 깨끗하게 반짝였으면 좋겠어!' 하지만 그는 그 일의 양을 보고 의욕을 잃습니다. 다른 이는 이렇게 생각합니다. '어떻게 하면 접시들을 깨끗하게 만들 수 있을까?' 그리고는 깨끗한 접시들의 원인인 일을, 즉 접시 닦는 일을 시작합니다! 설거지를 하면 언제나 그런 것처럼, 곧 접시들은 깨끗해지고 반짝이게 됩니다. 목표가 성취되었습니다.

이와 유사하게, 어떤 사람은 선정에 아직 이르지 못한 현실에 탄식합니다. '아! 내 마음은 언제 지복에 이르지? 내 마음이 선정 속에서 빛났으면 좋겠어!' 하지만 그는 그 일의 크기를 보고 의욕을 잃습니다. 다른 이는 이렇게 생각합니다. '어떻게 하면 이 마음이 선정에 들 수 있을까?' 그리고는 선정에 드는 원인인 일을, 즉 '행하는 것'과 다섯 가지 감각을 놓아버리는 일을 시작합니다. 부처님의 가르침을 정확하게 따를 때면 언제나 그런 것처럼, 곧 그의 마음은 선정에 들고 빛납니다. 목표가 성취되었습니다.

목표치를 높이는 것이 좌절의 원인이 아닙니다. 잘못된 태도가 그 원인입니다. 목표를 갈망하는 데에 너무 많은 시간을 쏟고 그 원인을 위한 노력에 충분한 시간을 들이지 않는 것, 바로 이것이 좌절의 원인이고 성취를 불가능하게 합니다.

| 집착 찾기 |

선정을 목표로 삼으면, 수행자는 많은 장애물들을 만날 것입니다.

이러한 장애들이 자신의 집착들입니다. 집착이 없는 사람들은 전혀 어려움 없이 어떤 선정에든 들 수 있습니다. 선정은 그들 마음의 자연스러운 거처입니다. 선정을 목표로 하면 이러한 집착들을 발견하게 됩니다. 이보다 낮은 것을 목표로 할 때는, 근본 집착들을 보지 못하고 이것들이 존재하지 않는다고 생각할지 모릅니다. 그래서 선정을 목표로 하는 것은 또한 본질을 충분히 깊이 파도록 해줍니다. 즉 근본 집착들을 드러내고, 이것들에 직면하고, 선정에 들어감으로써 이것들을 넘어서도록 해줍니다.

스스로 집착이 없다고 착각하기 쉽습니다. 일부 흡연자들은 그들이 언제든지 담배를 끊을 수 있지만, 다만 오늘 끊을 마음을 먹지 않았을 뿐이라고 착각합니다. 담배를 끊으려는 시도를 해보기 전에는, 그들은 중독의 힘을 인식하지 못합니다. 마찬가지로, 선정에 도달하려는 시도 없이는, 수행자는 자기 집착들의 미묘한 힘을 이해하지 못합니다. 또한 선정에 들 수 있는 능력을 통해 집착들로부터의 자유를 시험해보고 나서야, 이 모든 것들을 다룰 수 있다고 확신할 수 있습니다.

예컨대 대부분 수행자들은 그들이 얼마나 소리에 집착하고 있는지 인식하지 못합니다. 주위에서 들리는 말이나 밖에서 들리는 자동차 소리는 그들과 전혀 상관이 없습니다. 하지만 청각을 끄고 소리에 신경을 쓰지 않는 것은 그들 대부분에게 불가능합니다. 그들은 듣는 것에 대한 강한 집착 때문에 이것을 놓아버릴 수 없습니다. 그들은 존재가 곧 '듣는 자'라고 생각합니다. 소리를 놓아버리고 완전한 고요를 즐기는 것은 그들 정체성의 일부를 놓아버리는 것과 같습니다. 이것이 **집착**입니다. 깊은 수행상태에 들려면, 수행자는 모든 소리 영역 너머의 마음속으로 들어가야 합니다. 이러한 집착의 매듭을 풀어 어떤 것도 들을 수 없어야 합니다. 「대반열반경」에서는, 부처님께서 아뚜마Ātumā에서 수행하실 때, 이런 집착 없는 상태에 들어 있어서 격렬한 천둥이 치는 폭풍우 속에서도 아무것도 듣지 못했다고 말합니다(DN 16,4,33).

대부분 사람들은 생각에 깊이 집착하고 있습니다. 이것이 그들이 원할 때, 예컨대 잠들려고 할 때, 생각을 멈출 수 없는 이유입니다. 대부분 사람들은 생각을 찬양하고, 그들의 관념들을 소중히 여깁니다. 그들은 이것들을 가장 개인적인 자산으로 여깁니다. 생각은 외면과 내면의 그들 자신의 세계를 통제하는 수단입니다. 생각을 놓아버리고 '알아차리고 있는 고요' 속으로 들어가는 것은, 그들 영역의 통제에 대한 집착을 버림을 의미합니다. 이러한 놓아버림은 '통제광'들에게 두려움을 불러일으킵니다. 그리고 사실, 선정에 들어갈 수 없는 이들은 모두 '통제광'입니다! 그들은 통제에 집착합니다. 따라서 생각에 집착합니다. 그러나 이러한 내면 속 통제의 해설 즉 생각을 놓아버릴 수 있는 배짱이 있을 때, 수행자는 내면 속 고요의 지복을 경험합니다. 그러고서야 생각이 마음의 평화를 가로막는 집착이라는 사실을 이해할 수 있습니다.

이 몸과 다섯 가지 감각에, '행하는 것'과 '생각'에 애착하는 것이 선정을 가로막는 근본 집착입니다. 담배를 끊음으로써 담배에 대한 무無집착을 증명할 수 있듯이, 선정에 들어감으로써 몸, 다섯 가지 감각, 그리고 생각에 대한 무집착을 증명할 수 있습니다.

'놓아버림'에 관한 이야기

이 책의 가르침들은 수행자를 이러한 근본 집착 너머로 데려갑니다. 여러분은 다섯 가지 감각이 여러분을 방해할 수 없고, 생각이 움직일 수 없는, 하지만 알아차림은 더없이 행복하게 빛나는 내면의 세계로 들어갑니다. 여기에 '놓아버림'에 관한 몇 편의 이야기들이 있습니다.

내 마음과의 거래

저는 여섯 번째 우안거雨安居*를 태국 북부 산악지역의 산속에 있는 외딴 수행처에서 완전히 홀로 보냈습니다. 얼마 후, 저의 수행은 완전히 무너지기 시작했습니다. 제가 들뜬 마음을 가라앉히려고 노력하면 할수록, 마음은 더 세차게 여기저기를 헤매었습니다. 스님답지

---

* 우안거(雨安居) : 7월 보름에서 10월 보름까지 3개월간의 우기(雨期) 때, 스님들이 한 장소에 머물면서 수행에 전념하는 기간.

못한 성욕과 폭력에 대한 생각들이 저의 방어막을 압도하고, 제 마음을 마음대로 가지고 놀았습니다. 이내 저는 그것을 감당할 수 없게 되었습니다. 하지만 주위에는 저를 도와줄 동료가 없었습니다.

어느 날, 자포자기해서 저는 큰 법당에 있는 위대한 부처님의 불상 앞에서 진지한 결심을 했습니다. 저는 거래를 했습니다. 저는 매일 오후 세 시부터 네 시까지 한 시간 동안 제 못된 마음에게 그것이 원하는 무엇이든 생각하도록 허락했습니다. 섹스, 폭력, 로맨스, 가장 이상한 공상들조차도 이 시간에는 허용이 되었습니다. 그 보답으로 저는 제 마음에게 그 외 나머지 시간 동안에는 호흡과 함께 머물러달라고 요구했습니다.

하지만 그것은 전혀 계획한 대로 작동하지 않았습니다. 첫날의 대부분 시간 동안, 제 마음은 여전히 반항했습니다. 마음은 호흡을 따라가려 하지 않았습니다. 마음은 로데오의 말처럼 사납게 발버둥 치며 뛰어다녔습니다. 그리고 오후 세 시가 되었을 때, 계약을 지키기 위해 저는 싸움을 포기했습니다. 저는 아픈 허리를 쉬게 하려고 오두막 벽에 몸을 기대고, 욱신거리는 무릎의 아픔을 완화시키려고 다리를 쭉 폈습니다. 그리고 원하는 무엇이든지 하라고 마음에 허락했습니다. 놀랍게도, 그 뒤 60분 동안 제 마음은 너무도 편안하게 모든 호흡을 따라갔습니다. 마음은 마치 다른 어떤 것도 원치 않고 호흡하고만 함께 있고 싶어하는 것 같았습니다!

이 경험은 저에게 '놓아버림' 과 '놓아버리려고 애쓰는 것' 사이의 차이점을 가르쳐주었습니다. 이것은 '놓아버림'에 관한 가장 드라마틱한 교훈들 중 하나였습니다.

선정으로 가는 길에는 '놓아버림'에 관한 더 차원 높은 교훈들이 있습니다. 만약 선정에 도달하는 것을 목표로 하지 않는다면, 이러한 교훈들을 놓칠 것입니다. 우리는 다섯 가지 감각을 정말 완벽하게 놓아버릴 수 있습니다. 그래서 이것이 잠시 동안 완전히 사라지게 할 수 있습니다. 정말 다행히도 저는 이것을 스님이 된 첫해에 알게 되었습니다.

| 아잔* 모기 |

아잔 차 스님은 서양 스님들의 교육을 위한 사원을 설립하고자 했습니다. 그래서 여섯 명의 스님들을 보냈습니다. 그중 한 명이 저였던 것은 제 자신의 업보였습니다.

파나나찻 사원이 될 빽빽한 열대림에는 법당도, 오두막도, 화장실도, 심지어는 깔고 누워 잘 판자조차도 없었습니다. 우리는 모두 밀림 바닥에서 잠을 자야 했습니다. 달랑 모기장 하나만을 가지고, 밀림 덤불 그늘에서 기어 다니거나 미끄러지듯 움직이는 것들로부터 <u>스스로를 보호</u>해야 했습니다.

설상가상으로, 매일 해질 무렵 우리는 저녁 예불을 위해 나무 아

---

* 아잔(Ajahn) : 태국에서 승랍(僧臘)이 10년 이상 된 스님에게 쓰는 존칭.

래의 야외에서 몇 시간 동안 앉아 있어야 했습니다. 아잔 차 스님과 약 50~60명의 마을 사람들과 함께, 우리는 먼저 예불을 하고 그 뒤 한 시간 동안 좌선을 했습니다. 불행히도 바로 이때가 이 무더운 밀림에서 모기들이 모여 저녁식사를 찾아나서는 시간이었습니다. 저는 그들의 저녁이었습니다! 당시에는 모기향이나 모기퇴치제 같은 것이 없었습니다. 더구나 저는 스님이기에 이것들을 때려잡을 수도 없었습니다. 모기들은 완전히 자유로웠습니다. 우리는 그저 그것을 견뎌야 했습니다. 무방비에다 머리카락이 한 올도 없는 상태로.

젊은 미국 스님과 저는 같은 시간 동안 얼마나 많은 모기들이 맨살을 무는지를 세어 가장 많이 세는 사람이 이기는 게임을 했습니다. 저는 60번 내지 70번까지 세고서 멈추곤 했습니다. 왜냐하면 무는 간격이 너무 가까워 따로따로 셀 수가 없었기 때문입니다. 견딜 수가 없을 지경이었습니다. 그래서 자주 저는 뛰어서 도망칠 준비를 했습니다. 하지만 눈을 떴을 땐, 아잔 차 스님과 모든 마을사람들이 아주 고요하게 앉아 있었습니다. 이것을 보고선 제 자존심이 달아나는 것을 허락하지 않았습니다. 그래서 저는 몸을 놓아버리는 방법을 배울 때까지 한밤의 고문을 받았습니다.

이내 저는 아주 효과적으로 놓아버릴 수 있게 되었습니다. 그래서 더 이상 몸을 느낄 수 없었습니다. 저는 짜증나는 모기들의 손아귀를 완전히 넘어, 평화롭고 행복하게 마음속 깊숙이 들어갔습니다. 이것이 제가 달아나는 방법이었습니다. 이제 저는 놓아버리는 방법을 가르쳐준, 그 자비심 많은 모기들에게 고마움을 느낍니다.

자신의 죽음에 직면할 때, 사람은 바로 이 똑같은 몸을 놓아버려야 합니다. 이것은 흥미로운 발견입니다. 죽음의 시간 한참 전에 자신의 몸을 놓아버리는 방법을 배움으로써, 즉 선정을 목표로 함으로써 수행자는 죽는 과정의 모든 두려움을 극복합니다. 그는 언제라도 원하면 다섯 가지 감각을 놓아버릴 수 있게 됩니다. 그러면 그는 혼란스런 광경에도 흔들리지 않을 수 있는, 시끄러운 소리에서도 고요할 수 있는, 그리고 찌르는 고통 속에서도 편안할 수 있는 힘을 가집니다. 수행자가 마음과 다섯 가지 감각의 연결을 잘라버리는 놓아버림의 교훈을 배운다면, 그는 몸에 대한 집착을 놓아버리는 방법을 배우게 될 것입니다.

| 아무것도 하지 않는 방법 배우기 |

'놓아버림', '느긋하게 하기', '멈춤'은 깨달음을 성취하는 데 필수적일 뿐 아니라 일상생활에서의 생존을 위해서도 매우 중요합니다. 아무것도 하지 않는 방법을 모르기 때문에 일어난 스트레스는 막대한 파괴를 일으키는 위험한 무기와 같습니다. 수많은 정신적·육체적 질병들이 스트레스 때문에 일어납니다. 350년 전의 프랑스 철학자 파스칼조차도 이를 인식하고서 이렇게 말했습니다. "사람의 모든 문제들은 고요하게 앉는 방법을 모르는 데서 생긴다."

어떤 때는 아무것도 할 게 없습니다. 하지만 이런 때 여러분은 아무것도 하지 않을 수 없습니다. 여러분은 그 방법을 잊어버렸습니다. 그래서 무의미하게 버둥거립니다. 만일 여러분이 현명하다면, 아무것도 할 게 없을 때 아무것도 하지 않습니다! 이것이 제대로 이치에 맞는 말입니다.

우리는 모두 아무것도 하지 않는 방법을 배울 필요가 있습니다. 그러면 적절한 때에 쉬고 휴식할 수 있을 것입니다.

절에 갈 기회가 없는 사람들을 위해서, 다행히도 대부분의 현대 도시에는 엄청난 수의 스승들이 있습니다. 우리는 이들을 주요 사거리에서 발견할 수 있습니다. 바로 신호등입니다. 빨간불이 들어올 때, 이것은 '멈춤!' 이라고 말합니다. 이것이 '놓아버리기' 수행입니다. 빨간 신호등으로부터 아무것도 하지 않는 방법을 배웠습니까? 아니면 자동차만 멈추고 여러분은 속도를 높입니까? 만일 그렇다면, 여러분은 기회를 낭비하고 있습니다. 빨간불에서 여러분은 '현재'에 마음을 열고, 예상치 못한 아름다움과 평화가 여러분 주위에 가득 나타나도록 할 수 있습니다.

저는 영적인 나라 인도의 수도 델리에는 빨간불이 들어올 때 다섯 글자 즉 r, e, l, a, x(relax)가 나타난다고 들은 적이 (비록 보지는 못했지만) 있습니다. 이것은 멈춤 신호가 아닙니다. 이것은 '릴렉스 relax' 신호입니다. 정말 좋은 아이디어 아닙니까? 만일 이게 사실이 아니라면, 이런 것이 생겨야 합니다!

만약 아무것도 하지 않는 방법을 배우는 데 시간을 들이지 않는다면, 만약 인생의 빨간 신호들에서 느긋하게 쉴 수 없다면, 여러분은 머지않아 요절로 어쩔 수 없이 멈추게 될 것입니다. 이런 옛 속담이 있습니다. "죽음은 그대를 느긋하게 만드는 자연의 방법이다." 저는 때 이른 죽음을 막기 위해서도 수행을 권합니다.

| 물소 놓아버리기 |

아무것도 하지 않는 방법과 놓아버리고 편안히 쉬는 방법을 아직 배우지 못했을 때, 우리는 삶에서 필요 이상의 많은 문제들을 일으킵니다. 아래의 사건은 제가 태국 북동부에서 스님이었을 때 일어났습니다. 이 이야기는 어떻게 '놓아버림'이 많은 불필요한 고통과 상처를 막을 수 있는지를 보여줍니다.

어느 날 이른 아침이었습니다. 그 지역의 농부가 물소의 목에 줄을 묶고 마을을 나와 들판으로 향했습니다. 물소에게 풀을 먹이기 위해서였습니다. 그가 우리 사원을 지날 무렵, 물소가 겁을 집어먹고 달리기 시작했습니다. 이 시골사람은 놀란 소를 제지하려고 줄을 꽉 잡았습니다. 물소가 사납게 도망치면서, 줄이 농부의 손가락을 감았고 그의 세 번째 손가락 끝을 잘라버렸습니다! 우리는 이 불쌍한 농부가 도움을 청하기 위해 사원으로 오는 것을 보았습니다. 벗겨진 살갗 위로 잘린 뼈가 드러난 채 그의 손가락은 피투성이었습니다. 우리는 즉시 그를 지역 병원으로 데리고 가서 치료를 받게 했습니다. 그런 후, 그는 전보다 짧아진 손가락 하나를 가진 채 얼마 지나지 않아 일터로 돌아왔습니다.

　이 이야기의 교훈은 만일 물소처럼 강한 어떤 것이 달리기를 원하면, 그것을 놓아버리는 것이 현명하다는 것입니다. 물소는 그다지 멀리 가지 않습니다. 물소는 한 200미터 정도 가다가 이내 멈춥니다. 일단 물소가 진정되면, 농부는 쉽게 이것을 따라가서 안전하게 데려올 수 있습니다. 그러면 많은 손가락들이 안전할 것입니다. 많은 사람들은 종종 물소처럼 행동합니다. 예상 밖의 행동을 하는 배우자, 아들, 또는 시어머니가 될 수도 있습니다. 그들이 미친 듯이 날뛸 때는, 그들을 놓아버리는 것이 현명합니다. 만일 그들의 고삐를 잡으려 한다면, 여러분은 고통스럽게 스스로를 다치게만 할 것입니다. 기다리십시오. 그리고 아무것도 하지 마십시오. 그들은 곧 진정될 것입니다. 그러면 이제 여러분은 뭔가를 할 수 있습니다.

　예를 하나 들어보겠습니다. 한 수행자가 최근에 저에게 수행 중 그녀 마음의 '물소'를 어떻게 다룰 수 있는지를 물었습니다.

　"놓아버리십시오."

　제가 대답했습니다.

　"그것은 곧 멈추고 당신에게 돌아올 것입니다."

　저는 그녀에게 여섯 살짜리 아들이 있는 한 제자의 일화를 들려주었습니다.

　어느 날, 그녀의 아들이 몹시 화가 났습니다. 그래서 그는 엄마에게 선언했습니다.

"나 집 나갈 거예요!"

아주 안전한 동네에 살고 있던 매우 현명한 어머니는 말했습니다.

"알았어!"

그리고는 아이가 조그만 가방을 싸는 것을 도와주었습니다. 그리고 인생의 여행을 떠나는 아들을 위해 약간의 샌드위치까지 만들어 주었습니다. 그녀는 문 앞에서 손을 흔들며 아이를 전송했습니다. 물론 여섯 살짜리 꼬마는 도로를 따라 겨우 200미터 가고서, 집이 그리워졌습니다. 그래서 그는 재빨리 되돌아서, 기다리고 있던 엄마의 품으로 돌아갔습니다.

제가 이 일화를 말했을 때, 통제할 수 없던 마음을 가졌던 이 수행자는 웃음을 멈출 수가 없었습니다.

그녀는 자신이 겪었던 똑같은 사건을 말해줬습니다. 그녀가 싱가포르에서 일곱 살 무렵일 때의 일입니다. 그녀는 그녀의 어머니에게 집을 떠나고 싶다고 말했습니다. 그녀의 어머니는 그녀의 가방을 싸줬을 뿐만 아니라 약간의 돈까지 주었습니다. 그녀는 집에서 채 200미터도 못 가고 집으로 돌아갔습니다.

이제 그녀는 '물소' 같은 마음을 다루는 방법을 압니다.

어떤 문제가 물소처럼 강할 때는 그것을 놓아버리십시오. 상황은 변하고, 불은 다 타버리며, 큰물은 빠집니다. 물소가 사납게 뛰기를 멈추었을 때, 여러분은 인생의 위기들을 풀기 위해 효과적인 어떤 일을 할 수 있습니다. 따라서 놓아버리고 편안하게 쉬는 방법을 배우는 것은, 깨달음을 위해서뿐 아니라 인생을 잘 살아가기 위해서도 필요합니다.

| 놓아버리는 방법을 알면, 인생이 무겁지 않습니다 |

인생의 위기가 아닌 일상생활에서도 수행은 우리가 그 짐을 짊어지는 것을 돕습니다. 제 스승이신 아잔 차 스님을 따라서, 저는 수행의 의미를 (그 이익과 함께) 팔을 펴고 한 잔의 물을 드는 것으로 자주 설명합니다.

"이 컵이 얼마나 무겁습니까?"

저는 묻습니다.

누가 대답하기 전에, 저는 계속 말합니다.

"이 컵을 오래 들고 있을수록, 이것은 더 무겁게 느껴집니다. 만일 제가 컵을 10분 동안 들고 있다면, 무겁게 느끼기 시작할 것입니다. 20분 동안 들고 있다면, 팔에 고통이 느껴지기 시작할 것입니다. 그리고 한 시간 후에도 이 컵을 들고 있다면, 저는 엄청난 고통을 느낄 뿐만 아니라 무척 멍청한 스님이 될 것입니다. 그러면 컵이 너무 무거워서 편안하게 들고 있을 수가 없을 때, 저는 어떻게 해야 되죠?"

"그걸 내려놓으세요."

그들은 대답합니다.

물론 그래야지요. 문제는 컵의 무게가 아닙니다. 컵을 놓아버리고 잠시 팔에 휴식을 주는 방법을 몰라서 그것을 너무 오랫동안 들고 있는 것이 문제입니다. 여러분은 컵을 몇 분 동안만 내려놓으면 됩니다. 그러면 휴식을 취한 후에, 여러분은 그것을 다시 집어서 쉽게 들고 있을 수 있습니다

이와 마찬가지로, 스트레스의 문제는 여러분의 의무들과 전혀 상관이 없습니다. 의무들을 잠시 내려놓고 정신적 기능들을 쉬게 하는 방법을 몰라서 너무 오래 그것들을 들고 있는 것이 문제입니다. 단지 몇 분 동안만 걱정들을 놓아버리면 됩니다. 그러면 휴식이라는 이익을 얻을 수 있습니다. 수행 속에서 휴식한 후, 여러분은 그것들을 모두 다시 집어 들 수 있습니다. 이제 이것들은 훨씬 가볍게 느껴질 것입니다. 다음에 스트레스를 내려놓아야 될 필요가 있을 때까지, 여러분은 전혀 스트레스 없이 의무들을 짊어질 수 있습니다.

무거운 컵을 몇 분 동안 내려놓는 것, 또는 모든 걱정들을 잠시 놓아버리는 것은 수행을 통해 익혀지는 능력입니다. 수행은 '놓아버림'에 대한 훈련입니다. 이렇게, 수행은 무책임해지거나 의무들을 영원히 버리는 것이 아닙니다. 수행은 빈둥거림이 아닙니다. 수행은 잠깐의 휴식을 통해 나중에 더 큰 효율성으로 의무를 들어 올릴 수 있게 해 줍니다. 수행은 여러분의 짐을 그것이 얼마나 무겁든 간에 원하는 때 언제나 내려놓을 수 있는 능력을 기르는 훈련입니다. 놓아버리는 방법을 알면, 인생이 무겁지 않습니다.

| 완전한 듣기 |

어느 날 아침, 저는 절의 주방을 지나치다 창문을 통해 그 안을 들여다보게 되었습니다. 저는 우리 절의 신도 여섯 명이 스님들의 식사를 준비하면서 모두 말하고 있는 광경을 봤습니다. 주방에는 겨우 여섯 명이 있었습니다. 하지만 그들의 입은 전부 열려 있었습니다. 저는 의문이 들기 시작했습니다. '여섯 사람 모두가 동시에 말하고 있다면, 누가 듣고 있는 거지?' 아무도 듣는 일을 하고 있지 않았습니다! 그들이 하는 모든 것은 말하는 것이었습니다. 그들이 말하는 데 쓰는 호흡이 얼마나 낭비입니까!

불행히도, 위의 이야기는 현대인의 삶에 나타나는 증상입니다. 너무 많은 사람들이 말하는 것을 하고 있습니다. 그래서 듣는 것을 하는 사람이 거의 남아 있지 않습니다. 결혼은 의사소통이 제대로 안 되어서 깨집니다. 10대들은 사람들이 그들을 이해하지 못한다고 느끼기 때문에 거칠게 변합니다. 고객들은 회사가 그들의 요구에 귀를 기울이지 않기 때문에 떠납니다. 그리고 우리들 거의 대부분은 여전히 인생의 진정한 의미를 이해하지 못하고서 나이가 듭니다. 왜 그럴까요? 우리가 완전하게 듣는 방법을 배우지 못했기 때문입니다.

완전하게 듣기 위해서는 입을 다물어야 합니다. 정말로 입을 다물어야 합니다. 여러분은 듣지 않으면 말합니다. 두 가지를 동시에 하는 것은 불가능합니다. 여기서는 단지 외적인 말을 멈추는 것만이 아니라, 내면의 말을 고요하게 만드는 것도 의미합니다. 내면에서 침묵할 때에만 여러분은 제대로 들을 수 있습니다. 완전하게 듣기 위해서는, 여러분이 가진 모든 것으로 들어야 합니다.

내면의 침묵 상태에서 들을 때 수집할 수 있는 정보는 놀랍습니다. 일부 사람들은 여러분이 초능력자여서 그들의 마음을 읽을 수 있다고 확신할지도 모릅니다. 하지만 이것은 완전한 들음의 힘일 뿐입니다. 더 많은 '신호'를 잡아내려면, 내면 속 말의 '잡음'을 줄여야 한다는 것은 명확한 사실입니다. 이렇게 '알아차림이 있는 침묵'을 훈련하면, 커뮤니케이션의 모든 장벽들이 완전히 사라집니다. 여러분은 애쓰지 않고도 여러분 주위 사람들에게 민감해집니다. 여러분은 가정에서 행복한 조화를 만들고, 일에서 큰 성공을 거둡니다.

완전한 들음의 자리에서 여러분은 자신의 몸이 하려는 어떤 말을 들을지도 모릅니다. 병에 걸리기 전에 몸은 언제나 많은 경고들을 줍니다. 하지만 몸의 신호들에 귀를 기울이는 사람은 거의 없습니다. 왜냐하면 우리는 내면의 대화로 너무 바쁘기 때문입니다. 제발 휴식을 달라고 몸이 필사적인 경고의 비명을 지를 때조차도, 우리는 생각하느라 너무 바빠서 이런 SOS 신호를 들을 수 없습니다. 그런 후 우리는 암, 심장 질환, 또는 다른 치명적인 병에 걸립니다. 반면 수행자들은 '알아차림이 있는 침묵'의 자리에서 그들의 몸에 귀를 기울이는 방법을 배웁니다. 그들은 가족의 요구를 듣는 것처럼 그들 몸의 요구를 듣습니다. 그리고 결국 그 둘 모두와 함께 오래 행복하게 삽니다.

완전한 들음은 통찰을 일으킵니다. 침묵으로부터 여러분은 사물의 진정한 본질을 알게 됩니다. 그리고 바로 최고의 통찰은 인생의 의미를 깨닫는 것입니다. 만약 우리 모두가 종교적·개인적 모든 도그마들을 잠시 제쳐두고 정신 차려진 고요한 마음으로 인생의 맥박만을 듣는다면, 정말 멋지지 않을까요? 그러면 우리는 삶의 가르침을 완전하게 듣게 될 것입니다. 삶은 끊임없이, 인내심 있게, 그리고 부드럽게 우리에게 그 지혜를 제공하고 있습니다. 하지만 우리는 스스로에게 말하는 데 너무 바빠서 결코 완전하게 들을 수 없습니다. 그러니 우리들 중 아주 소수만이 이해하는 것도 이상할 게 없습니다.

| 인생의 시험 통과하기 |

1972년 케임브리지 대학에서 저의 마지막 시험은 이론물리학에 관한 것이었습니다. 참 힘든 시기였습니다. 모든 저의 대학 경력은 이 마지막 일련의 시험에 달려 있었습니다. 이전의 모든 것은 아무런 의미가 없었습니다. 통과냐 아니면 낙제냐, 바로 이것이었습니다. 시험은 오전의 세 시간짜리 시험과 오후의 또 다른 세 시간짜리 시험으로 구성되어 있었고, 이것이 매일매일 휴식 없이 계속되었습니다. 저는 이 마지막 시험 기간 동안 케임브리지 대학에서 적어도 한 명의 학생이 자살한다는 얘기를 들었습니다. 스트레스는 그렇게 심했습니다. 하지만 저는 동료 학생들보다 잘할 수 있는 경쟁력을 가지고 있었습니다. 저는 수행하는 방법을 배웠습니다.

오전 시험 후, 저는 점심을 먹으러 가지 않았습니다. 대신 저는 방으로 돌아가 방석에 앉아서 수행을 시작했습니다. 여러분이 예상하듯, 제 마음에 처음 떠올랐던 생각은 방금 끝낸 오전 시험에 관한 것이었습니다. 저는 문제에 정확하게 답을 작성했는지 아니면 좀 더 설명을 덧붙여야 했는지에 대해 걱정하기 시작했습니다. 저는 이내 과거, 즉 오전 시험에 사로잡히게 되었습니다. 과거는 지나가버린 것이고, 오전 시험은 이제 바뀔 수 없고, 그것에 대해 걱정하는 것은 어리석은 일이라고 말하기는 쉽습니다. 하지만 어떤 일에 관해서는 그렇게 분별 있게 생각하는 것이 쉽지 않습니다. 그래도 우리들 대부분은 과거에 대해 걱정합니다. 다행히도, 그동안 해온 수행의 힘으로, 저는 과거를 놓아버릴 수 있었습니다. 저는 오전 시험에 대한 걱정을 멈췄습니다. 그다음 제 마음속에 떠오른 것은 무엇이었을까요?

이어서, 한 시간도 남지 않은 오후 시험이 제 모든 생각을 사로잡았습니다. 눈을 뜨고, 책을 집어 들고 복습을 더 해야 했을까요? 과거에 자주 저는 중요한 시험 전에 벼락공부를 했던 적이 있습니다. 다른 사람들도 같을지는 모르지만, 제가 마지막 순간에 복습했던 부분은 결코 시험에 나오지 않았습니다. 지금 복습을 하는 것은 에너지 낭비였습니다. 지금은 시험시간이 아니라 쉬는 시간이었습니다. 또다시 수행의 힘이 저를 돕기 위해 왔습니다. 그래서 저는 미래를 놓아버렸습니다. 시험 사이의 점심시간에 대학의 제 방에서 수행하면서, 저는 '현재순간의 알아차림'이라는 마지막 남은 상태로 들어갔습니다.

　일단 현재로 들어가자 저는 충격을 받았습니다. 저는 제 몸이 떨리고 있음을 처음으로 알아차렸습니다. 저는 제 자신이 쉽게 긴장하는 사람이라고 한 번도 생각해본 적이 없었습니다. 하지만 저는 두려움으로 떨고 있었습니다. 저의 긴장된 떨림은, 마지막 시험의 중간에 있다는 사실을 고려하면, 충분히 이해할 만했습니다. 가장 충격을 받았던 것은, 제가 그것을 알아차리지 못했다는 사실이었습니다. 저는 시험에 너무 마음을 빼앗겨 몸이 하고 있는 것에 전혀 주의를 기울이지 못했습니다. '현재순간의 알아차림' 속에서 저는 완전하게 듣기 시작했습니다. 그리고 제 몸이 약간의 휴식을 간청하는 소리를 들었습니다. 몸에 부드럽게 주의를 기울이자 몸은 이내 가라앉았습니다. 떨림은 멈췄습니다. 몸은 고요해졌습니다. 그리고 난 후, 저는 제 마음이 간청하는 소리를 들을 수 있었습니다.

　저는 피곤함을 알아차렸습니다. 저는 제가 얼마나 정신적으로 소진되었는지를 알게 되었습니다. 이전에는 너무 바빠서 이것을 알아차릴 수 없었습니다. 제 표현으로는, 뇌즙腦汁이 바닥난 것이 틀림없었습니다. 마음에 완전하게 귀를 기울이자, 휴식하고 아무것도 하지 말아달라는 요청을 들을 수 있었습니다. 그래서 저는 그냥 거기에 앉아 있었습니다. 서서히 정신적 에너지가 돌아왔습니다. 나중에 아잔 차 스님은 정신적 에너지는 고요한 멈춤에서 자란다고 확인해주었습니다. 30분의 수행이 끝날 무렵, 저는 편안해졌고 활력이 돌아왔습니다. 그리고 에너지로 가득 찼습니다.

웃는 얼굴로 시험장에 들어간 학생은 제가 유일했다고, 나중에 친구들로부터 얘기를 들었습니다. 그들은 제가 부정행위를 통해 사전에 답을 알고 있었다고 생각했습니다. 저는 답을 발견했습니다. 하지만 그것은 시험 문제에 대한 답이 아니었습니다. 저는 스트레스에 대한 답을 발견했습니다. 그리고 그 시험에서 아주 좋은 결과를 얻었습니다.

인생은 (학교에서, 대학에서, 또는 그 후에도 계속) 시험들로 가득 차 있습니다. 호되게 심사받고, 매우 철저하게 시험받는 많은 긴장된 날들이 있습니다. 제가 방금 얘기한 경험은 이러한 수행이 어떻게 대학에서, 취업 인터뷰에서, 관계들에서, 질병에서, 시험이라는 이름을 붙일 수 있는 어디에서라도 인생의 시험을 통과하도록 돕는지를 보여주는 예입니다. 인생에 대한 가장 현명한 시험의 기술은 놓아버리고 완전하게 쉬는 방법을 배우는 것입니다. 달리 말하면, 수행을 배우는 것입니다.

| 집안의 성스러운 장소 |

수행은 깨달음을 추구하는 사람들을 위한 것일 뿐 아니라, 더 행복하고 더 의미 있는 삶을 추구하는 사람들을 위한 것이기도 합니다. 만약 여러분이 절에 살고 있지 않다면, 여러분 집에 성스러운 장소를 마련하는 것이 큰 도움이 됩니다.

집안에 성스러운 장소를 만드는 것은 그다지 어렵지 않습니다. 요즘 많은 주택에는 거실, 손님방, 애들 놀이방, 그리고 몇 개의 욕실이 있습니다. 성스러운 방 하나를 두는 것이 현명하지 않을까요?

만일 그럴 여유가 없다면, 여러분은 언제든지 침실의 조용한 구석을 이용할 수 있습니다. 그 사적인 구석을 여러분이 좋아하는 방석으로 표시하십시오. 그리고 적당한 정도의 영적인 상징들과 평화로운 포스터들로 그 주위를 둘러서, 고요한 분위기가 나도록 하십시오. 수행을 하거나 혹은 법문을 듣거나 혹은 신심을 고무시키는 어떤 것을 읽을 때, 정기적으로 이 장소를 이용하십시오. 여러분의 성스러운 구석에서 세속적인 일을 절대로 하지 마십시오. 그리고 거기에서 말하는 것을 항상 피하십시오. 몇 달이 흐르고 몇 년이 지나면, 여러분은 그 공간에 부드러운 '고요함의 에너지'가 형성되었음을 발견할 것입니다. 그곳은 곧 특별하게 성스러운 장소로 완성됩니다. 그곳에서는 수행이 훨씬 쉬워집니다. 왜냐하면 여러분이 그곳을 정신적 힘이 있는 장소로 만들었기 때문입니다. 여러분은 자신의 집에 진정한 성스러운 장소를 만들었습니다.

한 호주인 제자가 제 조언을 따라 그녀의 침실 구석에 성스러운 장소를 만들었습니다. 그녀는 정기적으로 거기에서 수행하곤 했습니다. 자주 그녀의 남편과도 함께 수행했습니다. 저는 그녀에게서 다음과 같은 얘기를 들었습니다.

그녀의 두 어린아이가 집 대문 바로 밖에서 심한 말싸움을 했습니다. 그녀의 일곱 살 난 딸은 울음을 터뜨렸습니다. 그리고는 집으로 뛰어 들어와 부모님의 침실로 들어갔습니다. 거기서 그녀는 성스러운 장소에 있는 엄마의 명상 방석 위에 앉아서 울음을 진정시켰습니다. 이 작은 소녀는 이전에 거기로 간 적이 한 번도 없었습니다. 직관적으로, 그녀는 그녀의 작은 가슴에 난 참을 수 없는 상처를 치유해줄 성소聖所인 평화의 장소를 찾아냈습니다. 그 성스러운 장소는 모든 가족의 소중한 자산이 되었습니다.

바쁜 사무실에도 성스러운 장소를 만들 수 있습니다. 저는 엄청난 스트레스를 완화하기 위해 점심시간에 수행하는 것이 절실하게 필요했던 한 성공적인 변호사에 대해 들은 적이 있습니다.

그는 고객들이 그를 볼 수 없고, 전화가 그의 귀를 유혹하지 않는 사적인 공간을 발견하는 데 어려움을 겪었습니다. 그의 사무실에는 서류와 파일로 가득 찬 작은 벽장이 있었습니다. 그래서 그는 이 벽장을 완전히 깨끗이 비우고, 그곳을 성스러운 장소로 만들었습니다. 매일 점심시간, 그의 비서는 30분 동안의 명상을 위해 그를 벽장에 가뒀습니다. 고객이 방문하거나 전화가 오면, 그의 비서는 즐겁게 말했습니다.

"죄송합니다. 지금은 그를 만날 수 없습니다. 그는 벽장 속에 있어요!"

그녀는 기꺼이 그를 그의 성스러운 장소 안에 가뒀습니다. 왜냐하면 그가 벽장 속에 있었던 날 오후에 훨씬 더 친절한 상사가 된다는 사실을 경험을 통해 알았기 때문입니다. 그도 역시 수행하면서 보낸 30분이 높아진 효율성과 예리해진 마음을 통해서 곧 보상되었다는 사실을 경험을 통해 알았습니다. 수행은, 몇 분이 항상 여러 시간이 되어 돌아오는 투자입니다.

측정을 넘어 놓아버리기

유명한 영국의 과학자인 켈빈 경은 이런 말을 했습니다. "만약 당신이 측정할 수 없다면, 당신은 통제할 수 없다." 물론 이 말은 세계를 효율적으로 통제하려면, 먼저 자연현상들을 정확하게 측정하는 방법을 배워야 한다는 의미였습니다. 정확한 측정의 필요성에 관한 켈빈 경의 통찰은 과학기술의 발전과 일부 자연의 불편한 측면들에 대한 통제를 성공시키는 데 무척 중요한 것이었습니다.

하지만 이러한 진리의 보석은 다른 식으로도 쓰일 수 있습니다.

"만약 당신이 측정할 수 없다면, 당신은 통제할 수 없다."

만약 모든 측정을 멈추면, 통제는 불가능하게 됩니다. 측정을 버리면, '놓아버림'이 일어납니다.

수행 중 여러분은 스스로의 진전을 측정합니까? '이것은 나쁜 수행이야.' 또는 '이것은 좋은 수행이야.' 라고 생각합니까? 여러분은 이러한 '좋다.' 또는 '나쁘다.' 라는 측정이 통제를 일으키고, 어떤 것을 하는 방향으로 이끈다는 사실을 경험을 통해 압니다. 만약 여러분이 스스로의 수행을 나쁜 것으로 평가한다면, 이것을 좋은 것으로 만들려고 애쓸 것입니다. 스스로의 수행을 좋은 것으로 생각한다면, 이것을 더 좋은 것으로 만들기 위해 노력할 것입니다. 측정을 하고 나면, 결국 더 많은 것을 하게 됩니다. '놓아버림'은 잊혀집니다. 그러면 여러분은 평화의 길에서 멀어집니다.

좌선 수행에서 측정이 완전히 없어진다면 어떻게 될지 한 번 생각해보십시오. '이것은 좋은 수행이야.', '이것은 나쁜 수행이야.' 같은 평가가 없다면 어떨까요? 모든 측정을 포기할 때, 여러분은 통제를 버립니다. 여러분의 마음은 측정 단위를 아직 배우지 않은 초심자의 마음처럼 됩니다. 이러한 마음은 쉽게 놓아버려서, 매우 평화로워집니다. 스스로의 수행을 조절하지 않을 때, '행함'은 멈춥니다. 평화는 자라나고, 행복은 꽃피며, 지혜는 무르익습니다. 마침내, 깨달음의 열매가 여러분 무릎 위에 떨어집니다.

시간에 대한 측정을 버리십시오. 그러면 여러분은 현재순간의 영원함 속에서 저절로 쉬게 될 것입니다. 명칭에 대한 측정을 버리십시오. 그러면 정신 차려진 고요 속으로 들어갈 때, 애쓰지 않아도 생각의 과정이 멈출 것입니다. '들어오고 나가고, 길고 짧고, 거칠고 부드럽고' 같은 호흡에 대한 측정을 버리십시오. 그러면 호흡이 사라지고, 빛나는 니밋따가 드러날 것입니다. '밝다' 또는 '흐릿하다' 같은 니밋따에 대한 측정을 버리십시오. 그러면 여러분은 쉽게 선정에 들어갈 것입니다. 마음을 인식으로 측정하는 것을 버리십시오.

그러면 마음이 부드럽게 무색계 성취 속으로 떠오를 것입니다. '찟따'에 대한 측정을 멈추십시오. 그러면 마음을 포함한 모든 윤회가 마침내 모두 함께 소멸될 것입니다. 이제 아무것도 남아 있지 않습니다. '아무것도 없음' 조차도 없습니다.

만약 여러분이 이 수행의 길을 따른다면, 내면의 행복은 결코 물이 빠지지 않는 조수潮水처럼 올라갈 것입니다. 여러분이 내면의 세계와 싸움을 적게 하면, 알아차림은 강해집니다. 나무에 달린 수많은 감미로운 과일처럼, 통찰은 헤아릴 수 없이 많이 일어납니다. 이러한 통찰의 과일은 너무 많아서 한 번에 다 따서 먹을 수 없습니다. 여러분은 평화로 가는 길이, 수행에서 배운 바로 '놓아버림'이라는 사실을 아주 분명하게 깨닫습니다. 또는 이것을 무조건적 자애의 길이라고 부를 수도 있습니다. 이러한 자애는 여러분 자신과 다른 사람들에 대한 판단을 유연하게 만듭니다. 판단과 측정은 언제나 있었던 유령들처럼 사라집니다. 모든 측정이 마지막으로 사라질 때, 말들이 슬그머니 사라집니다. 왜냐하면 언어는 삶을 측정하는 눈금에 지나지 않기 때문입니다. 평화가 그 정점에 이르고 행복이 그 정상에서 빛나는 보석의 결정이 되면서, 측정이 마침내 내면에서 폭발합니다. 그때, 마음도 역시 사라집니다. 수행자는 마침내 마음이 측정자測定者였다는 사실을 깨닫습니다.

이것이 어떤 남김도 없는 모든 것의 끝, 곧 소멸입니다. 열반은 모든 말들이 그 의미를 잃어버리는 자리입니다. 왜냐하면 모든 측정이 멈췄기 때문입니다. 위대한 성자들은 길지도 않고 짧지도 않고, 현재도 아니고, 과거도 아니고, 미래도 아니고, 여기도 아니고 저기도 아니고, 삶도 아니고 죽음도 아닌, 모든 것이 멈춘 자리를 가리켰습니다. 이것이 바로 그들이 가리키고 있는 것입니다. 윤회로부터의 영원한 고별을 알리는 그리고 모든 정신과 물질의 종료를 나타내는, 마지막 정신적 대상은 완전한 소멸입니다. '반열반'이 최후의 말입니다.

옮긴이의 말

평소 책을 멀리하던 제가 책 한 권을 번역했습니다. 가까운 스님들에게 번역 얘기를 처음 꺼내었을 때 그들은 놀라워했습니다.

"스님이 번역을 한다고요? 진짜? 참 별일이네."

어쩌면 지극히 당연한 반응이었습니다. 출가 이후로, 저는 수행에 꼭 필요하다고 생각할 때를 제외하고는 책을 읽는 경우가 드물었고 더구나 글을 쓰는 일도 거의 없었기 때문입니다. 또한 좀 게을러서 일 만들기를 싫어하고 이론보다 실제에 관심이 많은 저의 기질을 그들이 잘 파악하고 있었기 때문이기도 했습니다. 치수가 맞지 않는 옷처럼, 제게 어울리지 않는 이런 번역을 하게 된 것은 이 책과의 운명적 인연 때문입니다.

그 인연을 얘기하려면 2007년 늦봄 무렵으로 거슬러 올라가야 할 것 같습니다.

당시 저는 경남 어느 산속의 수행처에서 홀로 정진하고 있었습니다. 그곳은 해발 900미터에 자리한 인적이 거의 끊어진 깊은 산중이었습니다. '최선을 다해 한번 정진해보자.'고 굳게 결심을 하고 그 첩첩산중까지 들어간 것이었습니다. 하지만 세상일들이 흔히 그러하듯 상황은 제가 마음먹은 대로 전개되지 않았습니다.

그곳에서 평화롭게 수행하던 어느 날, 한 사건을 계기로 그동안 해왔던 수행법에 대한 믿음을 송두리째 잃어버리게 된 것입니다. 사실 저는 대학 신입생 시절에 불교수행을 시작했고 대학에 있던 내내 학업보다는 수행에 훨씬 많은 시간과 노력을 기울였습니다. 수행이 가장 가치 있는 일이며 궁극적 행복의 길이라고 확신했기 때문입니다. 그리고 당연한 수순으로, 대학을 졸업함과 동시에 속세를 등지고 출가했습니다. 스님이 되고 나서도 그동안 해왔던 수행을 꾸준히 계속했습니다. 사건이 일어난 때는 수행을 시작한 지 10여 년이 훌쩍 지난 시점이었습니다. 이렇게 오랜 시간 해왔던 수행법에 대한 믿음이 무너지자, 난파선처럼 저의 삶과 수행은 방향을 완전히 잃어버렸습니다. 깨달음 하나만을 바라보고 바쳤던 청춘의 시간들이 무의미하게 증발해버렸습니다.

허탈한 마음에 한동안 모든 의욕을 잃어버렸습니다. 하지만 시간이 흐르면서 충격이 서서히 가라앉기 시작했습니다. 그리고 삭발염의한 스스로의 모습이 눈에 들어왔습니다. '나는 출가 수행자가 아닌가?'

정신을 가다듬고 곰곰이 과거 저의 수행을 되짚어보기 시작했습니다. 과거 수행의 문제점들을 명확하게 파악하고 새로운 대안을 찾아야 했습니다. 그러기 위해서는 기존의 지식, 믿음, 경험 들을 모두 내려놓고 백지 상태에서 다시 시작해야 했습니다. 그리고 그 시작은 역사적 부처님의 가르침을 가장 온전히 보전하고 있다고 알려진 초기 경전이 가장 적당하다고 생각했습니다.

초기 경전들을 읽으면서, 혼란했던 마음이 어느 정도 가라앉기 시작했습니다. 이전에도 일부 초기 경전들을 읽은 적이 있었습니다. 하지만 기존의 견해와 선입관을 버리고서 찬찬히 다시 읽으니 이전과는 완전히 다른 의미와 맥락으로 경전들이 이해되었습니다. 시간이 지나자 경전의 대의와 흐름은 어느 정도 파악할 수 있었습니다.

그러나 문제는 구체적 방법론이었습니다. '어떤 방편으로 어떻게 수행해야 하는가?' 이것이 문제였습니다. 그래서 초기 경전을 바탕으로 한 수행법들을 탐색하기 시작했습니다. 많은 수행서와 자료들을 검토했습니다. 그리고 여러 수행자들로부터 다양한 수행전통들에 관한 지식과 정보도 얻었습니다. 그래서 남방 불교권에서 수입된 수행전통들과 그 수행법들에 대해 제법 알게 되었습니다.

제가 당시 파악한 바로는 (대부분 미얀마의) 남방 불교권에서 수입된 여러 수행법들은 두 가지 범주로 나눌 수 있었습니다.

첫 번째 범주는 흔히들 순수 위빠사나라고 부르는 전통이었습니다. 여기에는 여러 수행법들이 포함되지만, 모두 공통적으로 '초선정, 이선정, 삼선정, 사선정이라는 네 가지 종류의 선정이 불교수행에 반드시 필요한 것은 아니다.'라는 입장을 견지하고 있었습니다. 하지만 초기 경전에서는 팔정도 중 '바른 선정' 正定은 바로 이 네 가지 선정이라고 분명히 말하고 있었습니다. 또한 이러한 네 가지 선정은 많은 초기 경전들에 수없이 등장하고 있었습니다. 그래서 이 전통에는 그리 믿음이 가지 않았습니다.

두 번째 범주는 수행체계에 네 가지 선정이 포함된 수행전통이었습니다. 복잡한 아비담마abhidhamma 이론을 바탕으로 한 이 전통은 네 가지 선정을 갖추고 있었기에 저는 여기에 큰 기대를 가지게 되었습니다. 하지만 깊은 관심을 가지고 구체적으로 그 내용을 파악하게 되면서, 앞뒤가 맞지 않는 여러 가지 이해할 수 없는 부분들을 발견할 수 있었습니다. 그래서 이 전통에서 선정이라고 주장하는 경험이 경전에서 제시되는 선정의 깊이와 심오함을 제대로 갖추지 못하고 있다는 생각이 들었습니다.

실망스럽게도, 살펴봤던 남방 수행전통들 중 어느 하나도 팔정도의 조건을 완전히 갖추고 있다는 믿음을 주지는 못했습니다. '경전에서 명백하게 제시되는 수행이 현실에는 존재하지 않다니?'

해답이 보이지 않는 답답한 상황에 가슴이 콱 막혀왔습니다.

마침 저와 비슷한 상황에 있던 오랜 도반이 있었습니다. 그도 저와 같은 문제의식을 가지고 그 해답을 찾고 있었습니다. 그와 수행에 관한 고민을 나누던 중 태국, 미얀마 등의 수행전통들을 두 눈으로 직접 확인해보자고 서로 의기투합하게 되었습니다.

먼저 태국으로 향했습니다. 태국의 이런저런 수행처를 둘러보던 중 태국 북동부 우본 라찻타니 지방의 파나나찻 사원에 이르렀습니다. 그곳은 아잔 차 스님 전통의 사원으로 서양 스님들이 수행하는 곳이었습니다. 그 사원은 이 책의 저자인 아잔 브람 스님*이 젊은 스님이던 시절에 수행한 장소이기도 했습니다. 방콕에서 기차로 10여 시간이나 걸리는 먼 길이었습니다. 그렇지만 큰 기대를 한 것은 아니었습니다. 여러 수행처를 방문하면서 이미 적잖이 실망했던 터였기 때문입니다.

어쨌든, 친절한 스님들의 배려로 한 달 정도 이 사원에서 머물게 되었습니다. 여기에는 제법 구색을 갖춘 도서관이 있었습니다. 서양 스님들이 수행하는 곳이라 특히 국내에서는 접할 수 없는 다양한 영문 불교서적들을 잘 갖추고 있었습니다. 도서관에서 책을 살펴보던 중 책장에서 우연히 이 책**을 발견했습니다. 표지는 약간 촌스러웠지만 제목과 목차가 저의 흥미를 끌었습니다. 그래서 이 책을 빌려 숙소인 오두막으로 돌아왔습니다.

---

*　　아잔 브람 스님의 수필집 『술취한 코끼리 길들이기』에는 저자가 아잔 브라흐마로 되어 있습니다. 하지만 실제로는 Brahm은 '브람'이라고 발음합니다. 그리고 아잔(Ajahn)은 태국에서 승랍 10년 이상의 스님에게 붙이는 존칭입니다. 그래서 '스님'이라는 호칭을 붙이면 의미상 중복이 되지만, 우리말 어감상 '스님'을 붙이는 것이 자연스러운 것 같아 이렇게 번역했습니다.
**　　이 책의 원제목은 *Mindfulness, Bliss, and Beyond*입니다.

전기조차 들어오지 않는 허름한 오두막에 앉아 별 생각 없이 책을 읽기 시작했습니다. 하지만 몇 페이지가 넘어가자 이상한 느낌이 들었습니다. 이전에 읽었던 수행서들과는 전혀 다른 느낌이었습니다. 그리고는 이내 충격적인 책의 내용 속으로 빠져들었습니다. 도저히 책에서 눈을 뗄 수가 없었습니다. 한 장씩 책장이 넘어가면서 제가 그동안 해왔던 수행의 문제들이 하나하나 드러났고 그 해결책들도 차례로 제시되었습니다. 놀라웠습니다.

그리고 어느 대목에 이르렀을 때……

유레카!

머릿속에서 번쩍 번개가 쳤습니다. 마침내, 그동안 그 실체를 파악할 수 없었던 선정의 조각이 맞춰진 것입니다. 그러면서 심오한 팔정도의 전체 그림이 완성되었습니다. 그리고 절대로 풀리지 않을 것 같던 불교수행에 관한 의문들이 깨끗이 해결되었습니다. 드디어, 베일에 가려 있던 불교의 소중한 보석, 선정이 그 아름다운 모습을 드러냈습니다. 선정이 진정 무엇인지 그리고 여기에 어떻게 도달하는지가 투명하게 드러났습니다.

법구경에서 얘기하듯이, 지혜 없는 선정은 없고 선정 없는 지혜는 없는 것이었습니다. 즉, 삼매와 지혜는 한 손의 양면처럼 결합된 것이었습니다. 그리고 이 책에서 설명하는 지혜와 선정이 경전의 내용과 일치하는 심오한 깊이를 갖추고 있음을 직관적으로 이해할 수 있었습니다. 이것은 피상적 이론이나 얕은 경험이 아닌 직접적인 깊은 수행경험에서 우러나온 설명이라는 확신이 들었습니다. 음식에 체한 듯 답답했던 마음은 시원하게 풀렸고, 경이로움과 기쁨으로 온몸이 전율했습니다.

미얀마에서 수입된 수행전통들은, 각각 그 방법론은 조금씩 다르기는 하지만, 모두 삼매와 지혜 혹은 사마타와 위빠사나를 분리된 별개의 것으로 여기고 있습니다. 이러한 전통들은 부처님 입멸 후 논사論師들에 의해 오랜 세월에 걸쳐 발전된 아비담마라는 주석서 전통의 이론에 근거하고 있습니다.

이 이론에서는 관습적 진리인 '개념' paññatti과 궁극적 진리인 '실재법' paramattha을 구분합니다. 그리고 사마타의 대상은 '개념'이고 위빠사나의 대상은 '실재법'이라고 말합니다. 따라서 이러한 관점으로 수행을 바라보면 사마타와 위빠사나는 각각 완전히 별개의 수행이 될 수밖에 없습니다.

그러나 아잔 브람 스님은 자신의 오랜 수행경험과 경전에 근거해서, 사마타와 위빠사나는 똑같은 과정의 나눌 수 없는 두 측면이라고 말합니다. 즉 사마타는 수행에서 생기는 평화로운 행복이며, 위빠사나는 똑같은 수행에서 나오는 명확한 이해라는 것입니다.

이렇게, 아잔 브람 스님이 사용하는 사마타, 위빠사나의 개념들은 아비담마 이론에서 정의하는 것들과는 상당히 다릅니다. 이러한 이해를 바탕으로, 그는 사마타가 위빠사나를 계발하고 동시에 위빠사나가 사마타를 계발하며 수행이 발전되는 것이 불교수행의 기본 구조라고 말합니다. 더 정확히 말하자면 사실 이러한 방법은 사마타도 위빠사나도 아닌, 바로 부처님께서 가르치신 수행인 '바와나bhāvanā: 정신적 계발'라고 아잔 브람 스님은 설명합니다.

이것은 오히려 한국 불교전통에서는 정혜쌍수定慧雙修:삼매와 지혜를 함께 닦는다는 의미라는 용어에서 보이는 것처럼 그리 낯선 내용이 아닙니다. 하지만 미얀마에서 수입된 남방 아비담마 이론에 근거를 둔 수행전통들에서 이것은 이론과 실제 수행의 측면 모두에서 상상조차 할 수 없는 내용입니다. 그래서 아잔 브람 스님의 이러한 새로운 수행의 관점은 저에게 매우 신선하고 충격적이었습니다.

놀라운 점은 이것만이 아니었습니다. 이 책은 제가 기존에 가지고 있던 수행의 패러다임을 완전히 뒤집어버렸습니다. 이것은 단순히 수행의 방편이나 테크닉에 관한 문제가 아니었습니다. 이 책은 수행을 바라보는 관점을 완전히 바꾸어버렸습니다. 두 사람이 똑같은 수행방편으로 수행하더라도 가지고 있는 수행의 패러다임 혹은 관점이 다르다면 각각 전혀 다른 결과를 얻게 됩니다. 서로 완전히 다른 수행이 되어버리는 것입니다. 아잔 브람 스님은 이런 법문을 자주 합니다.

"중요한 것은 'What'이 아니라 'How'다."

'무엇'을 수행하는가가 중요한 것이 아니라 '어떻게' 수행하는가가 중요하다는 것입니다.

예를 들어, 이 책에서도 호흡명상을 가르치고 복잡한 아비담마 이론을 근거로 한 남방의 다른 전통에서도 호흡명상을 가르칩니다. 하지만 수행대상인 '무엇'은 같지만 그 방법론인 '어떻게'가 다르기 때문에 두 수행은 각각 완전히 다른 길을 걷게 됩니다. 저는 그동안 아비담마 이론의 관점에서 호흡명상을 이해하고 있던 여러 수행자들을 만난 적이 있습니다. 하지만 그들 중 대부분은 이 두 수행의 근본적인 차이를 이해하지 못하고 있는 것 같았습니다.

두 수행은 여러 가지 차이점들을 가지고 있지만, 각각의 수행에서 설명하는 니밋따와 선정의 일반적 특징들을 비교해보면 그 차이가 비교적 쉽게 드러납니다.*

---

* 제가 이해하고 있는, 두 수행 각각에서 말하는 니밋따와 선정의 일반적인 특징들은 다음과 같습니다. 먼저 니밋따에 관해 다루어보겠습니다. 아잔 브람 스님이 말하는 니밋따의 특징은 다음과 같습니다.
1. 시각, 청각, 후각, 미각, 촉각이라는 다섯 가지 감각이 사라진 후에 나타납니다. 시각, 청각, 후각, 미각이 먼저 사라지고 마지막 남은 촉각인 호흡이 사라진 후에 니밋따가 나타납니다. 구름을 벗어난 달처럼, 니밋따는 다섯 가지 감각들이 완전히 사라지고 나서야 인식에 등장하는 제육식(第六識)의 반영입니다.
2. 다섯 가지 감각이 사라지고 난 후 나타나는 니밋따는 순수한 제육식의 반영이기에 매우 민감합니다. 그래서 생각이 일어나거나 마음이 조금만 흔들려도, 니밋따는 그 형태가 이지러지거나 사라져버립니다.
3. 니밋따의 위치에 대한 인식이 존재하지 않습니다.
4. 선정에 들게 되면 니밋따는 사라집니다.

한편 아비담마 이론을 바탕으로 한 수행전통에서 말하는 니밋따는 이와는 다른 특징들을 가지고 있습니다.
1. 시각, 청각, 후각, 미각, 촉각이 여전히 남아 있을 때 나타납니다. 따라서 니밋따가 나타나

두 수행전통은 호흡, 니밋따, 빛, 선정, 선정의 구성요소 등에서 동일한 용어들을 사용하지만 이것들이 의미하는 실제 경험들은 서로 전혀 다릅니다. 이것은 두 수행전통이 각각 전혀 다른 수행의 패러다임에 기초하여 완전히 다른 방식으로 수행에 접근하기 때문에, 수행이 서로 다른 방향으로 발전하여 판이한 수행 결과를 가져오게 되는 것입니다.

아잔 브람 스님의 가르침을 통해 과거 저의 수행을 돌이켜보게 되었습니다. 그동안 저에게 수행은 자신과의 싸움이었습니다. 깨달음

도 호흡은 여전히 인식에 존재합니다.
2. 아잔 브람 스님이 설명하는 니밋따와 비교하면, 이 니밋따는 훨씬 덜 민감합니다. 즉, 다섯 감각들이 느껴지고 다른 생각들이 좀 일어나더라도 큰 영향을 받지 않고 빛이 유지됩니다.
3. 니밋따의 위치에 대한 인식이 존재합니다.
4. 선정상태에서도 니밋따가 계속 존재합니다.

다음으로 선정의 차이점에 관해 살펴보겠습니다. 아잔 브람 스님이 제시하는 선정은 다음과 같은 특징들을 가지고 있습니다.
1. 선정에 들면 니밋따는 사라집니다. 그리고 '기쁨과 행복pīti-sukha' 으로 표현되는 지복만을 알아차리게 됩니다.
2. 선정에 들면 전오식(前五識)이 완벽하게 차단되고, 이러한 선정상태가 매우 긴 시간 동안 유지됩니다. 생전 처음 선정에 들더라도 30초, 1분, 5분, 15분 등 짧은 시간 동안 선정에 드는 것은 불가능합니다. 그 깊이에 따라 다르기는 하지만, 선정에 숙달된 능숙한 수행자가 선정에 들기 전에 시간의 길이를 결정한 경우가 아니라면, 선정은 보통 여러 시간 동안 길게는 며칠까지 유지됩니다.
3. 선정에 들어 있는 긴 시간 동안 내내 하나의 생각조차도 일어날 수 없습니다.
4. 놓아버림의 정도에 비례해서 차례로 초선정, 이선정, 삼선정, 사선정에 들게 됩니다. 예를 들어 삼선정에 들 정도의 놓아버림으로 선정에 든다면, 중간에 선정에서 나오지 않고서 자연적으로 초선정, 이선정을 거쳐 삼선정에 들게 됩니다. 이 과정에서 선정상태가 잠시도 끊어

에 이르기 위한 번뇌와의 전쟁이며 궁극적 행복의 성취를 위한 게으름과의 투쟁이었습니다. 가끔은 즐거움도 있었습니다. 하지만 기본적으로 자신과의, 번뇌와의 싸움에서 이기려했습니다. 깨달음이라는 너무 매력적인 목표를 욕심내며 부족하고 게으른 자신을 채찍질했습니다. 허약한 정신을 자책하며 강한 의지를 일으켰습니다. 이것이 수행자로서의 자세이며 바른 노력이라 생각했습니다.

이것은 너무나 당연한 듯했습니다. 훌륭한 목표를 정하고, 목표를

질 수 없습니다.

아비담마 이론에 근거한 수행전통에서 말하는 선정은 이와는 다른 특징들을 가지고 있습니다.
1. 선정 속에서도 니밋따가 여전히 존재합니다. 그리고 선정의 구성요소들을 니밋따와 관련해서 설명합니다. 하지만 아잔 브람 스님은 선정에 들면 니밋따가 사라진다고 설명합니다. 따라서 아잔 브람 스님이 가르치는 수행과 이 수행은 명백하게 차이가 납니다.
2. 아비담마 이론에서 제시되는 전오식이 완벽하게 차단되는 수준의 선정의 경우, 일반적으로 처음에는 매우 짧은 시간 동안 이런 선정에 들게 되고, 그 후 시간이 30초, 1분, 2분 …… 이런 식으로 점점 길어진다고 설명합니다.
3. 이론적으로는 2.에서처럼 선정상태에서 전오식이 모두 차단되어야 한다고 주장하지만, 실질적으로는 소리가 들리고 몸이 느껴지고 생각이 일어나더라도 선정으로 인정됩니다.
4. 이선정 이상의 선정을 얻기 위해서는 전단계의 선정에 들어갔다 나온 후 그 단계 선정의 결점과 들려고 하는 선정의 이익을 반조해야 합니다. 그런 후에야 그 선정에 들 수 있습니다. 예를 들어 삼선정에 들려고 한다면 이선정에 들어갔다가 나온 후, 이선정의 결점과 삼선정의 이익을 반조한 후에야 삼선정에 들 수 있습니다. 이런 방식은 이선정과 사선정에도 동일하게 적용됩니다. 이렇게 이선정 이상의 선정에 들려면 그 과정에서 선정상태가 깨져야 합니다.

위의 내용들 중 어떤 부분은 저의 부족한 이해 때문에 논란의 여지가 있을지도 모릅니다. 하지만 위에서 제시한 차이점들 중 그 일부라도 받아들인다면, 두 수행이 서로 상당히 다른 방향으로 진행되고 있다는 주장이 충분한 근거들에 바탕하고 있음을 이해할 수 있을 것입니다.

향한 강인한 의지를 일으켜, 굳건한 의지력으로 자신과의 싸움에서 이겨 그 목표에 도달하는 것. 이것이야말로 진정한 수행자의 삶이라 생각했습니다. 그래서 시시포스 신화의 시시포스처럼 무거운 수행의 바위를 온 힘을 다해 끊임없이 정상으로 밀어올렸습니다.

하지만 이 책은 수행이 이와는 정반대의 것이라는 사실을 가르쳐 주었습니다. 시시포스처럼 힘겹게 바위를 밀어올릴 필요가 없다는 것입니다. 무거운 바위를 놓아버리고 아름다운 마음의 풀밭에 고요히 앉아 행복하게 휴식하는 것이 바른 수행이라는 것이었습니다.

진정한 수행은 에고의 표현인 강한 의지가 아닌 그 의지의 놓아버림이었습니다. 자신과의 싸움이 아닌 내면의 평화였고, 불만이 아닌 만족과 포용이었습니다. 놓아버리고 행복하게 이 순간 속에 머무는 것이 바로 아름다운 수행의 길이었습니다.

이런 아름다운 길이 있다는 사실이 정말 놀라웠습니다. 한편으로는 스스로가 참 한심하게 느껴졌습니다. 깨달음과 진정한 행복을 추구하면서 사실은 줄곧 그 반대로 가고 있었습니다. 매운 고추를 먹고서 온갖 눈물과 콧물을 다 흘리며 괴로워하면서도 언젠가는 이 고통이 사라지리라 기대하며 또다시 매운 고추를 씹고 있는 어리석은 사람이 바로 저의 자화상이었습니다.

깨달음에 대한 갈애, 에고를 강화하는 의지, 자책, 내면의 싸움, 불만족, 통제하려는 마음 등은 천사의 탈을 쓴 교활한 악마들이었습니다. 이들은 항상 달콤한 천상의 행복을 약속했지만, 언제나 저를 타는 듯한 고통의 사막으로 이끌었습니다. 이들은 섬세한 감각적 욕망과 악의를 일으키고 에고를 강화해서 수행과 행복에 장애를 만들 뿐이었습니다. 이것은 저에게만 국한되는 문제가 아니라 대부분 수행자들이 일반적으로 가지고 있는 문제이기도 합니다. 그리고 사람들이 일상에서 겪는 대부분의 고통도 바로 여기에서 기인합니다.

평화, 용서, 부드러움, 놓아버림, 만족 같은 단어에 불교수행의 모든 심오한 비밀이 담겨 있습니다. 초월적이고 환상적으로 들리는 뭔가를 기대했던 사람이라면 실망할 수도 있을 것입니다. "너무 뻔한 소리 아니야?" 하면서 말입니다. 하지만 이 단어들이 지니는 의미와 이것들이 실제 수행에 미치는 효과는 일반적인 상상을 초월합니다. 사실 여기에는 일상의 스트레스를 해소하는 얕은 지혜부터 깨달음을 일으키는 심오한 지혜까지가 모두다 담겨 있습니다.

이렇게 의지와 통제를 내려놓고 평화롭게 만족하라는 가르침은 우리들 대부분이 살아가는 삶의 방식 또는 태도와 근본적으로 배치됩니다. 그래서 이것을 진정으로 이해하기는 정말 어려운 것 같습니다. 혹자는 말도 안 되는 소리라고 생각할 지도 모르겠습니다.

사실 아잔 브람 스님도 태국에서 젊은 스님이던 시절에는 그러했습니다. 그의 스승인 아잔 차 스님은 불교수행을 망고나무에 비유해 이런 법문을 한 적이 있었습니다.

"담마Dhamma라는 망고나무 아래에서 너희들은 손만 내밀고 있으면 된다. 그러면 온갖 소중한 담마의 망고들이 저절로 떨어져 손안에 들어올 것이다."

처음 이 얘기를 들었을 때, 아잔 브람 스님은 이것이 말도 안 되는 소리라고 생각했다고 합니다.

'망고나무에서 망고를 따려면 당연히 망고나무에 올라가거나 아니면 긴 장대로 가지를 후려치기라도 해야 하는 것 아닌가? 마찬가지로 수행도 그 목적을 이루려면 굳은 의지로 스스로를 조절하고 통제해야 하는 것 아니겠는가?'

하지만 세월이 상당히 지나고 수행이 깊어진 후에는, 이것이야말로 불교수행의 본질을 제대로 꿰뚫고 있는 심오한 법문임을 깨닫게 되었다고 합니다.

욕망의 자유 freedom of desire를 추구하는 세속에서 우리는 재산, 명예, 사랑 등 욕망의 대상을 얻기 위해 위험하게 욕망의 나무를 타고 올라가고 끊임없이 의지의 긴 장대를 힘겹게 휘두릅니다. 그래서 우리는 잠시도 쉴 수 없습니다.

하지만 욕망으로부터의 자유 freedom from desire를 추구하는 담마에서는 이와는 완전히 다른 태도가 필요합니다. 불교수행에서 필요한 것은 바로 욕망을 추구하는 의지를 놓아버리고 평화롭게 이 순간에 머무는 것입니다. 진정으로 아무것도 하지 않으며 고요하게 멈춰 있으면 달콤한 담마의 망고는 저절로 두 손에 들어오는 것입니다.

하지만 욕망으로부터의 자유를 추구해야 할 수행자들도 때로는 잘못된 견해 때문에 정신적인 대상에 집착하는 경우가 흔히 있습니니다. 어느 스님은 일찍이 '영적 물질주의spritual materialism' 라는 용어로 이를 통찰력 있게 지적했습니다. '영적 물질주의' 란 세속에서 부나 명예 등을 욕망의 대상으로 삼는 것처럼 정신적 수행의 영역에서 깨달음, 선정, 수행의 여러 단계와 현상 등을 욕망의 대상으로 삼아 이를 자신의 에고를 충족시키는 일종의 자산으로 삼는 경향성을 의미합니다. 이런 사람들은 수행의 여러 단계들과 다양한 현상들을 일종의 자기 과시용 배지라고 생각합니다. 그들은 가슴에다 니밋따, 선정, 통찰, 깨달음 등의 이름을 가진 배지들을 얼른 달고 남들에게 자랑하고 싶어합니다. 아마 그들은 이런 자랑스런 배지들을 가슴에 그득히 단 슈퍼히어로super hero가 되고 싶어하는지도 모르겠습니다.

그러나 진정한 수행에서는 이런 모든 배지들을 버려야 합니다. 불교수행은 자신의 존재감을 뒷받침하는 에고가 점차 소멸되는 과정이기 때문입니다. 수행은 세상을 향해 뽐내는 슈퍼히어로가 되기 위한 것이 아니라, 세상으로부터 사라지는 은자隱者가 되기 위한 것입니다. 즉, 수행은 '어떤 대단한 사람Somebody' 이 되는 방법이 아니라, '에고가 소멸된 존재Nobody' 가 되어가는 과정입니다.

이 책에서 제시되는 수행의 여러 단계들을 에고를 만족시키는 또다른 욕망의 대상으로 왜곡해 보지 않았으면 합니다. 그것은 수행의 커다란 장애이자 고통의 원인을 스스로 만드는 어리석은 짓입니다. 이것은 무거운 짐을 어깨에 짊어지고 있는 사람이 또 다른 짐을 그 위에 올려놓는 것과 같습니다. 그는 짐을 내려놓은 자유와 행복이 아닌, 더해진 무게로 인한 고통만을 경험할 것입니다. 무언가를 욕망하는 것, 즉 갈애가 바로 (네 가지 성스러운 진리四聖諦의 두 번째인) 고통의 원인이기 때문입니다.

아잔 브람 스님이 얘기하듯이, 이 단계들은 점점 더 많이 놓아버리고 에고가 점점 사라짐에 따라 저절로 도달하는 자연적인 과정입니다.

이 책에서 제시하는 많은 심오한 가르침들은 저의 삶과 수행에 대한 이해와 태도를 완전히 바꾸어버렸습니다. 그리고 아잔 브람 스님의 법문도 듣고, 스님이 계신 호주의 사찰에서 수행을 지도받기도 하며 법에 대한 이해가 차츰 깊어졌습니다.

위의 이야기는 저의 개인적인 수행의 역정에 관한 것이기는 하지만, 진리와 진정한 행복을 추구하는 이들에게 참고가 될 수 있으리라 생각합니다. 돌이켜보면, 수행을 한답시고 무의미한 고생을 하며 많은 소중한 시간들을 허비했습니다. 진작 이 길을 알았더라면 순수한 젊음의 에너지가 아름다운 마음으로 일찍 피어나지 않았을까 하는 아쉬움이 들기도 합니다.

어쨌든, 험한 먼 길을 돌았지만 결국 바른 길을 찾은 것 같아 감사할 따름입니다. 독자들은 이 경이로운 책을 통해서 저처럼 시간과 정열을 헛되이 낭비하지 않고서 삶과 수행에서 진정한 행복을 얻었으면 하는 바람입니다.

제가 아잔 브람 스님이 계시는 호주의 보디냐나 사원에서 수행할 때였습니다. 당시는 안거 기간이라 스님들이 모두 수행에 전념하는 시기였습니다. 이 사원에는 안거 때 특별한 전통이 있었습니다. 즉, 스님들이 교대로 돌아가면서 보름에서 한 달 정도 자신들의 거처에서만 머물며 수행하는 것이었습니다. 이때 식사는 하루에 한 번 정도 다른 스님이 배달을 해줍니다.*

아잔 브람 스님의 차례가 돌아왔습니다. 그래서 그는 보름 동안의 한거閑居에 들어갔습니다. 한거가 끝나는 날은 마침 그가 스님들에게 법문을 하는 날이었습니다. 저는 먼저 법당에 도착해 법문을 기다리고 있었습니다. 그리고 마침내 그가 법당에 들어왔습니다. 그의 모습을 보고서 저는 할 말을 잃어버렸습니다. 내면을 가득 채운 행복이 그의 전신으로 넘쳐흐르고 있었습니다. 그는 행복에 완전히 젖어 빛나고 있었습니다. 그는 행복 그 자체였습니다.

'이렇게 부드럽고 따뜻하고 행복할 수 있다니!'

욕망에서 벗어난 행복한 수행자의 모습이 어떤 것인지를 온몸으로 보여주는 듯했습니다. 평생 잊혀지지 않을 모습이었습니다. 그날, 행복에 젖어 있던 그는 진정한 행복으로 가는 길에 대한 감동적인 법문을 들려주었습니다.

---

* 부처님께서도 이런 방식으로 한 달 또는 석 달간 홀로 한거하셨다는 사실이 경전 여러 곳에 등장합니다.

아잔 브람 스님이 몸소 보여주듯이, 수행은 행복의 길이기도 합니다. 버리고 놓아버리고 용서하고 만족함으로써 점점 행복해지고 그 행복이 자연스레 열반이라는 궁극적인 행복으로 이끄는 길인 것입니다. 모든 물이 결국 바다로 흘러들 듯, 모든 놓아버림에서 생긴 행복은 결국 우리를 열반의 대양으로 실어 나를 것입니다.

모든 이들이 수행으로 더욱 행복해지기를 기원합니다. 행복한 수행자가 되기를 기원합니다. 끊임없이 달리는 고단한 수행자가 아닌, 아름다운 마음에서 행복하게 휴식하는 수행자가 되시길.

혜안 두손 모음

놓아버리기

1판 1쇄 펴냄 2012년 5월 30일
1판 10쇄 펴냄 2025년 3월 25일

지은이 아잔 브람
옮긴이 혜안 스님

편집 김현숙 | **디자인** 이현정
마케팅 백국현(제작), 문윤기 | **관리** 오유나

펴낸곳 궁리출판 | **펴낸이** 이갑수

등록 1999년 3월 29일 제300-2004-162호
주소 10881 경기도 파주시 회동길 325-12
전화 031-955-9818 | **팩스** 031-955-9848
홈페이지 www.kungree.com
전자우편 kungree@kungree.com
페이스북 /kungreepress | **트위터** @kungreepress
인스타그램 /kungree_press

ⓒ 궁리출판, 2012.

ISBN 978-89-5820-238-7   03220

책값은 뒤표지에 있습니다.
파본은 구입하신 서점에서 바꾸어 드립니다.